职业教育财经类专业教学用书

审计理论与实务

主　编　杨新华

副主编　钱　瑶　徐　彦

电子工业出版社
Publishing House of Electronics Industry
北京·BEIJING

内 容 简 介

本教材以注册会计师财务报表审计为主线，以会计、审计准则为依据，按项目导向、任务驱动的思路组织编写，分为审计理论篇和审计实务篇，共 12 个项目，具体包括 45 个任务。每个项目开篇以"引导案例"引入本项目的学习内容，从而使学生了解本项目的学习目的。每个任务通过"任务导入"引入学习任务，以任务来推动学习，将理论与实践结合，使学生逐步掌握各种基本的审计技能。每个项目后均附有"复习自测题"，便于学生巩固知识点。

本教材既可作为高职高专院校财会类专业的教材，又可作为会计、审计、管理等相关领域从业人员的培训教材和业务参考书。

图书在版编目（CIP）数据

审计理论与实务 / 杨新华主编. —北京：电子工业出版社，2021.1

ISBN 978-7-121-40349-1

Ⅰ. ①审… Ⅱ. ①杨… Ⅲ. ①审计学－高等学校－教材 Ⅳ. ①F239.0

中国版本图书馆 CIP 数据核字（2020）第 262923 号

责任编辑：王志宇　　　　特约编辑：田学清
印　　刷：北京捷迅佳彩印刷有限公司
装　　订：北京捷迅佳彩印刷有限公司
出版发行：电子工业出版社
　　　　　北京市海淀区万寿路 173 信箱　　　　　　　　邮编　100036
开　　本：787×1 092　　　1/16　　　印张：20.25　　　字数：531 千字
版　　次：2021 年 1 月第 1 版
印　　次：2025 年 2 月第 5 次印刷
定　　价：49.00 元

前　言

审计是财会类专业的核心课程，也是教学难度较大的一门课程。通过审计课程的学习，学生应能系统掌握审计的基本理论、基本知识和基本方法，以及一些基本技能。因为该课程理论内容较多，比较抽象，涉及大量的概念、原理和方法，所以学生在理解和接受时较为吃力。审计教材的内容涵盖知识面较广，需要学生具备扎实的会计、财务管理等专业知识。审计课程实践操作性强，涉及大量的职业判断，需要教师具有丰富的实践经验。以上这些因素严重影响了这门课程的教学效果。为了提高教学效果，我们总结多年教学经验，编写了本教材，力争使学生易学、教师易教。

本教材以注册会计师财务报表审计为主线，以会计、审计准则为依据，并将2016年、2017年修订和发布的会计、审计准则体现在教材内容上，按项目导向、任务驱动的思路组织编写，在内容安排上力求由浅入深、由理论到实践，系统介绍审计的基本理论和实务操作；在理论方面，力求重点突出、通俗易懂；在实务方面，重视技能培养，力求与理论融会贯通。

本教材分为12个项目，具体包括45个任务。项目一至项目六为审计理论篇，通过介绍审计的发展历史、职能、作用、分类及注册会计师执业准则和职业道德规范、审计目标、审计过程、审计风险、审计方法、审计证据等，使学生对审计理论有基本认知；项目七至项目十二为审计实务篇，主要以企业财务报表审计为例，按审计工作流程完整地介绍了审计的工作内容和方法，以工作任务的实施推动教学进程，从而达到项目化教学的要求。

本教材的每个项目开篇以"引导案例"引入本项目的学习内容，从而使学生了解本项目的学习目的。每个任务通过"任务导入"引入学习任务，以任务来推动学习，将理论与实践结合，使学生逐步掌握各种基本的审计技能，各任务的"能力拓展"可扫描附录中的二维码获取。每个项目后均附有"复习自测题"，便于学生巩固知识点，题型包括单选题、多选题、判断题和案例分析题。本教材的电子课件及复习自测题参考答案等教辅资源，读者可登录华信教育资源网免费注册下载。

本教材既可作为高职高专院校财会类专业的教材，又可作为会计、审计、管理等相关领域从业人员的培训教材和业务参考书。

本教材由"无锡城市职业技术学院重点教材"项目资助，由无锡城市职业技术学院相关老师集体编写完成。杨新华负责全书总体框架、总撰统稿及项目一至项目七、项目十至项目十二的编写，钱瑶负责项目八、项目九的编写，徐彦负责部分复习自测题的编写。另外，林云刚、余晓丹为本教材的结构安排提出了宝贵的意见。

　　本教材在编写的过程中,参考了大量的同类教材和文献资料,吸收和借鉴了同行的相关成果,同时也得到了多家会计师事务所的大力支持,在此向各位作者及会计师事务所的工作人员致以诚挚的谢意。

　　由于编者水平有限,书中难免存在疏漏,恳请各位同行及广大读者批评指正。

编　者

目 录

第一部分

审计理论篇

项目一
审计认知

知识目标

1. 了解审计产生与发展的过程。
2. 掌握审计的概念。
3. 理解和掌握审计的分类、职能和作用。

技能目标

能确定审计的关系人，能识别各种不同类型的审计。

引导案例

2004年12月28日晚，CCTV2004中国经济年度人物各个奖项在北京揭晓。中华人民共和国审计署审计长李金华最终获得了分量最重的年度大奖。

2004年6月，在第十届全国人民代表大会常务委员会第十次会议上，李金华提交了一份让人触目惊心的审计报告，长达22页的审计报告中有19页是关于对各级财政部门审计后发现的违法违规问题。

国务院国有资产监督管理委员会于2004年10月颁布并实施了《中央企业内部审计管理暂行办法》，要求国有控股公司和国有独资公司应当依据完善公司治理结构和完备内部控制机制的要求，在董事会下设立独立的审计委员会。企业审计委员会成员应当由熟悉企业财务、会计和审计等方面专业知识并具备相应业务能力的董事组成，其中主任委员应当由外部董事担任。

2001年9月5日，中国证券监督管理委员会（以下简称中国证监会）发布新闻指出，已查明银广夏公司通过各种造假手段虚构巨额利润的事实，查明深圳中天勤会计师事务所及其签字注册会计师违反了有关法律、法规，为银广夏公司出具了严重失实的审计报告。2001年9月10日，停牌一个月的银广夏公司以跌停板价格复牌，之后一路狂跌，使持有银广夏公司股票的投资者遭受重创。

审计就是这样每天出现在新闻和我们的生活中。那么，什么是审计？审计的职能和作用有哪些？

（资料来源：金十七. 让数字说话——审计，就这么简单[M]. 北京：中国财政经济出版社，2005.）

任务一 审计的产生与发展

任务导入

陈江发了年终奖 10 万元，他认为银行存款的利率太低，投资购房本钱太少，想买一些股票进行投资。于是，他请教了几个朋友。朋友小吴说，挑一家每股收益最大的公司进行投资，投资回报肯定不错；朋友小李说，挑一家现金流量最大的公司，投资最为保险；朋友小王提醒他，最好先看看公司公布的审计报告和注册会计师的评论，再进行选择。

具体任务

收集并阅读我国上市公司的年度财务报告、审计报告，了解注册会计师是如何对上市公司的财务状况、经营成果和现金流量进行审计的，并完成以下具体任务。

1．注册会计师是干什么的？
2．买上市公司的股票，为什么要看审计报告？

理论认知

一、审计产生与发展的客观基础

审计是社会经济发展到一定阶段的产物。当社会经济发展到一定程度时，经济组织的规模不断扩大，经济活动的过程越发复杂，管理层次逐渐增多，财产所有者无法亲自经营管理自己的财产，只好委托他人代为经营管理，这样财产的所有权和经营权分离，就形成了受托责任关系。财产所有者赋予财产管理者保管和运用财产的权利，并要求财产管理者负起管好、用好这些财产的责任，这就是受托经济责任。

财产所有者为了保护其财产的安全、完整并使其有所增值，同时也为了监督财产管理者的经营行为和受托责任的履行情况，有必要授权或委托专门的机构和人员代替自己进行监督检查，由此就产生了审计。由此可见，审计是在受托经营管理所形成的受托经济责任关系下，基于经济监督的需要而产生的，受托经济责任关系的确立是审计产生与发展的客观基础。只有当这种经济监督由财产所有者委托独立的机构和人员代其进行时，才产生独立的审计活动。

二、审计的概念

在我国，"审计"一词最早出现于《宋史》，从词义上解释，"审"为审查，"计"为会计账目，"审计"一词的意思是审查会计账目。审计的英文单词为"Audit"，通常翻译为"查账"。由此可见，早期的审计主要指审查会计账目，审计与会计账目密切相关。目前，在我国，大家比较认可的审计概念如下：审计是由独立的专门机构和人员，接受委托或根据授权，依法对被审计单位特定时期的财务报表和其他资料及其所反映的财政、财务收支和有关经济活动的真实性、合法性、公允性、效益性进行审查，并发表意见的一种独立的监督、鉴证和评价活动。

审计的定义可以从审计主体、审计客体、审计对象、审计依据、审计职能、审计目标几个方面来理解。

（1）审计主体：独立的专职机构和人员，如政府审计机关和人员、内部审计机构和人员、社会审计组织和人员。

（2）审计客体：接受审计的被审计单位，包括各级政府机关、金融机构、企事业单位、社会团体等。

（3）审计对象：被审计单位特定时期的财务报表和其他资料及其所反映的财政、财务收支和有关经济活动。

（4）审计依据：对所查明的事实进行评价和判断，据以提出审计意见、得出审计结论的客观标准，包括国家法律、法规、审计准则、会计理论等。

（5）审计职能：监督、鉴证和评价。

（6）审计目标：审查、评价被审计单位特定时期的财务报表和其他资料及其反映的财政、财务收支的真实性和合法性，而且还要审查、评价有关经济活动的公允性和效益性。

在审计过程中，主要涉及以下关系人：第一关系人是审计主体，他们根据审计委托人的委托或授权对被审计单位的财务收支状况及有关人员受托经济责任的履行情况进行验证、审查并出具审计报告；第二关系人是被审计单位；第三关系人是审计委托人，即财产所有者。作为第一关系人的审计主体在审计活动中起主导作用，既接受第三关系人的委托或授权，又对第二关系人所履行的受托经济责任进行验证、审查，但其独立于两者之间，与第二关系人及第三关系人不存在任何经济利益上的联系。审计关系人三方的关系如图1-1所示。

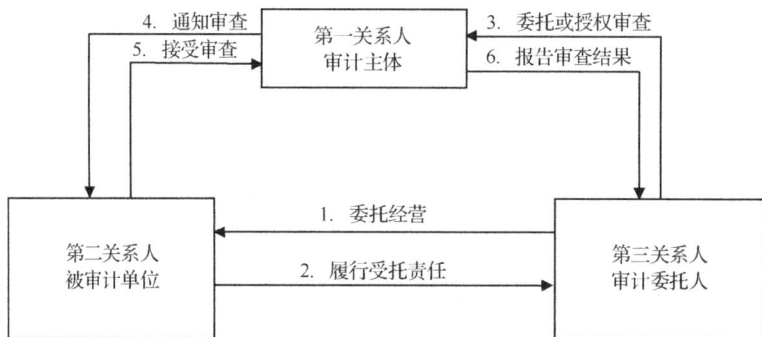

图1-1 审计关系人三方的关系

三、我国审计的产生与发展

我国审计的产生与发展经历了一个漫长的过程，大体上可分为以下六个阶段。

（一）萌芽阶段：西周时期

我国审计起源于西周的宰夫。西周初期，国家财计机构分为两个系统：一是地官司徒系统，掌管财政收入；二是天官冢宰系统，掌管财政支出、会计核算、审计监督等。当时，天官冢宰下设有"宰夫"一职，负责审计监督。宰夫负责对各级官府的财物领用、保管进行稽核，职责是"考其出入，而定刑赏"，其独立于财会部门之外，发现违法乱纪之事可越级向天官乃至周王报告。"宰夫"是我国最早的审计官职，标志着我国审计的产生。

（二）初步确立阶段：秦汉时期

秦汉时期是我国审计的初步确立阶段。在这一阶段，我国审计的主要特点表现在三个方面。一是初步形成了全国审计机构与监察机构相结合、经济法制与审计监督制度相统一的审计模式，如秦朝中央设"三公九卿"辅佐政务，御史大夫执掌弹劾、纠察之权，专司监察全国的民政、财政及财务审计事项。二是上计制度日趋完善。上计制度是皇帝亲自听取和审核各级地方官吏的财政会计报告，以确定赏罚的制度。上计制度始于周朝，到秦汉时期日趋完善。三是审计的地位提高，相关官员的职权扩大。御史大夫不仅行使政治、军事监察之权，还行使经济监督之权，控制和监督财政收支活动，并协助丞相处理政事。自上而下进行的御史监察制度和由郡县自下而上进行的上计制度，形成了一个上下贯通的由中央控制全国的监督系统，使我国审计工作进入初步确立阶段。西汉在延续秦朝官僚制度的同时，也明确了御史的经济审计地位，一直持续到了南北朝时期。但秦汉尚无设置专职审计的官员和机构。

（三）日趋健全阶段：隋唐宋时期

从隋唐到宋代，中央集权逐步加强，行政管理体制日趋完善，审计制度也逐渐健全。隋开创一代新制，设比部。比部隶属于刑部，行使审计职权。所谓"比"，就是考核审查的意思。这时，审计机构可以独立处理违纪事件，更具有权威性。比部是我国最早的独立于财政机关之外的审计监督机关，是审计工作走向专业化、独立化和司法化的开始。唐改设三省六部，六部之中，比部仍隶属于刑部，其审计之权通达国家各领域，一直下伸到州、县，而且具有很强的独立性和较高的权威性。比部的出现标志着我国的审计有了专设的独立机构。在宋代，审计一度并无发展，宋太宗时期专门设置了审计司，后改为审计院。从此，"审计"一词便成为财政监督的专用名词，对后世中外审计建制具有深远的影响。元丰改制后，财计官制复唐之旧，审计之权重归刑部之下的比部执掌。比部下设审计司，主管全国审计工作，但未能发挥应有的监督作用。

（四）停滞不前阶段：元明清时期

元明清时期，君主专制日益强化，审计虽有发展，但在总体上停滞不前，专门的审计机构撤销了，由户部行使审计权利，审计监督流于形式。

（五）不断演进阶段：中华民国时期

1911 年，中华民国成立后，颁布了《中华民国临时约法》，规定实行国家预算制度，这是审计监督制度的基础。1912 年，设立了中央审计处，总管全国审计事务，在各省设立审计分院，分管各省审计事务。1912 年 10 月 22 日，公布了《审计处暂行规定》，紧接着在 11 月 15 日，又公布了《审计处暂行审计规则》，明确规定了审计的范围、内容、方式及方法等。1914 年，改审计处为审计院，同年颁布《审计法》，这是我国历史上第一部审计法典。1928 年，国民政府成立审计院，后改为审计部，隶属检察院，并引进了西方审计制度，形成了比较完整的政府审计体系。在此阶段，审计制度只是徒具形式，并没有发挥应有的作用。与此同时，随着资本主义工商业的发展，注册会计师审计也逐步发展起来。1918 年 9 月，北洋政府农商部颁布了我国第一部注册会计师法规——《会计师暂行章程》，并于同年批准著名会计学家谢霖为中国的第一位注册会计师，谢霖创办的中国第一家会计师事务所——正则会计师事务所也获准成立。此后，又陆续批准了一批注册会计师，建立了一批会计师事务所，包括徐永祚创办的徐永祚会计师事务所、潘序伦先生创办的潘序伦会计师事务所（后改称立信会计师事务所）等。1925 年，我国最早的民间审计职业组织——上海会计师公会成立。1930 年，国民政府颁布了《会计师条例》，确立了会计师的法律地位，之后，上海、天津、广州等地也相继成立了多家会计师事务所。但是，注册会计师职业未能得到很大的发展，注册会计师审计也未能充分发挥应有的作用。

1932 年，在中国共产党领导下的革命根据地成立了中央苏维埃政府审计委员会，1934 年颁布了《审计法》，实行审计监督制度，对战争年代节约财政支出、保障战争供给、树立廉洁作风，都起到了积极的作用。

（六）振兴阶段：新中国时期

中华人民共和国成立后很长一段时间内，我国一直没有设置独立的政府审计机关，对财政、财务收支的监督工作主要由财政部门内设的监察机构负责，对企业的财税监督和货币管理是通过不定期的会计检查进行的。为适应经济发展的需要，1982 年，第五届全国人民代表大会第五次会议通过了修改的《中华人民共和国宪法》（以下简称《宪法》），规定我国建立审计机关，实行审计监督制度，这确定了审计的特殊地位。据此，我国的各项审计工作有了新的发展，开始振兴。

1. 政府审计的快速发展

1983 年 9 月 15 日，我国成立了政府审计的最高机关——审计署，在地方设置了各级审计机关，随后公布了一系列审计法规，使政府审计得到快速发展。1988 年，国务院颁布了《中华人民共和国审计条例》；1995 年 1 月 1 日，《中华人民共和国审计法》（以下简称《审计法》）的实施，从法律上进一步确立了政府审计的地位；2000 年 1 月，审计署制定了《中华人民共和国国家审计基本准则》；2003 年 5 月 1 日，审计署实施了《审计署关于内部审计工作的规定》；2004 年 2 月，审计署实施了《审计机关审计项目质量控制办法（试行）》；2006 年 2 月 28 日，第十届全国人民代表大会常务委员会第二十次会议通过了修正的《审计法》，为政府审计的进一步发展奠定了良好基础。从 2000 年 1 月到 2013 年 3 月，审计署又发布了 30 多项审计规定、准则和办法，确立了我国政府审计的地位。至此，政府审计逐步走上了法制化、制度化、规范化的轨道。

2. 注册会计师审计的恢复与发展

在新中国成立初期，注册会计师审计在经济恢复工作中发挥了积极作用，但后来注册会计师审计便悄然退出了经济舞台。

1978 年，党的十一届三中全会以后，我国实行改革开放的政策，把工作重点转移到社会主义现代化建设上来。随着外商来华投资日益增多，1980 年 12 月 14 日，中华人民共和国财政部（以下简称财政部）颁布了《中华人民共和国中外合资经营企业所得税法施行细则》，规定外资企业财务报表要由注册会计师进行审计，这为恢复我国注册会计师制度提供了法律依据。1980 年 12 月 23 日，财政部发布了《关于成立会计顾问处的暂行规定》，标志着我国注册会计师行业开始复苏。1981 年 1 月 1 日，上海会计师事务所宣告成立，成为新中国第一家由财政部批准独立承办注册会计师业务的会计师事务所。我国注册会计师制度恢复后，注册会计师的服务对象主要是三资企业。这一时期的涉外经济法规对注册会计师的业务进行了明确规定。

1984 年 9 月，财政部印发了《关于成立会计咨询机构问题的通知》，明确了注册会计师应当办理的业务。1985 年 1 月通过的《中华人民共和国会计法》规定："经国务院财政部门批准组成会计师事务所，可以按照国家有关规定承办查账业务。"1986 年 7 月 3 日，国务院颁布了《中华人民共和国注册会计师条例》，同年 10 月 1 日起实施。随着会计师事务所数量的增加、业务范围的拓宽，如何对注册会计师和会计师事务所进行必要的管理，有效组织开展职业道德和专业技能教育，加强行业管理，保证注册会计师独立、客观、公正执业，成为行业恢复重建面临的重大问题。1988年 11 月 15 日，财政部成立了中国注册会计师协会，随后各省相继组建省级注册会计师协会。1993年 10 月 31 日，第八届全国人民代表大会常务委员会第四次会议审议通过了《中华人民共和国注册会计师法》（以下简称《注册会计师法》），自 1994 年 1 月 1 日起实施，标志着我国社会审计步入了法制轨道。2006 年 2 月 15 日，财政部发布了《中国注册会计师执业准则》，它与其他法律、法规构成了一个完整的框架体系，标志着我国与国际惯例趋同的注册会计师执业准则体系正式建立。2011 年 11 月，财政部又对其中 38 项准则进行了修订，并于 2012 年 1 月 1 日起实施，保持了与国际准则持续、全面的趋同。2016 年 12 月 28 日，财政部发布了 12 项审计准则，其中 1 项是新制订准则，6 项属于进行实质性修订的准则，另有 5 项属于为保持审计准则体系的内在一致性而进行相应文字调整的准则，自 2017 年 1 月 1 日起分批实施。审计准则的持续发布、完善，有利于规范注册会计师的执业行为，提高审计质量。

3. 内部审计的产生与发展

为加强部门、组织内部的经济监督和管理，1983 年 8 月 2 日，在审计署成立前夕，国务院批准并转发了审计署《关于开展审计工作几个问题的请示》，提出了建立内部审计监督制度的问题。1984 年，我国在各行政机关和企事业单位内部成立了审计机构，进行内部审计监督。1985 年 8 月，审计署颁布了《内部审计暂行规定》，要求政府部门和大中型企事业单位实行内部审计监督制度。1985 年 12 月，审计署颁布了《审计署关于内部审计工作的若干规定》，1995 年、2003 年审计署陆续修订了该文件，有力地推动了我国内部审计向前发展，同时培养了一批有经验的内部审计师。中国内部审计协会于 2003 年发布了《中国内部审计准则》，之后不断进行修订完善，到 2011 年初步形成了内部审计准则体系。为了更好地发挥内部审计准则规范内部审计行为、提升内部审计质量的作用，中国内部审计协会于 2012 年开始对原准则进行了全面、系统的修订，新准则于 2013 年8 月 20 日以公告形式发布，2014 年 1 月 1 日起实施，修订后的内部审计准则体系包括内部审计基本准则、内部审计人员职业道德规范、20 个具体准则和 5 个实务指南。

随着现代企业制度的建立，外部制约机制的加强，内部管理水平的提高，会计电算化的普及，账务表面的错弊越来越少，内部审计的职能逐步从传统的查错防弊转变为内部管理服务，内部审计的重点也从内部检查和监督向内部分析和评价转变。内部审计也不可能只局限于财务领域，它将扩展到企业经营和管理的各个领域。

至此我国形成了政府审计、注册会计师审计、内部审计三位一体的审计监督体系，三者各司其职，在各自的领域实施审计。审计监督体系的构建和完善对我国经济体制改革乃至整个国民经济的发展都起到了良好的促进作用。

任务解析

1. 注册会计师主要从事鉴证业务和相关服务业务（如代编财务报表、代理纳税等）。

2. 根据《中华人民共和国证券法》规定，上市公司的年度财务报表都要聘请注册会计师进行审计，以增强除管理层之外的财务报表使用者对财务报表的信赖程度。注册会计师被称为"经济警察"，他们不仅在资本市场发挥着非常重要的作用，还在社会经济的各个环节发挥着重要作用，小到一个企业的设立和一个项目的结算，大到整个国民经济的运行，都需要注册会计师提供相应的服务。作为投资人，在资本市场选择投资对象时，必须对各企业财务报表所反映的财务状况、经营成果和现金流量进行判断。按我国现行法律，注册会计师可以对上市公司财务报表的合法性、公允性进行鉴证，以保护投资人的利益。

任务二 审计主体、对象和依据

☑ 任务导入

安达信事件始末

安达信会计师事务所（以下简称安达信）成立于 1913 年，由美国芝加哥大学教授亚瑟·安达信创建。其自成立以来，一直以稳健诚信的形象被公认为同行业中的"最佳精英"。1979 年，其成为全球最大的会计专业服务公司，合伙人达 1000 多人。20 世纪 90 年代以后，与普华永道（PWC）、毕马威（KPMG）、安永（EY）、德勤（DTT）一同成为全球五大会计师事务所。到 2001 年，安达信在全球 84 个国家和地区拥有 4700 多名合伙人、85 000 多名员工，业务收入高达 93 亿美元。

从安然公司成立起，安达信就开始负责安然公司的外部审计工作。20 世纪 90 年代中期，安达信与安然签署了一项补充协议，从此安达信包揽了安然公司的内部审计工作。不仅如此，安然公司的咨询业务也全部由安达信负责。2001 年，安然公司向安达信支付的费用达 5200 万美元，其中 2500 万美元是审计费用，2700 万美元是顾问费用，这种做法被指存在利益关联。

安然事件发生后，安然公司承认自 1997 年以来通过非法手段虚报利润达 5.86 亿美元，在与关联公司的内部交易中不断隐藏债务和损失，使管理层从中非法获益。这一消息传出后，立刻引起美国资本市场的巨大动荡，媒体和公众将讨伐的目光对准为安然公司提供审计和咨询服务的安达信。人们纷纷指责其没有尽到应有的职责，并对其独立性表示怀疑。

安达信的一名合伙人在得知美国证监会将对安然公司展开调查后，下令销毁为数不少有关安然公司的文件和电子邮件，这种行为被指有违职业操守，并涉嫌妨碍司法调查。

在安然公司承认自 1997 年来虚报利润达 5.86 亿美元时，安达信发表声明，称安然公司未向安达信提供有关财务资料；在有报道说安然公司因为向安达信支付咨询费用，所以安达信忽略了安然公司潜在的问题时，安达信的首席执行官对此予以坚决否认，并声称安达信为安然公司所做的工作在任何情况下都是恰当的，安然公司的董事会和股东对安达信的工作是了解的；在有媒体指责安达信销毁与安然公司有关的财务资料时，安达信首席执行官召开记者招待会，声称销毁有关安然公司的文件和电子邮件的行为仅仅是注册会计师的个人行为，并不能代表整个会计师事务所的行为，会计师的这种行为也与安达信的价值观和职业道德相背离；在人们指出安然公司的倒闭主要是因为长期财务作假时，安达信表示，安然公司的破产是因为商业经营的失败，并不是因为财务问题。尽管如此，美国国会和政府部门的调查结果表明，安达信的确存在违规行为。

2002 年 6 月 15 日，法院开庭审理安达信一案，陪审团一致认定安达信阻碍政府调查的罪名成立。2002 年 10 月 16 日，美国休斯敦联邦地区法院对安达信妨碍司法调查做出判决，罚款 50 万美元，并禁止它在 5 年内从事业务。安达信的声誉严重受损，业务量也大幅度下降。安达信在陪审团做出决定后就宣布从 2002 年 8 月 31 日起停止从事上市公司的审计业务，此后，2000 多家上市公司客户陆续离开安达信。同时，安达信关闭了全国各地大多数办事处，员工人数也急速下降，面临破产，最后拍卖都无人收购。

（资料来源：中国注册会计师协会官网。）

✅ 具体任务

1. 请从上述资料中找出审计主体、审计客体和审计对象。
2. 按审计主体分类，安达信开展的审计工作属于什么类型的审计？

📋 理论认知

一、审计主体

审计主体是审计行为的执行者，通常包括审计组织和审计人员。审计组织是以审计为专门工作的单位，包括政府审计机关、内部审计机构、社会审计组织。相应地，审计人员包括政府审计人员、内部审计人员、社会审计人员。

（一）政府审计机关和人员

政府审计机关也称国家审计组织，是代表政府行使审计监督权的行政机关，具有法律赋予的权威性。我国的政府审计机关分为中央和地方两级。中央的审计署是我国最高审计机关，在国务院总理的领导下主管全国的审计工作，对国务院各部门和地方各级政府的财政收支、对国家财政金融机构和企事业单位的财务收支进行审计监督。审计署对国务院总理负责，向其报告工作。我国县级以上地方人民政府设立审计局，受本级人民政府和上一级审计机关的双重领导。政府审计机关根据工作需要，可以在重点地区、部门设立派出机构，进行审计监督。政府审计机关履行职责所必需的经费应当列入财政预算，由本级人民政府承担。

1. 政府审计机关的职责

我国政府审计机关的主要职责是对本级人民政府各部门、下级人民政府、国家金融机关、全民所有制事业单位及其他国有单位的财政收支、财务收支的真实性、合法性及经济效益状况进行监督。根据《审计法》，政府审计机关的职责是对以下事项进行审计监督。

（1）本级人民政府各部门和下级人民政府预算的执行情况和决算，以及预算外资金的管理和使用情况。

（2）中央银行的财务收支和国有金融机构的资产、负债和损益。

（3）国家事业单位的财务收支。

（4）国有企业的资产、负债和损益。

（5）国家建设项目预算的执行情况和决算。

（6）政府部门管理的和社会团体受政府委托管理的社会保障基金、社会捐赠资金及其他有关基金、资金的财务收支。

（7）国际组织和外国政府援助、贷款项目的财务收支。

（8）国家法律、法规规定的其他审计事项。

2. 政府审计机关的权限

《审计法》以国家法律的形式赋予政府审计机关如下权限。

（1）有权要求被审计单位按照规定报送预算或财务收支计划、预算执行情况、决算、财务报告，社会审计组织出具的审计报告，以及其他与财政收支或财务收支有关的资料。被审计单位不得拒绝、拖延、谎报。

（2）有权检查被审计单位的会计凭证、会计账簿、会计报表及其他与财政收支或财务收支有关的资料和资产。被审计单位不得拒绝和阻挠。

（3）有权就审计事项的有关问题向有关单位和个人进行调查，并取得有关证明材料。

（4）政府审计机关进行审计时，被审计单位不得转移、隐匿、篡改、毁弃会计凭证、会计账簿、会计报表及其他与财政收支或财务收支有关的资料，不得转移、隐匿所持有的违反国家规定取得的资产。

（5）对被审计单位正在进行的违反国家规定的财政收支或财务收支行为，有权予以制止。

（6）认为被审计单位所执行的上级主管部门有关财政收支或财务收支的规定与法律、法规相抵触的，有权建议其纠正。

（7）有权向政府有关部门通报或者向社会公布审计结果。政府审计机关在通报或公布审计结果时，应该注意保守国家秘密和被审计单位的商业秘密。

3. 政府审计人员

我国政府审计人员是政府审计机关中专门从事政府审计工作的人员，属于国家公务员，其任免是有法定程序的。根据我国《宪法》和有关法律规定，审计署设审计长一名，副审计长若干名。审计长由国务院总理提名、全国人民代表大会决定、国家主席任命，全国人民代表大会有权罢免审计长。副审计长协助审计长的工作，并对审计长负责，副审计长由国务院任命。县级以上各级政府审计厅厅长、审计局局长由本级人民代表大会决定任免，审计厅副厅长、审计局副局长由本级政府任免。审计署特派员的行政级别为正司级，接受审计长的直接领导。

我国政府审计工作要求政府审计人员应当具备与其从事的审计工作相适应的专业知识和业务能力，同时还要具有良好的职业道德。《中华人民共和国国家审计基本准则》规定，我国政府审计人员应当具备下列要求：熟悉有关的法律、法规和政策；掌握审计及相关专业知识；有一定的审计或者其他相关专业工作经验；具有调查研究、综合分析、专业判断和文字表达能力。

我国政府审计人员实行审计专业技术资格制度。审计专业技术资格分为初级审计师、中级审计师、高级审计师。我国对初级和中级审计师以考试的方式评定，对高级审计师以考评结合的方式进行评审。中级审计师只有具备一定的任职年限、具备一定的学历和取得一定的业绩及成果后，才可以参加高级审计师的评审。

（二）内部审计机构和人员

1. 内部审计机构的设置

我国内部审计机构是根据审计法规和其他财经法规的规定设置的，主要包括部门内部审计机构和单位内部审计机构。在地位和层次上，各部门或单位的内部审计机构又有所不同，有的受董事会、总经理直接领导，有的受副厂长、副经理领导，还有的受总会计师领导。一般来说，内部审计机构所隶属的层次越高，独立性和权威性就越高，反之则越低。在审计业务方面，我国内部审计机构要受政府审计机关的指导，这是我国内部审计机构的一个显著特征。

2. 我国内部审计机构的职责

我国《审计法》规定，内部审计机构对本单位及本单位下属单位的下列事项进行内部审计监督。

（1）财务计划或者单位预算的执行和决策。

（2）财政收支、财务收支及其有关的经营管理活动。

（3）经济效益与工作绩效。

（4）内部控制制度的健全性、有效性及风险管理情况。

（5）领导人的任期经济责任。

（6）固定资产建设项目预算、决算。

（7）国家财经法规和部门或单位规章制度的执行。

（8）法律、法规规定及本单位主要负责人或权力机构要求办理的其他审计事项。

3. 内部审计机构的权限

部门或单位的管理层应当给内部审计人员提供充分接近单位的一切记录、财产和有关人员的权利；内部审计机构应能够无约束地去审查和评阅单位政策、计划和记录。在审计管辖范围内，内部审计机构有以下主要权限。

（1）要求报送资料权。根据内部审计工作的需要，内部审计机构有权要求有关部门或单位及时报送计划、预算、决策、报表和有关文件、资料等。

（2）审核检查权。内部审计机构有权审核凭证、账表、决策资料，检查资金和财产，检测财务会计软件，查阅有关文件和资料。

（3）参加会议权。内部审计机构的有关人员有权参加本部门或本单位召开的与审计有关的会议及重要的经营决策会议。

（4）调查取证权。内部审计机构有权对审计涉及的有关事项进行调查，索取有关文件、资料等证明材料。

（5）临时制止权。内部审计机构有权对正在进行的严重违反财经法规、严重损失浪费的行为，经部门或者单位负责人同意后，做出临时制止决定。

（6）临时措施权。对阻挠、妨碍审计及拒绝提供有关资料的，经部门或单位领导人批准，内部审计机构可以采取必要的临时措施，并提出追究有关人员责任的建议。

（7）建议意见权。内部审计机构有权提出改进管理、提高效益的建议和纠正违反财经法规行为的意见。

（8）建议反映权。对严重违反财经法规和造成严重损失浪费的直接责任人员，内部审计机构有权提出处理的建议，并按有关规定，向上级内部审计机构或者政府审计机关反映。

部门或单位可以在管理权限范围内，授予内部审计机构处理、处罚的权限。

4. 内部审计人员

内部审计人员是指在部门或单位内部审计机构从事审计工作的人员，以及部门或单位内设置的专职从事审计工作的人员。任免内部审计机构的负责人，应当事先征求上级主管部门或单位的意见。内部审计人员应当具备必要的专业知识。内部审计人员专业技术资格的考评和聘任，按照国家有关规定执行。

我国已加入了国际内部审计师协会，该协会于1972年开始实行注册内部审计师制度。取得国际注册内部审计师资格需通过以下科目的考试：内部审计基础、内部审计实务、内部审计知识要素。根据中国内部审计协会与国际内部审计师协会的协议，我国已在广州、济南、北京、天津等地举行了该考试。我国已有部分内部审计人员取得了国际注册内部审计师的资格，但国内内部审计人员的资格认定尚未形成一个统一的标准。

（三）社会审计组织和人员

1. 社会审计组织

社会审计组织又称民间审计组织，是依法设立并承办注册会计师业务的组织。在我国，其主要形式是会计师事务所。会计师事务所是指经国家批准、注册登记，依法独立承办鉴证业务（审计、审阅和其他鉴证业务）和相关服务业务（对财务信息执行商定程序、代编财务信息、税务服务、管理咨询、会计服务等）的单位。会计师事务所由注册会计师组成，是承办法定业务的工作机构，实行自收自支、独立核算，并依法纳税。根据《注册会计师法》的规定，我国只准设立有限责任制会计师事务所和合伙会计师事务所，不准个人独资设立会计师事务所和创办股份公司制的会计师事务所。注册会计师只有加入会计师事务所才能承办业务。

2. 社会审计人员

社会审计人员主要是指从事社会审计业务的注册会计师。注册会计师是指取得注册会计师证书并在会计师事务所执业的人员。会计师事务所的行政领导为主任会计师，其专业人员一般由取得注册会计师证书的人员和相应的从业人员组成，也可根据业务需要聘用或临时外聘其他类型的专业技术人员。我国于1991年建立了注册会计师全国统一考试制度，并从1994年起，通过注册会计师全国统一考试成为取得注册会计师资格的前提。根据《注册会计师法》的规定，参加注册会计师全国统一考试成绩合格，加入会计师事务所并从事审计业务工作两年以上者，可以向省、自治区、直辖市注册会计师协会申请注册成为执业注册会计师。

根据《注册会计师法》的规定，注册会计师可承办审计业务和会计咨询、会计服务业务。此外，还可以根据委托人的委托，承办审阅业务、其他鉴证业务和相关服务业务。其中，审计业务是注册会计师的法定核心业务，审计、审阅和其他鉴证业务一般合称为鉴证业务。

对于受托办理的审计、验资等事项，根据业务需要，会计师事务所有权查阅有关会计资料和文件，查看业务现场和设施，向与委托事项有关的单位和个人索取证明资料。社会审计组织向委托人出具审计、查证、鉴定、验资等报告，并对报告内容的真实性和合法性负责。社会审计人员在执行业务时，如发现委托人提供虚假资料或者有违纪行为，应当在出具的报告中提出。委托人示意社会审计人员进行不实或者不当证明时，社会审计人员有权拒绝出具有关报告。社会审计人员对在执行业务过程中知悉的商业秘密，负有保密义务。

目前，我国政府审计机关、内部审计机构和社会审计组织相互分工协作，共同构成了我国的审计监督体系。三者相互独立，服务于不同的审计对象，有不同的审计目标，在不同审计领域中各司其职，不可相互替代，因此不存在主导和从属关系。同时，三类审计机构又是相互联系的，政府审计机关可以将其审计范围内的审计事项委托给内部审计机构或社会审计组织办理；政府审计机关和社会审计组织进行审计的时候，需要向内部审计机构了解情况，充分利用内部审计机构的工作结果，从而节约审计时间，提高审计的效率和效果；内部审计机构进行审计时，可以充分利用政府审计机关和社会审计组织提供的相关审计资料，以提高内部审计的可靠性和权威性。

二、审计对象

（一）一般审计对象

审计对象是指审计监督的范围和内容。一般来说，审计对象包括两个方面。

1. 被审计单位的财政收支、财务收支及其有关的经营管理活动

无论什么类型的审计，都要求以被审计单位的财政收支、财务收支及其有关的经营管理活动为审计对象，对其是否真实、合法、合规及其效益情况进行检查和评价，以便对受托经济责任的履行情况进行鉴证。

2. 被审计单位的会计资料及其他相关资料

会计资料包括反映被审计单位财政收支及财务收支的会计凭证、会计账簿、会计报表等。其他相关资料包括相关的计划、预算、经济合同、决策方案、经济活动分析资料，以及计算机的磁盘、光盘等会计信息载体。

（二）不同审计主体的具体审计对象

1. 政府审计的审计对象

根据《宪法》和《审计法》的规定，政府审计的审计对象主要如下：中央和各级政府的财政预算执行情况和结果；国家基本建设项目预算执行情况和结果；国有及国有控股企业、国有金融企业的资产、负债和损益情况；行政、事业单位的财政预算资金的领拨、使用及其结果；其他应当接受审计的部门和单位，以及上述部门和单位的有关人员，审计的内容是这些部门和单位的财政收支和财务收支。

2. 内部审计的审计对象

根据《审计署关于内部审计工作的规定》，内部审计的审计对象是本部门、本单位及其所属单位的会计账目、相关资产，以及所反映的财政收支和财务收支活动。同时，还包括本部门、本单位与境内外经济组织兴办合资、合作经营企业及合作项目等的合同执行情况、投入资金、财产的经营状况及其效益。

3. 社会审计的审计对象

根据《注册会计师法》及有关规章的规定，我国注册会计师的审计对象主要是社会审计组织接受政府审计机关、企事业单位和个人的委托，承办的财务收支的审计查证事项、经济案件的鉴证事项、注册资金的验证和年检，以及会计、财务、税务和经济管理的咨询服务等。

尽管政府审计、内部审计、社会审计的审计对象有所不同，但从内容和范围上说，一般均包括被审计单位的财政收支、财务收支及其有关的经营管理活动，以及相关的会计资料和其他有关资料。会计资料和其他有关资料是审计对象的表象，其所反映的财政收支、财务收支及相关的经营管理活动是审计对象的本质。

三、审计依据

审计依据是指审计主体对审计客体进行判断和评价的根据，即审计人员据以得出审计结论、提出处理意见和建议的客观尺度。审计依据具有层次性、相关性、地域性、时效性等特点。

　　审计依据可按不同的标准进行分类，不同种类的审计依据有着不同的用途。对审计依据进行适当的分类，有利于审计人员根据需要选用恰当的审计依据。

（一）按来源渠道分类

1. 外部审计依据

　　外部审计依据包括国家制定的法律、法规、条例、政策、制度；地方政府、上级主管部门颁发的规章制度和下达的通知、指示文件等；涉外被审事项所引国际惯例的条约等。

2. 内部审计依据

　　内部审计依据是指被审计单位制定的经营方针、任务目标、计划预算、经济合同、各种定额、各项指标和各项规章制度等。

（二）按性质内容分类

1. 法律、法规

　　法律是国家立法机关依照立法程序制定和颁布的，由国家强制保证执行的行为规范的总称，如《宪法》《会计法》《审计法》等。法规是由国家行政机关制定的各种法令、条例、规定等，如《全民所有制工业企业转换经营机制条例》《中华人民共和国价格管理条例》《企业会计准则》《企业财务通则》等。

2. 规章制度

　　规章制度主要包括国务院各部委根据法律和国务院的行政法规制定的规章制度；各省、自治区、直辖市根据法律和国务院的行政法规制定的规章制度；被审计单位上级主管部门和被审计单位内部制定的各种规章制度等。例如，国家主管部门制定的各项财务会计制度，单位内部制定的各项内部控制制度等。

3. 预算、计划、合同

　　预算、计划、合同主要包括国家机关事业单位编制的各种经费预算，企业单位制定的各种经济计划，被审计单位与其他单位签订的各种经济合同等。

4. 业务规范、技术经济标准

　　业务规范、技术经济标准包括国家经济管理部门、行业组织及企业制定的各种经济定额指标和技术经济标准，如人员配备定额、工作质量标准、原材料消耗定额、工时定额、能源消耗定额、设备利用定额等。此外，还包括企业制定的管理条例等。

任务解析

　　1. 在"任务导入"的案例中，审计主体为安达信，审计客体是安然公司，审计对象为安然公司的会计资料和其他资料及这些资料所反映的经济活动。

　　2. 按审计主体分类，安达信开展的审计工作属于注册会计师审计，或称为社会审计（民间审计）。

任务三　审计的特征、职能和作用

任务导入

改革开放后，我国注册会计师行业得到了迅速的发展。在公司上市前的审计及上市后的年报审计过程中，注册会计师的专业服务发挥着不可替代的作用。

1. 作为资本市场的"把关者"，为投资者降低风险

中国注册会计师协会表示，2012 年 2 月上旬至 3 月底，其分别以频繁变更审计机构的上市公司、处在盈亏边缘的上市公司、业绩大幅波动的上市公司等 9 类公司的年报审计风险防范为主题，先后与 18 家证券资格会计师事务所进行风险约谈，涉及上市公司 20 家。

会计师事务所审计报告显示，资本市场上存在不少"问题公司"。截至 2012 年 4 月 25 日，在已披露年报的沪深两市 2162 家上市公司中，已有 72 份年报被打上"非标"烙印。

如果说保荐人是公司上市之前的把关者，那么注册会计师事务所就是公司上市后的把关者。

2011 年是我国现行《中华人民共和国国家审计准则》实施的第一年，其出台的本意是提高财务信息质量，降低投资者的决策风险。

上市公司在年报中披露的财务报表由上市公司自己编制，其真实性、准确性与完整性，需要会计师事务所作为独立方进行审计。审计后，会计师事务所要出具审计报告，报告分为两大类：一种是标准无保留意见的审计报告；另一种是非标准意见的审计报告（简称非标意见）。前者表示注册会计师认为财务报表质量合格；而后者表示会计师认为财务报表质量不合格。

已被盖上"非标"印记的年报是已肯定存在或轻或重的财务问题的。即使审计机构并未给予更多的或强调或建议的词汇，但在专业人士看来，审计机构给出的"非标"意见就如同券商给出的"中性"评价一样已是明显暗示。

2. 注册会计师的作用日益彰显

20 世纪 80 年代，改革开放促进了我国注册会计师行业的发展，而在上海、深圳两个证券交易所建立并发展起来后，注册会计师行业更是得到了快速的发展。

在公司上市前的审计及上市后的年报审计过程中，注册会计师的专业服务发挥着不可替代的作用。随着上海和深圳两个证券交易所规模的不断扩大，经济体系对审计的需求也越来越强。

中国注册会计师协会的历史资料显示，从 2001 年到 2005 年，注册会计师每收 1 元审计费用带来约 470 元的纠错成效；遏制了企业转微亏为微利的企图，微利企业减少了 64 家，降幅达 40%，亏损企业增加了 160 家，增幅达 20%；在挤压利润水分方面，避免了约 5500 亿元的股市泡沫，按市盈率计算则挤压了 47 000 亿元的股市泡沫；注册会计师的把关挡住了至少 313 家公司的配股企图，股市"圈钱"因此减少了约 1300 亿元，有效地保证了再融资的秩序；制止了至少 182 家公司虚增利润，甩掉 ST、PT 帽子的企图；为国家追调应收税金 180 多亿元等。

注册会计师被称为"经济警察"，不仅在资本市场发挥着至关重要的作用，还在社会经济的各个环节发挥着非常重要的作用，小到一个企业的设立和一个项目的结算，大到整个国民经济的运行，都需要注册会计师提供相应的服务。

（资料来源：吴青. 审计是股市中的"经济警察" [N].证券日报，2012-04-28.）

✓ 具体任务

1. 审计有哪些特征?
2. 审计有哪些职能?

✓ 理论认知

一、审计的特征

（一）独立性

独立性是审计的本质特征，也是保证审计工作顺利进行的必要条件。审计的独立性是指审计机构和人员依法独立行使审计监督权，不受其他行政机关、社会团体和个人的干涉。审计的独立性主要表现在以下几个方面。

1. 组织独立

为确保审计机构独立地行使审计监督权，审计机构必须是独立的专职机构，应单独设置，不仅独立于被审计单位和审计委托人，同时也独立于其他行政组织机构，这样才能更有效地进行审计监督。

2. 人员独立

审计人员必须依法审计，客观公正。为确保审计人员能够实事求是地监督、鉴证与评价，审计人员与被审计单位应当不存在任何经济利益关系，不参与被审计单位的经营管理活动；如果审计人员与被审计单位或者审计事项存在利害关系，应当回避。

3. 工作独立

审计机构和审计人员在工作中应保持独立，不受任何部门、单位或个人的干涉，依法独立行使审计监督权，自觉抵制各种干扰，进行客观公正的审计。

4. 经济独立

审计机构应有自己专门的经费来源或一定的经济收入，以保证有足够的经费独立自主地进行审计工作，不受被审计单位的牵制。这是保证审计机构和审计人员独立的物质基础。

（二）权威性

审计的独立性决定了审计的权威性。审计的权威性是保证审计机构有效行使审计监督权的必要条件，即审计机构具有法律的权威性。审计机构的权威性是指审计机构在《宪法》中所明确的法律地位，其依法独立行使审计监督权，不受任何干涉。

审计的权威性主要表现在两个方面。一方面，审计机构的地位和权力由法律明确规定。为了有效地保证审计的权威性，我国的《宪法》《审计法》《注册会计师法》等对政府审计机关、内部审计机构、社会审计组织的设立、职权范围都做出了明确规定，这些都充分体现了审计机构的法定地位和权威性。一些国际组织通过协调各国的审计制度、准则及制定统一的标准，使审计成为一项世界性的专业服务，提高了审计的权威性。审计机构依法行使审计监督权时受法律保护，如被审计单位拒绝、阻碍审计时，或有违反国家规定的财政收支、财务收支行为时，审计机构有权做出处理或处罚的决定。

另一方面，审计人员自身工作树立的权威。审计人员以独立于企业所有者和经营者的第三者身份进行工作，且取得审计人员资格必须通过国家统一规定的严格考试或考核，因此他们具有较高的专业知识，同时审计执业规范体系对审计人员执行的审计工作也进行了严格要求。这就保证了其所从事的审计工作具有准确性、科学性。因此，审计人员的工作具有一定的社会权威性。

（三）公正性

与权威性密切相关的是审计的公正性。从某种意义上说，没有公正性，也就不存在权威性。审计的公正性反映了审计工作的基本要求。

审计人员应站在第三者的立场上，进行实事求是的检查，做出不带任何偏见的、符合客观实际的判断，并做出公正的评价、进行公正的处理，以正确地确定或解除被审计单位的经济责任，审计人员只有同时保持独立性、公正性，才能取信于委托者及社会公众，才能真正树立审计权威的形象。

二、审计的职能

审计的职能是指审计能够完成任务、发挥作用的内在功能。审计的职能是审计自身固有的，但并不是一成不变的，它是随着社会经济的发展、经济关系的变化、审计对象的扩大、人类认识能力的提高而不断加深和扩展的。

（一）经济监督职能

监督是指监察和督促。经济监督职能是审计传统的、首要的职能。无论是传统审计，还是现代审计，其基本职能都是经济监督职能。不仅政府审计具有经济监督职能，社会审计和内部审计也具有经济监督职能。

审计的经济监督职能主要包括监察和督促被审计单位的经济活动在规定的范围内、在正常的轨道上进行，监察和督促有关经济责任者忠实地履行经济责任，同时揭露违法违纪、稽查损失浪费、查明错误弊端、判断管理缺陷和追究经济责任等。审计工作的核心是通过审核检查，查明被审计事项的真相，然后对照一定的标准，得出被审计单位经济活动是否真实、合法、有效的结论。从依法检查，到依法评价，再到依法做出处理决定及督促决定的执行，无不体现了审计的经济监督职能。

（二）经济鉴证职能

审计的经济鉴证职能是指审计机构和审计人员对被审计单位财务报表及其他经济资料进行检查和验证，确定其财务状况、经营成果和现金流量是否真实、公允、合法、合规，并出具书面证明，以便为审计委托人提供确切的信息，并取信于社会公众的一种职能。

审计的经济鉴证职能包括鉴定和证明两个方面。例如，会计师事务所接受中外合资经营企业的委托，对其投入资本进行验资，对其年度财务报表进行审查，或对其合并、解散事项进行审核，并出具验资报告、查账报告和清算报告等，均属于经济鉴证职能。再如，政府审计机关对国有企业厂长（经理）的离任审计，对承包、租赁经营的经济责任审计，对国际组织的援助项目和世界银行贷款项目的审计等，也都属于经济鉴证职能。

（三）经济评价职能

审计的经济评价职能包括评定和建议两个方面。审计的经济评价职能是指审计机构和审计人员对被审计单位的经济资料及经济活动进行审查，并依据一定的标准对所查明的事实进行分析和判断，肯定成绩，指出问题，并提出改善管理、提高效率和效益的管理建议。例如，审计人员通过审查，评定被审计单位的经营决策、计划、方案是否切实可行、是否科学先进、是否得到贯彻执行，评定被审计单位内部控制制度是否健全和有效，评定被审计单位各项会计资料及其他经济资料是否真实、可靠，评定被审计单位各项资源的使用是否合理、有效等，并根据评定的结果，提出改善经营管理的建议。评定的过程也是肯定成绩、发现问题的过程，建议往往是根据存在的问题提出的，以利于被审计单位纠正错误、改进工作。

三、审计的作用

审计的作用是指完成审计工作后所产生的客观社会效果。审计的职能决定审计的作用，审计的作用体现审计的职能。

（一）制约作用

制约作用又称防护作用，是指审计通过揭露和制止、处罚等手段，来制约经济活动中的各种消极因素，以促进各项经济责任的正确履行和社会经济的健康发展。审计的制约作用主要包括以下内容。

（1）揭露背离社会主义方向的经营行为。党和国家的各项方针、政策及法规制度是各企事业单位能够按照社会主义方向正确经营的保证。审计不仅能反映被审计单位方针、政策和法规制度的贯彻执行情况，还能揭露和制止违反国家法规的行为，以利于社会主义经济的健康发展。

（2）揭露经济资料中的错误和舞弊行为。会计资料及其他各种经济资料应该真实、正确、合理、合法地反映经济活动。但不少单位的经济资料不仅存在错误，而且存在着有意造假以掩饰非法经济行为的现象。审计不仅可以揭露出经济资料的错误和舞弊，还可以揭发经济业务中的错误和舞弊行为，从而可以进一步追究有关负责人的责任，考查有关管理人员的政治、业务素质。

（3）揭露经济生活中的各种不正之风。无论是财政财务审计，还是经济效益审计，都可以通过对经济活动的检查监督，揭露出社会上各种各样不正当的经济关系、经济思想和经济行为，并进行必要的处理，提出改正意见，促进廉政建设。

（4）打击各种经济犯罪活动。各种审计特别是财政财务审计，可以发现和查明贪污、盗窃、行贿、受贿、偷税、漏税、骗税、走私、造假账、化预算内为预算外、化大公为小公和化公为私等经济犯罪行为，并配合党的纪律检查工作、行政监察工作，法院、检察机关的司法侦查工作，以及各种临时检查工作，进行查证与鉴定，以充分发挥审计的特有作用。

（二）促进作用

促进作用又称建设作用，是指审计通过调查、评价、提出建议等手段来促进、服务宏观经济调控，促进微观经济管理。审计的促进作用包括以下内容。

（1）促进经济管理水平和经济效益的提高。通过财政财务审计和经济效益审计，可以发现影响被审计单位财务状况和经营成果的各种因素，并针对问题提出切实可行的改善措施，有利于被审计单位改善技术条件、提高人员管理素质，进一步挖掘潜力，提高经济效益。

（2）促进内部控制制度的建设和完善。对内部控制制度进行审计和评价，可以发现制度本身的建设程度、履行情况及责任归属等问题，并向有关方面反馈信息，以促进内部控制制度的进一步建设和完善。

（3）促进社会经济秩序的健康运行。审计机构和审计人员通过微观审计和宏观调查，可以发现被审计单位在生产经营活动中的违法乱纪和破坏正常经济秩序的现象和行为，审计机构和审计人员不仅有向有关领导和宏观管理部门反映的义务，而且有提出处理意见和改进措施的权力，这就有利于维护正常的经济秩序，确保国民经济的健康发展。

（4）促进各种经济利益关系的正确处理。通过审计，审计机构和审计人员可以发现国家、集体、个人之间经济利益关系方面存在的问题，可以通过信息反馈和提出一些改进意见，协调各方面的经济利益关系，使权责利的结合更加紧密，同时有助于解决有关矛盾。

任务解析

1．审计的特征包括独立性、权威性和公正性，其中独立性是审计的基本特征，包括机构独立、人员独立、工作独立、经济独立。

2．审计具有经济监督、经济鉴证和经济评价的职能。

任务四　审计的分类

任务导入

一天，小明在家看电视节目时，以下两则新闻引起了他的注意。

（1）审计长受国务院委托，向第十三届全国人民代表大会常务委员会第十一次会议作了《国务院关于2018年度中央预算执行和其他财政收支的审计工作报告》。审计结果表明，2018年经济社会发展的主要任务圆满完成，决胜全面建成小康社会取得新的重大进展。他表示，对于审计发现的问题，有关地方、部门和单位正在积极整改。下一步，审计署将认真督促整改，国务院将在年底前向全国人民代表大会常务委员会专题报告整改情况。

（2）中国注册会计师协会山东分会公布了《关于对2018年度注册会计师行业检查查出问题处理决定的通报》，根据行业自律惩戒有关规定，经惩戒委员会超过三分之二的委员表决确定，对存在问题较多的6家会计师事务所给予行业惩戒。

中国注册会计师协会山东分会在业务项目检查时发现的共性问题如下。

① 审计报告后附财务报表附注的内容披露不够完整。

② 三级质量控制复核表中缺少二级复核记录。

③ 审计工作底稿中未附初步业务活动、风险评估、业务完成类工作底稿或过于简单，现金流量表相关内容审计工作底稿缺失。

④ 银行存款、往来项目未实施函证及替代测试程序，实物资产的监盘程序不到位，损益类项目的发生检查、截止测试、分析性复核等审计工作程序实施不够完整，财务报表主要项目获取审计证据不充分。

具体任务

根据以上新闻内容，请为小明解答以下问题。

1．审计署进行的审计按照审计主体划分属于哪种审计？
2．注册会计师对上市公司财务报表的审计按照审计实施的时间划分属于哪种审计？
3．注册会计师对上市公司财务报表的审计按照审计的动机划分属于哪种审计？

理论认知

为加深对审计的理解和认识，把握审计实质，做好审计工作，可以从不同角度对审计进行分类。

一、审计的基本分类

（一）按照审计主体分类

按照不同的审计主体，审计可分为政府审计、内部审计和社会审计。

1．政府审计

政府审计又称国家审计，是指由政府审计机关实施的审计。中华人民共和国审计署及派出机构和地方各级人民政府审计厅、审计局所组织和实施的审计均属于政府审计。政府审计主要包括两方面的内容：一是政府财政收支审计，是指对与各级政府收支有关的机关、事业单位的财政收支活动和会计资料进行审计监督；二是国有企业审计，是指对国家拥有、控制或经营的企业进行财务或管理上的审计。政府审计具有法定性、强制性、权威性和无偿性等特点。

2．内部审计

内部审计是指由部门或单位内部独立于财会部门之外的专职审计机构对本部门、本单位及其所属单位的经营活动的真实性、合法性、效益性及内部控制制度的健全性、有效性进行审查和评价的一种监督活动。内部审计具有内向性、广泛性、经常性、及时性和审计结论非强制性等特点，其独立性较弱。

3．社会审计

社会审计又称注册会计师审计、民间审计，是指由依法成立的社会审计组织（会计师事务所）接受委托，依法对被审计单位的财务收支和经济效益进行的审计，其审计意见具有法律效力。社会审计本质上是一种中介服务，具有双向独立性、受托性、有偿性等特点。

政府审计、内部审计和社会审计共同构成了我国的审计监督体系。在审计监督体系中，三者既相互联系，又各自独立，各司其职，它们各有特点，不可相互替代，因此不存在主导和从属的关系。

（二）按照审计的目的和内容分类

按照审计的目的和内容，审计可分为财政财务审计、财经法纪审计、经济效益审计和经济责任审计。

1. 财政财务审计

财政财务审计又称传统审计，是指审计机构对国家机关、企事业单位的财政收支、财务收支及其有关的经营管理活动的会计资料进行的审计，目的是查证国家机关、企事业单位的财政收支及财务收支是否合法，相关的会计资料是否真实、正确。

2. 财经法纪审计

财经法纪审计是指政府审计机关对严重违反财经法纪的行为所进行的专案审计。目的是保障国家与集体财产的安全、完整，维护国家与集体的经济利益，保证国家财经法纪的贯彻执行。

3. 经济效益审计

经济效益审计是指审计机构对被审计单位或项目的经济活动进行审计，目的是确定经济效益并做出评价，以寻求提高经济效益的途径。经济效益审计以事前审计、事中审计为主，不仅由专业审计人员负责实施，还要有工程技术等方面的专家参与，同时要运用现代管理的一些先进方法。

4. 经济责任审计

经济责任审计是指为审查和评价经营者任职期内经济责任的履行情况所进行的审计。其主要目的是审查经营者任职期内在本部门、本单位经济活动中应当承担的责任，为考核任用干部或兑现承包合同提供参考依据。由于经济责任审计涉及面广，在内容上具有综合性。

二、审计的其他分类

（一）按照审计的实施时间分类

按照审计的实施时间，审计可分为事前审计、事中审计和事后审计。

1. 事前审计

事前审计是指在经济业务发生以前所进行的审计，即对被审计单位编制的计划、预算、方案及对基本建设项目和固定资产投资决策的可行性研究等进行的审计。

2. 事中审计

事中审计是指对计划、预算、方案或投资项目执行过程中所发生的经济活动进行的审计，便于及时发现错误并加以纠正，保证经济活动的合法性、合理性和有效性。

3. 事后审计

事后审计是指在经济业务完成后进行的审计，如财务报表审计、领导干部在任职期内的经济责任审计等。事后审计的适用范围较广，其主要目的是监督和评价被审计单位的财务收支及有关经济活动、会计资料和内部控制是否符合国家财经法规与会计制度的规定，从而确定或解除被审计单位的受托经济责任。

（二）按照审计的范围分类

按照审计的范围，审计可分为全部审计和局部审计。

1. 全部审计

全部审计又称为全面审计，是指对被审计单位在一定时期内的全部经济活动及其有关的资料进行的全面审计。进行全部审计时，可以只对被审计单位一定时期内的各项财务收支进行审计，也可既对财务收支进行审计又对经济效益进行审计。全部审计的优点是审查详细彻底，容易查出问题，有利于促进被审计单位改善经营管理，提高经济效益。缺点是工作量大、费时费力、审计成本较高。一般仅适用于规模较小、会计资料较少的行政机关和企事业单位，或内部控制系统极不健全、存在问题较多的单位。

2. 局部审计

局部审计是指对被审计单位部分经济活动和部分经济核算资料进行的审计，如一些特殊审计、重点审计均属于这一类。局部审计可以对某一相同性质的经济活动进行审计，如费用审计；也可以对它的某一方面进行审计，如对费用计算真实性进行审计，或对费用开支有效性进行审计等。局部审计的优点是范围小、审查重点突出、针对性强、省时省力、审计成本低。缺点是覆盖面小、容易遗漏问题。

（三）按照审计是否有确定的时间分类

按照审计是否有确定的时间，审计可分为定期审计和不定期审计。

1. 定期审计

定期审计是指每到一定时间就要进行的审计，如上市公司的年度财务报表审计等。

2. 不定期审计

不定期审计是指不确定审计时间，临时进行的审计，如根据司法机关的委托，对某案件进行专案审计等。

（四）按照审计执行的地点分类

按照审计执行的地点，审计可分为报送审计和就地审计。

1. 报送审计

报送审计，或称送达审计，是指被审计单位将各项预算、计划、会计决算报表和其他有关资料等，按照规定的日期（月、季、年）送达审计机构进行的审计，一般适用于行政事业单位的经费收支审计。优点是不用到现场审计，节省了人力、物力，提高了审计效率。缺点是不易从报送资料中发现被审计单位的实际情况。

2. 就地审计

就地审计是指由审计机构指派审计人员到被审计单位进行的现场审计。按不同情况，就地审计又可分为常驻审计、专程审计和巡回审计三种。常驻审计是指审计机构指派审计小组或审计人员常驻被审计单位所在地进行的经常性审计，如审计署驻各部委审计机构的审计；专程审计是指审计机构根据审计安排，为查明有关问题而指派审计小组或审计人员专程到被审计单位进行的有一定时间和空间限制及特定审计目的的审计；巡回审计是指审计机构根据计划安排和具体需要轮流对若干个被审计单位进行的审计。就地审计既可以减少资料的往返传递，节省时间，保证资料的安全、完整，又便于审计小组或审计人员深入现场，调查了解实际情况，是我国审计中普遍采用的一种审计类型。

（五）按照审计的动机分类

按照审计的动机，审计可分为法定审计和非法定审计。

1. 法定审计

法定审计又称强制审计，是指根据国家法律的规定，无论被审计单位是否愿意，都必须进行的审计。例如，对财政收支的审计、对上市公司的年报审计等。

2. 非法定审计

非法定审计又称任意审计，是指法律未予明确规定必须实施，由被审计单位根据自身需要，自主要求审计机构对其进行的审计。例如，企业为取得银行贷款，委托注册会计师对其财务报表进行的审计等。

（六）按照审计工作开始时是否通知被审计单位分类

按照审计工作开始时是否通知被审计单位，审计可分为预告审计和突击审计。

1. 预告审计

预告审计是指审计机构在审计工作开始前，预先通知被审计单位的审计，多适用于财务审计和经济效益审计。

2. 突击审计

突击审计是指审计机构事先不通知被审计单位，而是以突击形式进行的审计，其目的是防止被审计单位或人员事先对其违法行为进行掩盖或弥补，多适用于财经法纪审计。

（七）按照审计依据和使用的技术与方法分类

按照审计依据和使用的技术与方法，审计可分为账项导向审计、制度基础审计和风险导向审计。

1. 账项导向审计

账项导向审计亦称账项基础审计或账表导向审计，是指围绕着会计凭证、会计账簿和会计报表的编制过程进行的审计。它是出现较早的一种审计模式，要求对账户余额进行直接、全面且详细的审查，而不考虑被审计单位的内部控制制度和风险情况，其审计目标是对被审计单位的会计资料有无舞弊现象发表意见，适用于评价简单的受托经济责任。

2. 制度基础审计

制度基础审计亦称系统导向审计，其强调对内部控制制度的评价，把被审计单位现行的内部控制制度作为审计的起点和重点，着重于从根本上研究和评价会计数据赖以产生的条件而不拘泥于个别会计数据的复核和检查，使审计人员的精力和注意力从浩繁的会计数据中摆脱出来，提高了审计工作的质量和效率。制度基础审计是由账项导向审计发展起来的较高阶段的审计。

3. 风险导向审计

风险导向审计是以对审计风险的评价作为一切审计工作的出发点并使其贯穿于审计全过程的一种现代审计模式，其根本目标是将审计风险降至可接受的低水平。风险导向审计是高风险社会的产物，是现代审计方法的最新发展。

任务解析

1. 审计署进行的审计按照审计主体划分属于政府审计。
2. 注册会计师对上市公司财务报表的审计按照审计实施的时间划分属于事后审计。
3. 注册会计师对上市公司财务报表的审计按照审计的动机划分属于法定审计。

复习自测题

一、单选题

1. 审计产生的客观基础是（   ）。

    A．受托经济责任关系   B．生产发展的需要

    C．会计发展的需要   D．管理的现代化

2. （   ）是审计的本质特征，也是保证审计工作顺利进行的必要条件。

    A．公正性   B．独立性

    C．权威性   D．真实性

3. 一般来说，实行有偿审计的是（   ）。

    A．政府审计机关   B．地方审计机关

    C．社会审计组织   D．内部审计机构

4. 按照审计主体，审计可分为（   ）。

    A．财政财务审计、经济效益审计、经济责任审计

    B．强制审计、任意审计

    C．政府审计、内部审计、社会审计

    D．报送审计、就地审计

5. 政府审计属于（   ）。

    A．任意审计   B．强制审计

    C．专项审计   D．突击审计

6. 社会审计组织接受委托人的委托，按照委托人的要求进行的财务审计或经济效益审计，属于（   ）。

    A．强制审计   B．任意审计

    C．送达审计   D．不定期审计

7. 在业务上指导和管理社会审计组织的是（   ）。

    A．政府审计机关   B．被审计单位的股东

    C．被审计单位的主要投资人   D．行业协会

8. 我国第一个独立的政府审计机关是（　　）。

    A．西周的宰夫　　　　　　　　　　B．隋唐的比部

    C．宋朝的审计院　　　　　　　　　　D．新中国的审计署

9. 与政府审计相比，内部审计的特点是（　　）。

    A．法定性　　　　B．强制性　　　　C．有偿性　　　　D．经常性

10. 由审计机构派出审计小组或审计人员到被审计单位所在地进行的审计是（　　）。

    A．送达审计　　　B．初次审计　　　C．任意审计　　　D．就地审计

11. 被审计单位按照审计机构的要求，将需要审查的全部资料按时送交审计机构所进行的审计是（　　）。

    A．就地审计　　　B．报送审计　　　C．定期审计　　　D．详细审计

12. 下列说法中，表述正确的是（　　）。

    A．政府审计是独立性最强的一种审计

    B．社会审计仅对财务报表进行审计

    C．经济合同纠纷审计属于定期审计

    D．财务报表审计属于事后审计

13. 审计第二关系人是指（　　）。

    A．审计人　　　　B．被审计单位　　　C．审计委托人　　　D．审计机构

14. 在秦汉时期，（　　）制度日趋完善。

    A．御史　　　　　B．监察　　　　　C．上计　　　　　D．下计

15. 对被审计单位一定期间内的财务收支及有关的经济活动的各个方面及资料都进行审计，这种审计为（　　）。

    A．财务审计　　　B．全部审计　　　C．内部审计　　　D．专项审计

16. 我国审计制度经历了一个漫长的发展过程，大体可分为（　　）。

    A．五个阶段　　　B．四个阶段　　　C．六个阶段　　　D．三个阶段

17. （　　）最能体现审计的经济评价职能。

    A．政府审计　　　B．内部审计　　　C．经济效益审计　　D．突击审计

18. 宋代审计司建立后，"审计"一词便成为（　　）的专用名词。

    A．经济司法　　　B．经济执法　　　C．财政监督　　　D．财会审核

19. 审计行为产生和发展的根本动力在于评价（　　）。

    A．经济利益　　　B．剥削　　　　　C．受托经济责任　　D．统治

20. 审计的首要职能是（　　）。

    A．经济监督　　　B．经济评价　　　C．经济监察　　　D．经济司法

二、多选题

1. 总结国内外审计实践，审计独立性应体现在（　　）。

    A．组织独立　　　B．人员独立　　　C．工作独立　　　D．经济独立

2. 下列职能不属于我国审计职能范畴的是（　　）。

    A．经济监督　　　B．经济司法　　　C．经济鉴证　　　D．经济预测

3. 审计的作用可以概括为（　　）。

    A．公允性作用　　B．制约作用　　　C．促进作用　　　D．综合性作用

4．根据审计关系理论，与审计对象息息相关的是（　　　）。

    A．审计主体　　　　B．审计客体　　　　C．审计原则　　　　D．审计地位

5．按照审计主体，审计可分为（　　　）。

    A．政府审计　　　　B．内部审计　　　　C．社会审计　　　　D．合规审计

6．审计关系人主要包括（　　　）。

    A．审计委托者　　　B．审计客体　　　　C．审计法规　　　　D．审计主体

7．按照审计执行的地点，审计可分为（　　　）。

    A．报送审计　　　　B．专项审计　　　　C．民间审计　　　　D．就地审计

8．按照审计的目的和内容，审计可分为（　　　）。

    A．政府审计　　　　B．经济效益审计　　C．财经法纪审计　　D．财政财务审计

9．社会审计组织对上市公司年度财务报表的审计属于（　　　）。

    A．财政财务审计　　B．报送审计　　　　C．定期审计　　　　D．事后审计

10．我国审计经历了萌芽、（　　　）几个发展阶段。

    A．初步确立　　　　B．日臻完善　　　　C．停滞不前　　　　D．近代演进

三、判断题

1．西周是我国政府审计制度初步形成的阶段，社会审计和内部审计也在那时产生。（　　　）

2．"宰夫"一职标志着我国政府审计的萌芽。（　　　）

3．自20世纪30年代以后，我国首次在一些大城市相继成立了会计师事务所，社会审计得到了发展。（　　　）

4．中华人民共和国成立以后，国家没有设置独立的审计机构，审计制度直到20世纪80年代才得以恢复和重建。（　　　）

5．审计的独立性是审计的最根本的属性。（　　　）

6．报送审计主要适用于政府审计机关对大型企业的审计。（　　　）

7．受托经济责任关系是审计产生的客观基础。（　　　）

8．审计监督体系由政府审计、内部审计和社会审计三类审计共同构成，在该体系中，政府审计是主导，内部审计是基础，社会审计是补充。（　　　）

9．1980年，财政部颁发了《关于成立会计顾问处的暂行规定》，这标志着我国注册会计师制度的恢复。（　　　）

10．一般来说，对被审计单位存在的贪污、受贿案件而进行的财经法纪审计等，属于不定期审计。（　　　）

项目二

注册会计师执业准则、职业道德规范与法律责任

→ 知识目标

1. 了解注册会计师执业准则体系。
2. 理解注册会计师执业准则的作用。
3. 掌握注册会计师职业道德的基本原则。
4. 掌握注册会计师法律责任的成因、种类。

技能目标

1. 能区别注册会计师提供的鉴证业务及其他服务。
2. 能够运用职业道德规范结合实际判断出注册会计师的行为是否符合职业道德规范。
3. 能对注册会计师法律责任的成因进行分析判断。

引导案例

银广夏事件中的注册会计师

银广夏公司全称为广夏（银川）实业股份有限公司，现证券简称为 ST 广夏。1994 年 6 月上市的银广夏公司，曾因其骄人的业绩和诱人的前景而被称为"中国第一蓝筹股"。2001 年 8 月，《财经》杂志发表"银广夏陷阱"一文，银广夏公司虚构财务报表的行为被曝光。专家认为，天津广夏对德国诚信贸易公司的出口为"不可能的产量、不可能的价格、不可能的利润、不可能的产品"，以天津广夏萃取设备的产能，即使通宵达旦运作，也生产不出所宣称的数量；天津广夏萃取产品出口价格高到近乎荒谬；对德出口合同中的某些产品，根本不能用二氧化碳超临界萃取设备提取。

2002 年 5 月，中国证监会对银广夏公司的行政处罚决定书认定，银广夏公司自 1998 年至 2001 年累计虚增利润 7.72 亿元，从原料购进到生产、销售、出口等环节，伪造了很多单据，包括销售合同和发票、银行票据、海关出口报关单和所得税免税文件。2001 年 9 月后，因涉及银广夏利润造假案，深圳中天勤会计师事务所实际上已经解散。财政部亦于 2002 年 9 月初宣布，

拟吊销签字注册会计师刘某、徐某的注册会计师资格，吊销中天勤会计师事务所的执业资格，并会同中国证监会吊销其证券、期货相关业务许可证，同时将追究中天勤会计师事务所负责人的责任。

2003 年 9 月 16 日，宁夏回族自治区银川市中级人民法院对银广夏刑事案做出一审判决，以出具证明文件重大失实罪分别判处被告人深圳中天勤会计师事务所合伙人刘某、徐某有期徒刑两年零六个月、两年零三个月，并各处罚金 3 万元。

一些专家认为，在银广夏案例中，深圳中天勤会计师事务所的签字注册会计师根本没有履行必要的审计程序，未按照注册会计师执业准则执业，在专业胜任能力和职业道德两方面均存在重大过失，连基本的审计准则都没有遵守，基础的审计程序也没有执行。银广夏案例给注册会计师行业的警示在于注册会计师对现有执业准则的执行存在重大疏忽与不力。

那么，注册会计师在审计过程中应该遵守哪些行为规范和职业道德？如果审计失败，注册会计师应该承担哪些法律责任？注册会计师应如何规避法律诉讼呢？

任务一 注册会计师执业准则

任务导入

在引导案例中，一些专家认为，深圳中天勤会计师事务所的签字注册会计师根本没有对银广夏公司的财务报表执行必要的审计程序，也未按照注册会计师执业准则执业，在专业胜任能力和职业道德两方面均存在重大过失。银广夏案例给注册会计师行业的警示在于注册会计师对现有执业准则的执行存在重大疏忽与不力。

具体任务

什么是注册会计师执业准则？注册会计师执业准则有哪些作用？

理论认知

会计师事务所与客户签订审计业务约定书之后，进入审计的实施阶段，在审计工作完成后向客户提交审计报告，由此会计师事务所完成一项审计业务并取得业务收入。这就是注册会计师的执业过程，要求注册会计师及其他审计人员要遵守一系列执业准则和职业道德规范，以提高审计质量，维护行业声誉。

一、注册会计师执业准则的定义

注册会计师执业准则（以下简称执业准则）是注册会计师在实施审计的过程中应当遵循的职业规范，是衡量注册会计师审计工作质量的权威性标准。

执业准则主要包括如下内容。

（1）执业准则是审计实践经验的总结。执业准则从理论上对审计实践经验进行了总结，是注册会计师审计理论的重要组成部分。它反映了注册会计师审计工作的客观规律和基本要求，同时又反过来指导审计实践，是注册会计师执业的原则和标准。

（2）执业准则对注册会计师的素质和专业资格进行了明确规定，并对注册会计师的鉴证与服务行为予以规范和指导，指明各项鉴证业务与相关服务业务应当如何去做，哪些是可以做的、哪些是不可以做的，哪些必须深入去做、哪些可以只进行一般的了解。

（3）执业准则是衡量、判断注册会计师执业质量的专业标准和依据。因为执业准则提出了注册会计师执业应达到的质量要求，所以衡量其执业质量的优劣就有了客观尺度，即使注册会计师与客户双方就某些问题产生了分歧，也容易在这种客观尺度的基础上统一起来。

（4）执业准则是由注册会计师职业团体制定的具有权威性的专业文件。

二、执业准则的作用

执业准则的制定、颁布和实施，对于增强社会公众对注册会计师职业的信任，合理区分客户责任和注册会计师责任，客观评价注册会计师的执业质量，保护责任方及各利害关系人的合法权益，以及推动审计理论的发展有一定的作用。具体来说，执业准则的作用主要表现在以下几个方面。

（一）有助于注册会计师执业质量的提高

执业准则对注册会计师执业应遵循的规范进行了全面规定，既涵盖了鉴证业务和相关服务业务，又为衡量执业质量提供了标准。其对财务报表审计的目标和一般原则、审计工作的基本程序和方法，以及审计报告的基本内容、格式和类型等都进行了详细规定。只要注册会计师遵照执业准则的规定实施审计，执业质量就有所保证。另外，执业准则是注册会计师实践经验的总结和升华，它的实施有助于注册会计师理论和实践水平的提高。

（二）有助于规范审计工作，维护社会经济秩序

执业准则的根本作用在于保证注册会计师的执业质量，维护社会经济秩序。确立了注册会计师执业准则，就确立了注册会计师的执业规范，使注册会计师在执业的过程中有章可循。例如，执业准则规范了在审计业务中注册会计师如何签订审计业务约定书、如何编制审计计划、如何实施审计程序、如何记录审计工作底稿、如何与管理层进行沟通、如何利用其他主体的工作、如何出具审计报告，以及如何控制审计质量等。执业准则也对注册会计师从事财务报表审阅、其他鉴证业务和相关服务业务进行了规范。这就使注册会计师执业的每一环节都有了相应的依据和标准，从而规范了注册会计师的行为，合理限制了注册会计师选择政策、程序和方法的自由度，能有效避免注册会计师随意发表鉴证结论。

（三）有助于增强社会公众对注册会计师行业的信任

注册会计师行业具有对会计信息质量进行鉴证的重要职能，起着维护社会公众的利益的作用。中国注册会计师执业准则体系的实施，可以提高注册会计师的执业质量，加强会计师事务所的质量控制和风险防范，对提高财务信息质量，降低投资者的决策风险，维护社会公众的利益，推动经济发展具有重要作用。同时，执业准则为衡量和评价注册会计师的执业质量提供了依据，这就使社会公众可以对注册会计师的某项审计工作结果进行评价，看它是否符合执业准则，是否达到了

令他们满意的程度。只有注册会计师的执业质量令人满意，人们才会更加信任注册会计师行业。

（四）有助于维护会计师事务所和注册会计师的正当权益

注册会计师的责任并非毫无限制，工作结果也不可能在任何条件下都绝对正确。执业准则规定了注册会计师的工作范围，注册会计师只要能严格按照执业准则的要求执业，就是尽到了职责。当委托人与注册会计师发生纠纷并诉诸法律时，执业准则就成为法院判明是非、划清责任界限的重要依据。

（五）有助于推动审计与鉴证理论的研究和现代化审计人才的培养

执业准则是注册会计师实践经验的总结和升华。在执业准则制定的过程中，必然会激发各种理论的争论、探讨，从而带动理论研究。随着执业准则的制定、颁布和实施，一些理论方面的争论就会消除，认识上和实践上的分歧就会趋于统一。执业准则颁布以后，审计学界仍然要围绕着如何实施执业准则和怎样达到执业准则的要求展开细致的工作和研究，不断改进和完善这些准则。因此，注册会计师的审计理论水平会随着执业准则的改进和完善不断得以提高。注册会计师执业质量和理论水平的提高，无疑会带动审计教育水平的提高，这样必然有助于培养现代化的审计人才，推动审计事业的进一步发展。

应当指出的是，大多数人只注意到了执业准则的种种作用和优点，很少有人分析执业准则可能带来的负面影响。在充分认识执业准则积极作用的同时，探讨其可能带来的负面影响，对于正确理解和合理运用执业准则是大有裨益的。

执业准则的负面影响主要表现在以下几个方面：（1）执业准则可能导致注册会计师的思维僵化，缩小注册会计师判断的范围；（2）财务报告使用者往往认为依据执业准则审定的财务报告是确实可靠的；（3）执业准则可能抑制批评性思想、建设性思想的发展；（4）执业准则越多，注册会计师的执业成本可能就越高。

三、我国注册会计师执业准则体系的构成

审计准则最早产生于美国，1947 年 10 月，美国注册会计师协会就提出了《审计准则试行方案》，1948 年发布实施后，又在 1954 年进行了修订补充，形成了三部分（包括一般准则、工作准则、报告准则），共 10 条，这 10 条审计准则一直沿用至今。西方国家民间审计准则大都是以美国的审计准则为蓝本加以修正、补充而成的。

经财政部批准，自 1994 年 5 月中国注册会计师协会开始起草独立审计准则，到 2005 年，中国注册会计师协会先后制定了 6 批共 48 项审计准则。为完善中国注册会计师执业准则体系，实现与国际准则趋同，中国注册会计师协会拟定了 22 项新准则，并对 26 项已颁布的准则进行了必要的修订和完善，于 2006 年 2 月 15 日由财政部发布，于 2007 年 1 月 1 日起实施。新准则的发布标志着我国已经建立起一套适应社会主义市场经济、顺应国际趋同大势的中国注册会计师执业准则体系。

为适应新的经济形势，体现与国际准则的持续全面趋同，2010 年 11 月 1 日，财政部发布了由中国注册会计师协会修订的 38 项准则，自 2012 年 1 月 1 日起施行。这些准则充分采用了国际审计准则的基本原则和核心程序，在审计目标、风险评估和应对、审计证据的收集与分析、审计结论的形成和报告等重大方面，均与国际审计准则保持一致。

为提高审计报告的信息含量，满足资本市场改革与发展对高质量会计信息的需求，保持与国际审计准则的持续全面趋同，2016 年 12 月 23 日财政部发布新制定的审计准则 1 项，进行了实质

性修订的审计准则 6 项，仅进行了文字调整的审计准则 5 项①。

目前，我国注册会计师执业准则体系（见图 2-1）由中国注册会计师鉴证业务准则（以下简称鉴证业务准则）、中国注册会计师相关服务准则（以下简称相关服务准则）和会计师事务所质量控制准则（以下简称质量控制准则）三部分构成。

鉴证业务准则分为中国注册会计师鉴证业务基本准则（以下简称鉴证业务基本准则）、中国注册会计师审计准则（以下简称审计准则）、中国注册会计师审阅准则（以下简称审阅准则）、中国注册会计师其他鉴证业务准则（以下简称其他鉴证业务准则），其中审计准则是整个执业准则体系的核心和重点。

相关服务准则用以规范注册会计师提供的代编财务信息、执行商定程序、提供管理咨询等其他服务。在提供相关服务时，注册会计师不提供任何程度的保证。

质量控制准则用以规范会计师事务所在执行各类业务时应当遵守的质量控制政策和程序，是对会计师事务所质量控制提出的具体要求。

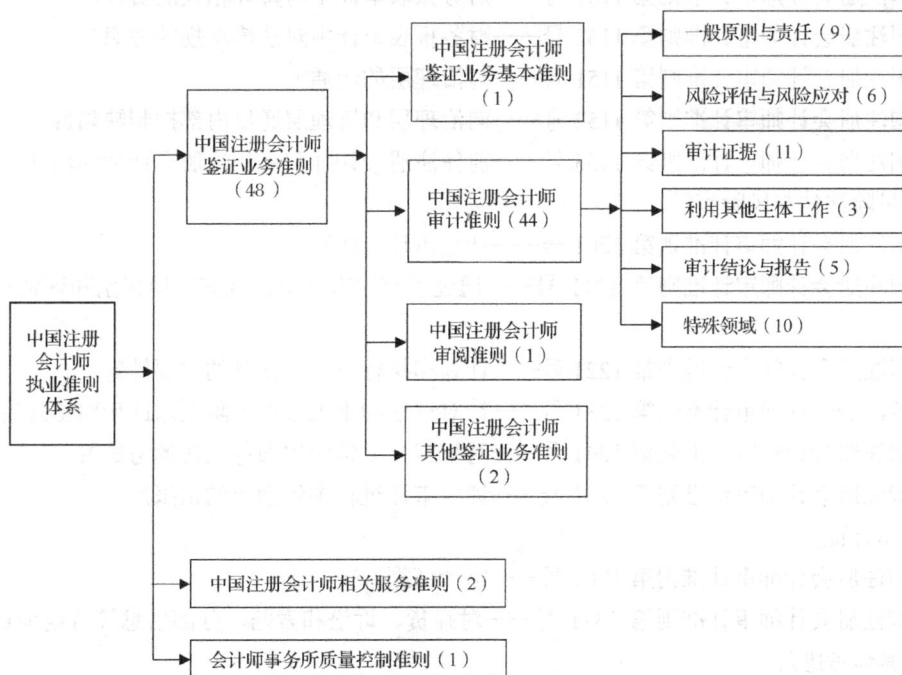

图 2-1 中国注册会计师执业准则体系

注：文中只列示了部分审计准则，故不与图中数字对应。

① 新制定的审计准则：《中国注册会计师审计准则第 1504 号——在审计报告中沟通关键审计事项》。
进行了实质性修订的审计准则：《中国注册会计师审计准则第 1501 号——对财务报表形成审计意见和出具审计报告》；《中国注册会计师审计准则第 1502 号——在审计报告中发表非无保留意见》；《中国注册会计师审计准则第 1503 号——在审计报告中增加强调事项段和其他事项段》；《中国注册会计师审计准则第 1151 号——与治理层的沟通》；《中国注册会计师审计准则第 1324 号——持续经营》；《中国注册会计师审计准则第 1521 号——注册会计师对其他信息的责任》。
仅进行了文字调整的审计准则：《中国注册会计师审计准则第 1111 号——就审计业务约定条款达成一致意见》；《中国注册会计师审计准则 1131 号——审计工作底稿》；《中国注册会计师审计准则第 1301 号——审计证据》；《中国注册会计师审计准则第 1332 号——期后事项》；《中国注册会计师审计准则第 1341 号——书面声明》。

中国注册会计师执业准则体系具体包括如下内容。

（一）中国注册会计师鉴证业务准则

1. 中国注册会计师鉴证业务基本准则

2. 中国注册会计师审计准则

（1）一般原则与责任。

《中国注册会计师审计准则第 1101①号——注册会计师的总体目标和审计工作的基本要求》；

《中国注册会计师审计准则第 1111 号——就审计业务约定条款达成一致意见》；

《中国注册会计师审计准则第 1121 号——对财务报表审计实施的质量控制》；

《中国注册会计师审计准则第 1131 号——审计工作底稿》；

《中国注册会计师审计准则第 1141 号——财务报表审计中与舞弊相关的责任》；

《中国注册会计师审计准则第 1142 号——财务报表审计中对法律法规的考虑》；

《中国注册会计师审计准则第 1151 号——与治理层的沟通》；

《中国注册会计师审计准则第 1152 号——向治理层和管理层通报内部控制缺陷》；

《中国注册会计师审计准则第 1153 号——前任注册会计师和后任注册会计师的沟通》。

（2）风险评估与风险应对。

《中国注册会计师审计准则第 1201 号——计划审计工作》；

《中国注册会计师审计准则第 1211 号——通过了解被审计单位及其环境识别和评估重大错报风险》；

《中国注册会计师审计准则第 1221 号——计划和执行审计工作时的重要性》；

《中国注册会计师审计准则第 1231 号——针对评估的重大错报风险采取的应对措施》；

《中国注册会计师审计准则第 1241 号——对被审计单位使用服务机构的考虑》；

《中国注册会计师审计准则第 1251 号——评价审计过程中识别出的错报》。

（3）审计证据。

《中国注册会计师审计准则第 1301 号——审计证据》；

《中国注册会计师审计准则第 1311 号——对存货、诉讼和索赔、分部信息等特定项目获取审计证据的具体考虑》；

《中国注册会计师审计准则第 1312 号——函证》；

《中国注册会计师审计准则第 1313 号——分析程序》；

《中国注册会计师审计准则第 1314 号——审计抽样》；

《中国注册会计师审计准则第 1321 号——审计会计估计（包括公允价值会计估计）和相关披露》；

《中国注册会计师审计准则第 1322 号——公允价值计量和披露的审计》；

《中国注册会计师审计准则第 1323 号——关联方》；

---

① 这里，准则编号由 4 位数字组成。其中，千位代表准则类别："1"代表审计准则；"2"代表审阅业务准则；"3"代表其他鉴证业务准则；"4"代表相关服务准则；"5"代表质量控制准则。百位数代表某一类别准则中的大类。例如，审计准则分为六大类，分别用 1~6 表示。"1"代表一般原则与责任；"2"代表风险评估与风险应对；"3"代表审计证据；"4"代表利用其他主体工作；"5"代表审计结论与报告；"6"代表特殊领域。十位数代表大类中的小类。个位数代表小类中的顺序号。

《中国注册会计师审计准则第 1324 号——持续经营》；

《中国注册会计师审计准则第 1331 号——首次审计业务涉及的期初余额》；

《中国注册会计师审计准则第 1332 号——期后事项》；

《中国注册会计师审计准则第 1341 号——书面声明》。

（4）利用其他主体工作。

《中国注册会计师审计准则第 1401 号——对集团财务报表审计的特殊考虑》；

《中国注册会计师审计准则第 1411 号——利用内部审计人员的工作》；

《中国注册会计师审计准则第 1421 号——利用专家的工作》。

（5）审计结论与报告。

《中国注册会计师审计准则第 1501 号——对财务报表形成审计意见和出具审计报告》；

《中国注册会计师审计准则第 1502 号——在审计报告中发表非无保留意见》；

《中国注册会计师审计准则第 1503 号——在审计报告中增加强调事项段和其他事项段》；

《中国注册会计师审计准则第 1504 号——在审计报告中沟通关键审计事项》；

《中国注册会计师审计准则第 1511 号——比较信息：对应数据和比较财务报表》；

《中国注册会计师审计准则第 1521 号——注册会计师对其他信息的责任》。

（6）特殊领域。

《中国注册会计师审计准则第 1601 号——对按照特殊目的编制基础编制的财务报表审计的特殊考虑》；

《中国注册会计师审计准则第 1603 号——对单一财务报表和财务报表特定要素审计的特殊考虑》；

《中国注册会计师审计准则第 1604 号——对简要财务报表出具报告的业务》。

3. 中国注册会计师审阅准则

《中国注册会计师审阅准则第 2101 号——财务报表审阅》。

4. 中国注册会计师其他鉴证业务准则

《中国注册会计师其他鉴证业务准则第 3101 号——历史财务信息审计或审阅以外的鉴证业务》；

《中国注册会计师其他鉴证业务准则第 3111 号——预测性财务信息的审核》。

（二）中国注册会计师相关服务准则

《中国注册会计师相关服务准则第 4101 号——对财务信息执行商定程序》；

《中国注册会计师相关服务准则第 4111 号——代编财务信息》。

（三）会计师事务所质量控制准则

《会计师事务所质量控制准则第 5101 号——业务质量控制》。

四、中国注册会计师鉴证业务准则

（一）鉴证业务的定义

鉴证业务是指注册会计师对鉴证对象信息提出结论，以增强除责任方之外的预期使用者对鉴证对象信息信任程度的业务。鉴证对象信息是指按照标准对鉴证对象进行评价和计量的结果，如责任方按照会计准则（标准）对其财务状况、经营成果和现金流量（鉴证对象）进行确认、计量和列报而形成的财务报表（鉴证对象信息）。

鉴证业务涉及的关系人包括注册会计师、责任方和预期使用者。三者之间的关系是，注册会计师对由责任方负责的鉴证对象或鉴证对象信息提出结论，以增强除责任方之外的预期使用者对鉴证对象信息的信任程度。

（二）鉴证业务准则

鉴证业务准则分为鉴证业务基本准则、审计准则、审阅准则和其他鉴证业务准则。其中，审计准则是整个执业准则体系的核心。

审计准则用以规范注册会计师执行历史财务信息的审计业务。在提供审计服务时，注册会计师对所审计信息是否不存在重大错报提供合理保证，并以积极方式提出结论。

审阅准则用以规范注册会计师执行历史财务信息的审阅业务。在提供审阅服务时，注册会计师对所审阅信息是否不存在重大错报提供有限保证，并以消极方式提出结论。

其他鉴证业务准则用以规范注册会计师执行历史财务信息除审计或审阅以外的其他鉴证业务，根据鉴证业务的性质和审计业务约定书的要求，提供合理保证或有限保证。其他鉴证业务主要包括预测性财务信息的审核、内部控制鉴证等。

（三）合理保证与有限保证

鉴证业务的保证按程度可分为合理保证和有限保证。合理保证的保证水平要高于有限保证的保证水平。

合理保证的鉴证业务的目标是注册会计师将鉴证业务风险降至该业务环境下可接受的低水平，以此作为以积极方式提出结论的基础。例如，在财务报表审计中，注册会计师要将审计风险降至该业务环境下可接受的低水平，为审计后的财务报表提供高水平的保证，在审计报告中对财务报表以积极方式提出结论。

有限保证的鉴证业务的目标是注册会计师将鉴证业务风险降至该业务环境下可接受的水平，以此作为以消极方式提出结论的基础。例如，在历史财务信息审阅中，注册会计师要将审阅风险降至该业务环境下可接受的水平，为审阅后的历史财务信息提供低于高水平的保证，在审阅报告中对历史财务信息以消极方式提出结论。

五、会计师事务所质量控制准则

会计师事务所质量控制准则是指为规范会计师事务所的业务质量控制，明确会计师事务所及其人员的质量控制责任，制定的适用于会计师事务所执行历史财务信息审计和审阅业务、其他鉴证业务及相关服务业务的管理标准和原则。会计师事务所应当根据会计师事务所质量控制准则，制定质量控制制度。

（一）质量控制制度的目标和要素

1. 质量控制制度的目标

质量控制制度的目标：会计师事务所及其人员遵守法律、法规、职业道德规范、审计准则、审阅准则、其他鉴证业务准则及相关服务准则的规定；会计师事务所和相关项目负责人根据具体情况出具恰当的报告。

项目负责人是指会计师事务所中负责某项业务及其执行，并代表会计师事务所在业务报告上签字的主任会计师或经授权签字的注册会计师。

2. 质量控制制度的要素

质量控制制度应当包括针对下列七项要素而制定的政策和程序：对业务质量承担的领导责任；职业道德规范；客户关系和具体业务的接受与保持；人力资源；业务执行；业务工作底稿；监控。会计师事务所应当将质量控制政策和程序形成书面文件，并传达给全体人员。在记录和传达时，应清楚地描述质量控制政策和程序及其拟实现的目标。

（二）质量控制准则的理念和方法

1. 全面质量控制

对历史财务信息的审计和审阅业务、其他鉴证业务及相关服务业务等所有业务实行全面的质量控制。

2. 双重控制目标

会计师事务所应根据质量控制准则制定质量控制制度，以合理保证上述目标的实现。质量控制准则应既重视过程的质量，又重视结果的质量。

3. 责任追究制度

项目负责人应当对会计师事务所分派的各项业务的总体质量负责，主任会计师对整个质量控制制度承担最终责任，从而为实行质量责任追究制度和分层（分事务所层和项目组层）控制制度打下基础。

4. 系统控制理念

质量控制准则的要素包括职业道德规范、专业胜任能力、工作委派、督导、咨询、业务承接和监控等各方面，较为系统。

5. 质量文化建设

会计师事务所应当制定政策和程序，建设以质量为导向的内部文化。这些程序和政策应当明确主任会计师对质量控制制度承担最终责任，强调会计师事务所的领导层及其行动示范对事务所文化有重大影响，要求各级领导层通过清晰、一致及经常的行动示范和信息传达，向全体人员强调质量控制政策和程序及实现质量控制目标的重要性。另外，会计师事务所领导层要树立质量至上的意识，合理确定管理责任以避免重商业利益轻业务质量；主任会计师应当委派有胜任能力及有必要权限的人员负责质量控制制度的运作，建立以质量为导向的业绩评价、薪酬及晋升的政策和程序，并投入足够的资源制定、执行质量控制制度。质量文化是会计师事务所质量控制环境建设的核心内容。会计师事务所可通过培训研讨班、会议、正式或非正式的谈话、职责说明书、简要备忘录，传达相关信息。

6. 人力资源管理

会计师事务所应当制定人力资源政策和程序，合理保证拥有足够的、具有必要素质和专业胜任能力，并遵守职业道德规范的人员，以实现质量控制准则的目标，解决好招聘人员的素质、专业胜任能力、职业发展和人员需求预测问题，解决好他们的业绩评价、薪酬和晋升问题。这充分体现了以人为本的管理原则。

7. 循环控制思想

这要求会计师事务所计划业务工作时应包括对指导、监督和复核工作的计划，要求在业务执行过程中项目组控制和会计师事务所独立实施项目质量控制复核并举，会计师事务所应对归档的审计工作底稿实施有效的事后监控等，强调会计师事务所应当周期性地选取已完成的业务进行检查，周期最长不得超过三年，在每个周期内，应对每个项目负责人的业务至少选取一项进行检查，从而形成良性循环。

8. 分类控制方法

会计师事务所必须对所有上市公司财务报表审计实施项目质量控制复核，因为上市公司审计广泛涉及社会公众的利益。另外，会计师事务所必须制定适当的标准，评价和确定上市公司财务报表审计以外的历史财务信息审计和审阅业务、其他鉴证业务及相关服务业务是否需要实施项目质量控制复核。对上市公司的财务报表审计还要定期轮换项目负责人。

任务解析

执业准则是注册会计师在实施审计的过程中应当遵循的职业规范，是衡量注册会计师审计工作质量的权威性标准。其作用主要体现在以下几个方面：有助于注册会计师执业质量的提高；有助于规范审计工作，维护社会经济秩序；有助于增强社会公众对注册会计师行业的信任；有助于维护会计师事务所和注册会计师的正当权益；有助于推动审计与鉴证理论的研究和现代化审计人才的培养。

任务二 注册会计师职业道德规范

任务导入

赵晓明在某上市公司担任财务总监，得知同学小李在某会计师事务所工作后，找到小李表示可以将本公司年度财务报表审计委托给小李所在的事务所。小李为难地说："非常感谢你为我们事务所介绍这么大的业务，但我们事务所规模小、人员少，而且这些人员也没有一个人具有能为上市公司进行审计的资格，我们事务所也不具备办理你们公司审计业务的条件。"赵晓明说："没有资格好办，人手少也好办。我出面帮你找几个有这方面资格的注册会计师，以你们事务所的名义进行审计，只要你们事务所在收费方面低于其他会计师事务所，我们马上就可以签约。"小李说："这违反职业道德规范，我不能接受。"

具体任务

1. 小李为什么拒绝该项业务？
2. 赵晓明的建议有哪些违反了注册会计师职业道德规范？

理论认知

一、注册会计师职业道德概述

道德是社会为了调整人与人之间及人和社会之间的关系所提倡的行为规范的总和，它通过各种形式的教育和社会舆论的力量，使人们具有善和恶、荣誉和耻辱、正义和非正义的概念，并逐渐形成一定的习惯和传统，以指导或控制自己的行为。职业道德是指某一职业组织以公约、守则等形式公布的，其会员自愿接受的职业行为标准。注册会计师职业道德是注册会计师职业品德、职业纪律、专业胜任能力及职业责任等的总称，是指为指导注册会计师在执业时保持独立的地位、公正的态度和约束自己行为而制定的一整套职业行为标准。

注册会计师行业的产生与发展是因为注册会计师能够站在独立的立场对企业编制的财务报表进行审计，并提出客观、公正的审计意见，为财务报表使用者进行经济决策提供依据。为使注册会计师切实担负起其职责，为财务报表使用者提供高质量、可信赖的专业服务，在社会公众心中树立良好的职业形象和职业信誉，就必须加强对注册会计师的职业道德教育，强化其道德意识，提高其道德水准。

中国注册会计师协会自 1988 年成立以来，一直非常重视注册会计师职业道德规范建设。1996年 12 月 26 日，经财政部批准，中国注册会计师协会发布了《中国注册会计师职业道德基本准则》，于 1997 年 1 月 1 日起施行；为使该准则具有更强的操作性，2002 年 6 月其发布了《中国注册会计师职业道德规范指导意见》，并于 2002 年 7 月 1 日起施行；2009 年 10 月 14 日其发布了《中国注册会计师职业道德守则》，并于 2010 年 7 月 1 日起施行。《中国注册会计师职业道德守则》具体包括《中国注册会计师职业道德守则第 1 号——职业道德基本原则》《中国注册会计师职业道德守则第 2 号——职业道德概念框架》《中国注册会计师职业道德守则第 3 号——提供专业服务的具体要求》《中国注册会计师职业道德守则第 4 号——审计和审阅业务对独立性的要求》《中国注册会计师职业道德守则第 5 号——其他鉴证业务对独立性的要求》。

为了指导注册会计师更好地运用《中国注册会计师职业道德守则》，提高注册会计师的诚信水平和职业道德水平，2014 年 11 月 1 日，中国注册会计师协会印发了《中国注册会计师职业道德守则问题解答》，自 2015 年 1 月 1 日起施行，该解答为注册会计师恰当理解职业道德守则、解决实务问题提供了细化指导和提示。

二、我国注册会计师职业道德的基本原则

我国注册会计师职业道德的基本原则包括诚信、独立性、客观和公正、专业胜任能力和应有的关注、保密、良好的职业行为。

（一）诚信

诚信是指诚实、守信。诚信原则要求注册会计师应当在所有的职业活动中保持正直、诚实、守信。

如果注册会计师认为客户的业务报告、申报资料或者其他信息存在以下情况，则不得与这些有问题的信息发生牵连：含有严重虚假或误导性的陈述；含有缺乏充分依据的陈述或信息；存在遗漏或含糊其词的信息。如果已和有问题的信息发生牵连，则应当采取措施消除牵连。如果对鉴证业务中有问题的信息出具了恰当的非标准业务报告，则不被视为违反诚信原则。

（二）独立性

独立性是指不受外界干扰，按照一定规则行事。独立性是注册会计师执行审计业务的灵魂，因为注册会计师要以自身的信誉向社会公众表明，被审计单位的财务报表是合法、公允的。如果注册会计师不能与被审计单位保持独立，而是存在经济利益、关联关系，或屈从于外界压力，就很难取信于社会公众。

独立性包括实质上的独立性和形式上的独立性。实质上的独立性是一种内心状态，是指注册会计师在提出结论时，其职业判断不受影响，诚信行事，遵循客观和公正原则，保持职业怀疑态度。形式上的独立性是一种外在表现，是指一个理性且掌握充分信息的第三方，在权衡所有相关事实和情况后，认为会计师事务所或审计项目组成员没有违背诚信原则、客观和公正原则。

独立性要求注册会计师执行审计和审阅业务及其他鉴证业务时，应当从实质上和形式上具有独立性，不得因任何利害关系影响其客观性；会计师事务所在承接审计、审阅业务及其他鉴证业务时，应当从整体层面和具体业务层面采取措施，以保持会计师事务所和项目组的独立性。

（三）客观和公正

客观是指注册会计师对有关事项的调查、判断和意见表述，应当以客观事实为依据，实事求是，不掺杂个人的主观愿望，也不为委托单位或第三方的意见所左右。公正是指公平、正直、不偏袒，要求注册会计师在提供服务时应当将社会公众的利益置于个人利益之上，不偏不倚地对待有关利益各方。客观和公正原则要求注册会计师应当公正处事、实事求是，不得由于偏见、利益冲突或他人的不当行为而影响自己的职业判断。

（四）专业胜任能力和应有的关注

1. 专业胜任能力

注册会计师应当具有专业知识、技能或经验，能够胜任工作。专业胜任能力既要求注册会计师具有专业知识、技能和经验，又要求其经济、有效地完成客户委托的业务。注册会计师如果不能保持和提高专业胜任能力，就难以完成客户委托的业务。如果注册会计师没有足够的知识、技能和经验以提供专业服务，就构成了一种欺诈。当然，注册会计师依法取得了执业证书，就表明其在该领域具备了一定的知识。一个合格的注册会计师，不仅要充分认识自己的能力，对自己充满信心，还必须清醒地认识到自己在专业胜任能力方面的不足，不承接自己不能胜任的业务。如果注册会计师不能认识到这一点，承接了难以胜任的业务，就可能给客户乃至社会公众带来危害。专业胜任能力可分为两个独立阶段：专业胜任能力的获取和专业胜任能力的保持。注册会计师应当通过教育、培训和执业实践，获取和保持专业胜任能力，确保为客户提供专业的服务。

2. 应有的关注

应有的关注要求注册会计师遵守执业准则和职业道德规范的要求，勤勉尽责，认真、全面、及时地完成工作任务。在审计过程中，注册会计师应当保持职业怀疑态度，运用专业知识、技能和经验，获取和评价审计证据。注册会计师应当采取措施以确保在其授权下工作人员得到适当的培训和督导，在必要时应当使客户和审计报告的其他使用者了解专业服务的固有局限性。

职业怀疑态度是指注册会计师以质疑的思维方式评价所获取审计证据的有效性，并对相互矛盾的审计证据，以及引起其对文件记录或管理层和治理层提供的信息的可靠性产生怀疑的审计证据保持警觉。职业怀疑态度要求，如果从不同来源获取的审计证据或获取的不同性质的审计证据不一致，可能表明其中某项或某几项审计证据不可靠，那么注册会计师应当追加必要的审计程序；如果在审计过程中识别到异常情况，那么注册会计师应当做进一步的调查。

（五）保密

保密原则要求注册会计师应当对因职业关系和商业关系而获知的信息予以保密。

注册会计师能否与客户维持正常的关系，有赖于双方能否自愿而又充分地进行沟通和交流，不掩盖任何重要的事实和情况。只有这样，注册会计师才能有效地完成工作。如果注册会计师受到客户的严重限制，不能充分了解情况，就无法发表审计意见。同时，注册会计师与客户的沟通，必须建立在为客户信息保密的基础上。因此，注册会计师在签订业务约定书时，应当书面承诺对在执行业务过程中获知的客户信息保密。这里所说的客户信息通常是指商业秘密。一旦商业秘密被泄露或被利用，往往会给客户造成损失。因此，注册会计师应当对其在提供专业服务过程中获知的信息保密，除非有法定的或专业的披露权利或义务。在未经适当或特别授权的情况下，注册会计师不得使用或披露任何相关信息。同时，注册会计师还应确保协助其工作的业务助理人员及其所在的会计师事务所保守秘密。

注册会计师在下列情况下可以披露涉密信息。

（1）法律、法规允许披露，并且取得客户或会计师事务所的授权。

（2）根据法律、法规的要求，为法律诉讼、仲裁准备文件或提供证据，以及向有关监管机构报告发现的违法行为。

（3）在法律、法规允许的情况下，在法律诉讼、仲裁中维护自己的合法权益。

（4）接受注册会计师协会或监管机构的执业质量检查，答复其询问和调查。

（5）法律、法规、执业准则和职业道德规范规定的其他情形。

（六）良好的职业行为

良好的职业行为原则要求注册会计师应当遵守相关法律、法规，避免做出任何损害职业声誉的行为；注册会计师在向公众传递信息及推介自己和工作时，应当客观、真实、得体，不得损害职业形象。这就要求注册会计师要履行对社会公众、客户和同行的责任。

1. 对社会公众的责任

注册会计师应当遵守职业道德规范，履行相应的社会责任，维护社会公众的利益。注册会计师应通过鉴证，保障会计信息的真实可靠，维护投资人和社会公众的合法权益。

2. 对客户的责任

（1）注册会计师应当在维护社会公众的利益的前提下，竭诚为客户服务。

（2）注册会计师应当按照审计业务约定书履行对客户的责任。

（3）注册会计师应当对在执行业务的过程中知悉的商业秘密保密，并不得利用其为自己或他人谋取利益。

（4）除有关法律、法规允许的情形外，会计师事务所不得以或有收费形式为客户提供鉴证服务。

3. 对同行的责任

对同行的责任是指会计师事务所、注册会计师在处理与其他会计师事务所、注册会计师的关系时所应遵循的道德标准，具体如下。

（1）注册会计师应当与同行保持良好的工作关系，配合同行工作。

（2）注册会计师不得诋毁同行，不得损害同行的利益。

（3）会计师事务所不得雇用正在其他会计师事务所执业的注册会计师，注册会计师不得以个人名义同时在两家或两家以上的会计师事务所执业。

（4）会计师事务所不得以不正当手段与同行争揽业务。

4. 其他责任

（1）注册会计师应当维护职业形象，不得做有可能损害职业形象的事情。

（2）注册会计师及其所在会计师事务所不得采用强迫、欺诈、利诱等方式招揽业务。

（3）注册会计师及其所在会计师事务所不得对其能力进行广告宣传以招揽业务。

（4）注册会计师及其所在会计师事务所不得以向他人支付佣金等不正当方式招揽业务，也不得向客户收取或通过客户获取服务费之外的任何利益。

（5）会计师事务所、注册会计师不得允许他人以本所或本人的名义承办业务（代理）。

三、对职业道德产生不利影响的因素

可能对职业道德产生不利影响的因素包括自身利益、自我评价、过度推介、密切关系和外在压力。

（一）由自身利益导致的不利影响

如果经济利益或其他利益对注册会计师的职业判断或行为产生不当影响，将产生由自身利益导致的不利影响。由自身利益导致的不利影响的情形主要包括以下几种。

（1）审计项目组成员与客户存在直接经济利益关系。

（2）会计师事务所的收入过分依赖某一客户。

（3）审计项目组成员与客户存在重要且密切的商业关系。

（4）会计师事务所担心可能失去某一重要客户。

（5）审计项目组成员正在与客户协商受雇于该客户。

（6）会计师事务所与客户就审计业务达成或有收费的协议。

（7）注册会计师在评价所在会计师事务所以往提供的专业服务时，发现了重大错误。

（二）由自我评价导致的不利影响

如果注册会计师对其（或其所在会计师事务所或会计师事务所的其他人员）以前的判断或服务结果做出不恰当的评价，并且将据此形成的判断作为当前服务的组成部分，将产生由自我评价导致的不利影响。由自我评价导致的不利影响的情形主要包括以下几种。

（1）会计师事务所在对客户提供财务系统的设计或操作服务后，又对系统的运行有效性出具了鉴证报告。

（2）会计师事务所为客户编制原始数据，这些数据构成了鉴证对象。

（3）鉴证业务项目组成员担任或最近曾经担任客户的董事或高级管理人员。

（4）鉴证业务项目组成员目前或最近曾受雇于客户，并且所处职位能够对鉴证对象施加重大影响。

（5）会计师事务所为客户提供直接影响鉴证对象信息的其他服务。

（三）由过度推介导致的不利影响

如果注册会计师过度推介客户或工作单位的某种立场或意见，使客观性受到损害，将产生由过度推介导致的不利影响。由过度推介导致的不利影响的情形主要包括以下几种。

（1）会计师事务所推介客户的股份。

（2）在客户与第三方发生诉讼或纠纷时，注册会计师担任该客户的辩护人。

（四）由密切关系导致的不利影响

如果注册会计师与客户存在长期或亲密的关系，而过于倾向他们的利益，或认可他们的工作，将产生由密切关系导致的不利影响。由密切关系导致的不利影响的情形主要包括以下几种。

（1）项目组成员的近亲属担任客户的董事或高级管理人员。

（2）项目组成员的近亲属是客户的员工，其所处职位能够对业务对象施加重大影响。

（3）客户的董事、高级管理人员或所处职位能够对鉴证对象施加重大影响的员工，最近曾担任会计师事务所的项目合伙人。

（4）注册会计师接受客户的礼品或款待。

（5）会计师事务所的合伙人或高级员工与客户存在长期业务关系。

（五）由外在压力导致的不利影响

如果注册会计师受到实际的压力或感受到压力而无法客观行事，将产生由外在压力导致的不利影响。由外在压力导致的不利影响的情形主要包括以下几种。

（1）会计师事务所受到客户解除业务关系的威胁。

（2）客户表示，如果会计师事务所不同意对某项交易的会计处理，则不再委托其负责协议中的非鉴证业务。

（3）会计师事务所受到客户起诉的威胁。

（4）会计师事务所受到降低收费的影响而不恰当地缩小工作范围。

（5）由于客户的员工对所讨论的事项更具有专长，注册会计师面临服从其判断的压力。

（6）会计师事务所合伙人告知注册会计师，除非同意客户不恰当的会计处理，否则将影响晋升。

四、应对不利影响的防范措施

（一）会计师事务所层面的防范措施

（1）领导层强调遵循职业道德规范的重要性。

（2）领导层强调鉴证业务项目组成员应当维护社会公众的利益。

（3）制定有关政策和程序，实施项目质量控制，监督业务质量。

（4）制定有关政策和程序，识别各种不利影响，评价各种不利影响的严重程度，采取防范措施消除不利影响或将其降至可接受的低水平。如果无法采取适当的防范措施，应当终止业务约定或拒绝接受业务委托。

（5）制定有关政策和程序，保证注册会计师遵循职业道德规范。

（6）制定有关政策和程序，识别会计师事务所或项目组成员与客户之间的利益或关系等。

（7）制定有关政策和程序，监控对某一客户收费的依赖程度。

（8）向鉴证客户提供非鉴证服务时，指派鉴证业务项目组以外的其他合伙人和项目组，并确保鉴证业务项目组成员和非鉴证业务项目组成员分别向各自的业务主管报告工作。

（9）制定有关政策和程序，防止项目组以外的人员对业务结果施加不当影响。

（10）及时向所有合伙人和专业人员传达会计师事务所的政策和程序及其变化情况，并就这些政策和程序进行适当的培训。

（11）指定高级管理人员负责监督质量控制系统是否有效运行。

（12）向合伙人和专业人员提供客户及其关联实体的名单，并要求合伙人和专业人员与之保持独立。

（13）制定有关政策和程序，鼓励员工就遵循职业道德规范方面的问题与领导层沟通。

（14）建立惩戒机制，保障相关政策和程序得到遵守。

（二）具体业务层面的防范措施

（1）对已执行的非鉴证业务，由未参与该业务的注册会计师进行复核，或在必要时提供建议。

（2）对已执行的鉴证业务，由鉴证业务项目组以外的注册会计师进行复核，或在必要时提供建议。

（3）向客户的审计委员会、监管机构或注册会计师协会咨询。

（4）与客户的治理层讨论有关的职业道德问题。

（5）向客户的治理层说明提供服务的性质和收费的范围。

（6）由其他会计师事务所执行或重新执行部分业务。

（7）轮换鉴证业务项目组合伙人和高级员工。

下列防范措施也有助于识别或制止违反职业道德规范的行为：监管机构、注册会计师协会或会计师事务所建立有效的公开投诉系统，使会计师事务所合伙人和公众能够注意到违反职业道德规范的行为；明确规定注册会计师有义务报告违反职业道德规范的行为或情形。

任务解析

1．小李拒绝赵晓明是因为小李所在的会计师事务所不具备审计上市公司年度财务报表的资格，不具备专业胜任能力，不能承接该业务。

2．按职业道德规范的要求，会计师事务所不得雇用正在其他会计师事务所执业的注册会计师，也不得允许他人以本所或本人的名义承办业务。另外，赵晓明建议会计师事务所降低收费的做法也违反了职业道德规范的相关规定。

任务三　注册会计师法律责任

任务导入

私营企业老板李某在工商局胡科长的陪同下来到某会计师事务所办理验资业务。会计师事务所负责人见工商局的胡科长亲自陪同，不敢怠慢，交代注册会计师小王从速办理。小王对李老板提供的验资资料——进行了审验。对其中的关键资料——两张银行进账单，小王特别仔细地查验：进账金额分别为 36 万元和 64 万元，合计 100 万元，收款人系被审验单位，其用途为投资款，银行业务公章和工作人员私章一应俱全，无一涂改痕迹。于是，小王当场就起草了验资报告。

后来，李某由于非法传销被逮捕。公安机关发现，其向会计师事务所提供的两张银行进账单的金额是变造的，变造方法如下：先向银行分别存入 6 万元和 4 万元现金，在填写银行进账单时预留空格，待银行盖章后，再在预留的空格处填补，由于笔迹相同，填补恰到好处，外人无法辨别。办案人员认为，注册会计师小王在验资时未向银行调查取证，仅凭李老板提供的经过变造的银行进账单，就草率地出具验资报告，属于严重不负责任的行为，且已造成严重后果，根据《中华人民共和国刑法》的规定，应当追究其刑事责任。

具体任务

请问：注册会计师小王应承担什么样的法律责任？罪名是什么？

理论认知

注册会计师法律责任是指因注册会计师在承办业务的过程中，未能履行合同条款，或者未能保持应有的职业谨慎，或者出于故意未按专业标准出具合格的审计报告，致使审计报告使用者遭受损失，依照有关法律、法规，注册会计师或注册会计师事务所应承担的法律后果。我国法律对注册会计师及会计师事务所的法律责任规定散见于《注册会计师法》《中华人民共和国证券法》《中华人民共和国刑法》等法律。

一、注册会计师法律责任的成因

（一）违约

违约是指合同当事人因不履行合同义务或因履行合同义务不符合约定所承担的法律后果。因违约给他人造成损失时，注册会计师应负违约责任。例如，注册会计师违反了与被审计单位签订的审计业务约定书、保密协定书时，其应负违约责任。

（二）过失

在注册会计师审计中，过失是指在一定条件下注册会计师未能保持应有的合理的职业谨慎。评价注册会计师是否存在过失行为，是以其他合格注册会计师在相同条件下可以做到的谨慎程度为标准的。在审计中，通常按严重程度将过失分为普通过失和重大过失。

1. 普通过失

普通过失又称一般过失，通常是指没有保持应有的合理的职业谨慎，没有完全遵循执业准则的要求。例如，注册会计师在没有取得必要和充分审计证据的情况下发表肯定的无保留审计意见。

2. 重大过失

重大过失是指没有保持起码的职业谨慎，在审计过程中根本没有遵循执业准则的基本要求。例如，注册会计师在财务报表审计中，不以现行的《中华人民共和国国家审计准则》为依据，未实施必要的、恰当的审计程序，主观地做出结论，将被认为是重大过失。我国现行法律中主要用"严重不负责任""重大失实""重大遗漏"等词来表示重大过失。

（三）欺诈

欺诈又被称为舞弊，是注册会计师主观的"故意"行为，是以欺骗或坑害他人为目的的一种故意错误行为。例如，注册会计师在审计时，明知被审计单位的财务报表有重大错报，却给其出具无保留意见的审计报告。如果确定是欺诈，就必须证明注册会计师存在不良动机，并实施了故意的错误行为。我国现行法律中主要用"弄虚作假""虚假陈述""故意提供"等词。

二、注册会计师法律责任的种类

按照应该承担责任的内容不同，注册会计师的法律责任可分为行政责任、民事责任和刑事责任三种。三种责任可以单独追究，也可以同时追究。

（一）行政责任

行政责任是行政法律责任的简称，是指行为主体因其行为违反与行政管理相关的法律、职业规范或其他规章制度，由政府主管部门或职业协会给予的行政处罚。

对注册会计师而言，行政责任包括警告、暂停执业、罚款、吊销注册会计师证书等；对会计师事务所而言，行政责任包括警告、没收违法所得、罚款、暂停执业、吊销营业执照等。

（二）民事责任

民事责任是指注册会计师因违反民事法律规范所承担的法律责任。是否承担民事责任是由法院判决的。对注册会计师而言，民事责任包括赔偿受害人损失、支付违约金等。

（三）刑事责任

刑事责任是指注册会计师由于重大过失、欺诈行为触犯《中华人民共和国刑法》所必须承担的法律后果。是否承担刑事责任是由法院判决的。对注册会计师而言，刑事责任包括管制、拘役、有期徒刑、无期徒刑、剥夺政治权利、罚金、没收财产等。

可见，注册会计师承担法律责任的种类包括民事责任、行政责任和刑事责任三种。一般来说，因违约和过失可能使注册会计师承担行政责任和民事责任，因欺诈可能使注册会计师承担民事责任和刑事责任。

三、注册会计师避免或减少法律责任的具体措施

（一）严格遵循职业道德规范和专业标准的要求

注册会计师是否应承担法律责任，关键在于注册会计师是否有过失或欺诈行为。而判别注册会计师是否具有过失或欺诈行为的关键在于注册会计师执业时是否遵循职业道德规范和专业标准的要求。因此，保持良好的职业道德，严格按照专业标准的要求执行业务、出具报告，对于避免法律诉讼或在提起的诉讼中保护注册会计师具有无比的重要性。

（二）建立、健全会计师事务所质量控制制度

质量管理是会计师事务所各项管理工作的核心、关键。如果一个会计师事务所质量管理不严，

就有可能因一个人或一个部门使整个会计师事务所遭受损失。会计师事务所必须建立一套严密、科学的内部质量控制制度，并把这套制度推及每一个人、每一个部门和每一项业务，促使注册会计师按照专业标准的要求执业，保证整个会计师事务所的执业质量。

（三）与委托人签订审计业务约定书

审计业务约定书是确定注册会计师和委托人职责和义务的重要文件，具有法律效力。会计师事务所无论承办何种业务，都要按照一定要求与委托人签订审计业务约定书，这样才能在发生法律诉讼时将一切口舌争辩减少到最低限度。

（四）审慎选择被审计单位

如果被审计单位蒙骗其顾客、职工及政府部门，也必然会蒙骗注册会计师，使注册会计师落入其设定的圈套。另外，注册会计师对陷入财务和法律困境的被审计单位要尤为注意。周转不灵或面临破产的公司的股东或债权人总想为他们的损失寻找"替罪羊"。

（五）提取风险基金或购买责任保险

提取风险基金或购买责任保险是会计师事务所一项极为重要的保护措施，尽管保险不能免除可能受到的法律诉讼，但能防止或减少诉讼失败时会计师事务所发生的财务损失。我国也规定了会计师事务所应当按规定提取风险基金或购买责任保险。

（六）聘请熟悉注册会计师法律责任的律师

会计师事务所应尽可能聘请熟悉相关法规及注册会计师法律责任的律师。在执业过程中，如果遇到重大法律问题，注册会计师应同本所的律师或外聘律师详细讨论所有潜在的风险，并仔细考虑律师的建议。一旦发生法律诉讼，也应请有经验的律师参与诉讼。

任务解析

"任务导入"中的注册会计师小王，出具了不实的验资报告，应承担刑事责任。依据《中华人民共和国刑法》，小王涉嫌构成中介组织人员出具证明文件重大失实罪，构成本罪必须符合四个要件：一是犯罪主体是中介组织人员；二是行为人在主观上具有过失，这是区分本罪与中介组织人员提供虚假证明文件罪的主要区别；三是行为人在客观上出具的证明文件有重大失实，即证明文件的主要内容与事实不符；四是造成了严重后果，即有重大失实的证明文件给国家、集体和个人的利益造成了重大损失，这是区分罪与非罪的重要界限。注册会计师小王出具验资报告的行为，基本符合上述要件。

复习自测题

一、单选题

1. 审计准则是对（　　　）的要求。

    A. 审计客体　　　B. 审计对象　　　C. 审计证据　　　　　　D. 审计主体

2．注册会计师执业准则体系的核心是（　　　　）。

A．审计准则　　　　B．审阅准则　　　　C．其他鉴证业务准则　　　D．质量控制准则

3．下列不属于鉴证业务准则的是（　　　　）。

A．审计准则　　　　B．审阅准则　　　　C．其他鉴证业务准则　　　D．质量控制准则

4．（　　　）是指注册会计师没有完全遵循执业准则的要求进行执业。

A．普通过失　　　　B．重大过失　　　　C．欺诈　　　　　　　　D．违约

5．注册会计师在第三者面前呈现出一种独立于委托单位的身份，这种独立称为（　　　　）。

A．经济独立　　　　B．人员独立　　　　C．形式上的独立性　　　D．实质上的独立性

6．会计师事务所给他人造成经济损失应予以赔偿，这表明会计师事务所要承担（　　　　）。

A．行政责任　　　　B．民事责任　　　　C．刑事责任　　　　　　D．道德责任

7．注册会计师职业道德的基本原则不包括（　　　　）。

A．独立性　　　　　B．客观　　　　　　C．准确　　　　　　　　D．公正

8．注册会计师职业道德的基本原则中，最基本的是（　　　　）。

A．独立性　　　　　B．客观　　　　　　C．准确　　　　　　　　D．公正

9．下列各项中，属于中国注册会计师执业准则体系的基本内容是（　　　　）。

A．鉴证业务准则　　B．相关服务准则　　C．职业道德准则　　　　D．质量控制准则

10．在我国，关于注册会计师行业的专业法律是（　　　　）。

A．《中华人民共和国审计法》　　　　B．《中华人民共和国会计法》

C．《中华人民共和国注册会计师法》　D．《中华人民共和国公司法》

11．下列行为中，不违反职业道德规范的是（　　　　）。

A．承接了主要工作需由事务所以外的专家完成的业务

B．按服务成果的大小收取审计费用

C．不以个人名义承接业务　　　D．对自身业务能力进行广告宣传

12．（　　　）要求注册会计师应当依勤勉尽责的态度执行鉴证业务，在执业过程中保持职业怀疑态度。

A．独立性　　　　　B．应有的专注　　　C．保密　　　　　　　　D．客观

13．会计师事务所对无法胜任或不能按时完成的业务，应当（　　　　）。

A．聘请其他专业人员帮助　　　　B．将审计业务转包给其他会计师事务所

C．适当减少业务收费　　　　　　D．拒绝接受委托

14．（　　　）是指为了达到欺骗或坑害他人的目的，注册会计师明知已审计的财务报表有重大错报，却加以虚假地陈述，发表不恰当的意见。

A．违约　　　　　　B．一般过失　　　　C．重大过失　　　　　　D．欺诈

二、多选题

1．注册会计师法律责任的种类有（　　　　）。

A．民事责任　　　　B．刑事责任　　　　C．过失　　　　　　　　D．行政责任

2．注册会计师有可能承担的行政责任包括（　　　　）。

A．暂停执业　　　　　　　　　　B．没收违法所得并罚款

C．吊销注册会计师证书　　　　　D．警告

3．为了避免法律诉讼，注册会计师在执业过程中应（　　　）。

　　A．审慎选择客户　　　　　　　　B．保持应有的职业谨慎

　　C．强化审计质量控制　　　　　　D．遵循审计准则

4．中国注册会计师鉴证业务准则包括（　　　）。

　　A．审计准则　　　B．审阅准则　　　C．审核准则　　　D．其他鉴证业务准则

5．中国注册会计师执业准则体系包括（　　　）。

　　A．鉴证业务准则　　B．内部管理准则　C．相关服务准则　　D．质量控制准则

7．下列行为中，不符合注册会计师职业道德规范要求的有（　　　）。

　　A．对未来事项的可实现程度做出保证

　　B．对自身执业能力进行广告宣传

　　C．注册会计师公告变更了的办公地址

　　D．在两个以上的会计师事务所执业

7．下列行为中，符合注册会计师职业道德准则要求的有（　　　）。

　　A．向社会公告其办公地址和电话　　B．向被审计单位收取额外的补贴

　　C．为客户保密　　　　　　　　　　D．不收取或有费用

8．由注册会计师自身的（　　　）等可能导致其承担法律责任。

　　A．过失　　　　　B．欺诈　　　　　C．经营风险　　　　D．违约

9．注册会计师执业道德基本原则包括（　　　）。

　　A．独立性　　　　B．客观　　　　　C．公正　　　　　　D．保密

10．审计的独立性表现在（　　　）。

　　A．组织独立　　　B．人员独立　　　C．工作独立　　　　D．经济独立

11．注册会计师应当对在执业过程中获知的客户信息保密，但在（　　　）情况下可以披露客户的有关信息。

　　A．取得客户的授权

　　B．根据法规要求，为法律诉讼准备文件或提供证据或向监管机构报告发现的违反法规的行为

　　C．接受同行业复核及注册会计师协会和监管机构依法进行的质量检查

　　D．另一客户提出查看的要求

12．按照注册会计师职业道德规范的要求，注册会计师对客户所负的责任有（　　　）。

　　A．按照业务约定书完成审计业务　　B．提交管理建议书

　　C．按服务成果的大小决定收费标准

　　D．对执行业务过程中知悉的商业秘密保密

13．下列各项中，符合注册会计师职业道德规范的有（　　　）。

　　A．会计师事务所没有以降低收费的方式招揽业务

　　B．会计师事务所为争取更多的客户对其能力进行广告宣传

　　C．会计师事务所允许其他事务所的某注册会计师以本所的名义承接业务

　　D．会计师事务所没有雇用正在其他事务所执业的注册会计师

三、判断题

1．在执行审计业务时，注册会计师可以根据服务成果的大小决定收费水平的高低。（　　　）

2．注册会计师在执行业务过程中，对其知悉的商业机密应当保密。（　　）

3．会计师事务所不能聘用正在其他会计师事务所执业的注册会计师。（　　）

4．注册会计师执业时只需要保持实质上的独立。（　　）

5．注册会计师执行任何业务，都必须遵循审计准则。（　　）

6．审计准则是规范审计主体和审计客体的准则，有关人员必须遵守。（　　）

7．会计师事务所在任何情况下不得对外泄露档案内的商业秘密。（　　）

8．如果注册会计师没有查出被审计单位财务报表中的错报，则注册会计师应当承担法律责任。（　　）

9．会计师事务所承揽业务时可以通过低价策略取得优势。（　　）

10．对于注册会计师的欺诈行为，法院可判其承担民事责任和刑事责任。（　　）

四、案例分析题

甲公司计划发行 A 股并上市，聘请 ABC 会计师事务所审计其 2017 年、2018 年及 2019 年的年度财务报表。A 注册会计师担任甲公司审计项目合伙人。在审计过程中，ABC 会计师事务所遇到下列与职业道德相关的事项。

（1）A 注册会计师和甲公司的董事是同学，两人共同投资开设了一家餐厅，各占 50% 股份，该投资对双方均不重大。

（2）审计业务约定书约定，甲公司如上市成功，将另行奖励 ABC 会计师事务所，奖励金额按发行股票融资额的 0.1% 计算。

（3）XYZ 咨询公司是 ABC 会计师事务所的网络事务所。自 2016 年 10 月 1 日起，甲公司将其内部审计外包给 XYZ 咨询公司，包括负责确定内部审计工作范围。

（4）甲公司是 F1 赛事中国站的赞助商，送给 A 注册会计师 5 张中国站的贵宾票。A 注册会计师将票分给了审计项目组成员。

（5）2019 年 3 月 1 日，ABC 会计师事务所接受委托，为甲公司编制企业所得税纳税申报表，该表经甲公司财务总监签署后报出。

（6）甲公司是上市公司乙公司的重要子公司。乙公司不是 ABC 会计师事务所的审计客户。审计项目组成员 B 的妻子因在乙公司担任公关部经理而持有乙公司股票期权。

【要求】针对上述第（1）项至第（6）项，逐项指出 ABC 会计师事务所及审计项目组成员是否违反了职业道德规范，并简要说明理由。

项目三

财务报表审计目标与过程

➡️ 知识目标

1. 掌握财务报表审计总目标。
2. 掌握与交易或事项、期末账户余额、列报相关的审计目标。
3. 理解并掌握审计过程。

👤 技能目标

1. 能理解财务报表审计总目标、被审计单位管理层对财务报表的认定与审计具体目标之间的关系。
2. 能按照被审计单位管理层的认定确定财务报表某个项目的审计目标。

⊙ 引导案例

中信会计师事务所对红星股份有限公司的审计

中信会计师事务所（特殊普通合伙企业）委派注册会计师陈华带领审计项目组负责对红星股份有限公司（以下简称红星公司，上市公司）2019 年度的财务报表进行审计。他们于 2020 年 3 月 18 日完成了外勤审计工作，审计过程中实施了所有认为必要的审计程序，审计范围没有受到任何限制。2020 年 3 月 20 日，他们与红星公司管理层进行了沟通，提出了拟要求红星公司进行审计调整的事项和拟发表的审计意见类型。红星公司 2019 年的年度财务报表于 2020 年 3 月 28 日通过董事会审议，并对外公布。

任务一 财务报表审计概述

任务导入

阅读本项目引导案例的内容，学习本任务，完成以下具体任务。

具体任务

1. 为什么财务报表需要审计？
2. 财务报表审计业务有哪些要素？
3. 注册会计师审计财务报表出具审计意见时应对谁负责？

理论认知

一、财务报表审计的原因

财务报表审计是指注册会计师对财务报表是否不存在重大错报提供合理保证，以积极方式提出意见，增强除管理层之外的财务报表使用者对财务报表的信赖程度。

财务报表使用者之所以希望注册会计师对财务报表进行审计并发表意见，主要有以下四个方面的原因。

（一）利益冲突

财务报表使用者往往有着各自的利益，且这种利益与被审计单位管理层的利益大不相同。出于对自身利益的关心，财务报表使用者常常担心管理层提供带有偏见、不公正甚至欺诈性的财务报表。为此，他们往往向外部注册会计师寻求鉴证服务。

（二）财务信息的重要性

财务报表是财务报表使用者进行经济决策的重要信息来源，在某些情况下，甚至是唯一的信息来源。在进行投资、贷款和其他决策时，财务报表使用者期望财务报表中的信息翔实、丰富，并且期望注册会计师确定被审计单位是否按照公认会计原则编制财务报表。

（三）财务报表的复杂性

因为会计业务的处理及财务报表的编制日趋复杂，财务报表使用者因缺乏会计知识而难以对财务报表的质量做出评估，所以他们要求注册会计师对财务报表的质量进行鉴证。

（四）信息的间接性

绝大多数财务报表使用者都远离被审计单位的客户，这就导致财务报表使用者不可能接触到编制财务报表所依据的会计记录，即使财务报表使用者可以获得会计记录并对其进行审查，也往往受时间和成本的限制，而无法对会计记录进行有意义的审查。在这种情况下，财务报表使用者有两种选择，一是相信这些会计信息的质量，二是依赖第三者的鉴证。显然，财务报表使用者一般会选择第二种方式。

二、财务报表审计的基本要素

财务报表审计作为鉴证业务，其基本要素包括审计业务的三方关系、鉴证对象（财务报表）、标准（财务报表编制基础）、审计证据和审计报告五个方面。

（一）审计业务的三方关系

审计业务的三方关系人分别是注册会计师、被审计单位管理层、财务报表使用者。

三方关系并不是指其中某一方，而是指这三者之间的关系。

是否存在三方关系是判断某项业务是否属于审计业务或其他鉴证业务的重要标准之一，如某项业务不存在除责任方之外的其他财务报表使用者，则该业务不属于审计业务或其他鉴证业务。

（二）鉴证对象（财务报表）

鉴证对象是否恰当是注册会计师能否将一项业务作为审计业务或其他鉴证业务予以承接的前提条件。适当的鉴证对象应当同时具备下列条件：鉴证对象可以识别，如营业收入可识别，而工作态度不好识别；不同的组织或人员对鉴证对象按照既定标准（固定标准）进行评价或计量的结果合理一致，即不同人评价的结论一致。注册会计师能够收集与鉴证对象有关的信息，获取充分、适当的证据，以支持其提出适当的鉴证结论。在财务报表审计中，鉴证对象即财务报表。财务报表通常是指整套财务报表，有时也指单一财务报表。

（三）标准（财务报表编制基础）

标准是指用于评价或计量鉴证对象的基准，当涉及列报时，还包括列报的基准。

标准是鉴证业务中不可或缺的一项要素。注册会计师运用职业判断对鉴证对象做出评价或计量时，离不开适当的标准。如果没有适当的标准提供指引，则任何个人的解释甚至误解都可能对结论产生影响，其结论必然缺乏可信性。适当的标准应当具备以下特征：相关性、完整性、可靠性、中立性、可理解性。注册会计师基于自身的预期、判断和个人经验对鉴证对象进行的评价和计量，不构成适当的标准。

在财务报表审计中，财务报表编制基础就是标准，但不是唯一标准。适用的财务报表编制基础是指法律、法规要求采用的财务报表编制基础，或者管理层和治理层（如适用）在编制财务报表时，就被审计单位的性质和财务报表的目标而言，采用的可接受的财务报表编制基础。编制基础分为通用目的编制基础和特殊目的编制基础。通用目的编制基础旨在满足广大财务报表使用者的需求，主要是指会计准则和会计制度。特殊目的编制基础旨在满足特定财务报表使用者的需求，包括计税基础、监管机构的报告要求和合同约定等。

（四）审计证据

审计证据是指注册会计师为了得出审计结论和据以提出审计意见而使用的所有信息。获取充分、适当的审计证据是注册会计师提出鉴证结论的基础。其中，充分是对审计证据数量的衡量，适当是对审计证据质量的衡量。

注册会计师应当以合理的职业怀疑态度计划和执行鉴证业务，获取有关鉴证对象信息是否不存在重大错报的充分、适当的审计证据。注册会计师在计划和执行鉴证业务时，尤其是在确定审计证据收集程序的性质、时间和范围时，应当考虑重要性、鉴证业务风险及可获取审计证据的数量和质量。

（五）审计报告

注册会计师应当针对鉴证对象（财务报表）在所有重大方面是否符合适当的标准（财务报表编制基础），以书面报告的形式发表能够提供合理保证程度的意见。

三、管理层、治理层、注册会计师对财务报表的责任

在介绍财务报表审计目标之前，有必要先介绍被审计单位管理层、治理层及注册会计师对财务报表的责任。明确划分责任，有助于以上三者认真履行各自的责任，为财务报表及审计报告的使用者提供有用的决策信息，有利于保护相关各方的正当权益。

（一）管理层对财务报表的责任

管理层是指对被审计单位经营活动的执行负有管理责任的人员或组织。

根据《会计法》的规定，管理层对财务报表的责任是在治理层的监督下，按照适用的会计准则和相关会计制度的规定编制财务报表，具体工作由管理层领导下的会计部门负责。为履行编制财务报表的职责，管理层通常设计、实施、维护与财务报表编制相关的内部控制制度，以保证财务报表不存在因舞弊或错误而导致的重大错报。

管理层对财务报表的责任具体如下。

1. 选择适用的会计准则和相关会计制度

对会计要素进行确认、计量、报告时，各单位管理层可根据实际情况选择适用的会计准则和相关会计制度。例如，事业单位适用《事业单位会计制度》；企业根据规模、组织形式的不同，可以分别选择适用的《企业会计准则》《企业会计制度》《小企业会计准则》等。

2. 选择和运用适当的会计政策

会计政策是指企业在会计核算时所遵循的具体原则及所采用的具体会计处理方法。管理层在选择和运用会计政策时要考虑国家法规和经济政策、经济形势、企业组织形式与资本结构、企业的经营特点和发展状况、会计人员素质等因素。

3. 做出合理的会计估计

会计估计是指对结果不确定的交易或事项以最近可利用的信息为基础所做出的判断。由于经济活动存在各种不确定性，且会计核算中涉及大量的会计估计，如固定资产的预计使用年限和净残值、应收账款的可收回金额、存货的可变现净值、预计负债的金额等，因此管理层有责任根据可利用的信息或资料做出合理的会计估计。

4. 设计、实施和维护与财务报表编制相关的内部控制制度

为了履行编制财务报表的职责，管理层通常要设计、实施和维护与财务报表编制相关的内部控制制度，以保证财务报表不存在因舞弊或错误而导致的重大错报。

（二）治理层对财务报表的责任

治理层是指对被审计单位战略方向及对管理层履行经营管理责任负有监督责任的人员或组织，一般指董事会和监事会、审计委员会等。治理层对财务报表的责任包括监督财务报表的编制和披露过程，主要体现在以下几个方面。

（1）审核或监督企业的重大会计政策。

（2）审核或监督企业财务报表的编制和披露过程，审核或监督与财务报表相关的企业内部控制制度。

（3）组织和领导企业内部审计，审核和批准企业的财务报表和相关信息披露。

（4）聘任和解聘负责企业外部审计的注册会计师，并与其进行沟通等。

（三）注册会计师对财务报表的责任

注册会计师对财务报表的责任是指按照《中国注册会计师审计准则》的规定，在实施审计工作的基础上对财务报表发表审计意见。

注册会计师作为独立的第三方对财务报表是否合法、公允发表意见，有利于提高财务报表的可信赖程度。为履行这一职责，注册会计师应当遵守职业道德规范，按照审计准则的规定计划和实施审计工作，收集充分、适当的审计证据，发表恰当的审计意见。在审计工作过程中，注册会计师需要运用职业判断，保持合理的职业怀疑态度，实施风险评估程序、控制测试（必要时或决定测试时）及实质性测试。在进行风险评估时，注册会计师根据与财务报表编制相关的内部控制制度，设计恰当的审计程序，但目的并非对内部控制制度的有效性发表意见。因此，审计报告对内部控制制度不提供任何保证。

（四）管理层、治理层与注册会计师的责任之间的关系

财务报表审计不能减轻被审计单位管理层和治理层的责任。

财务报表编制和财务报表审计是财务报表信息生成链条上的不同环节。编制财务报表一般是管理层的责任；对财务报表的编制与披露过程，治理层负有监督的责任。法律规定被审计单位管理层和治理层对财务报表的责任，有利于从源头上保证财务信息质量。注册会计师作为独立的外部监督者对财务报表是否合法、公允进行鉴证。在审计过程中，注册会计师可以向管理层和治理层提出调整建议，甚至可以在不违反独立性的前提下为管理层编制财务报表提供一些协助，但仍然由管理层、治理层对财务报表承担责任，并通过签署财务报表确认这一责任。如果财务报表存在重大错报而注册会计师通过审计没有发现，也不能因为财务报表已经经过审计这一事实减轻被审计单位管理层和治理层对财务报表的责任。

任务解析

1. 对财务报表进行审计主要有四个方面的原因：利益冲突、财务信息的重要性、财务报表的复杂性、信息的间接性。

2. 财务报表审计的基本要素包括审计业务的三方关系、鉴证对象（财务报表）、标准（财务报表编制基础）、审计证据和审计报告五个方面。

3. 财务报表审计是指注册会计师对财务报表是否不存在重大错报提供合理保证，以积极方式

提出意见，增强除管理层之外的财务报表使用者对财务报表的信赖程度。因此，注册会计师应对财务报表使用者负责。

任务二 财务报表审计目标

任务导入

光大会计师事务所的甲、乙注册会计师在对远华公司 2006 年的年度财务报表进行审计时，发现该公司的财务报表、期末账户余额及各类交易或事项可能存在下列导致重大错报的情况。

（1）在销售交易中，发出商品在出库单的数量与在发票上的数量不符。

（2）期末存货的盘点可能存在较大的差错。

（3）可能存在未入账的应付账款。

（4）长期借款中可能有一部分年内将会到期。

具体任务

如果你是一名注册会计师，针对上述可能存在的问题，请说明如何确定这些项目的审计具体目标？

理论认知

审计目标是指在一定的历史环境下，人们期望通过审计达到的最终结果，包括审计总目标和审计具体目标两个层次。审计目标决定了审计的程序和方法。只有正确定位审计目标，才能确定合适的审计程序和审计方法，才能做好审计。审计目标不是一成不变的，从最初的查错防弊，逐渐过渡为验证会计信息的真实性、公允性，后来又增加了评价经济活动的合理性、效益性。一般来说，审计目标必须满足其服务领域的特殊需要，因此无论是政府审计、内部审计还是注册会计师审计（社会审计），都具有相对独立的审计目标。审计具有经济监督的职能，这就决定了三种审计目标相互联系，具有共同特点。下面以注册会计师对财务报表的审计为例来介绍审计目标。

一、财务报表审计总目标

审计的目的是提高财务报表使用者对财务报表的信赖程度。执行财务报表审计工作时，注册会计师的总目标如下：对财务报表整体是否不存在因舞弊或错误导致的重大错报提供合理保证，对财务报表是否在所有重大方面按照适用的财务报表编制基础编制发表审计意见；按照审计准则的规定，根据审计结果对财务报表出具审计报告，并与管理层和治理层沟通。审计总目标可简单概括为注册会计师对财务报表的合法性、公允性发表审计意见。合法性是指被审计单位财务报表的编制是否符合《企业会计准则》及国家其他财务会计法规的规定；公允性是指被审计单位财务报表在所有重大方面是否公允反映了被审计单位的财务状况、经营成果和现金流量。公允反映的是注册会计师在对财务报表进行审计后，出示无保留意见审计报告时的用语，是指财务报表表达合理，没有偏见或歪曲，但并不证明财务报表是正确的。

（一）评价财务报表的合法性需要考虑的问题

（1）选择和运用的会计政策是否符合会计准则和相关会计制度，并适合于被审计单位的具体情况。

（2）管理层做出的会计估计是否合理。

（3）财务报表反映的信息是否具有相关性、可靠性、可比性和可理解性。

（4）财务报表是否做出充分披露，使财务报表使用者能够理解重大交易或事项对被审计单位财务状况、经营成果和现金流量的影响。

（二）评价财务报表的公允性需要考虑的问题

（1）经管理层调整后的财务报表，是否与注册会计师对被审计单位及其环境的了解一致。

（2）财务报表的列报、结构和内容是否合理。

（3）财务报表是否真实地反映了交易或事项的经济实质。

财务报表审计属于鉴证业务，注册会计师作为独立第三方，运用专业技能和经验对财务报表进行审计并发表审计意见，旨在提高财务报表的可信赖程度。因为审计存在固有限制，注册会计师据以得出结论和形成审计意见的大多数审计证据是说服性的而非结论性的，所以审计只能提供合理保证，不能提供绝对保证。

财务报表的审计总目标对注册会计师的工作起着导向作用，它界定了注册会计师的责任范围，影响了注册会计师计划和实施审计程序的性质、时间和范围，决定了注册会计师如何发表审计意见。例如，财务报表的审计总目标是对财务报表整体发表审计意见，注册会计师就可以只关注和审计与财务报表编制相关的内部控制制度，而不是对内部控制制度本身进行鉴证。同样，注册会计师关注被审计单位的违法违规行为，是因为这些行为会影响财务报表，而不是对被审计单位是否存在违反法规的行为提供鉴证。

二、财务报表审计具体目标

财务报表审计具体目标是审计总目标的具体化。一般来说，财务报表审计具体目标必须根据审计总目标和被审计单位管理层对财务报表的认定来确定。

（一）被审计单位管理层对财务报表的认定

认定是指管理层对财务报表中各组成要素的确认、计量、列报做出的明确或隐含的表达。这里的"认定"是名词，是指被审计单位把财务报表移交给注册会计师时，管理层对其所提供财务报表的一种承诺性表达。

注册会计师的基本职责就是确定被审计单位管理层对其财务报表的认定是否恰当，即对被审计单位管理层所做的认定进行再认定。注册会计师了解了认定就很容易确定每个项目的审计具体目标，并据以作为评估重大错报风险，以及计划和实施进一步审计程序的基础。

1. 与各类交易或事项相关的认定

利润表反映的是被审计单位一定期间内的经营成果，而与各类交易或事项相关的认定是对于过程的认定，因此利润表涉及的认定就是与各类交易或事项相关的认定，如营业收入的发生等。

管理层对各类交易或事项的认定通常分为以下几类。

（1）发生：记录的交易或事项已发生且与被审计单位有关。

（2）完整性：所有应当记录的交易或事项均已记录。

（3）准确性：与交易或事项有关的金额及其他数据已恰当记录。

（4）截止：交易或事项已记录于正确的会计期间。

（5）分类：交易或事项已记录于恰当的账户。

例如，某公司 2018 年利润表中记录了该年度营业收入金额为 500 万元，说明被审计单位在审计年度取得了收入（发生认定），金额为 500 万元（准确性认定），这两项认定是明示的认定；还表明了企业所有的收入均已包括在内了（完整性认定），这些收入记录于正确的会计期间（截止认定），且均属于营业收入项目（分类认定），这三项认定是隐含的认定。

2. 与期末账户余额相关的认定

资产负债表反映的是被审计单位某一时间点的财务状况，而与期末账户余额相关的认定是对期末这个时间点的静态值的考量，因此资产负债表涉及的认定就是与期末账户余额相关的认定。

管理层对期末账户余额的认定通常分为以下几类。

（1）存在：记录的资产、负债和所有者权益在资产负债表日是存在的，不是虚构的。

（2）权利和义务：记录的资产由被审计单位拥有或控制，记录的负债是被审计单位应当履行的偿还义务。

（3）完整性：所有应当记录的资产、负债和所有者权益均已记录，没有遗漏。

（4）计价和分摊：资产、负债和所有者权益以恰当的金额包括在财务报表中，与之相关的计价或分摊调整也已恰当记录。

例如，某公司 2019 年 12 月 31 日资产负债表反映存货期末净额为 300 万元，说明被审计单位在资产负债表日存货是存在的（存在认定），净额为 300 万元，且计算是准确的（计价和分摊认定），这两项认定是明示的认定；还表明存货是由该被审计单位拥有和控制的（权利和义务认定），企业的所有存货均已包含在内（完整性认定），这两项认定是隐含的认定。

3. 与列报相关的认定

列报是指期末账户余额、交易或事项在财务报表中的列示和在附注中的披露。在财务报表的列报中，列示通常反映的是资产负债表、利润表、现金流量表和股东权益变动表等报表中的信息，披露通常反映的是附注中的信息。

管理层对列报的认定通常分为以下几类。

（1）发生及权利和义务：披露的交易或事项和其他情况已发生，且与被审计单位有关。

（2）完整性：所有应当包括在财务报表中的披露均已包括。

（3）分类和可理解性：财务信息已被恰当地列报和描述，且披露内容表述清楚。

（4）准确性和计价：财务信息和其他信息已公允披露，且金额恰当。

注册会计师可以按照上述分类运用认定，也可按其他方式表达认定，但应涵盖上述所有方面。

（二）审计具体目标的内容

针对上述认定，注册会计师可以就各类交易或事项、各账户期末账户余额和各报表列报项目确定审计具体目标，并以此作为评估重大错报风险、设计和实施进一步审计程序的基础。审计具体目标是指注册会计师检查被审计单位提供的财务报表（主要包括资产负债表、利润表、现金流量表、财务报表附注）所包含的各项认定是否真实。

1. 与各类交易或事项相关的审计目标

（1）发生。

由发生认定推导的审计目标是已记录的交易是真实的。例如，如果没有发生销售交易，但在销售日记账中记录了一笔销售，则违反了该目标。发生认定所要解决的问题是管理层是否把那些不曾发生的项目记入财务报表，它主要与财务报表组成要素的高估有关。

（2）完整性。

由完整性认定推导的审计目标是已发生的交易确实已经记录。例如，如果发生了销售交易，但没有在销售日记账和总账中记录，则违反了该目标。发生和完整性强调的是相反的关注点。发生目标针对的是潜在的高估；而完整性目标则针对的是漏记交易，即低估。

（3）准确性。

由准确性认定推导的审计目标是已记录的交易是按正确金额反映的。例如，如果在销售交易中，发出商品的数量与账单上的数量不符，或是开账单时使用了错误的销售价格，或是账单中的乘积或加总有误，或是在销售日记账中记录了错误的金额，则违反了该目标。

准确性与发生、完整性之间存在区别。例如，若已记录的销售交易是不应当记录的（如发出的商品是寄销商品），则即使发票金额是准确计算的，仍违反了发生目标。再如，若已入账的销售交易是对正确发出商品的记录，但金额计算错误，则违反了准确性目标，而没有违反发生目标。在完整性与准确性之间也存在着同样的关系。

（4）截止。

由截止认定推导的审计目标是接近于资产负债表日的交易记录于正确的会计期间。例如，如果本期交易记录到下期，或下期交易提前记录到本期，均违反了该目标。

（5）分类。

由分类认定推导的审计目标是被审计单位记录的交易分类适当。例如，如果将现销记录为赊销，将出售经营性固定资产所得的收入记录为营业收入，则违反了该目标。

2. 与期末账户余额相关的审计目标

（1）存在。

由存在认定推导的审计目标是记录的金额确实存在。例如，如果不存在某客户的应收账款，在应收账款试算平衡表中却列入了对该客户的应收账款，则违反了该目标。

（2）权利和义务。

由权利和义务认定推导的审计目标是资产属于被审计单位的权利，负债属于被审计单位的义务。例如，将他人寄售的商品记入被审计单位的存货，违反了权利的目标；将不属于被审计单位的债务记入账内，违反了义务的目标。

（3）完整性。

由完整性认定推导的审计目标是已存在的金额均已记录。例如，如果存在某客户的应收账款，在应收账款试算平衡表中却没有列入对该客户的应收账款，则违反了该目标。

（4）计价和分摊。

由计价和分摊认定推导的审计目标是资产、负债和所有者权益以恰当的金额包括在财务报表中，与之相关的计价或分摊调整也已恰当记录。

3. 与列报相关的审计目标

各类交易或事项和期末账户余额的认定正确只是为列报正确打下了必要的基础，财务报表还可能因被审计单位误解有关列报的规定或舞弊等而产生错报。另外，被审计单位没有遵守一些专门的披露要求也可能导致财务报表产生错报。因此，即使注册会计师审计了各类交易或事项和期末账户余额，实现了各类交易或事项和期末账户余额的审计具体目标，也不意味着获取了足以对财务报表发表审计意见的充分、适当的审计证据。因此，注册会计师还应当对各类交易或事项、期末账户余额及相关事项在财务报表中列报的正确性实施审计。

（1）发生及权利和义务。

将没有发生的交易或事项，或与被审计单位无关的交易或事项包括在财务报表中，则违反了该目标。例如，复核董事会会议记录中是否记载了固定资产抵押等事项，询问管理层固定资产是否被抵押，是对权利认定的运用。如果抵押固定资产需要在财务报表中列报，则说明其权利受到限制。

（2）完整性。

如果应当披露的交易或事项没有包括在财务报表中，则违反了该目标。例如，检查关联方和关联交易，以验证其在财务报表中是否得到充分披露，是对列报的完整性认定的运用。

（3）分类和可理解性。

财务信息已被恰当地列报和描述，且披露内容表述清楚。例如，检查存货的主要类别是否已披露，是否将一年内到期的长期负债列为流动负债，是对列报的分类和可理解性认定的运用。

（4）准确性和计价。

财务信息和其他信息已公允披露，且金额恰当。例如，检查财务报表附注是否分别对原材料、在产品和产成品等存货成本核算方法进行了恰当说明，是对列报的准确性和计价认定的运用。

总之，被审计单位管理层对财务报表的认定是确定审计具体目标的基础。在审计过程中，注册会计师通常将被审计单位管理层对财务报表的认定转化为能够通过审计程序实现的审计目标。针对财务报表每一项目所表现出的各项认定，注册会计师相应地确定一项或多项审计目标，然后通过采用一系列方法获取充分、适当的审计证据以对财务报表的合法性、公允性发表意见，最终实现审计总目标。

审计总目标是针对财务报表总体而言的，它是对财务报表的各组成部分（项目或业务循环）审查以后做出的综合评价，它与审计具体目标没有明显的对应关系。要对财务报表发表总的意见（合法性、公允性），就必须要确认所有财务报表认定正确，而要确认财务报表认定正确，就必须对每一财务报表项目的审计具体目标进行验证。

任务解析

针对问题 1，注册会计师确定的审计具体目标为交易是否按正确金额反映。

针对问题 2，注册会计师确定的审计具体目标为记录的金额是否确实存在。

针对问题 3，注册会计师确定的审计具体目标为计算是否正确、完整。

针对问题 4，注册会计师确定的审计具体目标为分类是否正确。

任务三　财务报表审计过程

任务导入

徐良是一名刚进入会计师事务所的应届毕业生。某天，她跟着注册会计师王华到红星公司开会，王华与红星公司管理层进行了会谈，详细询问了红星公司近几年的经营状况。5 天后，会计师事务所与红星公司就审计的具体事项达成协议，签订了审计业务约定书，随后，王华组建了审计团队，编制好审计计划后，进驻红星公司开始审计工作。徐良作为一名新手，很想知道审计过程包括哪几个阶段？各阶段应完成那些具体工作？

具体任务

假如你是审计项目负责人王华，如何解答徐良的疑问？

理论认知

审计过程也称审计步骤，是指从审计开始到结束，审计组织及人员所采取的系统性工作步骤。审计过程有狭义和广义之分。狭义的审计过程是指审计人员在取得审计证据完成审计目标的过程中所采用的步骤和方法。广义的审计过程是指审计人员从接受审计开始到审计工作结束的全过程。无论哪种审计，审计过程一般可划分为：审计准备阶段、审计实施阶段和审计终结阶段，各阶段又包括许多具体内容。

一、审计准备阶段

审计准备阶段是指注册会计师从接受委托起到开始具体实施审计之前的整个过程。全面、细致的审计准备工作，一方面可以从开始就为确保审计质量，降低审计风险打下良好的基础；另一方面还可以大大节约审计实施的时间，降低审计成本，提高工作效率。这一阶段主要应做好以下几个方面的工作。

（一）接受业务委托

会计师事务所应当按照执业准则的规定，谨慎决定是否接受委托。在接受委托前，注册会计师应当初步了解审计业务环境，包括业务约定事项、审计对象特征、使用的标准、预期使用者的需求、责任方及其环境的相关特征，以及可能对审计业务产生重大影响的交易或事项、条件和惯例等其他因素。

接受业务委托阶段的主要工作：了解和评价审计对象的可审性；决定是否接受委托；商定业务约定条款等。只有在了解后，认为该业务符合专业胜任能力、独立性和应有的关注等职业道德要求，并且拟承接的业务具备审计业务特征时，注册会计师才能将其作为审计业务予以承接。如果审计业务的工作范围受到重大限制，或者委托人试图将注册会计师的名字和审计对象不适当地联系在一起，则该项业务可能具有不合理的目的。

（二）签订审计业务约定书

通过对客户和环境的了解，对确定要接受的委托，注册会计师需要与该客户签订审计业务约定书，以明确双方的权利和义务。审计业务约定书具有经济合同的性质，经约定各方签字或盖章后，立即生效，对各方均具有法定约束力。

（三）计划审计工作

计划审计工作十分重要，计划不周不仅会导致盲目实施审计程序，无法获得充分、适当的审计证据以将审计风险降至可接受的低水平，影响审计目标的实现，而且还会造成审计资源的浪费，增加不必要的审计成本，影响审计工作的效率。因此，对于任何一项审计业务，注册会计师在执行具体审计程序之前，都必须根据具体情况制订科学、合理的计划，使审计程序以有效的方式得到执行。计划审计工作不是审计业务的一个孤立阶段，而是一个持续的、不断修正的过程，贯穿于整个审计业务的始终。一般来说，计划审计工作主要包括在本期审计业务开始时开展的初步业务活动，如制定总体审计策略、制订具体审计计划等。

二、审计实施阶段

（一）实施风险评估程序

审计准则规定，注册会计师必须实施风险评估程序，以此作为评估财务报表层次和认定层次重大错报风险的基础。风险评估程序是指注册会计师实施的了解被审计单位及其环境并识别和评估财务报表重大错报风险的程序。风险评估程序是必要程序，为注册会计师了解被审计单位及其环境和在许多关键环节做出职业判断提供重要基础。了解被审计单位及其环境是一个连续和动态的收集、更新与分析信息的过程，贯穿于整个审计过程的始终。注册会计师应当运用职业判断确定需要了解的被审计单位及其环境的程度。一般来说，实施风险评估程序的主要工作如下：了解被审计单位及其环境；识别和评估财务报表层次及认定层次的重大错报风险，包括确定需要特别考虑的重大错报风险（特别风险）及仅通过实质性测试无法应对的重大错报风险等。

（二）设计和实施进一步审计程序

注册会计师评估财务报表存在重大错报风险后，应当运用职业判断，针对评估的财务报表重大错报风险确定总体应对措施，并设计和实施进一步审计程序，以将审计风险降至可接受的低水平。进一步审计程序包括控制测试（必要时或决定测试时）和实质性测试。

1. 控制测试

控制测试是指为测试控制运行是否有效而实施的审计程序。控制测试的结果是注册会计师在确定实质性测试范围时的重要考虑因素。如果控制测试的结果证实内部控制是有效的，则注册会计师可以认为相关账户及认定发生重大错报的可能性较低，对相关账户及认定实施实质性测试的范围也可缩小。

2. 实质性测试

实质性测试是指注册会计师针对评估的重大错报风险实施的直接用以发现认定层次的重大错

报的审计程序，包括对各类交易或事项、期末账户余额、列报的细节测试及实质性分析程序。注册会计师应当针对评估的重大错报风险设计和实施实质性测试，以发现认定层次的重大错报。

三、审计终结阶段

审计终结阶段的主要工作是完成审计工作和编制审计报告。

注册会计师在完成财务报表所有的进一步审计程序后，还应当按照有关审计准则的规定做好审计终结阶段的工作，并根据所获取的各种证据，合理运用专业判断，发表适当的审计意见。本阶段的主要工作如下：审计期初余额、期后事项和或有事项；考虑持续经营问题和获取管理层声明；汇总审计差异，并提请被审计单位调整或披露；复核审计工作底稿和财务报表；与管理层和治理层沟通；评价审计证据，发表审计意见；编制审计报告等。

任务解析

审计过程一般可划分为三个阶段：审计准备阶段、审计实施阶段和审计终结阶段。

审计准备阶段的工作：接受业务委托、签订审计业务约定书、计划审计工作。

审计实施阶段的工作：实施风险评估程序、设计和实施进一步审计程序。

审计终结阶段的工作：审计期初余额、期后事项和或有事项；考虑持续经营问题和获取管理层声明；汇总审计差异，并提请被审计单位调整或披露；复核审计工作底稿和财务报表；与管理层和治理层沟通；评价审计证据，发表审计意见；编制审计报告等。

复习自测题

一、单选题

1．一般认为，注册会计师审计目标的层次分为（　　）。

　　A．三层　　　　　　B．一层　　　　　　C．两层　　　　　　D．四层

2．注册会计师的审计责任可以概括为对（　　）发表意见。

　　A．财务报表　　　B．财务状况　　　C．经营成果　　　D．现金流量

3．发生认定是指记录的交易或事项已发生且与被审计单位有关，其目标主要针对（　　）。

　　A．数量　　　　　　B．低估　　　　　　C．高估　　　　　　D．金额

4．完整性认定是指所有应当记录的交易或事项均已记录，其目标主要针对（　　）。

　　A．数量　　　　　　B．金额　　　　　　C．高估　　　　　　D．低估

5．涉及总体合理性、真实性、所有权及披露等的审计目标是（　　）。

　　A．审计具体目标　　B．审计一般目标　　C．审计项目目标　　D．审计总目标

6．既属于被审计单位管理层认定，又属于注册会计师审计目标的是（　　）。

　　A．真实性　　　　　B．计价　　　　　　C．完整性　　　　　D．披露

7．其组成要素与权利和义务认定有关的是（　　）。

　　A．资产负债表　　　B．利润表　　　　　C．审计项目目标　　D．审计总目标

8．审计具体目标中，分类和可理解性的含义是（　　　）。

　　A．应当披露的事项均已包括在财务报表中

　　B．是否将没有发生或与被审计单位无关的交易或事项包括在财务报表中

　　C．财务信息已被恰当地列报和描述，且披露内容表述清楚

　　D．财务信息和其他信息已公允披露，且金额恰当

9．下列有关完整性的认定中，表达不正确的有（　　　）。

　　A．该认定是指应在财务报表中列示的所有交易和项目是否都列入了

　　B．该认定主要与财务报表组成要素的低估有关

　　C．该认定所要解决的问题是被审计单位管理层是否把应包括的项目给遗漏或省略了

　　D．该认定还涉及所报告的交易或事项和项目的金额是否正确

10．下列认定中与利润表组成要素无关的是（　　　）。

　　A．发生　　　　　B．完整性　　　　C．权利和义务　　　D．准确性

11．按照《企业会计准则》和相关会计制度的规定编制财务报表的责任属于（　　　）。

　　A．被审计单位管理层　　　　　　　B．被审计单位治理层

　　C．被审计单位内部审计师　　　　　D．注册会计师

12．对于下列销售收入认定，通过比较资产负债表日前后几天的发货单日期与记账日期，注册会计师认为最可能证实的是（　　　）。

　　A．发生　　　　　B．完整性　　　　C．截止　　　　D．分类

13．对于下列应收账款认定，通过实施函证程序，注册会计师认为最可能证实的是（　　　）。

　　A．计价和分摊　　B．分类　　　　　C．存在　　　　D．完整性

14．对于下列存货认定，通过向生产和销售人员询问是否存在过时或周转缓慢的存货，注册会计师认为最可能证实的是（　　　）。

　　A．计价和分摊　　B．权利和义务　　C．存在　　　　D．完整性

15．下列各项中，与所审计期间的各类交易或事项相关的认定是（　　　）。

　　A．计价和分摊　　B．权利和义务　　C．完整性　　　D．存在

二、多选题

1．被审计单位管理层在资产负债表中列报银行存款及其金额，意味着做出了下列（　　　）明确的认定。

　　A．记录的银行存款是存在的

　　B．银行存款以恰当的金额包括在财务报表中

　　C．所有应当记录的银行存款均已记录

　　D．记录的银行存款都由被审计单位拥有

2．与期末账户余额相关的认定是（　　　）。

　　A．计价和分摊　　B．完整性　　　　C．权利和义务　　D．存在

3．与列报相关的认定是（　　　）。

　　A．发生及权利和义务　　　　　　　B．完整性

　　C．分类和可理解性　　　　　　　　D．准确性和计价

4．与各类交易或事项相关的认定是（　　　）。

　　A．准确性和计价　　　　　　　　　B．发生和完整性

  C．准确性   D．截止和分类

5．审计过程是指审计工作从开始到结束的整个过程，其内容主要包括（ ）。

  A．完成审计工作和编制审计报告   B．实施控制测试和实质性测试

  C．实施风险评估程序   D．计划审计工作

6．会计责任是指被审计单位对其提供给注册会计师的会计资料和其他有关资料的（ ）负责。

  A．真实性   B．完整性   C．及时性   D．合法性

7．在确定执行审计工作的前提时，下列有关甲公司管理层责任的说法中，正确的有（ ）。

  A．甲公司管理层应当允许注册会计师查阅与编制财务报表相关的所有文件

  B．甲公司管理层应当负责按照适用的财务报表编制基础编制财务报表

  C．甲公司管理层应当允许注册会计师接触所有必要的相关人员

  D．甲公司管理层应当负责设计、执行和维护必要的内部控制

8．与资产负债表组成要素有关的财务报表认定有（ ）。

  A．存在   B．完整性   C．权利和义务   D．计价和分摊

9．审计过程主要包括以下（ ）阶段的工作。

  A．准备   B．实施   C．终结   D．评估

10．财务报表审计总目标是指注册会计师对被审计单位财务报表的（ ）发表意见。

  A．合法性   B．公允性   C．准确性   D．客观性

三、判断题

1．注册会计师审计总目标由审计具体目标组成。（ ）

2．注册会计师审计总目标是对被审计单位财务报表的合法性、公允性发表意见。（ ）

3．被审计单位管理层认定指管理层对财务报表各组成要素所做出的认定。（ ）

4．管理层在财务报表上的认定都是明确表达的。（ ）

5．被审计单位管理层的认定就是指与各类交易或事项相关的认定。（ ）

6．完整性认定主要是关注财务报表项目是否被高估。（ ）

7．审计程序就是计划审计工作。（ ）

8．企业将2017年12月的收入记入2018年的收入中，这一处理违反了截止认定。（ ）

9．一般来说，审计具体目标是根据审计总目标和被审计单位管理层认定来确定的。（ ）

10．发生认定所解决的问题是管理层是否把应该记录的项目给遗漏了。（ ）

四、案例分析题

  大正会计师事务所派出注册会计师李某负责对红星公司2019年的年度财务报表实施审计。在计划审计工作时，李某针对重大错报风险较高的若干领域设计了拟实施的进一步审计程序，下表摘录了其中一部分（见表3-1）。

表3-1 拟实施的进一步审计程序

序 号	拟实施的进一步审计程序
（1）	从请购单追查至验收单、卖方发票及应付账款明细账
（2）	检查生产设备的购货发票，核实付款人是否为××公司
（3）	检查财务费用中是否含有应予以资本化的借款利息
（4）	检查与关联方发生的销售交易是否经过批准

序　号	拟实施的进一步审计程序
（5）	检查长期股权投资的核算方法是否符合规定
（6）	观察仓库的安全设施是否足以防止存货失窃

【**要求**】请指出注册会计师计划实施的每一项进一步审计程序分别对应财务报表中哪一个项目的哪一项认定，将答案直接填入下表（见表3-2）。

表3-2　进一步审计程序对应的项目和认定

序　号	相关的财务报表项目	相关的认定
（1）		
（2）		
（3）		
（4）		
（5）		
（6）		

项目四

审计计划、审计重要性与审计风险

➡️ 知识目标

1. 理解总体审计策略、具体审计计划的内容及编制时需要考虑的因素。
2. 了解审计业务约定书的内容。
3. 掌握审计重要性的定义、重要性水平的确定。
4. 掌握审计风险及其组成要素。
5. 理解审计风险各要素之间的关系。

👤 技能目标

1. 能理解有关重要性水平和审计风险对注册会计师的重要意义。
2. 能理解审计计划在审计实务中的重要性。
3. 能在初步评估各类风险的基础上，计算可接受的检查风险。

🔘 引导案例

　　红星公司自开业以来，营业额剧增。为筹措资金，红星公司决定向银行贷款。但银行希望其出具审计后的财务报表，以做出是否批准其贷款的决定。于是，红星公司决定请宝信会计师事务所进行审计，而红星公司以前从未进行过审计。

　　审计开始就不太顺利，注册会计师李丽刚到红星公司就发现，该公司会计账簿不齐，而且账簿也未轧平，于是李丽花了一个星期的时间帮助红星公司整理账簿等。但红星公司的会计人员却向财务经理抱怨，认为注册会计师李丽太苛刻，妨碍其正常工作。

　　第二周，当李丽向会计人员索要客户有关资料以便对应收账款函证时，会计人员以这些资料系公司机密为由，加以拒绝。接着，李丽又要求，公司在年末这一天，停止生产，以便对存货进行盘点。但红星公司又以生产任务较重为由，也加以拒绝。

　　李丽无奈之下，只得向会计师事务所的合伙人汇报。合伙人张明立即与红星公司总经理进行接洽，告知其如果无法进行函证或盘点，则注册会计师无法对财务报表进行审计。红星公司的总经理闻言非常生气，不但命令注册会计师马上离开红星公司，而且拒绝支付注册会计师前两周的审计费用。合伙人张明也很生气，他严肃地告诉总经理，除非付清所有的审计费用，否则前期由李丽代编的会计账簿将不予归还。

事后，宝信会计师事务所进行反思和总结如下。

（1）事前应与被审计单位多进行沟通。会计师事务所在审计前没有与客户妥善沟通，使客户不了解审计的目的、范围，这是造成客户不同意注册会计师进行函证或盘点的原因。

（2）应与被审计单位签订审计业务约定书。因为事前没有与客户签订审计业务约定书，所以没有与客户商定审计收费，没有以书面形式确定双方的责任与义务。在客户的会计账簿未轧平之前，就贸然前去审计，没有得到合伙人的同意，就帮助客户整理账本，实属不应该。

（3）没有制订审计计划，也没有对外勤审计人员进行必要监督。

（4）不应扣留客户的会计账簿来作为要求客户付款的条件，应立即归还客户的会计账簿。如果整理时间不长，可以放弃审计收费。如果审计收费金额巨大，可以通过正常的法律渠道予以申诉，通过合法程序来维持自身利益。

请思考：1. 在审计工作开始之前应做好哪些准备工作？

2. 什么是审计业务约定书？它有哪些作用？

3. 什么是审计计划？它有哪些作用？

任务一 审计计划

☑ 任务导入

在与红星公司签订审计业务约定书后，注册会计师王华作为项目负责人开始制订审计计划，其中部分内容如下。

（1）了解红星公司的经营状况及所属行业的基本情况。

（2）了解红星公司的内部控制。

（3）与前任注册会计师沟通。

（4）考虑审计风险。

（5）初步评价重要性水平。

（6）对重要认定制定初步审计策略。

（7）确定检查风险及设计实质性测试。

（8）进行控制测试及评估控制风险。

☑ 具体任务

1．分析上述审计计划的顺序是否正确。

2．上述哪些步骤属于总体审计策略的内容？哪些步骤属于具体审计计划的内容？

☑ 理论认知

注册会计师在接受审计委托后，应当计划审计工作。《中国注册会计师审计准则第 1201 号——计划审计工作》第一章指出："注册会计师应当计划审计工作，使审计业务以有效的方式得到执行。"

合理的审计计划有助于注册会计师关注重点审计领域、及时发现和解决潜在问题，以及恰当地组织和管理审计工作，以提高审计工作的效率和效果。计划审计工作时，注册会计师需要针对审计业务制定总体审计策略和具体审计计划，以将审计风险降至可接受的低水平。

一、初步业务活动

（一）初步业务活动的目的

初步业务活动是指注册会计师在本期审计业务开始时开展的有利于计划和执行审计工作，实现审计目标的活动的总称。

注册会计师开展初步业务活动以实现以下三个主要目的。

（1）确保注册会计师已具备执行业务所需的独立性和专业胜任能力。

（2）确保不存在因管理层诚信问题而影响注册会计师承接该项业务的情况。

（3）确保与被审计单位不存在对业务约定条款理解不一致的情形。

（二）初步业务活动的内容

1. 针对保持客户关系和具体审计业务实施相应的质量控制程序

针对保持客户关系和具体审计业务实施相应的质量控制程序，再根据实施相应程序的结果做出适当的决策是注册会计师控制审计风险的重要环节。初步业务活动按照客户情况的不同，可分为首次接受审计委托的初步业务活动和连续审计情形下的初步业务活动。如果是首次接受审计委托，则应在首次接受审计委托前，即确定建立客户关系之前执行针对建立客户关系和承接具体审计业务的质量控制程序。连续审计时，注册会计师通常会执行针对保持客户关系和具体审计业务的质量控制程序。

在确定是否接受新客户或现有客户的新业务时，会计师事务所应根据具体情况获取必要的信息，下列信息可以帮助会计师事务所确定有关客户关系和审计业务的接受与保持是否恰当。

（1）被审计单位的主要股东、关键管理人员和治理层是否诚信。

针对被审计单位的诚信问题，会计师事务所应当考虑下列主要事项：①被审计单位主要股东、关键管理人员和治理层的身份和商业荣誉；②被审计单位的经营性质；③被审计单位主要股东、关键管理人员和治理层对内部控制环境和会计准则等的态度；④被审计单位是否过分考虑将付给会计师事务所的费用维持在尽可能低的水平；⑤工作范围受到不适当限制的迹象；⑥被审计单位可能涉嫌洗钱或有其他刑事犯罪行为的迹象；⑦变更会计师事务所的原因等。

会计师事务所可以从前任注册会计师、监管机构、法律顾问、客户的同行及相关数据库中搜索与被审计单位诚信相关的信息。

（2）项目组是否具有执行审计业务的专业胜任能力及必要的时间和资源。

在确定是否具有接受新业务所必需的专业胜任能力、时间和资源时，会计师事务所应当考虑下列事项，以评价新业务的特定要求和所有相关人员的基本情况：①会计师事务所人员是否熟悉相关行业或业务对象；②会计师事务所人员是否具有执行类似业务的经验，或者是否具备有效获取必要技能和知识的能力；③会计师事务所是否拥有足够的具有必要素质和专业胜任能力的人员；④有需要时，是否能够得到专家的帮助；⑤如果需要项目质量控制复核，是否具备符合标准和资格要求的项目质量控制复核人员；⑥会计师事务所是否能够在提交审计报告的最后期限内完成业务。

2. 评价遵守职业道德规范（包括独立性要求）的情况

质量控制准则含有包括独立性在内的相关职业道德要求，注册会计师应当按照其规定执行。职业道德规范要求项目组成员坚持恪守独立、客观、公正的原则，保持专业胜任能力和应有的关注，并对审计过程中获知的信息保密，其中又以独立性的要求尤为重要。如果有损害独立性的因素，则会计师事务所和注册会计师应当采取必要的措施以消除影响或将其降至可接受的低水平，否则应拒绝接受委托。

虽然保持客户关系、具体审计业务及评价遵守职业道德规范情况的工作贯穿了审计业务的全过程，但这三项工作需要安排在其他审计工作之前，以确保注册会计师已具备执行业务所需要的独立性和专业胜任能力，且不存在因管理层诚信问题而影响注册会计师承接该项业务的情况。

3. 就业务约定条款与被审计单位达成一致意见

在做出接受或保持客户关系和具体审计业务的决策后，按照《中国注册会计师审计准则第1111号——就审计业务约定条款达成一致意见》的规定，在审计业务开始之前，注册会计师应与被审计单位就审计业务约定条款达成一致意见，签订或修改审计业务约定书，以避免双方对审计业务的理解产生分歧。

二、审计业务约定书

（一）审计业务约定书的含义

审计业务约定书是指会计师事务所与被审计单位签订的，用以记录和确认审计业务的委托与受托关系、审计工作的目标和范围、双方的责任及出具报告的形式等事项的书面合同。

会计师事务所承接任何审计业务，都应与被审计单位签订审计业务约定书，以增进会计师事务所与被审计单位之间的了解，避免双方对审计业务的理解产生分歧。审计业务约定书应由会计师事务所和被审计单位双方的法定代表人或其授权人共同签订，并加盖会计师事务所和被审计单位的印章。如果被审计单位不是委托人，则在签订审计业务约定书前，会计师事务所应当与委托人、被审计单位就审计业务约定书的相关条款进行沟通，并达成一致意见。签订后的审计业务约定书具有法定约束力，是会计师事务所与被审计单位之间在法律上的生效契约。如果出现法律诉讼，它是确定双方责任的首要依据之一。从审计工作本身来看，当委托和受托目标全部实现后，即审计工作全部完成后，会计师事务所应将审计业务约定书妥善保管，并作为一项重要的审计工作底稿，纳入审计档案。

（二）审计业务约定书的作用

签订审计业务约定书的目的是明确会计师事务所与被审计单位的责任与义务，敦促双方遵守约定事项并加强合作，以保护会计师事务所和被审计单位各自的利益。在审计实务中，签订审计业务约定书具有以下几方面的作用。

1. 增进了解，加强合作

签订审计业务约定书的过程就是会计师事务所与被审计单位之间相互了解的过程，体现在会计师事务所对委托目的、被审计单位基本概况等方面的了解，也体现在被审计单位对审计目的、审计范围、审计依据、审计责任等的了解，有利于加强双方的合作。

2. 明确义务，划分责任

审计业务约定书应对双方的责任和义务做出明确的规定，以求尽可能减少一方对另一方的误解，减少审计业务中涉及处理事项时的互相推诿现象。如果出现法律诉讼，则审计业务约定书是确定会计师事务所和被审计单位双方应负责任的重要依据。

3. 为检查业绩提供依据

会计师事务所可以利用审计业务约定书评价审计业务的完成情况，也可以用于检查被审计单位约定义务的履行情况。

（三）审计业务约定书的基本内容

审计业务约定书的具体内容可能因被审计单位的不同而存在差异，但应当包括下列基本内容。

（1）财务报表审计的目标和范围。

（2）管理层的责任。

（3）财务报表编制基础。

（4）注册会计师的责任。

（5）注册会计师拟出具的审计报告的形式和内容，以及对在特定情况下出具的审计报告可能不同于预期形式和内容的说明。

（四）审计业务约定书的特殊考虑

如果情况需要，应考虑在审计业务约定书中列明下列内容。

（1）详细说明审计工作的范围，包括适用的法律、法规、审计准则，以及注册会计师协会发布的职业道德守则和其他公告。

（2）对审计业务结果的其他沟通形式。

（3）说明由于审计和内部控制的固有限制，即使审计工作按照审计准则的规定进行恰当的计划和执行，仍不可避免地存在某些重大错报未被发现的风险。

（4）计划和执行审计工作的安排，包括审计项目组的构成。

（5）管理层确认将提供书面声明。

（6）管理层同意向注册会计师及时提供财务报表草稿和其他所有附带信息，以使注册会计师能够按照预定的时间完成审计工作。

（7）管理层同意告知注册会计师在审计报告日至财务报表报出日之间可能影响财务报表的事实。

（8）收费的计算基础和收费安排。

（9）管理层确认收到审计业务约定书并同意其中的条款。

（10）在某些方面对其他注册会计师和专家工作的安排。

（11）对审计涉及的内部审计人员和被审计单位其他员工工作的安排。

（12）在首次审计的情况下，与前任注册会计师（如存在）沟通的安排。

（13）说明对注册会计师责任可能存在的限制。

（14）注册会计师与被审计单位之间需要达成进一步协议的事项。

（15）向其他机构或人员提供审计工作底稿的义务。

（五）审计业务约定书中条款的变更

签订审计业务约定书后，双方可以根据情况的变化，在征得对方同意后对审计业务约定书中的条款进行修改、补充。如果缺乏合理的理由，则注册会计师不应同意变更审计业务约定书条款。在完成审计业务前，如果被审计单位要求将审计业务变更为保证程度较低的业务，则注册会计师应当确定变更理由是否合理。如果审计业务约定书的条款发生变更，则注册会计师应与管理层就新的条款达成一致意见，并记录于审计业务约定书或其他适当形式的书面协议中。如果注册会计师不同意变更审计业务约定书的条款，而管理层又不允许继续执行原审计业务，则注册会计师应当在适用的法律、法规允许的情况下，解除审计业务约定，并确定是否有义务向治理层、所有者或监管机构等报告该事项。

（六）审计业务约定书范本

审计业务约定书

兹由_____公司（以下称甲方）委托_____会计师事务所有限公司（以下称乙方）对甲方的财务报表进行审计，经双方充分协商，将有关事项约定如下。

一、委托目的与审计范围

（一）委托目的：_____。

（二）审计范围：_____。

二、双方的责任和义务

（一）甲方的责任和义务。

（1）应及时向乙方提供注册会计师所要求的资料，如会计凭证、会计报表、会计账簿及其他在审计过程中需要查看的各种文件资料，并为乙方进行的审计工作提供必要的条件和帮助。

（2）建立健全内部控制制度，保护资产的安全、完整，保证会计资料的真实、合法、完整。

（3）应提供管理声明书，将所有对审计结论产生影响的事项如实告知乙方。

（4）乙方认为需要发函向有关部门函证时，应提供方便并承担必要的费用。

（5）按照约定的条件，及时足额支付审计业务费用。

（二）乙方的责任和义务。

（1）根据《注册会计师法》和中国注册会计师审计准则的要求，对甲方提供的财务报表和有关资料，实施必要的审计程序，保证审计报告的真实性、合法性。

（2）由于注册会计师审计采取事后重点抽查的方式，加上被审计单位内部控制固有的局限和其他客观因素的制约，难免存在财务报表的某些重要方面反映失实，而注册会计师可能在审计中未予发现的情况。因此，乙方的审计责任并不能替代、减轻或免除甲方的会计责任。

（3）对在执业过程中知悉的甲方的商业秘密保密。对甲方提供的审计资料，除法律另有规定者外，未经甲方同意，不得将资料泄露给第三者。

（4）检查弊端不属于一般审计工作范围，但乙方在审计过程中发现甲方会计核算处理存在问题、内部控制制度存在缺陷，可能产生重大弊端时，乙方可将其情况报告给甲方。

三、时间要求

（一）甲方在本审计业务约定书签订后_____个工作日内向乙方提供必要的审计资料；如果乙方在执业过程中需要补充审计资料，则甲方应根据乙方的要求，及时提供。

（二）乙方在收到审计所需要的全部资料后_____个工作日内完成审计工作，出具审计报告一式_____份。

四、审计报告的使用责任

甲方承诺乙方出具的审计报告只按照审计目的所确定的用途使用，不作他用。由甲方或其他第三者使用不当而造成的后果，与乙方无关。

五、业务费用金额及支付方式

（一）甲方同意本项审计业务费用人民币：_____元（差旅、食宿、翻译等费用另计）。

（二）上述业务费用在本审计业务约定书签订后_____个工作日内，由甲方向乙方预付_____%，审计报告完成时再支付_____%。

六、审计业务约定书有效期间

（一）本审计业务约定书一式两份，甲乙双方各执一份，具有同等法律效力。

（二）本审计业务约定书自双方签章之日起生效，在约定事项全部完成后失效。

七、约定事项的变更

在审计过程中，如出现不可预见的情况，任何一方需要变更本审计业务约定书中的审计范围、时间要求、收费金额等事项时，应及时通知另一方，并协商确定。

八、违约责任

甲乙双方应当严格遵守本审计业务约定书约定的事项，任何一方违约，致使另一方未能履行约定事项时，另一方可以解除审计业务约定，并要求违约方赔偿经济损失、依法承担相应的法律责任。

甲方（公章）：_____　　　　乙方（公章）：_____

法定代表人（签字）：_____　　法定代表人（签字）：_____

地址：_____　　　　　　　　地址：_____

委托联系人：_____　　　　　委托联系人：_____

联系电话：_____　　　　　　联系电话：_____

_____年____月____日　　　　_____年____月____日

三、制订审计计划

在确定接受审计业务委托后，为保证审计工作的顺利开展，会计师事务所需要针对被审计单位的情况，结合审计目标制订审计计划。

审计计划是指注册会计师为了完成各项审计业务、达到预期的审计目标，在具体执行审计程序之前编制的工作规划。审计计划通常可分为总体审计策略和具体审计计划两个层次。审计计划可以为注册会计师明确方向，指导审计工作有步骤、按时间进行，也有利于协调各方面的审计力量，以较低的成本，对重点审计领域实施有效的审计程序，收集充分、适当的审计证据。

注册会计师应当针对总体审计策略中所识别的不同事项，制订具体审计计划，并通过有效利用审计资源以实现审计目标。

（一）制订定体审计策略

总体审计策略用以确定审计范围、时间和方向，并指导具体审计计划的制订，是注册会计师从接受审计委托到出具审计报告整个过程基本工作内容的综合计划，一般由审计项目负责人制定。总体审计策略的制定应当包括以下内容。

1. 确定审计范围

注册会计师应当确定审计业务的特征，包括采用的会计准则和相关会计制度、与财务报告相关的行业的特别规定及被审计单位组成部分的分布等，以确定审计范围。其内容如表4-1所示。

表4-1　审计范围

审 计 范 围	具 体 内 容
报告要求	
适用的会计准则和相关会计制度	
适用的审计准则	
与财务报告相关的行业的特别规定	如监管机构发布的有关信息披露法规、特定行业主管部门发布的与财务报告相关的法规
被审计单位组成部分的数量和所在地	
需要阅读的含有已审计财务报表的文件中的其他信息	如上市公司的年度财务报表
制定总体审计策略需要考虑的其他事项	如单独出具报告的子公司范围等

2. 确定报告目标、时间安排和所需沟通

应当明确审计业务的报告目标，以计划审计的时间安排和所需沟通的性质，包括提交审计报告的时间要求，预期与管理层和治理层沟通的时间等。其内容如表4-2所示。

表4-2　报告目标、时间安排和所需沟通

（一）报告目标	
（二）时间安排	
执行审计时间安排	时间
1. 期中审计	
（1）制定总体审计策略	
（2）制订具体审计计划	
…	
2. 期末审计	
（1）存货监盘	
（2）应收账款函证	
…	
（三）所需沟通	时间
（1）与管理层及治理层的会议	
（2）项目组会议（包括预备会和总结会）	
与专家或有关人士的沟通	
与前任注册会计师的沟通	
…	

3. 确定影响审计业务的重要因素

总体审计策略的制定应当考虑影响审计业务的重要因素，以确定项目组的工作方向，这些因素包括确定适当的重要性水平，初步识别可能存在较高的重大错报风险的领域，初步识别重要的组成部分和账户余额，评价是否需要针对内部控制的有效性获取审计证据，识别被审计单位、所处行业、财务报告要求及其他相关方面最近发生的重大变化等。总体审计策略中影响审计业务的重要因素如表 4-3 所示。

表 4-3　影响审计业务的重要因素

（一）确定适当的重要性水平	索引号
（二）可能存在较高的重大错报风险的领域	索引号
1.	
2.	
...	
（三）重要的组成部分和账户余额	索引号
1. 重要的组成部分（记录被审计单位重要的组成部分）	
2. 重要的账户余额（记录重要的账户余额，包括本身具有重要性的账户余额，如存货、营业收入等，以及评估出存在重大错报风险的账户余额）	
...	

4. 明确审计资源

注册会计师应当在总体审计策略中清楚地说明审计资源的规划和调配，具体如下。

（1）向具体审计领域调配的资源，包括向高风险领域分派有适当经验的项目组成员等。

（2）向具体审计领域调配资源的数量，包括安排到重要存货存放地监督存货盘点的项目组成员的数量，对其他注册会计师工作的复核范围，对高风险领域安排的审计时间预算等。

（3）何时调配这些资源，包括是在期中审计阶段还是在关键的截止日期调配资源等。

（4）如何管理、指导、监督这些资源的利用，包括预期何时召开项目组预备会和总结会，预期项目负责人和经理如何进行复核，是否需要实施项目质量控制复核等。

总体审计策略中审计资源的规划和调配如表 4-4 至表 4-8 所示。

表 4-4　项目组主要成员的职责

职　位	姓　名	主　要　职　责
与项目质量控制复核人员的沟通（如适用）		
复核的范围：		
沟通内容	负责沟通的项目组成员	计划沟通时间

表 4-5 对内部审计工作的利用（如适用）

主要报表项目	拟利用的内部审计工作	索 引 号
存货	内部审计部门对各仓库的存货每半年至少盘点一次。在期中审计时，项目组已经对内部审计部门盘点步骤进行观察，对其结果满意，因此项目组将审阅其年底的盘点结果，并缩小存货盘点范围	

表 4-6 对其他注册会计师工作的利用（如适用）

其他注册会计师姓名	工作范围及程度	索 引 号

表 4-7 对专家工作的利用（如适用）

主要报表项目	专家姓名	主要职责及工作范围	利用专家工作的原因	索 引 号

表 4-8 对被审计单位使用服务机构的考虑

主要报表项目	服务机构名称	服务机构提供的服务及其注册会计师出具的审计报告意见和日期	索 引 号

注：项目组应按照相关审计准则的要求对专家或有关人士的能力、客观性等进行考虑和评估。

注册会计师应当根据实施风险评估程序的结果对上述内容予以调整。

对任何一个审计项目、任何一家会计师事务所而言，无论审计业务繁简，也无论会计师事务所规模大小，审计计划都是至关重要的，总体审计策略的详略程度应当随被审计单位的规模及该项审计业务的复杂程度的不同而变化。在小型被审计单位中，全部审计工作可能由一个很小的审计项目组执行，项目组成员间容易沟通和协调，总体审计策略相对较为简单。

（二）制订具体审计计划

具体审计计划是依据总体审计策略制订的，是对总体审计策略中审计程序的性质、时间和范围所做的详细规划与说明。具体审计计划应当包括计划实施的风险评估程序、计划实施的进一步审计程序和计划实施的其他审计程序。

1. 计划实施的风险评估程序

具体审计计划应当包括按照《中国注册会计师审计准则第 1211 号——了解被审计单位及其环境并评估重大错报风险》的规定，为了识别和评估财务报表层次和认定层次的重大错报风险，注册会计师应计划实施的风险评估程序的性质、时间和范围。

2. 计划实施的进一步审计程序

具体审计计划应当包括按照《中国注册会计师审计准则第 1231 号——针对评估的重大错报风

险实施的程序》的规定，针对评估的认定层次的重大错报风险，注册会计师计划实施的进一步审计程序的性质、时间和范围。进一步审计程序包括控制测试和实质性测试。

通常，注册会计师计划实施的进一步审计程序可以分为进一步审计程序的总体方案和拟实施的具体审计程序（包括进一步审计程序的性质、时间和范围）两个层次。进一步审计程序的总体方案主要是指注册会计师针对各类交易或事项、期末账户余额和列报决定采用的总体方案。拟实施的具体审计程序则是对进一步审计程序的总体方案的延伸和细化，它通常包括控制测试和实质性测试的性质、时间和范围。完整、详细的进一步审计程序的计划包括对各类交易或事项、期末账户余额和列报实施的具体审计程序的性质、时间和范围，包括抽取的样本量等。

3. 计划实施的其他审计程序

具体审计计划应当包括根据《中国注册会计师审计准则》的规定，注册会计师针对审计业务计划实施的其他审计程序。计划实施的其他审计程序可以包括上述进一步审计程序的计划中没有涵盖的、根据其他审计准则的要求注册会计师应当执行的既定程序，如针对特定项目在审计计划阶段应执行的审计程序。

具体审计计划的格式如表 4-9 所示。

表 4-9　具体审计计划

被审计单位名称：　　　　　　索引号：

审计项目名称：　　　　　　编制人：　　　　日期：

会计期间：　　　　　　复核人：　　　　日期：

序　号	内　　容	是否执行	执 行 人	执 行 时 间
一、计划实施的风险评估程序				
1-1	了解被审计单位及其环境			
1-1-1	行业状况、法律环境与监管环境及其他外部因素			
1-1-2	被审计单位的性质			
1-1-3	会计政策的选择和运用			
1-1-4	目标、战略及相关经营风险			
1-1-5	财务业绩的衡量和评价			
1-2	了解被审计单位内部控制			
1-2-1	从被审计单位整体层面了解内部控制			
1-2-1-1	了解和评价整体层面内部控制汇总表			
1-2-1-2	了解和评价控制环境			
1-2-1-3	了解和评价被审计单位风险评估过程			
1-2-1-4	了解和评价控制信息系统与沟通			
1-2-1-5	了解和评价对控制的监督			
1-2-2	在业务层面了解和评价内部控制			
1-2-2-1	了解内部控制——销售与收款循环			
1-2-2-2	了解内部控制——采购与付款循环			
1-2-2-3	了解内部控制——生产与存货循环			
1-2-2-4	了解内部控制——筹资与投资循环			
1-3	项目组讨论			
1-4	风险评估结果汇总			

序 号	内 容	是否执行	执行人	执行时间
一、计划实施的风险评估程序				
1-4-1	识别的重大错报风险汇总			
1-4-2	财务报表层次风险应对方案			
1-4-3	特别风险应对措施及结果汇总			
...	...			
二、计划实施的进一步审计程序				
2-1	内控测试			
2-1-1	内控测试——销售与收款循环			
2-1-2	内控测试——采购与付款循环			
2-1-3	内控测试——生产与存货循环			
2-1-4	内控测试——筹资与投资循环			
2-2	实质性测试			
...	...			
三、计划实施的其他审计程序				
3-1	舞弊风险评估与应对			
3-2	关联方及关联方交易审计			
3-3	持续经营审计			
3-4	首次接受委托时对期初余额的审计			
3-5	或有事项审计			
3-6	期后事项审计			
...	...			

（三）审计过程中对计划的更改

计划审计工作并非审计业务的一个孤立阶段，而是一个持续的、不断修正的过程，贯穿于整个审计业务的始终。在审计过程中，由于未预期事项、条件的变化或在实施审计过程中获取的审计证据等，注册会计师应当在必要时对总体审计策略和具体审计计划做出更新和修改。虽然制定总体审计策略通常在具体审计计划之前，但两者存在内在的密切联系，对其中一项的决定可能会影响甚至改变对另外一项的决定。一旦审计计划被更改，审计工作也就应当进行相应的修正。在审计实务中，注册会计师应将总体审计策略和具体审计计划的更改结合进行，以提高审计工作的效率和效果。

（四）审计计划的指导、监督和复核

注册会计师应当制订计划，确定对项目组成员的指导、监督及对其工作进行复核的性质、时间和范围。对项目组成员指导、监督和复核其工作时应当考虑的因素如下。

（1）被审计单位的规模和业务复杂程度。

（2）审计领域。

（3）评估的重大错报风险。

（4）执行审计工作的项目组成员的专业胜任能力。

注册会计师应在评估重大错报风险的基础上，对项目组成员工作的指导、监督及对其工作进行复核的性质、时间和范围进行计划。当评估的重大错报风险增加时，注册会计师通常会扩大指

导与监督的范围，增强指导与监督的及时性，执行更详细的复核工作。在计划复核项目组成员工作的性质、时间和范围时，注册会计师还应考虑项目组成员的专业胜任能力。

任务解析

1．任务中所列的审计计划调整后正确的顺序如下。

（1）了解红星公司的经营状况及所属行业的基本情况。

（2）与前任注册会计师沟通。

（3）初步评价重要性水平。

（4）考虑审计风险。

（5）对重要认定制定初步审计策略。

（6）了解红星公司的内部控制。

（7）进行控制测试及评估控制风险。

（8）确定检查风险及设计实质性测试。

2．在调整后的审计程序中，（1）至（4）属于总体审计策略的内容，（5）至（8）属于具体审计计划的内容。

任务二 审计重要性

任务导入

注册会计师王华作为项目负责人对红星公司 2019 年的年度财务报表进行审计。表 4-10 是她在确定财务报表层次重要性水平时编制的审计工作底稿的一部分。

表 4-10　财务报表层次重要性水平

年份或项目	税前利润法	总收入法	总资产法	净资产法
当年未审定数	7 654 324	65 081 476	91 564 982	56 032 891
重要性比例	3%～5%	0.5%～1%	0.5%～1%	1%～2%
重要性水平				
选定的重要性水平				

编制说明如下。

1．方法适用范围

（1）税前利润法适用于生产经营比较稳定、回报率比较合理的企业。

（2）总收入法适用于微利企业和商业企业。

（3）总资产法适用于金融、保险或其他资产大而利润小的企业。

（4）净资产法适用于生产经营不稳定的企业。

2．以上四种方法只用其一，不能四种同时使用。

✅ 具体任务

该审计工作底稿还没有完成，请代替该注册会计师确定财务报表层次的重要性水平。

☑ 理论认知

《中国注册会计师审计准则第 1221 号——计划和执行审计工作时的重要性》要求注册会计师在制定总体审计策略时，应确定财务报表整体的重要性水平和适用于交易或事项、期末账户余额或列报认定的重要性水平，并应确定实际执行的重要性。

一、审计重要性的概念

《中国注册会计师审计准则第 1221 号——计划和执行审计工作时的重要性》规定："重要性取决于在具体环境下对错报金额和性质的判断。如果一项错报单独或连同其他错报可能影响财务报表使用者依据财务报表作出的经济决策，则该项错报是重大的。"重要性可视为财务报表中错报、漏报能否影响财务报表使用者决策的临界点，超过该临界点，错报、漏报就会影响财务报表使用者的判断和决策，因此这种错报、漏报就是重要的。随着审计方法由详细审计转变为抽样审计，审计重要性的运用贯穿于整个审计过程。正确运用审计重要性的概念，对注册会计师制订审计计划、选择审计方法、降低审计风险和出具审计报告都具有重要意义。

审计重要性的概念是基于成本效益原则的要求产生的。由于现代企业的经济活动日趋复杂，审计过程中所面对的会计信息量日益庞大，注册会计师既没有必要又不可能去审查全部的会计资料，只能在内部控制和风险评估的基础上采用抽样的方法来确认财务报表的合法性和公允性。因此，注册会计师应在审计过程中抓住财务报表的重要方面和重要事项进行检查，在不增加审计成本的前提下，恰当地收集审计证据，以更好地实现审计目标。

在理解和运用审计重要性的概念时，需要注意以下几点。

1. **审计重要性的概念中的错报包含漏报**

财务报表错报包括财务报表金额的错报和财务报表披露的错报，同时也包含漏报。

2. **审计重要性的确定离不开具体环境**

对审计重要性的判断是根据具体环境做出的，企业不同，审计重要性也会有所不同，就算是同一企业，在不同时期，审计重要性也不一定会相同。例如，10 万元的错报对一个小公司来说可能是重要的，而对一个大公司来说可能不重要。

3. **审计重要性的概念是针对财务报表使用者的财务信息需求而言的**

这里的财务报表使用者是指具有一定理解能力并能理性地做出判断和决策的使用者。判断某事项对财务报表使用者的影响是否重大，是在考虑财务报表使用者整体共同的财务信息需求的基础上做出的，因为财务报表使用者很多，而且每个财务报表使用者对财务信息需求的差异可能很大，所以不考虑个别财务报表使用者对财务信息的需求。

审计重要性虽然是注册会计师做出的专业判断，但是其是从财务报表使用者的角度出发来考虑的。注册会计师判断被审计单位财务报表中的错报、漏报是否重要，是以这些错报、漏报是否影响财务报表使用者的判断或决策为依据的，而不是从被审计单位管理当局或其自身角度出发来考虑的。若一项业务在财务报表中的错报、漏报足以改变或影响财务报表使用者的判断和决策，则该业务的错报、漏报就是重要的，否则就是不重要的。

4. 审计重要性包括对数量和性质两个方面的考虑

数量方面是指错报、漏报的金额大小；性质方面是指错报、漏报的性质。一般而言，金额大的错报、漏报比金额小的错报、漏报更重要。需要注意的是，仅从数量方面考虑，重要性水平只是提供了一个门槛或临界点。在该门槛或临界点之上的错报、漏报就是重要的；反之，该错报、漏报就是不重要的。审计重要性并不是财务信息的主要质量特征。但在很多情况下，某项业务错报、漏报的金额虽小，从数量方面考虑也许并不重要，但从性质方面考虑，可能是重要的，如舞弊、监守自盗、某些敏感账户的漏报等。另外，小额的错误累计，也可能对财务报表和审计报告形成重大影响。对于某些财务报表披露的错报，难以从数量方面判断是否重要，应从性质方面考虑其是否重要。

5. 对审计重要性的评估需要运用职业判断

影响审计重要性的因素很多，注册会计师应当根据被审计单位面临的环境，并综合考虑其他因素，合理确定重要性水平。重要性水平是指用金额表示的会计信息错报、漏报的严重程度。重要性水平是一个经验值，不同的注册会计师在确定同一被审计单位的重要性水平时，得出的结果可能不同，主要是因为对影响重要性水平的各因素的判断存在差异。因此，注册会计师需要运用职业判断来合理评估重要性。

二、计划阶段审计重要性水平的确定

（一）计划阶段确定审计重要性水平应考虑的因素

在计划审计工作时，注册会计师应当确定一个可接受的重要性水平，以发现在金额上重大的错报，并安排后续审计工作的性质、时间和范围。注册会计师在对重要性水平做出判断时必须考虑如下几个因素。

1. 以往的审计经验

如果以前年度所使用的重要性水平适当，则可以作为本次审计确定重要性水平的直接依据。如果被审计单位的经营环境、业务范围或职责发生变化，则可进行相应调整。

2. 有关法律、法规对财务会计的要求

如果法律、法规对财务会计做出了特殊要求，就应当谨慎地确定其重要性水平。一般而言，法律、法规对财务会计做出的要求越严格，被审计单位出现错报、漏报的可能性就越大，注册会计师应将其重要性水平定低一点。

3. 被审计单位的性质、经营规模和业务范围

如果被审计单位是上市公司，一方面由于其涉及的财务报表使用者范围较广，确定的重要性水平是各个财务报表使用者重要性水平的综合，另一方面，财务报表使用者主要根据财务报表提供的信息做出判断，故应将其重要性水平定低一些。如果被审计单位的业务范围较广，如既经营房地产，又经营电器，还经营其他业务，则会计处理会比较容易出错，注册会计师也应将其重要性水平定低一些。

4. 内部控制与审计风险的评估结果

如果内部控制较为健全有效，可信赖程度高，则可以将重要性水平定得高一些，以节省审计成本。由于重要性水平与审计风险水平成反比关系，如果审计风险评估为高水平，则意味着重要性水平较低，此时应收集较多的审计证据，以降低审计风险。

5. 错报、漏报的性质

涉及舞弊与违法行为的错报、漏报，可能影响履行合同义务的错报、漏报，影响收益趋势的错报、漏报等。无论其错报、漏报的金额多少，注册会计师都必须将其视为是重要的。

6. 财务报表各项目的性质及其相互关系

财务报表使用者对报表项目的关注程度是不同的。一般而言，财务报表使用者十分关注流动性较高的项目，因此注册会计师应当对此从严确定较低的重要性水平。另外，财务报表各项目之间是相互联系的，注册会计师在确定重要性水平时，不得不考虑这种相互联系。

7. 财务报表项目的金额及其波动幅度

财务报表项目的金额及其波动幅度可能促使财务报表使用者做出不同反应，因此注册会计师在确定重要性水平时，应当深入研究这些项目的金额及其波动幅度。

总之，上述因素都可能对重要性水平产生影响。注册会计师应当在计划阶段充分考虑这些因素，同时还应当从性质和数量两个方面合理确定重要性水平。

（二）两个层次的重要性水平

重要性水平是针对错报的金额大小而言的。重要性水平是一个经验值，注册会计师只能通过职业判断确定重要性水平。在审计过程中，注册会计师应当考虑财务报表层次和认定层次（各类交易或事项、期末账户余额、列报层次）的重要性水平。

1. 财务报表层次

财务报表审计的目标是注册会计师通过执行审计工作对财务报表发表意见，因此注册会计师应当考虑财务报表整体的重要性。只有这样，才能得出财务报表是否公允的结论。注册会计师在制定总体审计策略时，应当考虑财务报表层次的重要性水平。

2. 各类交易或事项、期末账户余额、列报层次

财务报表所提供的信息由各类交易或事项、期末账户余额、列报层次的信息汇总加工而成，注册会计师只有对各类交易或事项、期末账户余额、列报层次的信息实施审计才能得出财务报表是否合法、公允的结论，因此注册会计师还必须考虑各类交易或事项、期末账户余额、列报层次的重要性水平。

（三）从数量方面考虑重要性水平

1. 财务报表层次的重要性水平

（1）基准。

注册会计师通常首先选择一个恰当的基准，再选用恰当的百分比乘该基准，从而得出财务报表层次的重要性水平。基准通常包括资产总额、净资产、营业收入、费用总额、毛利、净利润等。注册会计师在选择恰当的基准时，主要考虑被审计单位的性质和经营环境。例如，被审计单位的

净利润接近零时，则不应选择净利润作为基准；如果被审计单位的净利润近年来波动较大，则不应选择净利润作为基准，而应选择近几年的平均净利润；如果被审计单位是劳动密集型企业，则不应选择资产总额或净资产作为基准。常用的基准如表 4-11 所示。

表 4-11　常用的基准

被审计单位的情况	可能选择的基准
企业盈利水平保持稳定	经常性业务的税前利润
企业近年来经营状况大幅度波动，盈亏交替发生	过去 3～5 年经常性业务的平均税前利润或亏损（取绝对值），或其他基准，如营业收入
处于开办期的新设企业，尚未开始经营，正在建造厂房及购买设备	总资产
处于新兴行业的企业，目前侧重于抢占市场份额，扩大企业知名度和影响力	营业收入
开放式基金，致力于优化投资组合，提高基金净值，为基金持有人创造投资价值	净资产
国际企业集团设立的研发中心，主要为集团下属各企业提供研发服务，并以成本加成的方式向相关企业收取费用	成本与营业费用总额
公益性质的基金会	捐赠支出或捐赠收入总额

为选定的基准确定百分比需要运用职业判断。百分比和选定的基准之间有一定的联系，如经常性业务的税前利润对应的百分比通常比营业收入对应的百分比要高。百分比高一点还是低一些，只要符合具体情况都是适当的。注册会计师为被审计单位选择的百分比在各年度通常会保持相对稳定，但并非必须保持不变，注册会计师可以根据经济形势、行业状况和被审计单位的具体情况的变换对采用的百分比做出调整。在审计实务中，财务报表层次重要性水平百分比的选择如表 4-12 所示。

表 4-12　财务报表层次重要性水平百分比的选择

基　　准	百　分　比
税前利润	5%～10%
总资产	0.5%～1%
净资产	1%～2%
营业收入	0.5%～1%

（2）重要性水平的计算方法。

① 固定比率法。固定比率法的计算公式：基准×固定比率=重要性水平。

② 变动比率法。采用这种方法时应遵循一个原则：根据资产总额或营业收入两者中较大的一项确定一个百分比。对规模较大的企业，允许错报金额的相对比例小；对规模较小的企业，允许错报金额的相对比例大。

（3）财务报表层次重要性水平的选取。

如果同一期间根据不同财务报表确定的重要性水平不同，则注册会计师应根据谨慎性原则取其最低者作为财务报表层次的重要性水平。例如，某公司是一家从事高科技产业的上市公司，根据资产负债表确定的重要性水平为 200 万元，根据利润表确定的重要性水平为 150 万元，因为财务报表的相互关联性，并且许多审计程序会涉及多张报表，所以最终确定的该公司财务报表层次的重要性水平为 150 万元。

（4）财务报表尚未编制完成时重要性水平的确定。

注册会计师通常在资产负债表日之前对重要性水平做出初步判断，此时，还无法取得年末财务报表数据。因此，在编制审计计划时，如果被审计单位的财务报表尚未编制完成，则注册会计师应当根据期中财务报表，推算出年度财务报表或对上年度财务报表做出修正，以确定财务报表层次的重要性水平。

2. **各类交易或事项、期末账户余额、列报层次的重要性水平**

该层次的重要性水平称为可容忍误差，它是在不导致财务报表存在重大错报的前提下，注册会计师确定的可接受的最大错报。在确定各类交易或事项、期末账户余额、列报层次的重要性水平时，可以采用分配法，也可以采用单独确认法。

（1）分配法。考虑到财务报表是由各账户或交易构成的，将财务报表层次的重要性水平分配到各账户或交易，各账户或交易的重要性水平之和应等于财务报表层次的重要性水平。通常，资产负债表采用分配法。目前，在审计实务中存在两种分配方法：一种是将财务报表层次的重要性水平按同一比例分配给各账户，叫作平均分配法；另一种是考虑到特定账户发生错报的可能性和审计成本，将财务报表层次的重要性水平不按同一比例分配给各账户，叫作不平均分配法。被审计单位总资产的构成如表 4-13 所示，注册会计师初步判断的财务报表层次的重要性水平为资产总额的 1%，即 300 万元，两种分配法的结果如表 4-13 所示。

表 4-13　重要性水平的分配

单位：万元

资产项目	金　额	平均分配法	不平均分配法
货币资金	2000	20	10
应收账款	5000	50	30
存货	6000	60	90
固定资产	17 000	170	170
总计	30 000	300	300

平均分配法的优点是操作简单易行，但是没有考虑成本效益原则，也没有考虑各项目的具体情况，因而是不科学的。不平均分配法根据各项目发生错报的可能性大小和审查的难易程度确定各账户的重要性水平。因为存货类别多、比较难查，所以分配了较高的重要性水平，以节约审计成本；而流动性最强的货币资金容易发生错报，则分配了较低的重要性水平。这样，在不降低整个财务报表审计质量的前提下，使审计总成本下降，体现了成本效益原则。总之，注册会计师在分配重要性水平时，应该从质量和成本两个方面考虑。从质量方面考虑，可以将重要账户的重要性水平定得低一些，将一些不太重要的账户的重要性水平定得高一些。从成本方面考虑，业务交易量较大的账户的重要性水平可以定得高一些，这样就可以降低审计成本。在分配重要性水平时，注册会计师要尽量找到成本和质量的最佳结合。

（2）单独确认法。使用单独确认法时不考虑财务报表的构成，而是从账户的特征出发，单独确认每个账户的重要性水平。

以表 4-13 中的数据为例，假设财务报表层次的重要性水平为 300 万元，各账户或交易的重要性水平为财务报表层次重要性水平的 1/10～1/3，货币资金的重要性水平为 300 万的 1/10，即 30 万；应收账款为 300 万的 1/4，即 75 万元；存货为 300 万的 1/3，即 100 万元。

无论采用哪种方法，注册会计师在确定各类交易或事项、期末账户余额、列报层次的重要性水平时都应考虑以下主要因素。

（1）各类账户或交易产生错报的可能性。某类账户或交易发生错报的可能性越大，确定的重要性水平越低，反之则越高。

（2）各类账户或交易的性质。账户或交易越重要，确定的重要性水平就越低，反之则越高。

（3）验证账户或交易的成本。验证成本越高，确定的重要性水平就越高，反之则越低。

在实际工作中，很难预测哪些账户或交易可能发生错报，也无法事先确定审计成本的多少，因此重要性水平的确定与分配是一个非常困难的专业判断过程。

（四）从性质方面考虑重要性水平

在审计实务中，一些错报从数量方面考虑可能是不重要的，但从性质方面考虑却是重要的。注册会计师在判断错报性质是否重要时应考虑的因素如下。

（1）错报对于遵守法律、法规要求的影响程度（是否存在违法违规行为）。

（2）错报对遵守债务合同或其他合同条款的影响程度。

（3）错报掩盖收益的变化或其他趋势的程度（如更正错报后企业是否可能由盈利转为亏损）。

（4）错报对用于评价被审计单位财务状况、经营成果和现金流量的有关比率的影响程度。

（5）错报对财务报表中列报的分布信息的影响程度。

（6）错报对增加管理层薪酬的影响程度。

（7）错报与会计政策的不正确选择或运用相关，这些会计政策的不正确选择或运用对当期财务报表不产生重大影响，但可能对未来期间财务报表产生重大影响。

（8）相对于注册会计师所了解的以前向财务报表使用者传达的信息（如盈亏预测），错报的重大程度。

（9）错报对信息遗漏的影响程度。

（10）错报是否与涉及特定方的项目相关，如涉及管理层的关联方。

（11）错报对已审计财务报表披露的其他信息的影响程度。

上述因素只是举例，不包括所有的情况，也并非所有审计都会出现上述全部因素。注册会计师不能以存在这些因素为由而认为错报是重大的。这些因素只是给注册会计师指明了方向，具体需要注册会计师根据情况，充分运用自己的专业判断能力进行把握。

三、实际执行的重要性水平

（一）实际执行的重要性水平的定义

实际执行的重要性水平是指注册会计师在实施审计程序时确定的、低于被审计单位财务报表层次重要性水平的一个或多个金额，旨在将未发现和未更正错报的汇总数超过财务报表层次重要性水平的可能性降低。如果适用，实际执行的重要性水平还指注册会计师确定的低于特定类别的交易或事项、期末账户余额、列报层次的重要性水平的一个或多个金额。

确定实际执行的重要性水平，需要注册会计师运用职业判断，并考虑下列因素的影响。

（1）对被审计单位的了解（这些了解在实施风险评估程序的过程中会得到更新）。

（2）前期审计工作中识别出的错报的性质和范围。

（3）根据前期识别出的错报对本期错报做出的预期。

审计工作通常采用抽查方法，这就决定了不可能发现所有的错报，因此实际执行的重要性水平通常比计划的重要性水平要低，一般为计划阶段确定的财务报表层次重要性水平的50%～75%。

如果存在下列情况，注册会计师可能考虑选择较低的百分比（50%）来确定实际执行的重要性水平：①首次接受委托的审计项目；②连续审计项目，以前年度审计的调整较多；③项目总体风险较高，如处于高风险行业、管理层能力欠缺、面临较大市场竞争压力或业绩压力等；④存在或预期存在值得关注的内部控制缺陷。

如果存在下列情况，注册会计师可能考虑选择较高的百分比（75%）来确定实际执行的重要性水平：①连续审计项目，以前年度审计的调整较少；②项目总体风险为低到中等，如处于非高风险行业、管理层有足够能力、面临较低的业绩压力等；③以前期间的审计经验表明内部控制运行有效。

（二）审计过程中对重要性水平的修改

在审计过程中，如果被审计单位的情况发生重大变化，或者注册会计师获得了新的重要信息，以及通过实施审计程序，注册会计师对被审计单位及其经营情况的了解发生了变化，注册会计师可以修改财务报表层次重要性水平和特定类别的交易或事项、期末账户余额、列报层次的重要性水平。如果注册会计师认为运用低于计划的财务报表层次的重要性水平和特定类别的交易或事项、期末账户余额、列报层次的重要性水平是适当的，其应当确定是否有必要修改实际执行的重要性水平，并确定进一步审计程序的时间和范围是否仍然恰当。如果注册会计师决定接受更低的重要性水平，审计风险将增加，这时注册会计师应当选用下列方法将审计风险降至可接受的低水平。

（1）通过扩大控制测试的范围或实施追加的控制测试，降低审计风险。

（2）通过修改计划，变更实质性测试的性质、时间，扩大实质性测试的范围，收集更多的审计证据，降低审计风险。

四、评价审计结果时对重要性的考虑

（一）尚未更正错报

1. 错报的定义

错报是指某一财务报表项目的金额、分类、列报或披露，与按照适用的财务报表编制基础应当列示的项目的金额、分类、列报或披露之间存在差异；或者根据注册会计师的判断，为使财务报表在所有重大方面实现公允反映，需要对某一财务报表项目的金额、分类、列报或披露做出的必要调整。注册会计师应当累计审计过程中识别出的错报，除非错报明显微小。

尚未更正错报是指注册会计师在审计过程中累计的且被审计单位未予更正的错报。

2. 导致错报的事项

（1）收集或处理据以编制财务报表的数据时出现错误。

（2）遗漏某项金额或披露。

（3）由于疏忽或明显误解有关事实做出不正确的会计估计。

（4）注册会计师认为管理层对会计估计做出不合理的判断和不恰当地选择、运用会计政策。

3. 错报的类别

错报包括事实错报、判断错报和推断错报，其中事实错报和判断错报属于已识别的具体错报。

（1）事实错报是指注册会计师查出的毋庸置疑的错报，具体情形如下。

① 被审计单位收集和处理数据的错误。

② 被审计单位对事实的忽略或误解。

③ 被审计单位的故意舞弊行为。

例如，注册会计师在实施细节测试时，发现有一笔主要产品的赊销业务，发票显示实现的销售收入为 200 000 元，但账面登记的金额为 150 000 元，则主营业务收入和应收账款分别被低估了 50 000 元，这里被低估的 50 000 元就是事实错报。

（2）判断错报是指由注册会计师认为管理层对会计估计做出不合理的判断或不恰当地选择、运用会计政策而导致的差异，具体情形如下。

① 管理层和注册会计师对会计估计的判断差异。

② 管理层和注册会计师对选择和运用会计政策的判断差异。注册会计师认为管理层选择和运用了不恰当的会计政策，管理层却认为选择和运用的会计政策恰当，导致出现判断差异。

例如，注册会计师认为被审计单位确定的应收账款坏账准备的计提比例过低，导致其应收账款账面价值虚增。

（3）推断错报是指注册会计师对总体存在的错报做出的最佳估计数，即注册会计师根据从审计样本中识别出的错报来推断总体的错报，具体情形如下。

① 通过从审计样本推断出的总体的错报减在测试中已经识别的具体错报。

② 通过实质性分析程序推断出的估计错报。

（二）评估尚未更正错报汇总数的影响

注册会计师应当评估在审计过程中已识别但尚未更正错报的汇总数是否重大，也就是对审计结果进行评价。尚未更正错报的汇总数与财务报表层次的重要性水平相比，可能出现以下三种情况。

1. 尚未更正错报的汇总数低于财务报表层次的重要性水平

如果尚未更正错报的汇总数低于财务报表层次的重要性水平，则表明错报对财务报表的影响不重大，注册会计师可以出具无保留意见的审计报告。

2. 尚未更正错报的汇总数超过财务报表层次的重要性水平

如果尚未更正错报的汇总数超过了财务报表层次的重要性水平，则错报对财务报表的影响可能是重大的，注册会计师应当考虑通过扩大审计范围或要求管理层调整财务报表，以降低审计风险。如果管理层拒绝调整财务报表，并且扩大审计范围的结果不能使注册会计师认为尚未更正错报的汇总数不重大，注册会计师应当考虑出具非无保留意见的审计报告。非无保留意见的审计报告是指除无保留意见、带强调事项段的无保留意见之外的审计报告。

3. 尚未更正错报的汇总数接近财务报表层次的重要性水平

如果尚未更正错报的汇总数接近财务报表层次的重要性水平，因为该汇总数包含推断错报，应当考虑该汇总数连同尚未发现的错报是否可能超过财务报表层次的重要性水平，注册会计师应考虑通过实施追加的审计程序或要求管理层调整财务报表，以降低审计风险。如果管理层拒绝调整财务报表，并且实施追加审计程序的结果不能使注册会计师认为尚未更正错报的汇总数不重大，注册会计师应当考虑出具非无保留意见的审计报告。

任务解析

如果同一期间根据不同财务报表确定的重要性水平不同，根据谨慎性原则，则注册会计师应取其最低者作为财务报表层次的重要性水平。完成的财务报表层次重要水平如表 4-14 所示。

表 4-14　财务报表层次重要水平

年份或项目	税前利润法	总 收 入 法	总 资 产 法	净 资 产 法
当年未审定数	7 654 324	65 081 476	91 564 982	56 032 891
重要性比例	3%～5%	0.5%～1%	0.5%～1%	1%～2%
重要性水平	229 630～382 716	325 407～650 815	457 825～915 650	560 329～1 120 658
选定的重要性水平	229 630			

任务三　审计风险

任务导入

表 4-15 是注册会计师王华为红星公司年报审计在确定审计风险时考虑的几种情况。

表 4-15　审计风险情况表

风　险	情　况 1	情　况 2	情　况 3	情　况 4
审计风险水平（%）	6	4	5	3
重大错报风险水平（%）	80	100	50	60
检查风险水平（%）				

具体任务

1．按照上述条件，计算每种情况下的检查风险水平。

2．若审计风险水平一定，则评估的重大错报风险水平与检查风险水平的关系是怎样的？

3．哪一种情况需要的审计证据最多？哪一种情况需要的审计证据最少？请说明理由。

理论认知

审计是一种保证程度较高的鉴证业务，但由于审计工作的固有限制，审计对财务报表整体不存在重大错报的保证程度不可能达到 100%。如果审计的保证程度达到 95%，就意味着仍然有 5% 的财务报表存在重大错报而注册会计师未能发现的可能性，这个 5% 的可能性就是审计风险。保证程度与审计风险之和等于 100%。

一、审计风险的定义和特征

（一）审计风险的定义

审计风险是指当财务报表存在重大错报时，注册会计师审计后发表不恰当审计意见的可能性。审计风险受审计主体和审计客体两方面的影响。在审计计划阶段，注册会计师必须为审计项目确定合适的、可接受的审计风险水平。审计风险水平的确定需要考虑会计师事务所对审计风险的态度、审计失败给会计师事务所可能造成的损失等因素。审计风险取决于重大错报风险和检查风险。

（二）审计风险的特征

1. 客观性

现代审计普遍采用抽样审计的方法，根据样本特性来推断总体特性，而样本特性与总体特性或多或少会有一点误差，这种误差可控制，但一般难以消除。因此，抽样审计总会产生一定程度的误差，即注册会计师要承担一定程度的得出错误审计结论的风险。即使是全部审计，由于经济业务的复杂、管理人员道德品质等因素，也可能存在审计结论与实际不符的情况。因此，风险总是存在于审计过程中，只是这些风险有时并未产生灾难性后果，或并未给注册会计师带来实质性损失。人们只能认识和控制审计风险，在有限的空间和时间内改变风险存在和发生的条件，降低其发生的概率和减少损失，而不能也不可能完全消除风险。

2. 普遍性

审计风险是由多种因素引起的，审计的每一个环节都可能产生风险。可能产生风险的因素如下：内部控制系统的控制能力差；重要的数字遗漏；对项目的错误评价和虚假注释；项目的流动性强；项目的交易量大；经济萧条；财务状况不佳；抽样审计的局限性等。因此，审计风险具有普遍性，它存在于审计过程的每一个环节中，任何一个环节的审计失误，都会增加最终的审计风险。

3. 潜在性

审计责任是形成审计风险的一个基本因素。如果注册会计师在执业时不受任何约束，对自己的工作结果不承担任何责任，就不会形成审计风险，这就决定了审计风险在一定时期内具有潜在性。如果注册会计师虽然发生了偏离客观事实的行为，但没有造成不良后果，没有引起相应的审计责任，那么这种风险只停留在潜在阶段，而没有转化为实在的风险。审计风险是在错误形成以后经过验证才会体现出来的，假如人们在无意中接受了这种错误，即不再进行验证，则由此而应承担的责任或遭受的损失没有成为现实。所以，审计风险只是一种可能的风险，它给注册会计师带来某种损失有一个显化的过程，这一过程的长短因审计风险的内容，审计的法律环境、经济环境，以及被审计单位、社会公众对审计风险的认识程度而异。

4. 偶然性

审计风险是由某些客观原因或注册会计师并未意识到的主观原因造成的，即并非注册会计师故意所为，注册会计师在无意中接受了审计风险，又在无意中承担了审计风险带来的后果。肯定审计风险具有偶然性这一特点非常重要，因为只有在这一前提下，注册会计师才会努力设法降低审计风险。倘若注册会计师因某种私利故意出具与事实不符的审计报告，则由此承担的责任并不形成真正意义上的审计风险，因为注册会计师故意的舞弊行为并不是对审计风险进行控制，这种行为本身应受到职业道德的谴责，注册会计师也应因此承担法律责任。

5. 可控性

注册会计师要为其出具的审计报告的正确性承担责任风险。其可以通过识别风险领域，采取相应的措施加以避免，没有必要因为风险的存在，而不敢承接业务。只要风险降低到可接受的低水平，注册会计师仍可进行审计。

二、审计风险的组成要素

（一）重大错报风险

重大错报风险是指财务报表在审计前存在重大错报的可能性。重大错报风险是企业的风险，不受注册会计师的控制。注册会计师只能通过实施风险评估程序来正确评估重大错报风险，并根据评估的财务报表层次和认定层次的重大错报风险分别采取应对措施。

1. 财务报表层次的重大错报风险

财务报表层次的重大错报风险与财务报表整体存在广泛联系，通常与控制环境相关，如管理层缺乏诚信、治理层形同虚设而不能对管理层进行有效监督等，但也可能与其他因素有关，如经济萧条、企业所处行业处于衰退期等。此类风险难以被界定为某类交易或事项、期末账户余额、列报层次的具体认定，但此类风险增加了一个或多个不同认定发生重大错报的可能性。此类风险与由舞弊引起的风险特别相关。

2. 认定层次的重大错报风险

认定层次的重大错报风险与特定的交易或事项、期末账户余额、列报相关。例如，技术进步可能导致某项产品陈旧，进而导致存货易于发生高估的错报（计价认定）；对高价值、易转移的存货缺乏实物安全控制，可能导致存货的存在性认定出错。审计人员应当考虑认定层次的重大错报风险，以便计划和实施进一步审计程序的性质、时间和范围，收集充分适当的审计证据，进而在审计完成时，以可接受的低审计风险对财务报表发表意见。这一层次的重大错报风险又可以进一步细分为固有风险和控制风险。

（1）固有风险是指假设不存在相关内部控制，发生重大错报的可能性。例如，复杂的计算比简单计算更可能出错。

固有风险是一种相对独立的风险。这种风险的水平需要经过注册会计师的认定。

（2）控制风险是指被审计单位内部控制未能及时防止、发现或纠正其财务报表中某项错报或漏报的可能性。控制风险水平取决于与财务报表编制有关的内部控制的设计和运行的有效性。有效的内部控制将降低控制风险，而无效的内部控制将增加控制风险。内部控制的固有限制不能完全保证防止或发现所有错弊，因此控制风险始终存在。

固有风险和控制风险不可分割地交织在一起，有时无法对两者单独进行评估，因此审计准则通常不单独提到固有风险和控制风险，而是将两者合并称为重大错报风险。固有风险水平和控制风险水平的关系可用下列公式表示：

$$重大错报风险水平=固有风险水平×控制风险水平$$

（二）检查风险

检查风险是指某一认定存在错报，该错报单独或连同其他错报是重大的，但注册会计师通过执行审计程序未能发现该项重大错报的可能性。检查风险取决于审计程序设计的合理性和执行的有效性。通常，检查风险不能降为零的主要原因如下：①注册会计师不对所有的交易或事项、期末账户余额、列报进行检查；②注册会计师可能选择了不恰当的审计程序，或者审计过程执行不当。检查风险是审计风险中唯一可以通过注册会计师进行控制和管理的风险。注册会计师可以通过制订适当的审计计划，在项目组成员之间进行恰当的职责分配，保持职业怀疑态度，监督、指导和复核助理人员所执行的审计工作，将检查风险降低到可接受的低水平。

三、审计风险各要素之间的关系

（一）审计风险模型的建立

审计风险模型是审计风险的一种表达方式，反映了审计风险的各构成要素间的相互关系及其对审计风险的影响。

在风险导向审计时代，审计风险取决于重大错报风险和检查风险，审计风险是重大错报风险和检查风险综合作用的结果。在既定的审计风险水平下，评估的重大错报风险水平与可接受的检查风险水平成反比关系，这种反比关系用数学模型表示如下：

审计风险水平=重大错报风险水平×检查风险水平

审计风险模型中的审计风险水平就是指可接受的审计风险水平，是预先设定的一个足够低的水平。它的确定需要考虑会计师事务所对审计风险的态度、审计失败对会计师事务所可能造成损失的大小等因素。与可接受的审计风险水平对应的是重大错报风险水平。注册会计师的审计过程就是通过实施审计程序将重大错报风险水平降至可接受的低水平的过程。

（二）审计风险模型的运用

在审计计划阶段，注册会计师根据财务报表使用者对财务报表的依赖程度、自己的风险承受能力等因素确定可接受的审计风险水平，然后根据评估的被审计单位重大错报风险水平，确定可接受的检查风险水平，以计划拟执行的进一步审计程序的性质、时间和范围。审计风险模型的意义在于，可以根据预先确定的审计风险水平及评估出来的重大错报风险水平，来确定检查风险水平。计算出来的检查风险水平是给注册会计师在实施审计程序时提出的要求，即可接受的检查风险。由审计风险模型可以看出，可接受的检查风险水平与评估的重大错报风险水平成反比关系，用公式表达如下：

可接受的检查风险水平=审计风险水平÷重大错报风险水平

在审计风险水平既定的前提下，评估的重大错报风险水平越高，可接受的检查风险水平越低；评估的重大错报风险水平越低，可接受的检查风险水平越高。这是因为如果重大错报风险水平较高，表明会计数据出错的可能性较大，为了能将审计风险降到可接受的低水平（审计风险既定），注册会计师需要进行较多的测试、获取较多的审计证据来降低检查风险水平。

审计风险模型的应用展示了审计的核心流程：注册会计师通过风险评估程序，了解被审计单位及其环境来评估重大错报风险水平，确定检查风险水平，进而确定进一步审计程序的性质、时间和范围，获取充分、适当的审计证据，以合理保证（在可接受的审计风险水平下）发表恰当的审计意见。

（三）审计风险各构成要素之间的关系

（1）审计风险是各构成要素共同作用的结果。

（2）注册会计师只能评估而不能控制重大错报风险水平。

（3）在既定的审计风险水平下，评估的重大错报风险水平与可接受的检查风险水平成反比关系。

注册会计师对审计重要性与审计风险的关系的考虑贯穿审计工作的全过程。在审计计划阶段，注册会计师在确定审计程序的性质、时间和范围时应考虑重要性水平与审计风险水平之间的反比关系。

任务解析

1. 每种情况下的检查风险水平结果如表 4-16 所示。

表 4-16　审计风险情况表

风　　险	情　况　1	情　况　2	情　况　3	情　况　4
审计风险水平（%）	6	4	5	3
重大错报风险水平（%）	80	100	50	60
检查风险水平（%）	7.5	4	10	5

2. 若审计风险水平一定，评估的重大错报风险水平与检查风险水平成反比关系。

3. 情况 2 需要的审计证据最多，情况 3 需要的审计证据最少。因为检查风险水平与审计证据数量呈反比关系。

复习自测题

一、单选题

1. 审计计划通常由注册会计师在（　　　）。

  A. 签订业务约定书之前制订　　B. 执行审计程序之前制订

  C. 了解被审计单位之前制订　　D. 接受客户委托之前制订

2. 审计计划应由（　　　）。

  A. 主任会计师制订　　　　　　B. 会计师事务所所长制订

  C. 审计项目负责人制订　　　　D. 会计师事务所业务负责人制订

3. 注册会计师在制订审计计划时，评估确定的重要性水平越高，应当获取的审计证据（　　　）。

  A. 越多　　　　B. 越少　　　　C. 质量越高　　　　D. 质量越低

4. 注册会计师在运用重要性概念时，应当考虑（　　　）。

  A. 财务报表的金额和性质　　　B. 错报或漏报的金额和性质

  C. 账户或交易的金额和性质　　D. 审计收费的金额和性质

5. 如果注册会计师确定的重要性水平较低，则（　　　）。

  A. 审计风险就会增加　　　　　B. 审计风险就会减少

  C. 固有风险就会增加　　　　　D. 控制风险就会减少

6．在审计风险的组成要素中，注册会计师能够控制的是（　　　）。

　　A．重大错报风险　　　　　　　B．控制风险

　　C．检查风险　　　　　　　　　D．抽样风险

7．注册会计师可接受的审计风险水平为5%，评估被审计单位的重大错报风险水平为40%，则检查风险水平为（　　　）。

　　A．20%　　　　B．70%　　　　C．95%　　　　　　D．12.5%

8．在计划某项审计工作时，注册会计师应分别评价（　　　）两个层次的重要性。

　　A．总账层次和明细账层次　　　B．资产负债表层次和利润表层次

　　C．财务报表层次和认定层次　　D．记账凭证层次和原始凭证层次

9．（　　　）是指被审计单位的财务报表存在重大错报，而注册会计师审计后发表不恰当审计意见的可能性。

　　A．审计风险　　　　　　　　　B．重大错报风险

　　C．检查风险　　　　　　　　　D．审计重要性

10．在理解重要性概念时，下列表述中错误的是（　　　）。

　　A．重要性取决于在具体环境下对错报金额和性质的判断。

　　B．如果一项错报单独或连同其他错报可能影响财务报表使用者依据财务报表做出的经济决策，则该项错报是重大的。

　　C．判断一项错报是否重大，应当考虑对个别特定财务报表使用者产生的影响。

　　D．较小金额错报的累计结果，可能对财务报表产生重大影响。

11．在审计风险要素中，（　　　）是客观存在的，注册会计师只能评估，无法控制。

　　A．审计风险　　　　　　　　　B．检查风险

　　C．重大错报风险　　　　　　　D．被审计单位经营风险

12．如果注册会计师认为利润表可接受的重要性水平为60 000元，而资产负债表可接受的重要性水平为110 000元，则财务报表层次的重要性水平为（　　　）。

　　A．110 000元　B．60 000元　　C．80 000元　　　　D．40 000元

13．制订审计计划时，必须对重要性水平做出初步判断，其目的是（　　　）。

　　A．评价固有风险　　　　　　　B．确定控制风险

　　C．确定所需审计证据的数量　　D．确定审计风险

14．在审计风险模型中，重大错报风险是指（　　　）。

　　A．评估的财务报表层次的重大错报风险

　　B．评估的认定层次的重大错报风险

　　C．评估的与控制环境相关的重大错报风险

　　D．评估的与财务报表存在广泛联系的重大错报风险

15．审计业务约定书具有（　　　）性质，一经约定双方签字认可，即在法律上产生效力。

　　A．委托　　　　B．经济合同　　C．合约　　　　　　D．协商

二、多选题

1．注册会计师在确定审计计划的重要性水平时，需要考虑以下因素（　　　）。

　　A．对被审计单位及其环境的了解

　　B．审计的目标，包括特定报告要求

C．财务报表各项目的性质及其相互关系

D．财务报表项目的金额及其波动幅度

2．在确定审计程序的性质、时间和范围时，注册会计师应当考虑（　　　）。

A．审计风险　　B．重要性　　　　　C．独立性　　　　D．绝对保证

3．注册会计师在运用重要性原则时，应从错报的（　　　）两个方面考虑。

A．金额　　　　B．行业状况　　　　C．性质　　　　D．内部控制状况

4．注册会计师在评价审计结果时，如果发现被审计单位尚未更正错报的汇总数大大超过财务报表层次的重要性水平，则应当采取的措施是（　　　）。

A．扩大实质性测试范围　　　　　　B．扩大控制测试范围

C．扩大风险评估程序　　　　　　　D．要求被审计单位管理层调整财务报表

5．审计风险构成要素包括（　　　）。

A．重大错报风险　　　　　　　　　B．检查风险

C．审计重要性　　　　　　　　　　D．合理保证

6．下列对重要性概念理解正确的有（　　　）。

A．重要性概念中的错报包含漏报

B．重要性概念是针对财务报表编制者的信息需求而言的

C．重要性的确定离不开具体环境

D．对重要性的评估需要运用职业判断

7．在签订审计业务约定书前，会计师事务所应评价自身的专业胜任能力，包括（　　　）。

A．执行同类审计业务的经验　　　　B．重要性和审计风险

C．独立性　　　　　　　　　　　　D．能否保持应有的职业谨慎

8．注册会计师制订具体审计计划，应包括各具体项目的（　　　）。

A．审计目标　　　　　　　　　　　B．审计程序

C．执行人及执行时间　　　　　　　D．审计工作底稿的索引号

9．注册会计师在确定各账户层次的重要性水平时，应考虑的因素包括（　　　）。

A．各账户的性质

B．各账户错报、漏报的可能性

C．各账户的审计成本

D．账户层次的重要性水平和报表层次重要性水平的关系

10．确定可接受审计风险水平时应当考虑的因素包括（　　　）。

A．财务报表使用者对财务报表的依赖程度

B．发生财务危机的可能性

C．管理当局的诚实程度

D．计划的重要性水平

11．审计人员执行财务报表审计业务时，审计范围包括（　　　）。

A．资产负债表　　　B．利润表　　　C．现金流量表　　　D．财务报表附注

12．注册会计师应当合理选用重要性水平的基准，采用固定比率法、变动比率法等确定财务报表层次的重要性水平。常用的基准包括（　　　）。

A．资产总额　　　　B．净资产　　　C．营业收入　　　D．净利润

13．注册会计师在评价审计结果时，累计识别错报的汇总数包括（　　　）。

　　A．事实错报　　　　B．判断错报　　　C．推断错报　　　　D．明显微小错报

14．确定财务报表层次的重要性水平，可采用的方法有（　　　）。

　　A．固定比率法　　　　B．变动比率法　　　C．平均分配法　　　　D．单独确认法

三、判断题

1．重要性水平是注册会计师根据财务报表使用者的要求所做出的一种专业判断。它主要服务于财务报表使用者。（　　　）

2．审计业务约定书是一种合同，具有法律效力，是明确委托方与会计师事务所权利和义务的重要证据。（　　　）

3．环境可能发生变化，因此计划的重要性水平最终可能不同于审计结束阶段评价审计结果时使用的重要性水平。（　　　）

4．为了保证审计计划的严肃性，审计计划一旦制订，实施过程中不应修改。（　　　）

5．如果审计业务约定书中要求注册会计师出具管理建议书，则注册会计师出具的管理建议书可以在一定程度上减轻管理当局健全内部控制制度的责任。（　　　）

6．在特定审计风险水平下，重大错报风险水平与检查风险水平之间的关系是反比关系。（　　　）

7．审计工作不能对财务报表整体不存在重大错报提供担保。（　　　）

8．注册会计师可以同被审计单位的有关人员就审计计划进行讨论和协调，共同制订审计计划。（　　　）

9．审计风险是指当财务报表存在重大错报时注册会计师审计后发表不恰当意见的可能性。（　　　）

10．一般来说，金额大的错报比金额小的错报更重要。（　　　）

四、案例分析题

会计师事务所在评估不同被审计单位的审计风险时，根据各企业的不同情况，确定可接受的检查风险水平，具体如表 4-17 所示。

表 4-17　不同企业的审计风险表

企　业	A 企 业	B 企 业	C 企 业	D 企 业
可接受审计风险水平	1%	2%	3%	4%
重大错报风险水平	100%	40%	90%	50%

【要求】1．根据上述资料分别计算各企业的检查风险水平。

　　2．哪个企业需要获取的审计证据最多？为什么？

项目五

审计方法、审计抽样、审计证据与审计工作底稿

知识目标

1. 掌握审计方法的运用。
2. 掌握审计证据的分类。
3. 掌握分析程序及其应用。
4. 理解审计工作底稿的概念和作用。

技能目标

1. 能掌握不同类型审计证据的收集方法
2. 掌握审计证据充分性、适当性的判断。

引导案例

1994年6月上市的银广夏公司，曾因其骄人的业绩和诱人的前景而被称为"中国第一蓝筹股"。2002年5月，中国证监会对银广夏公司的行政处罚决定书认定，银广夏公司自1998年至2001年累计虚增利润数亿元，从原料购进到生产、销售、出口等环节，公司伪造了很多单据，包括销售合同和发票、银行票据、海关出口报关单和所得税免税文件。简单的造假手法为何能瞒天过海？

记者在调查中发现，为银广夏公司进行年度财务报表审计的中天勤会计师事务所内部管理混乱，审计态度随意，注册会计师对审计目的、目标、范围及需重点关注的问题，多数表达不清，内部控制制度不健全。在对银广夏公司的审计中，他们未履行基本的三级复核制度，审阅与签发均由刘某一人包办，审计工作流于形式。

向被审计单位之外的第三方函证，是审计的一道重要程序，也是防止造假的关键一环，但中天勤会计师事务所却忽略了这一重要程序，未能进行有效函证。经调查，中天勤会计师事务所对银广夏公司1999年、2000年年末的银行存款余额，未实施有效检查及函证程序；确认银广夏公司1999年和2000年虚假出口产品收入时，没有向海关函证；确认银广夏公司出口产品

收款金额和购买原材料付款金额时，没有向银行函证。2000 年，中天勤会计师事务所在审计过程中将所有询证函交由银广夏公司发出，而并未要求银广夏公司债务人将回函直接寄达会计师事务所。发出 14 封询证函，没有收到一封回函，这一异常现象却没有引起重视。对于无法执行函证程序的应收账款，注册会计师在运用替代程序时，未取得海关报关单、运单、提单等外部证据，仅根据银广夏公司内部证据便确认了公司的应收账款。

注册会计师未有效实施分析测试，如对于银广夏公司在 2000 年度主营业务收入大幅增长的同时生产用电的电费反而降低的情况竟没有发现或报告；面对银广夏公司 2000 年度生产卵磷脂的投入产出比较 1999 年度大幅下降的异常情况，注册会计师既未实地考察，又没有咨询专家意见，而轻信了管理人员"生产进入成熟期"的解释。

2001 年 9 月后，因涉及银广夏公司利润造假案，中天勤会计师事务所实际上已经解体。财政部亦于当年 9 月初宣布，拟吊销签字注册会计师刘某、徐某的注册会计师资格；吊销中天勤会计师事务所的执业资格，并会同证监会吊销其证券、期货相关业务许可证，同时将追究中天勤会计师事务所负责人的责任。

（资料来源：张寒."银广夏"破灭股市坐庄时代的警响[N].新京报.2008-12-30.）

请问：审计过程中收集审计证据都需要用到哪些方法？审计证据有哪些类型？

任务一　审计方法

📋 任务导入

大正会计师事务所注册会计师王明辉负责红星公司 2019 年主营业务收入的审计。在将 2019 年的主营业务收入与上年数、本年计划数进行对比时，发现增长幅度很大，在对比全年各月销售收入时发现 12 月份的销售收入增长幅度最大。为查明这一异常情况，王明辉抽取、审阅并核对了 12 月份的主营业务收入、主营业务成本、应收账款、库存商品、银行存款等明细账和有关凭证。发现 12 月 26 日编制的一张记账凭证未附原始凭证，会计分录如下。

借：应收账款		565 000
贷：主营业务收入		500 000
应交税费——应交增值税（销项税额）		65 000

但查阅库存商品明细账时却没有发现相应结转成本的记录，询问仓库保管员后得知，当时并没有发货。

✅ 具体任务

1. 该注册会计师在这项审计业务中是怎样确定审计重点的？
2. 该注册会计师在审计过程中运用了哪些审计方法？
3. 根据目前搜集到的审计证据，你认为被审计单位的会计核算可能存在什么问题？

理论认知

一、审计方法的概念

审计方法是指注册会计师在审计过程中，为了行使审计职能、完成审计任务、实现审计目标而采取的一系列技术和手段的总称。随着审计实践的丰富与审计理论的发展，审计方法也经历了由简单到复杂、由低级到高级、由个别到群体的演变，逐渐形成了系统的方法体系。研究审计方法有利于提高审计的工作效率和工作质量。在审计过程中，选用恰当的方法，可以起到事半功倍的效果；如果审计方法不恰当，不但审计效率低下，还可能导致错误的审计意见和结论。审计方法的选择要服从审计目标，符合被审计单位的实际情况。

二、审计的技术方法

（一）检查记录和文件

检查记录和文件是指注册会计师对被审计单位内部或外部生成的，以纸质、电子或其他介质形式存在的记录和文件进行审阅和核对。它主要包括审阅法和核对法。检查记录和文件可提供可靠程度不同的审计证据，审计证据的可靠性取决于记录和文件的来源和性质。

1. 审阅法

审阅法是指通过认真审阅原始凭证、记录凭证、会计账簿、财务报表及经营决策、计划、预算、合同等书面资料，以检查被审计单位的经济业务是否合法，经济资料是否真实、正确，是否符合会计准则要求的一种方法。审阅法广泛用于财政、财务审计，是最基本、最重要的方法，但不能作为一种独立的审计方法使用，需要与其他方法结合使用，并且在确定审阅对象时应以审计目标为依据，否则会造成审计资源的浪费。

（1）审阅原始凭证，主要审阅原始凭证的格式和内容。审阅原始凭证的格式时应注意以下问题：原始凭证是否规范；是否为经过工商登记和税务登记的正规凭证；是否注明凭证制作单位和名称；编号是否连续；是否加盖签发单位公章；经手人是否签字。审阅原始凭证的内容时应注意以下问题：原始凭证是否完整、正确，如日期、摘要、金额、大小写、签章等填写是否齐全，有无刮擦涂改；原始凭证所反映的经济内容是否合理、合法，是否符合被审计单位的实际情况等。

（2）审阅记账凭证。主要审阅内容如下：记账凭证是否附有合法的原始凭证；记账凭证的审批传递程序是否符合规定，有无制单、复核、记账和主管人员的签章；记账凭证上载明的所附原始凭证张数是否与原始凭证的张数一致；记账凭证的记录是否符合会计制度的规定；会计分录编制及金额是否正确，是否正确记入总账、明细账；业务摘要是否与原始凭证记载的经济活动内容相一致。

（3）审阅会计账簿。审阅的重点是明细账、日记账，因为明细账和日记账记录详细，通过审阅容易发现问题，尤其是在审计库存现金、结算业务、债权、债务和各种费用时，审阅法更是一种重要方法。主要审阅内容如下：会计账簿启用手续、使用记录和交接记录是否齐全完整；期初和期末余额的结转、承前页、转下页、月结和年结是否符合规定；会计账簿各项记录是否规范和完备，如业务摘要、对应科目是否齐全，有无涂改痕迹，是否按规定的方法更正记账错误；记录的内容是否真实、正确。

（4）审阅财务报表。主要审阅内容如下：财务报表的编制是否符合《企业会计准则》及国家有关财务会计制度的规定；编制手续是否完整，有无编制人员和审核人员的签章；审阅财务报表的项目是否完整，各项目的对应关系和钩稽关系是否正确，相关数据是否一致；审阅财务报表附注是否对应予以揭示的重大问题做了充分的披露。

除此之外，对经营决策、计划、预算、合同和其他有关资料也应进行审阅，以便掌握情况、发现问题。

2. 核对法

核对法是指将会计记录及其相关资料中两处以上的相关数据相互对照，用以验明内容是否一致、计算是否正确的审计方法，其目的是查明证、账、表之间是否相符，证实被审计单位财务状况、经营成果的真实、正确、合法。核对的内容具体如下。

（1）证证核对，即原始凭证和记账凭证相核对。核对内容包括所附或有关的原始凭证数量是否齐全；日期、业务、内容、金额同记账凭证上的会计科目及金额是否相符；原始凭证与记账凭证、记账凭证同汇总记账凭证的内容是否一致。

（2）证账核对，即记账凭证与会计账簿相核对。主要核对记账凭证是否记入有关的总账和明细账，其中又以明细账与记账凭证的核对为主。

（3）账账核对。主要核对各明细账的余额合计数与总账中有关账户的余额是否相符；核对总账各账户的期初余额、本期发生额和期末余额的计算是否正确；各账户的借方发生额合计数与贷方发生额合计数是否相等。

（4）账表核对。以总账或明细账的本期发生额或期末余额为依据，核对账户记录的金额与有关报表项目的金额是否相符。

（5）账实核对，即各种财产物资的账面余额与实存数额相核对。核对的主要内容如下：现金日记账的账面余额应与现金实际库存数额相核对；银行存款日记账的账面余额与开户银行账目相核对；原材料、库存商品、固定资产等财产物资明细账的期末余额与实有数量相核对；应收账款、应付账款、银行借款等结算款项，同有关单位定期核对。

（6）表表核对，即报表之间的核对。通过表表核对，可检查各报表之间有无不正常关系，应该存在的钩稽对应关系是否存在，依此检查被审计单位有无会计错弊，也可据以分析、评价被审计单位的财务状况和经营成果。例如，将利润表与利润分配表进行核对，以分析、检查两表的利润总额是否相符。如果不相符，应进一步进行账表核对，检查其究竟是会计错误，还是故意搞错以达到某种不良目的的会计舞弊行为。

（7）其他书面资料的核对。例如，将被审计单位的银行存款日记账与银行对账单进行核对，将应收账款、应付账款与对账单进行核对等，其目的主要是核对书面资料的内容、口径是否一致，数字计算是否正确。

此外，还需要将会计资料同其他原始记录进行核对，查明有无问题。这些重要的原始记录包括执行某项业务的文件、生产记录、实物的入库记录、出门证、出车记录、托运记录、职工名册、职工调动记录、考勤记录及有关人员的信函等。

为避免核对内容重复或遗漏，应使用一些符号进行标记，常用的符号有以下几种。

① "√" 表示已经核对无误。

② "×" 表示所核对的资料有误。

③ "？" 表示所核对的资料可能有问题，待查。

④ "i" 表示所核对的数据有待调整。

⑤ "？√"表示疑点已消除。

⑥ "7/8"表示已经核对到 7 月 8 日。

在核对中如发现错误或疑点，应及时查明原因。需要特别指出的是，采用核对法作为证据的资料必须真实、正确，否则核对是毫无意义的。当缺乏证据时，相互核对的数据应至少有两个不同的来源，并使其核对相符。

（二）检查有形资产

检查有形资产是指注册会计师对实物资产进行检查。检查有形资产主要适用于存货和库存现金，也适用于有价证券、应收票据和固定资产等。

检查有形资产可为其存在性提供可靠的审计证据，在某些情况下，也是评价资产状况和质量的一种有用的方法，但不一定能够为权利和义务或计价认定提供可靠的审计证据。检查有形资产的方法包括盘点法、调节法和鉴定法。

1．盘点法

盘点法是指注册会计师通过对各项财产物资及现金、有价证券等进行实物盘点，检查实物的数量、品种、规格、金额等实际情况，借以证实账实是否相符的审计方法。

盘点法按其组织方式分为直接盘点法和监督盘点法两种。

（1）直接盘点法是指注册会计师亲自到场盘点，以证实书面资料同有关的财产物资是否相符。一般在对贵重财产，如稀有金属、珍宝、贵重文物和现金等进行盘点时采用这种方法。对于容易出现舞弊行为的现金、贵重原材料等，应采用突击盘点。突击盘点是指事先不告知经管财产的人员在什么时间进行盘点，以防止经管人员在盘点前，掩饰财产保管工作中的挪用、盗窃等行为。对于大宗的原材料、产成品等，应进行抽查盘点，即不对所有的财产物资进行盘点，而只抽取一部分进行盘点，以便检查日常盘点工作质量的优劣，检验盘点记录是否真实、正确，查明财产物资是否安全、完整，有无损坏或被挪用、贪污和盗窃等情况。

（2）监督盘点法是指注册会计师亲临现场监督检查，由被审计单位自行组织盘点，必要时注册会计师可以进行抽查、复点，保证盘点工作的质量。这种方法一般用于数量较大的实物，如厂房、机器设备、材料、商品等。

2．调节法

如果现有的数据和需要证实的数据不一致时，为了证实数据的真实性，就要运用调节法。调节法是指在审查某个项目时，通过调整有关数据，从而求得需要证实的数据的方法。例如，对银行存款实存数的审计，通常运用调节法编制银行存款余额调节表，对企业与银行双方所发生的未达账项进行调节，以便根据银行对账单的余额来验证企业银行存款账户的余额是否正确。此外，调节法还可用于编制有关财产物资的调节表，以验证有关财产物资结账日账面数与实存数是否相符。其基本方法是，当盘点日期与书面资料结存日期不同时，首先进行实物盘点，然后根据盘点日与结存日之间新发生的出入数量对结存日有关财产物资的结存数进行调节，以验证或推算结存日有关财产物资的实存数。其计算公式如下：

结存日实存数＝盘点日实存数＋结存日至盘点日的发出数量－结存日至盘点日的收入数量

【例 5-1】2019 年 2 月 14 日，注册会计师张某对 A 企业乙材料进行审计，盘点实物为 42 000千克。经查，该企业 2018 年 12 月 31 日乙材料账面结存 32 000 千克。2018 年 12 月 31 日至 2019年 2 月 14 日，入库 50 500 千克，出库 40 000 千克，请运用调节法验证结存日实存数的正确性，并对有关账目数字进行调节。

【解析】（1）求结存日实存数。

结存日实存数=盘点日实存数+结存日至盘点日的发出数量-结存日至盘点日的收入数量=42 000+40 000-50 500=31 500（千克）

（2）求结存日差异数。

结存日差异数=结存日实存数-结存日账存数＝31 500-32 000=-500（千克）

注册会计师应要求有关人员说明原因，并进行相应的账务处理。

3. 鉴定法

鉴定法是指需邀请有关专业人员运用专门的技术对实物资产、书面资料和经济活动进行确定和识别的方法。例如，对实物资产的性能、质量、价值、书面资料的真伪及经济活动的合理性、有效性等的鉴定，超出了一般注册会计师的能力范围，需要聘请一定数量的工程技术人员、律师等进行鉴定。鉴定结果将作为一种独立的审计证据，详细地记入审计工作底稿。

（三）观察

观察是指注册会计师亲临观场实地查看被审计单位的经营场所、实物资产和有关业务活动及其内部控制的执行情况等，以取得审计证据的一种调查方法。注册会计师进入被审计单位后，深入车间、科室、工厂、仓库等地，对于生产经营管理工作的进行、财产物资的保管和利用、内部控制的执行等进行直接的观察，注意其是否符合审计标准和书面资料的记载，从中发现薄弱环节和存在的问题，借以收集书面资料以外的证据。通过观察提供的审计证据只能证明观察当时的情况，而报表是在过去的内部控制下产生的，相关性受限，并且当相关人员知晓被观察时，造假的可能性就大大增加，真实性也难以保证。因此，注册会计师有必要获取其他类型的审计证据。

（四）询问

询问是指注册会计师以书面或口头方式，向被审计单位内部或外部的知情人员询问以获取财务信息和非财务信息，并对这些人员的答复进行评价的过程。

知情人员对询问的答复可能为注册会计师提供尚未获悉的信息或佐证证据，也可能为注册会计师提供与注册会计师已获取的其他信息存在重大差异的信息。在某些情况下，对询问的答复为注册会计师修改审计程序或实施追加的审计程序提供了基础。针对某些事项，注册会计师可能认为有必要向管理层和治理层（如适用）获取书面声明，以证实口头询问的答复。询问不足以发现认定层次存在的重大错报，也不足以测试内部控制运行的有效性，因此注册会计师还应当实施其他审计程序以获取充分、适当的审计证据。

（五）函证

函证是指注册会计师直接从第三方（被函证者）获取书面答复以作为审计证据的过程，书面答复可以采用纸质、电子或其他介质等形式。通过函证获取的审计证据可靠性较高，因此函证是受到高度重视并经常被使用的一种重要方法。

函证适用的情形如下。

（1）当针对的是与特定账户余额及其项目相关的认定时，函证常常是相关的程序。

（2）函证不仅适用于账户余额，还适用于协议和交易条款。

（3）函证还可以用于获取不存在某些情况的审计证据。

（六）重新计算

重新计算又称验算法，是指注册会计师对记录和文件中数据计算的准确性进行核对。重新计算可通过手工方式或电子方式进行。重新计算的内容如下：一是原始凭证中单价乘数量的积数，如小计、合计等；二是记账凭证中的明细金额合计；三是会计账簿中每页各栏金额的小计、合计、余额；四是各报表中有关项目的小计、合计、总计及其他计算；五是预算、计划、分析中的有关数据。重新计算一般与审阅法结合运用，这样可提高审计效率。重新计算只检验计算结果本身是否正确，不能说明据以计算的数据是否准确。

（七）重新执行

重新执行是指注册会计师以人工方式或使用计算机辅助审计技术，重新独立执行原本作为被审计单位内部控制组成部分的程序或控制。例如，注册会计师利用被审计单位的银行存款日记账和银行对账单，重新编制银行存款余额调节表，并与被审计单位编制的银行存款余额调节表进行核对。

（八）分析程序

分析程序是指注册会计师通过分析不同财务数据之间及财务数据与非财务数据之间的内在关系，对财务信息做出评价。分析程序还包括对已识别出的、与其他相关信息不一致的信息或对与预期值差异较大的波动或关系进行分析。

按不同的分析技术，分析程序包括比较分析法、比率分析法和趋势分析法。

1. 比较分析法

比较分析法是指注册会计师通过将某一财务报表项目与其既定标准进行比较来获取审计证据的一种方法。这种比较包括期末余额与期初余额之间的比较、期末余额与计划指标之间的比较、本期期末余额与上期或历史同期的期末余额之间的比较、审计事项内部结构之间的比较、被审计单位提供的数据与注册会计师计算结果之间的比较等。

比较分析法的实质是数量之间的比较分析。在使用比较分析法时，注册会计师应注意分析指标的可比性与比较标准的合理性。进行比较的两者应在时期、范围、内容、项目、计算方法等方面大体一致，方能进行比较。

2. 比率分析法

比率分析法是指注册会计师通过对某一财务报表项目和与其相关的另一财务报表项目之间的比率进行分析来获取审计证据的一种方法。注册会计师可以把某些不可能直接进行对比分析的指标经过计算得出其比率后，利用其比率进行分析，以得出评价的结果。例如，可以计算出被审计单位的流动比率、速动比率、销售利润率、应收账款周转率等，并进行比较分析，以推测是否有异常数据或项目。

3. 趋势分析法

趋势分析法是指注册会计师通过计算某一财务报表项目连续若干会计期间的变动金额及其百分比，分析该项目增减变动方向和趋势来获取审计证据的一种方法。例如，注册会计师可以通过计算被审计单位近几年来主营业务收入的增减变动金额和增减比率，来分析主营业务收入的增减变动方向和趋势，以获取和评价与主营业务收入有关的审计证据。

注册会计师实施分析程序的目的有以下三个。

（1）用作风险评估程序，以了解被审计单位及其环境。注册会计师实施风险评估程序的目的在于了解被审计单位及其环境，并评估重大错报风险。在风险评估过程中使用分析程序也服务于这一目的。分析程序可以帮助注册会计师发现财务报表中的异常，或者预期发生而实际未发生的事项，识别存在潜在重大错报风险的领域，还可以发现财务状况或盈利能力发生变化的信息和征兆，识别那些表明被审计单位持续经营能力的事项。

（2）当使用分析程序比细节测试能更有效地将检查风险降至可接受的低水平时，分析程序可以用作实质性测试。在针对评估的重大错报风险实施进一步审计程序时，注册会计师可以将分析程序作为实质性测试的一种，单独实施或结合其他细节测试后实施，以收集充分、适当的审计证据。

（3）在审计结束或临近结束时对财务报表进行总体复核。此时，注册会计师运用分析程序，在已收集的审计证据的基础上，对财务报表整体的合理性进行最终把关，评价财务报表仍然存在重大错报风险而未被发现的可能性，考虑是否需要追加审计程序，以便为发表审计意见提供合理基础。

需要强调的是，注册会计师在风险评估阶段和审计结束时的总体复核阶段必须运用分析程序，在实施实质性测试阶段可选用分析程序。

三、其他审计方法

（一）按照检查资料的先后顺序分类

1. 顺查法

顺查法又称正查法，是按照会计核算程序的先后顺序依次进行审查的方法。具体步骤如下：首先审查原始凭证及记账凭证，然后进一步结合原始凭证及记账凭证审查会计账簿，最后根据会计账簿审阅和分析财务报表。

这种方法的优点是简便易行，取证过程详细，不易发生遗漏，审计结果一般较为可靠。缺点是费时费力，不易抓住重点和主攻方向。顺查法一般适用于规模较小、业务不多的单位，内部控制很差的单位，以及重要的审计事项，贪污舞弊的专案审计等。

2. 逆查法

逆查法又称倒查法，是指按照会计核算程序的相反顺序进行审查的方法。一般首先审查财务报表，从中发现错弊和问题，然后有针对性地依次审查和分析财务报表、会计账簿、原始凭证及记账凭证。

这种方法的优点是审查的重点和目的比较明确，易于查清主要问题，省时省力，效率较高。缺点是审计不全面，取证范围要经过注册会计师的判断，审计结论受注册会计师的经验和能力的影响较大，而且着重审查分析财务报表，并据以重点逆查，可能遗漏或疏忽某些更重要的问题。逆查法一般适用于规模较大、业务量较多的单位和内部控制较好的单位。

逆查法和顺查法各有侧重，各有利弊，实际中常将两种方法结合起来运用。采用逆查法时，对于需要了解的部分，兼用顺查法详细审查；采用顺查法时，对于重要事项也可兼用逆查法，以免遗漏。

（二）按审计所涉及的会计资料的范围或数量分类

1. 详查法

详查法是指对被审计单位某一时期内的全部会计资料及其他资料进行全面、详细审查的方法。

早期的财务报表审计通常采用这种方法。

详查法的优点是能全面查清被审计单位所存在的问题，不易遗漏，审计风险较小，审计工作质量高。缺点是工作量大，费时费力，审计成本较高。详查法一般适用于重点项目等特定情况。

2. 抽查法

抽查法是指从某一特定的审计对象（总体）中，按一定的方法抽取一部分作为样本进行审查，并以样本特征推断总体特征的方法。

抽查法的优点是省时省力，审计成本低，审计效率高。缺点是审计结果依赖样本特征。如果样本选择不当或缺乏代表性，则注册会计师往往不能发现问题，甚至以偏概全，做出错误的结论。在财务收支审计和财经法纪审计中，抽查法往往不及详查法，因此它有一定的局限性。实际中常将其与其他方法配合运用。

除上述审计方法外，针对特定审计种类，还有一些专门方法，如评审内部控制制度采用的调查表法和流程图法等。

审计方法会随着社会经济的发展、审计理论的深化而不断更新。在实际工作中，各种方法的使用不是孤立的，通常一项审计内容要运用多种审计方法，相互补充、相互促进，以求尽快查明经济活动和经济资料的正确性、真实性、合法性和有效性。

任务解析

1. 注册会计师通过实施分析程序发现 12 月份主营业务收入的异常，从而确定审计重点。
2. 除分析程序外，注册会计师还使用了审阅法、核对法和询问法。
3. 从目前的证据看，该企业存在虚增收入的问题，进而虚增了本年度的销售利润。

任务二　审计抽样

任务导入

注册会计师王华在审核红星公司的产成品账户时，发现该公司在所审计年度共生产了 2000 批产品，入账成本为 5 900 000 元。注册会计师选取了 200 批样本，账面价值共计 600 000 元。经与有关凭证及附件核对，发现 200 批中共有 52 批成本错误。经将错误调整后，样本的确认价值为 582 000 元。

具体任务

请运用三种变量抽样方法，分别计算该年度的产成品总成本的估计值。

理论认知

一、审计抽样的概念

审计抽样是指注册会计师对某类交易或账户余额中低于百分之百的项目实施审计程序，使所有抽样单元都有被选取的机会。审计抽样使注册会计师能够获取和评价与被选取项目的某些特征有关的审计证据，以形成或有助于形成对总体的结论。

审计抽样具备的三个特征如下。

（1）对某类交易或账户余额中低于百分之百的项目实施审计程序。

（2）所有抽样单元都有被选取的机会。

（3）审计抽样的目的是评价该账户余额或交易类型的某一特征。

审计抽样不能等同于抽查。抽查作为一种技术，可以用于审计前调查、确定审计重点、取得审计证据，在使用时无严格要求；而审计抽样作为一种审计方法，需运用统计原理，并严格按规定的程序和要求实施。

审计抽样一般可用于逆查、顺查、函证等审计方法，也可用于控制测试和实质性测试；但注册会计师在实施询问、观察、分析程序时则不宜使用审计抽样。

二、审计抽样的种类

（一）统计抽样和非统计抽样

统计抽样是指同时具备下列两个特征的抽样方法：①随机抽取样本；②运用概率论评价样本结果，包括计量抽样风险。不同时具备这两个特征的抽样方法为非统计抽样。

统计抽样的优点在于能够科学地确定抽样规模；各项目被抽中的机会是均等的，可以防止主观的判断；能客观地计量抽样风险，并通过调整样本量来控制抽样风险。但使用统计抽样需要特殊的专业技能，比较复杂、机械，只适用于审计资料比较齐全的单位；对于资料残缺不全的单位及以揭露贪污舞弊为目的的财经法纪审计来说，则不适用统计抽样。

非统计抽样简便、灵活，但抽样过程难免具有主观性，无法准确计算抽样误差和抽样风险。但非统计抽样如果设计适当，也能提供与统计抽样同样有效的结果。注册会计师在使用非统计抽样时，也必须考虑抽样风险并将其降至可接受的低水平，但无法准确地计算出抽样风险。

究竟选用哪种抽样方法，主要取决于注册会计师对成本、效果方面的考虑。非统计抽样可能比统计抽样花费的成本要小，但统计抽样的效果则可能比非统计抽样的效果要好得多。尽管统计抽样有上述优点，并解决了非统计抽样难以解决的问题，但是统计抽样的产生并不意味着非统计抽样的消亡。在审计实务中，通常两种方法结合使用。

（二）属性抽样和变量抽样

按照审计抽样所了解的总体特征的不同，审计抽样分为属性抽样和变量抽样。

属性抽样是用来计算总体中某一事件发生概率的一种方法。属性抽样常用于测试某一内部控制的偏差率，以支持注册会计师评估的内部控制有效性，不涉及交易金额的大小。

变量抽样是用来估计总体金额的一种方法。变量抽样通常用来回答下列问题：金额是多少；账户是否存在错报。变量抽样在审计中的主要用途是通过细节测试，以确定记录的金额是否合理。

三、抽样风险和非抽样风险

审计风险是指注册会计师对被审计单位的财务报表进行审计后因发表不恰当的审计意见而给其自身带来损失的可能性。在审计抽样中，又可将审计风险分为抽样风险和非抽样风险两类，其中将直接由与抽样相关的因素造成的不确定性称为抽样风险，将由与抽样无关的因素造成的不确定性称为非抽样风险。

（一）抽样风险

抽样风险是指注册会计师依据抽样结果得出的结论与审计对象总体特征不相符的可能性。抽样风险是由抽样引起的，与样本规模和抽样方法相关。

控制测试中的抽样风险主要包括信赖过度风险和信赖不足风险。信赖过度风险是指推断的控制有效性高于实际有效性的风险，导致评估的重大错报风险水平偏低，形成错误的审计结论，影响审计效果。信赖不足风险是指推断的控制有效性低于实际有效性的风险，使注册会计师未能相信那些可以信赖的内部控制，导致评估的重大错报风险水平过高，进而实施了不必要的实质性测试，影响审计效率。

注册会计师在进行实质性测试时面临的抽样风险包括误受风险和误拒风险。误受风险是指推断某一重大错报不存在而实际存在的风险。与信赖过度风险类似，误受风险会影响审计效果，容易导致注册会计师发表不恰当的审计意见，因此注册会计师更应予以关注。误拒风险是指注册会计师推断某一重大错报存在而实际不存在的风险。与信赖不足风险类似，误拒风险会影响审计效率。

（二）非抽样风险

非抽样风险是指注册会计师由于任何与抽样风险无关的原因而得出错误结论的可能性。非抽样风险包括审计风险中不是由抽样所导致的所有风险。注册会计师即使对某类交易或账户余额的所有项目实施审计程序，也可能仍未能发现重大错报。在审计过程中，可能导致非抽样风险的主要原因有下列情况。

（1）注册会计师选择了总体不适合测试目标，如注册会计师在测试销售收入完整性认定时选择主营业务收入明细账为主体。

（2）注册会计师未能适当地定义误差（包括控制偏差或错报），导致注册会计师未能发现样本中存在的偏差或错报，如注册会计师在测试现金支付授权控制的有效性时，未将签字人未得到适当授权的情况界定为控制偏差。

（3）注册会计师选择了不适于实现特定目标的审计程序。例如，注册会计师依赖应收账款函证来揭露未入账的应收账款。

（4）注册会计师未能适当地评价审计发现的情况。例如，注册会计师错误解读审计证据导致没有发现误差；对所发现误差的重要性的判断有误，从而忽略了性质十分重要的误差。

（5）其他原因。

（三）抽样风险和非抽样风险的控制

只要使用了审计抽样，抽样风险总会存在。抽样风险与样本规模反方向变动：样本规模越大，抽样风险越小；样本规模越小，抽样风险越大。无论是控制测试还是实质性测试，注册会计师都可以通过扩大样本规模来降低抽样风险。

非抽样风险是由人为错误造成的，因而可以降低、消除或防范。通常认为，非抽样风险是无法量化的，但是通过适当的质量控制政策和程序，对审计工作进行适当的计划、指导和监督，以及对审计实务的适当改进，可以将非抽样风险降至可接受的低水平。

四、审计抽样的步骤

审计抽样主要分为三个阶段进行：第一阶段是样本设计阶段，根据测试的目标和审计对象的总体，制订选取样本的计划；第二阶段是选取样本阶段，按照适当的方法从审计对象的总体中选取所需的样本，并对其进行检查，以确定是否存在误差；第三阶段是评价样本结果阶段，旨在根据对误差的性质和原因的分析，将样本结果推至审计对象的总体，形成结论。

下面以大明会计师事务所对红星公司应收账款的审计来说明审计抽样的具体步骤。

（一）样本设计阶段

注册会计师进行审计抽样时，围绕审计目标、样本的性质、样本量、抽样组织方式、抽样工作质量要求所进行的计划工作称为样本设计。

样本设计的具体程序和内容如下。

1. 确定审计目标

审计抽样必须围绕着审计目标展开，因此确定审计目标是样本设计阶段的第一项工作。审计的目标不同，对审计工作的要求就不同，抽取样本量的多少也就不同。注册会计师在进行样本设计时，应当先考虑将要实现的具体审计目标，并考虑将要取得的审计证据的性质、可能存在误差的条件及该项审计证据的其他特征，以正确地界定误差和审计对象的总体，确定采用何种审计程序。在本例中，大明会计师事务所对红星公司应收账款的审计目标是确定应收账款的账户金额是否正确。

2. 定义审计对象的总体与抽样单元

在进行抽样之前，注册会计师必须仔细定义审计对象的总体，确定其范围。总体可以是构成某类交易或账户余额的所有项目，也可以是构成某类交易或账户余额的部分项目。例如，如果应收账款中没有个别重大项目，注册会计师直接对应收账款账面余额进行抽样，则总体是构成应收账款期末余额的所有项目。如果注册会计师使用选取特定项目的方法将应收账款中的个别重大项目挑选出来单独测试，只对剩余的应收账款账面余额进行抽样，则总体是构成应收账款期末余额的部分项目。

抽样单元是构成审计对象总体的个别项目。注册会计师应当根据审计目标及被审计单位实际情况，确定抽样单元。本例中，注册会计师将审计年度的应收账款明细账定义为总体，则各应收账款明细账即为抽样单元。

如果总体项目中存在重大的差异性，注册会计师还应当考虑分层。分层是指将一个总体划分为多个子总体的过程，每个子总体由一组具有相同特征（通常为货币金额）的抽样单元组成。对审计对象总体进行分层时，可以按经济业务的重要性分层，也可按经济业务的类型分层。分层时，必须注意：第一，总体中的每一抽样单元必须属于一个层次，并且只属于这一层次；第二，必须有事先能够确定的、有形的、具体的差别来明确区分不同的层次；第三，必须能够事先确定每一层次中抽样单元的准确数字。

分层可以降低每一层中项目的差异性，从而在抽样风险没有成比例增加的前提下缩小样本规模。分层主要适用于内部各组成部分具有不同特征的总体。分层除提高抽样效率外，也可使注册会计师能按项目的重要性、变化频率或其他特征而选取不同的样本数，且可对不同层次使用不同的审计方法。通常，注册会计师应对包含重要项目的层次实施全部审查。

本例中，注册会计师可以将应收账款账户按其金额大小分为三层，分别是账户金额在 100 000 元以上的；账户金额为 5000～100 000 元的；账户金额在 5000 元以下的。然后，在各层中按其重要性分别采取不同的审计方法，对于金额在 100 000 元以上的应收账款账户，应全部审计；对于金额为 5000～100 000 元及 5000 元以下的应收账款账户，分别按一定的比例抽出一部分进行审计。

3. 定义构成误差的条件

注册会计师必须事先准确定义构成误差的条件，否则执行审计程序时就没有识别误差的标准。注册会计师在定义构成误差的条件时要考虑审计目标。在本例中，误差是指应收账款账户金额的错报。在对应收账款存在性的测试中（如函证），客户在函证日之前支付的款项、被审计单位在函证日之后不久收到的款项不构成误差。被审计单位在不同客户之间误登明细账并不影响应收账款账户的金额，因此即使该情况可能对审计的其他方面产生重要影响，也不应该作为抽样误差。

（二）选取样本阶段

1. 确定样本规模

样本规模是指从总体中选取样本项目的数量。在审计抽样中，如果样本规模过小，就不能反映出总体的特征，注册会计师就无法获取充分的审计证据，其审计结论的可靠性就会大打折扣，甚至可能得出错误的审计结论；相反，如果样本规模过大，则会增加审计工作量，造成不必要的时间和人力的浪费，降低审计效率，失去审计抽样的意义。注册会计师应当确定适当的样本规模，以将抽样风险降低至可接受的低水平。表 5-1 列示了审计抽样中影响样本规模的因素，并分别说明了这些影响因素在控制测试和实质性测试中的表现形式。

表 5-1　影响样本规模的因素

影 响 因 素	控 制 测 试	实 质 性 测 试	与样本规模的关系
可接受的抽样风险	可接受的信赖过度风险	可接受的误受风险	反向变动
可容忍误差	可容忍偏差率	可容忍错报	反向变动
预期总体误差	预计总体偏差率	预计总体错报	同向变动

在确定了上述三个影响因素之后，就可以根据样本量确定表（样本容量表）来查找确定应当抽取的样本数量。假设本例中，根据样本容量表，查出可接受的抽样风险为 5%，可容忍误差为 4%，预期总体误差为 1%，则应选取的样本量为 156 个明细账。

2. 选取样本

在选取样本时，注册会计师应当使总体中的所有抽样单元均有被选取的机会。不管使用统计抽样或非统计抽样方法，所有的审计抽样均要求注册会计师选取的样本对总体来讲具有代表性，否则就无法根据样本结果推断总体结论。

选取样本的基本方法包括随机数表法、系统选样和随意选样。

（1）随机数表法。

采用随机数表法选取样本的前提是总体中的每一个项目都有不同的编号。注册会计师可以使用计算机生成的随机数，也可以使用随机数表获得所需要的随机数。随机数表也称为乱数表，是由随机生成的从 0 到 9 共 10 个数字组成的数表，每个数字在表中出现的次数是大致相同的，出现在表中的顺序是随机的。表 5-2 是五位随机数表的一部分。

表 5-2　五位随机数表的一部分

行	列									
	1	2	3	4	5	6	7	8	9	10
1	32044	12695	51123	29655	01982	37231	77184	82004	45023	45102
2	23821	32766	46379	82592	18742	01584	81530	56803	78429	34579
3	56783	12381	19824	66441	08971	09036	09416	97312	21036	74562
4	82385	57913	35641	71635	95961	34491	75662	44711	38147	31467
5	63710	10562	38957	22165	38157	37916	37481	35694	20613	02235
6	94750	35641	26930	92114	01418	96714	84572	11027	03194	30976
7	12682	20387	67956	91642	40583	05509	65321	53942	97821	10947
8	49872	53428	32159	28677	07411	67185	59164	00135	65438	32716
9	56129	10324	99821	86098	98346	81530	44386	15974	90325	59803
10	34721	95829	36772	01414	87520	09413	50219	32948	10976	76421

采用随机数表法选取样本的步骤如下。

① 对总体项目进行编号，建立项目与表中数字的一一对应关系。一般情况下，编号可利用总体项目中原有的某些编号，如凭证号、支票号、发票号等。在没有事先编号的情况下，注册会计师可以按一定的方法进行编号。所需使用的随机数的位数一般由总体项目数或编号位数决定。例如，由 40 页、每页 30 行组成的应收账款明细表，可采用 4 位数字编号，前两位数字由 01～40 的整数组成，表示该记录在明细表中的页数，后两位数字由 01～30 的整数组成，表示该记录的行次。这样编号 0823 表示第 8 页第 23 行的记录。本例也可使用 5 位随机数表的前 4 位数字或后 4 位数字。

② 确定连续选取随机数的方法。使用随机数表时，注册会计师应先选定随机起点和选号路线。随机起点和选号路线可以任意选择，但一经选定就不得改变。然后依次查找符合总体项目编号要求的数字，即为选中的号码，与此号码相对应的总体项目即为选中的样本项目，一直到选足所需的样本量为止。

随机数表法不仅使总体中每个抽样单元被选取的概率相等，而且使相同数量的抽样单元组成的每种组合被选取的概率相等。统计抽样要求注册会计师能够计量实际样本被选取的概率，因此这种方法尤其适合于统计抽样。

（2）系统选样。

系统选样也称等距选样，是指按照相同的间距从审计对象总体中等距离地选取样本的一种选样方法。采用系统选样的步骤如下。

① 计算选样间距。

选样间距的计算公式如下：

$$选样间距=总体规模÷样本规模$$

当计算的选样间距不是整数时，坚持只舍不入的原则，如本例中有 10 000 张销售发票，设定的样本量为 125，则选样间距为 80（10 000/125）。

② 确定选样起点。

③ 根据选样间距顺序地选取样本。

系统选样的主要优点是使用方便，比其他选样方法节省时间，并可用于无限总体。使用这种方法时，对总体项目不需要编号，注册会计师只需要简单数出一个间距即可。但使用系统选样要求总体必须是随机排列的，否则容易产生较大的偏差。

（3）随意选样。

随意选样也称任意选样，是指注册会计师不带任何偏见地选取样本，即注册会计师选取样本时不考虑样本项目的性质、大小、外观、位置或其他特征。

随意选样的主要缺点是很难完全无偏见地选取样本，即这种方法难以彻底排除注册会计师的个人偏好对选取样本的影响，因而很可能使样本失去代表性。因此，在进行随意选样时，注册会计师要避免由于项目性质、大小、外观和位置等不同对项目产生偏见，尽量使所选的样本具有代表性。

使用以上三种基本方法均可选出代表性样本。但随机数表法和系统选样属于随机基础选样方法，即对总体的所有项目按随机规则选取样本，因而既可以在统计抽样中使用，又可以在非统计抽样中使用。而随意选样虽然也可以选出代表性样本，但它属于非随机基础选样方法，因而不能在统计抽样中使用，只能在非统计抽样中使用。

3. 对样本实施审计程序

注册会计师应当针对选取的样本，实施适合具体目标的审计程序，以确认是否存在误差。如果审计程序不适用于选取的样本，注册会计师应针对替代样本实施该审计程序或实施替代程序。例如，本例中对应收账款的积极式函证没有收到回函时，注册会计师可以审查期后收款的情况或采取其他替代审计程序，以证实应收账款的金额。如果未能对选取的样本实施审计程序或适当的替代程序，注册会计师应当将该样本视为控制测试中对规定控制的一项偏差，或细节测试中的一项错报。

（三）评价样本结果阶段

注册会计师在对样本实施必要的审计程序后，需要对抽样结果进行评价，将样本结果推至总体，形成对总体的结论。其具体程序和内容如下：分析样本误差；推断总体误差；形成审计结论。

1. 分析样本误差

注册会计师在分析抽样中发现的误差时，应考虑误差的性质、原因及其对具体审计目标和其他相关审计工作的影响。

2. 推断总体误差

分析样本误差后，注册会计师应根据抽样中发现的误差，采用适当的方法，推断审计对象的总体误差。如果在抽样时对总体进行了分层，那么应先对每一层进行个别的推断，然后将推断结果加以汇总。例如，对红星公司应收账款进行抽样审计后，样本误差率为2%，红星公司应收账款总体账面金额为5000万元，则误差金额为100万元。

3. 形成审计结论

注册会计师应当评价样本结果，以确定对总体相关特征的评估是否得到证实或是否需要修正。如果推断的总体误差上限低于可容忍错报，则总体可以接受，这时注册会计师对总体得出结论：所测试的交易或账户余额不存在重大错报。如果推断的总体误差上限超过或接近可容忍错报，则总体不能接受，这时注册会计师对总体得出结论：所测试的交易或账户余额存在重大错报。注册会计师应建议被审计单位对错报进行调查，且在必要时要求被审计单位进行调整。

任务解析

（1）单位平均估计抽样具体如下。

样本平均值：582 000/200=2910（元）

总成本：2910×2000=5 820 000（元）

（2）比率估计抽样具体如下。

比率：582 000/600 000=0.97

总成本：5 900 000×0.97=5 723 000（元）

（3）差额估计抽样具体如下。

平均差额：（582 000-600 000）/200 = -90（元）

总差额：-90×2000= -180 000（元）

总成本：5 900 000 - 180 000 = 5 720 000（元）

任务三　审计证据

任务导入

注册会计师王杰在对宏大公司 2018 年的年度财务报表进行审计时，收集到以下四组证据。

（1）收料单与购货发票。

（2）销货发票副本与产品出库票。

（3）银行询证函回函与银行对账单。

（4）存货监盘记录与存货盘点表。

具体任务

请分别说明单组证据中哪些审计证据更可靠，并简要说明理由。

理论认知

一、审计证据的含义

审计证据是指注册会计师为了得出审计结论，形成审计意见而使用的所有信息，包括编制财务报表依据的会计记录所包含的信息和其他信息。

会计记录是指对初始分录的记录和支持性记录。例如，各种支票、发票、对账单、合同；记账凭证、会计账簿、对财务报表予以调整但未在账簿中反映的其他分录；支持成本分配、计算、调节和披露的手工计算表和电子数据表等。

会计记录中包含的信息不足以提供充分的审计证据，注册会计师还应获取用作审计证据的其他信息，具体如下：注册会计师从被审计单位内部或外部获取的会计记录以外的信息，如被审计单位会议记录、内部控制手册、询证函的回函、分析师的报告、与竞争者的比较数据等；通过询问、观察等审计方法获取的信息，如通过检查存货获取的存货信息等；自身编制或获取的可以通过合理推断得出结论的信息，如注册会计师编制的各种计算表、分析表等。

编制财务报表依据的会计记录包含的信息和其他信息共同构成审计证据，两者缺一不可。没有会计记录包含的信息，审计工作则无法进行；没有其他信息，则可能无法识别重大错报风险。只有将两者结合在一起，才能将审计风险降至可接受的低水平，为注册会计师发表审计意见提供合理基础。

二、审计证据的种类

为了加深对审计证据的了解，高效收集、整理和评价审计证据，顺利实现审计目标，需要按照不同的标准对审计证据进行分类。

（一）按存在形式（或外形特征）分类

审计证据按其存在形式（或外形特征）分类，可分为实物证据、书面证据、口头证据、环境证据和电子证据。

1. 实物证据

实物证据是指注册会计师通过实地观察和盘点所获得的，用以证明有关实物资产是否确实存在的证据。实物证据对某项实物资产是否存在的证明力最强、效果最为显著。它可以对该实物资产的状态、数量、特征给予有力的证明。因此，在对现金、存货、固定资产等项目进行审计时，注册会计师应考虑通过清查、监督或参与盘点等方式来取得实物证据以证明它们是否存在。但实物证据并不能完全证明该项实物资产的价值及其所有权的归属。实物资产的价值及其所有权的归属需要通过另行审计并取得其他形式的审计证据方可得到证明。

2. 书面证据

书面证据是指注册会计师获取的以书面资料形式存在的审计证据，如有关的原始凭证、记账凭证、会计账簿、各种项目明细表、各种合同、会议记录、文件、函件、通知书、报告书、声明书、程序手册等。书面证据是注册会计师收集数量最多、范围最广的一种证据。注册会计师发表审计意见基本上都是以书面证据为基础的。

书面证据具有数量多、覆盖范围广、来源渠道多样化、容易被篡改等特点。因此，注册会计师在收集书面证据时，还要注意对其进行鉴定和分析，运用专业判断，辨别真伪。

3. 口头证据

口头证据是指经注册会计师询问后，由被审计单位有关人员或其他人员进行口头答复所形成的审计证据。在审计过程中，注册会计师经常要就以下事项向有关人员进行询问：被审计事项发生时的实况、对特别事项的处理过程、采用特别会计政策和方法的理由、对舞弊事实的追溯调查等。获取口头证据可以印证某一结果是否与注册会计师的判断相一致或发掘一些新的重要审计线索，从而有利于注册会计师对有关事项进行进一步调查取证。通常，口头证据本身不能完全证明事实真相，因为被调查或被询问的人员可能有意隐瞒实情或由于记忆模糊使口头证据不准确、不完整。

审计时，注册会计师需要对获取的重要的口头证据及时做好笔录，注明被询问人员的姓名、时间、地点和背景，必要时应要求被询问人员确认并签名。虽然口头证据可靠性较低，需要其他证据的支持和佐证，但如果不同的被询问人员对同一问题在同一时间所做的口头陈述一致时，其可靠性则较强，可以作为审计的依据。

4. 环境证据

环境证据亦称状况证据，是指影响被审计事项的各种环境事实。环境证据一般不属于基本证据，不能直接用于证实有关被审计事项，但它可以帮助注册会计师了解被审计事项所处的环境或发展的状况，为判断提供依据，因此环境证据仍然是注册会计师进行判断所必须掌握的资料。环境证据一般包括反映内部控制状况的环境证据、反映管理者素质的环境证据、反映管理水平和管理条件的环境证据。

环境证据的突出特点是它能帮助注册会计师正确评价有关资料所反映信息在总体或大体上的可靠程度，即它对证实总体合理性这一审计目标有着积极的意义。

5. 电子证据

电子证据是指基于电子技术生成的，以数字化形式存在于磁盘、光盘、存储卡、手机等各种电子设备载体的，用作证据使用的一切信息，如电子邮件、手机短信、通信记录、访问记录、网页、视频资料等。

判断被采纳的电子证据的证明力的强弱，主要看它实质上的可靠程度及与待证事实的关联程度。鉴于电子证据所依赖的计算机系统容易遭到攻击、篡改且不易被发现，以及电子证据本身容易遭受修改且不易留痕，因此对这种证据的可靠性审查从技术上讲有时比较困难。

（二）按来源分类

审计证据按其来源分类，可分为外部证据、内部证据、亲历证据三类。

1. 外部证据

外部证据是指由被审计单位以外的、与被审计事项有一定联系的第三者提供的相关证据。外部证据除有关单位提供的业务函证证据和书面证据以外，还包括不在书面证据范围内的有关实物证据和外部人员的陈述等。

外部书面证据的形式有两类，第一类是未经被审计单位的外部证据，其由被审计单位以外的第三者直接提供给注册会计师，而没有经过被审计单位职员之手，不存在被涂改和被伪造的可能性，是证明力较强的一种审计证据，如应收账款的回函、被审计单位的律师或其他独立专家关于被审计单位资产所有权或负债的证明函件、保险公司的证明函件、寄售企业或代售企业的证明函件、证券经纪人的证明书等。

第二类外部书面证据由被审计单位以外的单位出具，但由被审计单位有关业务人员进行保存和处理，存在被涂改甚至被伪造的可能性，如银行对账单、购货发票、应收票据、客户订货单、有关的合同和契约等。一般注册会计师认为这类证据的证明力略弱于第一类外部书面证据的证明力。

2. 内部证据

内部证据是指由被审计单位内部机构或职员编制并提供的有关证据，以书面证据为主。内部书面证据的可靠性一般不如外部书面证据强。按照内部书面证据可靠性的强弱，可以划分为以下三类。

第一类是由被审计单位内部职员按被审计单位外部组织或部门规定统一格式和填制要求填制并提供的有关书面证据，如由税务监制的销货发票（含普通发票和增值税专用发票）、银行统一印制的各种支票和汇票、由财政部门监制的财政收费收据等。这类证据的可靠性是内部书面证据中最强的,因为这类证据的填制往往要受到相应管理部门突击或定期的检查监督。

第二类是由被审计单位有关人员编制和填报的,用于对外公布但无格式和规范要求的内部书面证据,如经济业务合同、文件和内部定额标准等。这类证据虽不一定要接受外界的监督检查,但在一定程度上要受到有关业务单位或主管部门的制约,经过他们的审批,因此具有一定的公正性、严肃性和科学性。

第三类是那些既无规范要求或者无任何外部单位制约的,又无须公开的由被审计单位有关人员填制并出具的资料,如自制的原始凭证、记账凭证、会计账簿等。这类证据的可靠性完全取决于经手人员的素质、内部控制的有效制约程度,因而它的可靠性程度为最低。

3. 亲历证据

亲历证据是指由注册会计师(包括助理人员、外聘专家)通过运用专业判断和相应的程序与方法,对被审计事项的有关资料进行计算和分析而得到的证据,包括注册会计师编制的各种计算表、分析表等。对于书面证据而言,亲历证据强调的是注册会计师对有关基础资料(证据)必须进行重新加工,按照既定目标所确定的程序进行计算和分析,因此它较其他证据更为可靠。

三、审计证据的特征

审计证据的特性是指审计证据内在的特征和性质,具体体现为注册会计师围绕这些特征和性质收集审计证据时应达到的基本要求。根据审计准则的要求,审计证据具有充分性、适当性两个特征。

(一)充分性

审计证据的充分性是对审计证据数量的衡量,是注册会计师形成审计意见所需要的审计证据的最低数量要求。审计证据不是越多越好,因为过多的审计证据必然要耗费过多的审计成本,影响审计效益和效率。评价和判断审计证据是否充分,应当考虑以下因素。

1. 审计风险

通常,人们在考虑审计证据的充分性、适当性的时候,一般不考虑检查风险而考虑重大错报风险对其的影响。这是因为检查风险水平是在其他风险水平确定之后计算分析得出的,是其他风险水平变化后的结果。当重大错报风险水平较高时,注册会计师进行实质性测试的范围应较大,即所收集的审计证据数量应较多,反之亦然。

2. 内部控制性质和强弱

如果注册会计师经调查,认为被审计单位内部控制设计完善且执行有效,则针对交易记录和金额的实质性测试的范围可缩小并相应减少审计证据的数量,反之亦然。

3. 业务经营性质

被审计单位业务经营活动越复杂,注册会计师可能承担的风险就越大。即使有的时候注册会计师能搜集到很多的高质量审计证据也难以证实经济业务的性质,这时注册会计师就需要承担很大的审计风险。因此,注册会计师在考虑是否接受委托时,应对此表示充分的关注,给予充分的估计,做到防患于未然,并且在审计过程中针对这种情况应果断采取措施,进行相应的处理。

4. 管理当局的可信赖程度

管理当局是否诚实、正直和可靠，关系到是否可能存在重大错报和舞弊现象。对于这种情况，注册会计师应高度警惕并提出相应的处理措施。

5. 财务状况

当被审计单位财务状况不佳时，经营者可能通过延期摊销费用、延期注销损失或故意漏列负债等来编制财务报表，注册会计师应清楚地认识并防止由经营风险转嫁为审计风险，增加审计证据的数量，以支持审计意见。

6. 具体被审计项目的重要程度

若被审计项目很重要，则注册会计师对它判断失误时往往会导致对财务报表整体判断失误，因而要求对那些重要的项目扩大审计证据的范围，增加审计证据的数量，以减少审计失误，降低审计风险。相反，对那些个别判断失误且不至于引发整体判断失误的不重要项目，可以减少取证数量，以节约审计成本。

7. 注册会计师的审计经验

相对而言，有着丰富审计经验的注册会计师及其助理人员擅于以比较少的审计证据较为准确地判断出被审计项目的真实状况。然而，也不乏存在不思总结、不善评价和专业判断能力较差的注册会计师，对于他们而言，增加审计证据的数量是保持谨慎的根本途径。

8. 审计过程中是否发现错误和舞弊

在审计中一旦发现存在错误和舞弊的现象，注册会计师应考虑它对整体财务报表会带来问题的可能性及影响，因此在审计过程中应考虑增加审计证据的数量，以形成恰当的审计意见。

9. 审计证据的类型与获取途径

在审计中采用不同途径可以获得不同类型的审计证据，不同类型审计证据的证明力也不尽相同。对于那些由注册会计师亲自计算加工而得的亲历证据和从独立的第三者那里获得的外部证据，其质量是较为可靠的，因而数量可以相对减少；而对那些容易被伪造的内部证据，数量应增加。

（二）适当性

审计证据的适当性是对审计证据质量的衡量，包括审计证据的相关性和可靠性，即审计证据应当与审计目标相关联，并能如实反映客观事实。只有相关且可靠的审计证据才是高质量的审计证据。

1. 相关性

审计证据的相关性是指取得的审计证据必须与审计目标相关联。例如，为了实现证实实物资产所有权的目标，注册会计师应取得相关的书面证据和口头证据，而不应去收集那些与所有权目标无关的实物证据或环境证据。如果审计目标是证实银行存款余额的真实性，则审计证据应是银行存款余额调节表。

如果收集的审计证据与审计目标不相关，即使收集的证据再多、再可靠，也起不到证明作用，只能增加审计成本，浪费审计资源，因此审计证据的收集应围绕审计目标来进行。

2. 可靠性

审计证据的可靠性是指审计证据能够反映和证实客观经济活动的程度。审计证据的可靠性受审计证据的类型、取证的渠道和方式等因素的影响。注册会计师在判断审计证据的可靠性时，通常会考虑下列原则。

（1）书面证据比口头证据可靠。

（2）外部证据比内部证据可靠。

（3）注册会计师自行获得的证据比被审计单位提供的证据可靠。

（4）内部控制较好时的内部证据比内部控制较差时的内部证据可靠。

（5）不同来源或不同性质的审计证据能相互印证时，审计证据较为可靠。当然，对于那些不能相互印证的审计证据，注册会计师是无法发表审计意见的，因此应该增加审计程序，进一步收集审计证据。

（三）充分性和适当性之间的关系

审计证据的充分性和适当性互为补充，共同体现了审计证据的证明力。这表现在：从支持审计意见的目的来看，如果审计证据的质量（适当性）较高，则所需审计证据的数量（充分性）可以减少；如果审计证据的质量（适当性）较低，则所需审计证据的数量（充分性）就应增加。

但要注意的是，尽管审计证据的充分性和适当性相关，但如果审计证据的质量存在缺陷，那么注册会计师仅靠获取较多的审计证据可能也无法弥补其质量上的缺陷。例如，注册会计师应当获得与销售收入完整性相关的证据，实际收集的是有关销售收入真实性的证据，审计证据与完整性不相关，即使收集的证据再多，也证明不了销售收入的完整性。同样，如果注册会计师获取的审计证据不可靠，则数量再多也无法起到证明作用。

在保证获取充分、适当的审计证据的前提下，控制成本也是会计师事务所增强竞争能力和获利能力所必需的。但为了保证审计质量，对于重要的审计事项，注册会计师不应将获取审计证据的成本较高和难以实施作为省略必要审计程序的理由，如存货监盘是证实存货存在性的不可替代的审计程序，注册会计师在审计中不得以检查成本高和难以实施为由而省略该审计程序。

四、审计证据的收集方法

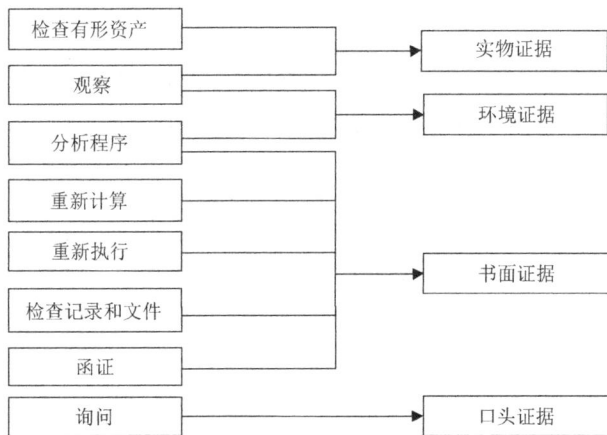

图 5-1　审计方法与审计证据的关系

在审计过程中，注册会计师可以采用检查记录和文件、检查有形资产、观察、询问、函证、重新计算、重新执行、分析程序等方法，收集充分、适当的审计证据，这些方法已经在本章任务一中进行了介绍，在此不再赘述。审计方法与审计证据的关系如图 5-1 所示。

一种审计方法可以获得与多种认定有关的审计证据，同时如果要获得用于证实某一认定的审计证据，也可以选用多种审计方法。例如，对应收账款函证的结果可以证明应收账款存在的认定，也可以证明应收账款计价的认定；为了取得证实应收账款存在认定的证据，可以采用函证的方法，也可以采用检查记录和文件的方法。

五、审计证据的整理与评价

（一）审计证据整理与评价的一般步骤

审计证据的整理与评价一般可以分为以下四个步骤。

（1）分类整理。把分散的、零碎不全的审计证据按照不同的审计目标进行分类。

（2）核实评价。根据分类结果，对有关审计证据进行复核，并就其证明力进行分析和评价，确定取舍或是否进行补充。

（3）补充取证。注册会计师对审计证据评价后可能形成以下几种结果：审计证据充分、适当；形成新的有价值的证据；发现新问题应补充取证。补充取证要采用科学的审计程序，并结合审计目标进行。

（4）综合归纳。对于充分、适当的审计证据，注册会计师应将全部证据进行归纳，形成局部审计意见，最后综合形成整体审计意见。

（二）审计证据整理与评价的要求

（1）坚持整体的观点。注册会计师应从对财务报表整体发表意见的高度去整理与评价审计证据。把整体目标分解成单个目标，按单个目标分别整理，逐级向上归类，并评价审计证据的充分性和适当性，最后构成一个完整的对审计意见具有说服力的证据体系。

（2）坚持联系的观点。整理与评价审计证据必须与审计目标相联系，也必须从证据与证据之间的内在联系出发，不要简单地罗列堆砌证据。这种证据之间的内在联系是由被审计事项内部的联系来决定的。

（3）坚持客观的立场。在整理与评价审计证据时，注册会计师切忌主观臆断，不能用主观判断去取代证据，要做到以事实为依据、以证据为基础，形成审计意见。

（三）审计证据整理与评价的方法

（1）分类，即将各种审计证据按其证明力的强弱围绕审计目标进行分类。

（2）计算，即运用一定的方法对有关审计证据的数据进行加工计算，得出所需的新证据。

（3）比较，即将不同的审计证据进行比较和将审计证据与审计目标进行比较。其中，将不同的审计证据进行比较，主要是将不同时期的同一事项的审计证据进行比较，或是用某一事项的审计证据与相关事项的审计证据进行比较，据以评价分析有关经济业务的效果、效率或变动趋势；将审计证据与审计目标进行比较，则可以判断审计证据是否符合要求，有无补充取证的必要。

（四）审计证据整理与分析应注意的事项

（1）注意把握审计证据取舍的标准。注册会计师形成的最终审计意见一般是以那些典型的、富有代表性的审计证据为基础的，而没有必要、也不可能在审计报告中体现全部审计证据所反映的事实。因而，在对审计证据进行整理与分析的过程中应把握以下取舍标准：以审计证据的重要程度为取舍标准。审计证据的重要程度由两方面决定：一是金额大小；二是问题的性质。那些金额较大、性质较严重的审计证据颇具代表性；那些金额虽然不大但性质较严重的审计证据也可以作为重要审计证据进行处理。

（2）注意分清事实的现象和本质。任何审计证据都是现象与本质的结合体。现象如果与本质相一致则称为真象；反之，现象与本质相背离则称为假象。注册会计师应注意分清真象与假象，要做到透过现象看本质，不被假象所迷惑。

（3）注意发掘伪证。被审计单位等审计证据提供者可能出于某种目的提供经过伪造的证据。为了区分伪证和真实的审计证据，注册会计师应认真研究评价，可以进行合理推理或怀疑，从证据提供者的目的、业务发生的可能性和合理性、业务发生过程的可控性和业务发生结果的效果性等方面评价审计证据的真伪程度，尤其要善于发掘那些经过精心伪造的证据。

任务解析

（1）购货发票更可靠。购货发票是外来凭证，收料单是内部凭证，一般而言，外部证据比内部证据更可靠。

（2）销货发票副本更可靠。外来凭证比公司自制凭证真实、可靠。

（3）银行询证函回函更可靠。银行询证函回函是由注册会计师直接获取的，其未经被审计单位人员之手，而银行对账单经被审计单位人员之手，可能存在伪造、涂改的行为。两者都为外部证据，直接交给注册会计师的更可靠。

（4）存货监盘记录更可靠。存货监盘记录是由注册会计师自行记录的，属于外部证据；存货盘点表是由被审计单位人员记录的，属于内部证据。一般情况下，外部证据比内部证据更可靠。

任务四 审计工作底稿

任务导入

大正会计师事务所于 2020 年 2 月 5 日至 2 月 12 日完成了对红星公司的年度报表审计（审计报告的签发日为 2020 年 2 月 15 日），部分审计工作底稿如下。

（1）营业执照、公司章程。

（2）重要的法律文件、合同、协议。

（3）审计业务约定书。

（4）审计计划。

（5）审计报告。

（6）审计总结。

（7）相关内部控制制度。

（8）实质性测试底稿。

具体任务

请将上述审计工作底稿按照内容分类。

理论认知

一、审计工作底稿的含义

审计工作底稿是指注册会计师对制订的审计计划、实施的审计程序、获取的相关审计证据，以及得出的审计结论做出的记录。审计工作底稿是审计证据的载体，是注册会计师在审计过程中形成的审计工作记录和获取的资料。它形成于审计全过程，也反映了整个审计过程。对于这一定义可以从以下三个方面来理解。

（一）审计工作底稿形成于审计全过程

从承接审计业务开始，历经准备阶段、实施阶段、终结阶段，到完成全部约定事项出具审计报告为止，审计工作底稿形成于审计全过程。

（二）审计工作底稿的形成渠道

审计工作底稿可以由注册会计师根据有关资料进行计算、判断以后编制，也可以由被审计单位或第三者提供并经过注册会计师审核后直接形成。

（三）审计工作底稿的记录内容应全面反映审计工作过程

不同审计阶段会形成不同的审计工作底稿。如果这些审计工作底稿系列化，就能反映出审计思路和审计轨迹，使人们通过审计工作底稿能够看到审计工作经历了哪些环节、注册会计师从哪些方面进行了测试、被测试事项的实际面貌如何、注册会计师如何发表意见等。

二、审计工作底稿的内容

审计工作底稿通常包括总体审计策略、具体审计计划、分析表、问题备忘录、重大事项概要、询证函回函、管理层声明书、核对表、有关重大事项的往来信件（包括电子邮件），以及被审计单位文件记录的摘要或复印件等。此外，审计工作底稿通常还包括审议业务约定书、管理建议书、项目组内部或项目组与被审计单位的会议记录、与其他人员（如其他注册会计师、律师、专家等）的沟通文件及错报汇总表等。

一般来说，每张审计工作底稿必须同时包括以下基本内容（见表5-3）。

（1）被审计单位名称，即财务报表编制单位的名称，每张审计工作底稿都应该写明被审计单位名称，以防混淆。例如，财务报表的编制单位为某一集团的分公司，则应同时注明分公司的名称，目的在于明确审计客体。

（2）审计项目名称，即填写审计业务类型，一般是指审计对象的名称或某一财务报表项目的名称。例如，"应收账款""银行存款"等项目名称，目的在于明确审计内容。

（3）审计项目时间或期间，即明确审计项目在时间上的截止点或时间跨度。例如，对资产负债表的项目进行审计，应写明涉及项目的截止时间；对损益类项目进行审计，应写明审计项目涵盖期间。目的在于明确审计范围。

（4）审计过程记录。注册会计师应将其实施的审计程序，获得的审计证据，形成的专业判断、处理意见和建议，项目组的会议记录和审计复核记录于审计工作底稿，注册会计师还应将分散在不同审计工作底稿中的有关重大事项的记录汇总在重大事项概要中，以集中考虑重大事项对审计工作的影响，全面、快速地了解重大事项，从而提高复核工作的效率。目的在于记录注册会计师所实施审计程序的性质、范围及过程等内容。

（5）审计结论。审计工作底稿的每部分都应包含已实施审计程序的结果及其是否实现既定审计目标的审计结论，还应包括审计程序识别出的例外情况和重大事项如何得到解决的结论。注册会计师需要根据所实施的审计程序及获取的审计证据得出结论，并以此作为对财务报表发表审计意见的基础。在记录审计结论时，注册会计师需判断审计工作底稿中记录的审计程序和审计证据是否足以支持所得出的审计结论。目的在于记录注册会计师的专业判断，以支持审计意见。

（6）审计标识及其说明。标识，即审计符号，目的在于节约时间、提高效率和方便阅读。每张审计工作底稿上都要注明审计标识，并且前后保持一致。在审计实务中，"∧"表示纵向加总核对无误，"<"表示加总核对无误，"B"表示与上年结转数核对一致，"T"表示与原始凭证核对一致，"G"表示与总账核对一致，"S"表示与明细账核对一致，"T/B"表示与试算平衡表核对一致，"C"表示已发询证函询问。

（7）索引号及编号。审计工作底稿上注明索引号及编号的目的在于便于整理和查阅。相互引用时需在审计工作底稿中交叉注明索引号。

（8）编制者姓名及编制日期，即实施该项目审计程序并记录审计工作结果的注册会计师的姓名及编制该审计工作底稿的时间。目的在于明确责任，便于追查审计步骤和顺序。

（9）复核者姓名及复核日期，即负责检查注册会计师工作质量的人员实施复核后的签名及复核时间。如果是多级复核，则每级复核都应签名并注明复核日期。目的在于明确复核责任，便于查询。

（10）其他应说明的事项，即注册会计师根据审计工作需要，认为应当在审计工作底稿上予以记录的其他相关事项。目的在于揭示影响注册会计师专业判断的重大事项，提供更详细的补充信息。

表 5-3　审计工作底稿要素及功能表

序　　号	要素名称	目　　的
1	被审计单位名称	明确审计客体
2	审计项目名称	明确审计内容
3	审计项目时间或期间	明确审计范围
4	审计过程记录	记录注册会计师所实施审计程序的性质、范围及过程等内容
5	审计结论	记录注册会计师的专业判断，以支持审计意见
6	审计标识及其说明	节约时间、提高效率和方便阅读
7	索引号及编号	便于整理和查阅
8	编制者姓名及编制日期	明确责任，便于追查审计步骤和顺序
9	复核者姓名及复核日期	明确复核责任，便于查询
10	其他应说明的事项	揭示影响注册会计师专业判断的重大事项，提供更详细的补充信息

三、审计工作底稿的作用

审计工作底稿通常以纸质、电子或其他介质形式存在。在审计实务中，为了便于复核，注册会计师可以将以电子或其他介质形式存在的审计工作底稿通过打印等方式，转换成纸质形式的审计工作底稿，并与其他纸质形式的审计工作底稿一并归档（强调"纸质化"归档），同时单独保存以电子或其他介质形式存在的审计工作底稿（强调单独保存非"纸质化"底稿）。

审计工作底稿通常不包括已被取代的审计工作底稿的草稿或财务报表的草稿、反映不全面或初步思考的记录、因存在印刷错误或其他错误而作废的文本、重复的文件记录等。

在审计过程中，注册会计师需要大量地编制或取得审计工作底稿，因此审计工作底稿成为注册会计师审计业务中普遍的专业工具，促进审计工作向科学化、规范化方向发展。审计工作底稿在审计中的作用如下。

（一）审计工作底稿是连接全部审计工作的纽带

审计工作经常由多个注册会计师分工协作完成。审计工作在不同阶段有不同的测试程序和实现目标。审计工作底稿可以把不同人员的审计结果、不同阶段的审计结果有机地联系起来，使各项工作都围绕对财务报表发表意见这一总体目标来进行。

（二）审计工作底稿是形成审计结论、发表审计意见的依据

审计工作底稿是审计证据的载体，它不但记录了审计证据本身反映的内容，而且记录了注册会计师对审计证据的评价分析及得出的审计结论。这些审计证据和注册会计师的专业判断是形成审计结论、发表审计意见的依据。

（三）审计工作底稿是评价注册会计师审计责任、专业能力和工作业绩的依据

评价审计责任通常是评价注册会计师对审计报告所负的真实性和合法性责任。如果注册会计师严格依据审计准则进行审计，据实发表意见，并把这些情况记录于审计工作底稿上，则依据审计工作底稿进行评价有利于注册会计师解脱或减除审计责任。注册会计师专业能力的强弱、工作业绩的好坏表现在选择何种审计程序、有无科学的计划、专业判断是否恰当等方面。

（四）审计工作底稿为审计质量控制与审计质量检查提供了依据

审计质量控制通常是由会计师事务所为确保审计质量符合审计准则的要求而制定和运用的控制政策和程序，主要包括指导和监督注册会计师实施审计程序、编制审计工作底稿，并对审计工作底稿进行复核。换言之，审计工作底稿既可以作为审计质量控制的对象，又可以作为审计质量控制的依据。审计质量检查通常由注册会计师协会或其他有关单位组织进行，其核心工作是对审计工作底稿的规范程度进行检查。

（五）审计工作底稿具有参考价值

审计工作有很密切的联系性和连续性，因此前一年度的审计工作底稿经常可以作为后一个年度开展审计业务的参考、借鉴资料；另外，前任注册会计师的审计工作底稿也可以作为后任注册会计师开展审计业务的参考、备查资料。因此，审计准则不仅要求注册会计师要认真编制和复核审计工作底稿，还要求注册会计师必须妥善保管审计工作底稿，建立与保管有关的保密、调阅等管理制度。

四、审计工作底稿的编制要求

注册会计师应及时编制审计工作底稿。注册会计师编制的审计工作底稿应当使未曾接触该项审计工作的有经验的专业人士清楚地了解以下内容。

（1）按照审计准则和相关法律、法规的规定实施的审计程序的性质、时间和范围。

（2）实施审计程序的结果和获取的审计证据。

（3）审计中遇到的重大事项和得出的结论，以及在得出审计结论时做出的重大职业判断。

有经验的专业人士是指会计师事务所内部或外部的具有审计实务经验，并且对审计过程，审计准则和相关法律、法规的规定，被审计单位所处的经营环境，与被审计单位所处行业相关的会计和审计问题有合理了解的人士。

审计工作底稿不仅是形成审计结论的依据，还是评价注册会计师工作业绩、控制和监督审计质量的基础，因此编制审计工作底稿时应做到在内容上资料翔实、重点突出、繁简得当、结论明确，在形式上要素齐全、格式规范、标识一致、记录清晰。

五、审计工作底稿的分类

审计工作底稿按内容一般分为综合类工作底稿、业务类工作底稿和备查类工作底稿。

（一）综合类工作底稿

综合类工作底稿是指注册会计师在审计准备阶段和审计终结阶段，为规划、控制和总结整个审计工作并发表审计意见所形成的审计工作底稿。它主要包括审计业务约定书、审计计划、审计总结、未审会计报表、试算平衡表、审计差异调整汇总表、审计报告、管理建议书、被审计单位管理当局声明书及注册会计师对整个审计工作进行组织管理的所有记录和资料。

（二）业务类工作底稿

业务类工作底稿是指注册会计师在审计实施阶段为执行具体审计程序所形成的审计工作底稿，包括控制测试中形成的内部控制问题调查表和流程图，实质性测试中形成的项目明细表、资产盘点表或调节表、询证函、分析性测试表、计价测试记录、截止测试记录等。

（三）备查类工作底稿

备查类工作底稿是指注册会计师在审计过程中形成的、对审计工作仅具有备查作用的审计工作底稿，包括被审计单位的设立批准证书、营业执照、合营合同、协议、章程、组织机构及管理人员结构图、董事会会议纪要、重要经济合同、相关内部控制制度、验资报告的复印件或摘录等。备查类工作底稿随被审计单位有关情况的变化而不断更新，应详细列明目录清单，并将更新的文件资料随时归档。注册会计师在将上述资料归为备查类工作底稿的同时，还应根据需要，将其中与具体审计项目有关的内容复印、摘录、综合后归入业务类工作底稿的具体审计项目。通常，备查类工作底稿是由被审计单位或第三者根据实际情况提供或代为编制的，因此注册会计师应认真审核，并将所取得的有关文件、资料标明其具体来源。

六、审计工作底稿的整理与归档

（一）审计工作底稿整理与归档的性质

对审计工作底稿进行的分类整理和汇集归档构成了审计工作底稿整理工作的全部内容。审计工作底稿是会计师事务所的重要历史资料和宝贵财富，应妥善管理。

在出具审计报告前，注册会计师应完成所有必要的审计程序，取得充分、适当的审计证据并得出恰当的审计结论。在审计报告日后，将审计工作底稿归整为最终审计档案是一项事务性①工作，

---

① 事务性工作是指复印、装订、复核等服务性工作。

不涉及实施新的审计程序或得出新的结论。

事务性工作主要包括以下内容。

（1）删除或废弃被取代的审计工作底稿。

（2）对审计工作底稿进行分类、整理和交叉索引。

（3）在审计工作底稿整理与归档工作的完成核对表上签字。

（4）记录在审计报告日前获取的、与项目组相关成员进行讨论并达成一致意见的审计证据。

（二）审计工作底稿的保密与查阅

1. 审计工作底稿的保密

为了维护被审计单位及相关单位的利益，会计师事务所应对审计工作底稿中涉及的商业秘密保密，建立健全审计工作底稿保密制度。但下列需要查阅审计工作底稿的两种情况不属于泄密：法院、检察院及国家其他部门依法查阅，并按规定办理了必要手续；接受同业复核，以及注册会计师协会、监管机构依法进行的执业情况检查。

2. 审计工作底稿的查阅

在下列情况下，由于审计工作的需要，并经过委托人同意后，不同会计师事务所的注册会计师可以查阅审计工作底稿。

（1）被审计单位的后任会计师事务所。

（2）审计合并财务报表，母公司的注册会计师可以查阅子公司的注册会计师的审计工作底稿。

（3）联合审计时，注册会计师可以相互查阅审计工作底稿。

（4）会计师事务所认为合理的其他情况。

拥有审计工作底稿的会计师事务所在接受其他部门或单位依法查阅时，应给予协助，讲明查阅要求和限制。查阅人要求复印或外携审计工作底稿时，注册会计师应考虑审计工作底稿的内容、性质及影响。根据有关规定，由查阅人泄密造成的损失和影响，拥有审计工作底稿所有权的会计师事务所无须承担连带责任。

七、审计工作底稿的变动与保存期限

（一）需要变动审计工作底稿的情形

在完成最终审计档案的整理与归档工作后，注册会计师可能发现在某些情况下有必要修改现有审计工作底稿或增加新的审计工作底稿。注册会计师发现有必要修改现有审计工作底稿或增加新的审计工作底稿的情形主要有以下两种。

（1）注册会计师已实施了必要的审计程序，取得了充分、适当的审计证据并得出了恰当的审计结论，但审计工作底稿的记录不够充分。

（2）审计报告日后，出现例外情况，要求注册会计师实施新的审计程序或追加审计程序，或导致注册会计师得出新的结论。例外情况主要是指在审计报告日后发现与已审计财务信息相关，且在审计报告日已经存在的事实，该事实如果被注册会计师在审计报告日前获知，可能影响审计结论。例如，注册会计师在审计报告日后才获知法院在审计报告日前已对被审计单位的诉讼、索赔事项做出最终判决。例外情况可能在审计报告日前发现，也可能在审计报告日后发现，注册会计师应当根据审计准则的相关规定，对例外情况实施新的审计程序或追加审计程序。

（二）变动审计工作底稿的记录要求

在完成最终审计档案的归整工作后，如果发现有必要修改现有审计工作底稿或增加新的审计工作底稿，无论修改或增加的性质如何，注册会计师均应当记录下列事项。

（1）修改或增加审计工作底稿的理由。

（2）修改或增加审计工作底稿的时间和人员，以及复核的时间和人员。

（三）保存期限

审计工作底稿按照一定的标准归入审计档案后，应交由会计师事务所档案管理部门进行管理。会计师事务所应建立审计档案保管制度，以确保审计档案的安全、完整。永久性审计档案和当期审计档案的保管年限分别如下。

（1）永久性审计档案应长期保管。

（2）当期审计档案自审计报告日起至少保存 10 年。

（3）不再继续审计的被审计单位，其永久性审计档案的保管年限与最近一年当期审计档案的保管年限相同。

对于保管期限届满的审计档案，会计师事务所可以决定将其销毁。销毁时，应根据有关档案管理规定履行必要的手续。

任务解析

审计工作底稿按内容一般分为综合类工作底稿、业务类工作底稿和备查类工作底稿。其中，（3）（4）、（5）、（6）属于综合类工作底稿，（8）为业务类工作底稿，（1）、（2）、（7）为备查类工作底稿。

复习自测题

一、单选题

1．审计证据的相关性是指审计证据应当与（　　）相关。

  A．审计目标 B．总体目标 C．具体目标 D．最终目标

2．对当期审计档案，审计机构应当自审计报告签发之日起，至少保存（　　）年。

  A．5   B．8   C．10   D．15

3．函证是通过向有关单位发函了解情况取得证据的一种方法，这种方法一般用于（　　）的查证。

  A．无形资产 B．固定资产 C．往来款项 D．流动资产

4．将书面资料的有关数据进行互相对照检查，这种审计方法属于（　　）。

  A．审阅法 B．核对法 C．分析法 D．比较法

5．下列证据中，（　　）的证明力最弱。

  A．应收账款询证函回函   B．银行对账单

  C．销货发票   D．材料出库单

6. 备查类工作底稿包括（　　）。

    A．审计计划　　　　B．经济合同　　　C．协议章程　　　D．实质性测试记录

7. 一般情况下，盘点不能确定（　　）。

    A．有价证券的数量　　　　　　　　　B．库存现金的数量

    C．实物资产的数量　　　　　　　　　D．实物资产的价值

8. 注册会计师获取的被审计单位有关人员的口头答复所形成的书面记录属于（　　）。

    A．书面证据　　　B．口头证据　　　C．环境证据　　　D．实物证据

9. 注册会计师对存货盘点进行监督，取得盘点记录是证明实物的（　　）。

    A．外部证据　　　B．直接证据　　　C．间接证据　　　D．环境证据

10. 注册会计师通过监盘、观察等方法，可以获取（　　）。

    A．实物证据　　　B．书面证据　　　C．口头证据　　　D．环境证据

11. 属于内部证据的是（　　）。

    A．火车票　　　B．购货发票　　　C．询证函回函　　　D．材料出库单

12. （　　）是编制审计报告的基础。

    A．审计方法　　　B．审计计划　　　C．审计工作底稿　　D．管理建议书

13. 注册会计师获取的下列证据中（　　）的证明力最弱。

    A．被审计单位的客户寄发给会计师事务所的回函

    B．注册会计师自己编制的各种分析表

    C．由被审计单位保管的银行对账单

    D．管理当局的声明书

14. 有关审计证据可靠性的下列表述中，注册会计师认同的是（　　）。

    A．书面证据与实物证据相比是一种辅助证据，可靠性较弱

    B．内部证据在外部流转并获得其他单位承认后，具有较强的可靠性

    C．被审计单位管理当局声明书有助于审计结论的形成，具有较强的可靠性

    D．环境证据比口头证据重要，属于基本证据，可靠性较强

15. 在审计资产负债表存货项目是否正确时，（　　）的账户余额不应包括在存货项目内。

    A．低值易耗品　　B．生产成本　　　C．包装物　　　D．在建工程

16. 合理提出审计报告，达到审计目标的重要条件是要有充分、适当的（　　）。

    A．审计证据　　　B．审计资料　　　C．审计建议书　　D．审计约定书

17. 用作审计证据的事实凭据和资料必须与审计目标和应征事项之间有一定的逻辑关系，这称为审计证据的（　　）。

    A．客观性　　　　B．相关性　　　　C．合法性　　　D．经济性

18. 注册会计师在进行财务收支审计时，如果采用逆查法，一般是从（　　）开始审查。

    A．会计凭证　　　B．会计账簿　　　C．会计报表　　　D．会计资料

19. 审计档案按其使用期限的长短和作用大小可分为（　　）两类。

    A．综合性工作底稿和业务类工作底稿

    B．永久性审计档案和当期审计档案

    C．控制测试和实质性测试档案

    D．审计计划档案和审计实施档案

20．审计工作底稿的所有权属于（　　　）。

    A．被审计单位财务部

    B．被审计单位董事会

    C．执行该项目的会计师事务所

    D．负责该项目的项目经理

二、多选题

1．审计证据按照其外形特征可以分为（　　　）。

    A．实物证据　　　　B．书面证据　　　　C．口头证据　　　　D．环境证据

2．证实客观事物的方法包括（　　　）。

    A．盘存法　　　　　B．调节法　　　　　C．观察法　　　　　D．鉴定法

3．盘点方式有突击盘点和通知盘点，下列不适用突击盘点的有（　　　）。

    A．现金　　　　　　B．产成品　　　　　C．有价证券　　　　D．固定资产

4．签发审计报告前复核审计工作底稿，主要复核（　　　）。

    A．所采用的审计程序是否恰当

    B．所编制审计工作底稿的充分性

    C．审计过程中是否存在重大遗漏

    D．审计工作是否符合会计师事务所的质量要求

5．作为审计证据的会计记录有（　　　）。

    A．会计凭证　　　　B．银行对账单　　　C．工资汇总表　　　D．公司会议记录

6．下列项目中，可以作为审计证据的有（　　　）。

    A．原始凭证、记账凭证和会计账簿等会计记录

    B．被审计单位的会议记录

    C．内部控制手册

    D．注册会计师编制的各种计算表

7．审计证据是否有说服力，关键在于审计证据是否具备（　　　）两个特征。

    A．充分性　　　　　B．适当性　　　　　C．及时性　　　　　D．正确性

8．审计证据按相互关系可分为（　　　）。

    A．基本证据　　　　B．佐证证据　　　　C．矛盾证据　　　　D．直接证据

9．下列各项属于当期审计档案的是（　　　）。

    A．总体审计策略和具体审计计划

    B．预备会议纪要

    C．与治理层的沟通和报告

    D．审计工作完成核对表

10．下列各项中，应作为审计工作底稿的有（　　　）。

    A．问题备忘录　　　　　　　　　　B．财务报表草表

    C．有关重大事项的往来信件　　　　D．被审计单位文件记录的摘要或复印件

11．评价审计证据的适当性时，注册会计师一般应考虑审计证据的（　　　）。

    A．重要性　　　　　B．可靠性　　　　　C．相关性　　　　　D．及时性

12．以下审计证据中，属于外部证据的有（　　　　）。

    A．购货发票　　　　B．发货单　　　　C．生产领料单　　　D．银行存款询证函回函

13．关于审计工作底稿的说法中，以下正确的是（　　　　）。

    A．审计工作底稿是注册会计师对制订的审计计划、实施的审计程序、获取的相关审计证据，以及得出的审计结论做出的记录

    B．审计工作底稿是审计证据的载体

    C．审计工作底稿形成于审计全过程，也反映了整个审计过程

    D．审计工作底稿是与被审计单位沟通的唯一方法

14．当期审计档案是只供当期审计使用和下期审计参考的审计工作底稿，下列属于当期审计档案的有（　　　　）。

    A．现金盘点表　　　　　　　　　　B．法律性文件复印件

    C．应收账款询证函回函　　　　　　D．固定资产盘点清查表

三、判断题

1．审计工作底稿的保管，一般都属于永久性保管。（　　　　）

2．一般而言，内部证据不如外部证据可靠，但已经获得第三者确认的内部证据，则具有较强的可靠性。（　　　　）

3．审计证据的适当性是指审计证据的数量能足以证明注册会计师的审计意见，是注册会计师为形成审计意见所需审计证据的最低数量要求。（　　　　）

4．所谓审计工作底稿三级复核制度，就是审计机构制定的以主任会计师、部门经理和项目经理为复核人，对审计工作底稿进行逐级复核的一种复核制度。（　　　　）

5．为了证实审计结论，注册会计师收集的相关审计证据越多越好。（　　　　）

6．审计工作底稿的基本内容经常变动，只供当期审计使用和下期审计参考的资料，不列入审计档案。（　　　　）

7．注册会计师应当考虑获取审计证据的成本与所获取信息的可靠性之间的关系，但不应将获取审计证据的成本较高和难以实施作为省略必要审计程序的理由。（　　　　）

8．审计证据的充分性和适当性是两个相互独立的特征，彼此之间没有影响。（　　　　）

9．审计工作底稿是形成审计结论、发表审计意见的直接依据。（　　　　）

10．会计师事务所在任何情况下都不得对外泄露审计工作底稿中所涉及的商业秘密等有关内容。（　　　　）

项目六

风险评估和风险应对

知识目标

1. 掌握风险评估的程序。
2. 掌握识别和评估重大错报风险的程序和方法。
3. 理解内部控制的概念、要素。
4. 理解和掌握实质性测试。
5. 理解控制测试和实质性测试的关系。

技能目标

1. 能根据被审计单位的情况进行风险评估。
2. 能根据风险评估的结果确定进一步的审计程序。

引导案例

2018 年 12 月 29 日，中国证监会发布〔2018〕126 号行政处罚决定书，对瑞华会计师事务所（以下简称瑞华所）为成都华泽钴镍材料股份有限公司（以下简称华泽钴镍）2013 年、2014 年的财务报表出具含有虚假记载的审计报告行为依法做出了相应的行政处罚。

瑞华所为华泽钴镍 2013 年、2014 年的财务报表的审计机构，对上述两年的财务报表均出具了标准无保留审计意见的审计报告，但根据中国证监会的调查，华泽钴镍 2013 年、2014 年的财务报表存在虚假记载：为掩盖关联方长期占用资金的事实，华泽钴镍搜集票据复印件，将无效票据入账充当还款。华泽钴镍 2013 年应收票据的期末余额为 13.25 亿元，其中 13.19 亿元为无效票据。2014 年应收票据的期末余额为 13.63 亿元，其中 13.61 亿元为无效票据。

瑞华所在对华泽钴镍 2013 年、2014 年的财务报表审计过程中未勤勉尽责，体现在以下几点。

（1）未能实施有效程序对公司舞弊风险进行识别，未直接与公司治理层沟通关于治理层是否了解公司存在舞弊行为及治理层如何监督管理层对舞弊风险的识别和应对过程等。

瑞华所在 2013 年和 2014 年的财务报表审计过程中，未直接与公司治理层沟通关于治理层是否了解公司存在舞弊行为及治理层如何监督管理层对舞弊风险的识别和应对过程等，而是分别询问华泽钴镍财务总监郭某和发展部经理王某以履行这一询问程序。但郭某、王某并非公司治理层成员。因此，瑞华所未与治理层进行沟通，无法了解在此过程中治理层所发挥的作用，可能导致错误评估舞弊风险。

（2）未对应收票据余额在审计基准日前后激增又剧减的重大异常情况保持必要的职业怀疑，未能及时识别财务报告的重大错报风险。

华泽钴镍 2013 年应收票据期末余额占当年总资产的 38.84%，具有重大性。相应票据于当年 11 月、12 月集中背书转入，并于期后 2014 年 1 月、2 月集中背书转出，截至审计盘点日 2014 年 3 月 7 日，实存票据余额为零，具有异常性。华泽钴镍 2014 年应收票据期末余额占当年总资产的 32.43%，具有重大性。相应票据于当年 11 月、12 月集中背书转入，并于期后 2015 年 1 月、2 月、3 月集中背书转出，截至审计盘点日 2015 年 3 月 26 日，实存票据余额为零，具有异常性。重大异常情况与 2013 年高度一致。

瑞华所对华泽钴镍 2013 年、2014 年应收票据审计时，未对应收票据余额在审计基准日前后激增又剧减的重大异常情况保持必要的职业怀疑，未能及时识别财务报表的重大错报风险。

（3）未对询证函回函的异常情况保持应有的关注。

华泽钴镍 2013 年的审计工作底稿显示，瑞华所通过传真取得的 9 家不同单位的询证函回函上所记录的时间，最早为 2014 年 4 月 17 日下午 3:44，最晚为同日下午 3:49，中间间隔仅 5 分钟。针对询证函回函（均系传真件）时间高度集中的异常现象，会计师未给予应有的关注，未对回函的来源进行核验，所获取的审计证据可靠性低。

华泽钴镍 2014 年的审计工作底稿显示，瑞华所收到的 6 家单位的询证函回函中，有 4 家盖章为非"鲜章"，2 家为"鲜章"。但瑞华所并未对上述异常情况进行关注，也未设计和实施必要的审计程序予以核验，审计底稿中亦未见任何对此异常情况予以关注的说明及实施审计程序的任何证据资料。

（4）瑞华所实施的审计程序不足以获取充分适当的审计证据。

瑞华所通过期后盘点票据并倒轧计算票据期末余额。倒轧程序需依赖与应收票据相关的内部控制得到有效执行，瑞华所不恰当地依赖内部控制，对应收票据实施盘点和倒轧程序，所获取的审计证据可靠性低。

根据当事人违法行为的事实、性质、情节与社会危害程度，依据《中华人民共和国证券法》规定，证监会决定没收瑞华所业务收入 130 万元，并处以 390 万元的罚款；对签发审计报告的王某、刘某、张某给予警告，并分别处以 10 万元的罚款。

请思考：

1. 在本案例的风险评估中，注册会计师应发现哪些预警信号？什么程序能够帮助其发现这些预警信号？

2. 结合本案例，注册会计师在年度财务报表审计中应当从哪些方面了解被审计单位及其环境，才能不被报表的假象所蒙蔽？

在完成审计计划工作后，审计工作就可以转入实施阶段了。在当今审计风险日益增加的情况下，风险导向审计逐渐成为审计的主要模式。风险导向审计要求在审计实施阶段先要进行风险评估，要求注册会计师以重大错报风险的识别、评估和应对作为审计工作的主线，以提高审计的效率和效果。本章主要介绍如何识别、评估和应对重大错报风险，并最终将审计风险降至可接受的低水平。

任务一 风险评估

任务导入

大正会计师事务所委派注册会计师王华作为项目负责人，负责审计红星公司 2019 年的年度财务报表，在了解红星公司的内部控制时，注册会计师王华的相关观点和做法如下。

（1）王华确定的了解内部控制的目标：评价内部控制的设计，并确定其是否得到一贯执行。

（2）王华采用了询问、观察、检查等方法，并实施了穿行测试程序来了解红星公司的内部控制。

（3）王华在了解红星公司内部控制时，实施相应的审计程序后，得出了红星公司内部控制执行有效的结论。

（4）王华认为只要红星公司内部控制设计合理并且有效执行，就能为红星公司实现财务报表目标提供百分之百的保证。

具体任务

针对上述事项，逐项指出注册会计师王华的以上观点和做法是否恰当，如存在不当之处，简要说明理由。

理论认知

审计模式是审计导向的目标、范围和方法等要素的组合，它规定了审计应从何处着手、如何着手、何时着手等问题。审计模式的发展大致可以分为账项基础审计、制度基础审计、风险导向审计三个阶段。其中，账项基础审计以证账核对为中心，以防止和发现账目有无错误为目标，审计方法是对证账进行详细检查。制度基础审计主要以鉴证财务报表的合法性、公允性为目标，审计方法是在测试、评价内部控制制度的基础上进行抽样审计。在长期审计实践中，注册会计师意识到审计风险与企业经营风险是不可分割的，影响企业经营的风险也是影响审计的风险，有效的审计需要对企业所处的社会环境等进行深入的了解，逐步形成以企业经营风险评价为中心的风险导向审计。风险导向审计的目标是鉴证财务报表的合法性、公允性，要求注册会计师在评估财务报表重大错报风险的基础上，设计并执行有针对性的测试程序，合理发现重大错报，提高审计效率和效果。在风险导向审计模式下，审计程序包括风险评估和风险应对两大主要模块。

一、风险评估的作用

风险评估是指在风险事件发生之前或之后（但还没有结束），注册会计师对该事件给人们的生活、生命、财产等各个方面造成的影响和损失的可能性进行量化评估的工作，即风险评估就是量化测评某一事件或事物带来的影响或损失的可能程度。

《中国注册会计师审计准则第 1211 号——了解被审计单位及其环境并评估重大错报风险》作

为专门规范风险评估的准则，规定注册会计师应当了解被审计单位及其环境，以识别和评估财务报表重大错报风险，设计和实施进一步审计程序。

风险评估程序是必要程序，可以使注册会计师了解被审计单位及其环境，为注册会计师在许多关键环节做出职业判断提供了重要基础。

了解被审计单位及其环境的作用如下。

（1）确定和修正重要性水平。

（2）考虑会计政策的选择和运用是否恰当，以及财务报表的列报（包括披露，下同）是否适当。

（3）识别需要特别考虑的领域，包括关联方交易、管理层运用持续经营假设的合理性，或交易是否具有合理的商业目的等。

（4）确定在实施分析程序时所使用的预期值。

（5）设计和实施进一步审计程序，以将审计风险降至可接受的低水平。

（6）评价所获取审计证据的充分性和适当性。

了解被审计单位及其环境实际上是一个连续和动态地收集、更新与分析信息的过程，贯穿于整个审计过程的始终。注册会计师应当运用职业判断确定需要了解的被审计单位及其环境的程度，再进行接下来的审计风险评估程序。

评价对被审计单位及其环境了解的程度是否恰当，关键是看注册会计师对被审计单位及其环境的了解是否足以识别和评估财务报表重大错报风险。如果了解的被审计单位及其环境的信息足以识别和评估财务报表重大错报风险，设计和实施进一步审计程序，那么了解的程度就是恰当的。

二、风险评估的程序

注册会计师为了了解被审计单位及其环境而实施的程序称为风险评估程序。风险评估程序的目的是识别和评估财务报表重大错报风险。

（一）风险评估的基本程序

注册会计师通过实施下列风险评估程序，了解被审计单位及其环境。

1. 询问管理层和被审计单位内部其他人员

注册会计师可以考虑向管理层询问下列事项。

（1）管理层所关注的主要问题，如新的竞争对手、主要客户和供应商的流失、新的税收法规的实施及经营目标或战略的变化等。

（2）被审计单位最近的财务状况、经营成果和现金流量。

（3）可能影响财务报表的交易或事项，或者目前发生的重大会计处理问题，如重大的并购事宜等。

（4）被审计单位发生的其他重要变化，如所有权结构、组织结构的变化，以及内部控制的变化等。

除询问管理层外，被审计单位内部的其他人员也可能为注册会计师提供不同的信息，有助于识别重大错报风险。因此，注册会计师除询问管理层外，还应当考虑询问内部审计人员、采购人员、生产人员、销售人员等不同层级的员工，以获取对识别重大错报风险有用的信息。在确定向被审计单位的哪些人员进行询问及询问哪些问题时，注册会计师应当考虑何种信息有助于其识别和评估重大错报风险。

2. 分析程序

分析程序是指注册会计师通过研究不同财务数据之间及财务数据与非财务数据之间的内在关系，对财务信息做出评价。分析程序还包括调查识别出的、与其他相关信息不一致或与预期数据严重偏离的波动和关系。

分析程序既可用于风险评估程序和实质性测试，又可用于对财务报表的总体复核。

注册会计师实施分析程序有助于识别异常的交易或事项，以及对财务报表和审计产生影响的金额、比率和趋势。

在实施分析程序时，注册会计师应当预计可能存在的合理关系，并与被审计单位记录的金额、依据记录金额计算的比率和趋势相比较；如果发现异常或未预计到的关系，注册会计师应当在识别重大错报风险时考虑这些比较结果。

如果使用了高度汇总的数据，实施分析程序的结果仅可能初步显示财务报表存在重大错报风险，注册会计师应当将分析结果连同识别重大错报风险时获取的其他信息一并考虑。例如，被审计单位存在很多产品系列，各个产品系列的毛利率存在一定差异。对总体毛利率实施分析程序的结果可能仅初步显示销售成本存在重大错报风险，注册会计师需要实施更为详细的分析程序，对每一产品系列进行毛利率分析，或者将总体毛利率分析的结果连同其他信息一并考虑。

3. 观察和检查程序

观察和检查程序可以印证注册会计师对管理层和其他相关人员的询问结果，并可提供有关被审计单位及其环境的信息，注册会计师应当实施下列观察和检查程序。

（1）观察被审计单位的生产经营活动。例如，观察被审计单位人员正在从事的生产活动和内部控制活动，可以加强注册会计师对被审计单位人员如何进行生产经营活动及实施内部控制的了解程度。

（2）检查文件、记录和内部控制手册。例如，检查被审计单位的章程，与其他单位签订的合同、协议，各业务流程操作指引和内部控制手册等，了解被审计单位组织结构和内部控制制度的建立健全情况。

（3）阅读由管理层和治理层编制的报告。例如，阅读被审计单位年度和中期财务报表，股东大会、董事会会议、高级管理层会议的会议记录或纪要，管理层的讨论和分析资料，经营计划和战略，对重要经营环节和外部因素的评价，被审计单位内部管理报告及其他特殊报告（如新投资项目的可行性分析报告）等，了解自上期审计结束至本期审计期间被审计单位发生的重大事项。

（4）实地察看被审计单位的生产经营场所和设备。通过现场访问和实地察看被审计单位的生产经营场所和设备，注册会计师可以了解被审计单位的性质及其经营活动。在实地察看被审计单位的厂房和办公场所的过程中，注册会计师有机会与被审计单位的管理层和担任不同职责的员工进行交流，加强对被审计单位的经营活动及其重大影响因素的了解。

（5）穿行测试。穿行测试是指通过追踪某笔或某几笔交易在业务流程中如何生成、记录、处理和报告，以及相关内部控制如何执行，注册会计师可以确定被审计单位的交易流程和相关控制与之前通过其他程序所获得的了解是否一致，并确定相关控制是否得到执行，从而评估重大错报风险。

根据《中国注册会计师审计准则第 1301 号——审计证据》，注册会计师实施风险评估程序获取的信息是审计证据的一个组成部分。

（二）其他审计程序和信息

1. 其他审计程序

除采用上述程序从被审计单位内部获取信息以外，注册会计师还应当实施其他审计程序以获取信息。例如，询问被审计单位聘请的外部法律顾问、专业评估师、投资顾问和财务顾问等。

阅读外部信息也可能有助于注册会计师了解被审计单位及其环境。外部信息包括证券分析师、银行、评级机构出具的有关被审计单位及其所处行业的经济或市场环境等状况的报告，贸易与经济方面的期刊，法规或金融出版物，以及政府部门或民间组织发布的行业报告和统计数据等。

2. 其他信息

注册会计师应当考虑在承接客户或续约过程中获取的信息，以及向被审计单位提供其他服务所获得的经验是否有助于识别重大错报风险。通常，对新的审计业务，注册会计师应在业务承接阶段对被审计单位及其环境有一个初步的了解，以确定是否承接该业务。而对连续审计业务，也应在每年的续约过程中对上年的审计进行总体评价，并更新对被审计单位的了解和风险评估结果，以确定是否续约。注册会计师还应当考虑向被审计单位提供其他服务（如执行中期财务报表审阅业务）所获得的经验是否有助于识别重大错报风险。

对于连续审计业务，如果拟利用在以前期间获取的信息，注册会计师应当确定被审计单位及其环境是否已发生变化，以及该变化是否可能影响以前期间获取的信息在本期审计中的相关性。例如，通过以前期间审计获取的有关被审计单位组织结构、生产经营活动和内部控制的审计证据，以及有关以往的错报和错报是否得到及时更正的信息，可以帮助注册会计师评估本期财务报表的重大错报风险。但值得注意的是，被审计单位及其环境的变化可能导致此类信息在本期审计中已不具有相关性。例如，注册会计师在以前期间已经了解了内部控制的设计和执行情况，但被审计单位及其环境可能在本期发生变化，导致内部控制也发生相应变化。在这种情况下，注册会计师需要实施询问和其他适当的审计程序（如穿行测试），以确定该变化是否可能影响此类信息在本期审计中的相关性。

需要说明的是，注册会计师在了解被审计单位及其环境时，无须在每个方面都实施以上所有的风险评估程序。例如，在了解内部控制时通常不用分析程序。但是，在对被审计单位及其环境获取了解的整个过程中，注册会计师通常会实施上述所有的风险评估程序。

（三）项目组内部的讨论

项目组内部的讨论在所有业务阶段都是非常重要的，可以保证所有事项得到恰当的考虑。项目组内部的讨论为项目组成员提供了交流信息和分享见解的机会。会计师事务所通常安排有较多经验的审计人员（如项目合伙人）或拥有信息技术或其他特殊技能的专家参与讨论。项目组应当讨论被审计单位面临的经营风险、财务报表容易发生错报的领域及发生错报的方式，特别是由舞弊导致重大错报的可能性。

三、了解被审计单位及其环境

注册会计师应当从下列方面了解被审计单位及其环境。

（一）了解行业状况、法律环境与监管环境及其他外部因素

1. 行业状况

了解行业状况有助于注册会计师识别与被审计单位所处行业有关的重大错报风险。注册会计师应当了解被审计单位的行业状况，主要包括以下内容。

（1）所处行业的市场供求与竞争。

（2）生产经营的季节性和周期性。

（3）产品生产技术的变化。

（4）能源供应与成本。

（5）行业的关键指标和统计数据。

2. 法律环境与监管环境

注册会计师应当了解被审计单位所处的法律环境与监管环境，主要包括以下内容。

（1）适用的会计准则、会计制度和行业特定惯例。

（2）对经营活动产生重大影响的法律、法规。

（3）对开展业务产生重大影响的政府政策，包括货币、财政、税收和贸易等政策。

（4）与被审计单位所处行业和所从事经营活动相关的环保要求。

3. 其他外部因素

注册会计师应当了解影响被审计单位经营的其他因素，如利率和资金供求状况、通货膨胀水平及币值变动、国际经济环境和汇率变动等。

（二）了解被审计单位的性质

1. 所有权结构

对被审计单位所有权结构的了解有助于注册会计师识别关联方关系，并了解被审计单位的决策过程。注册会计师应当了解被审计单位的所有权结构及所有者与其他人员或单位之间的关系，考虑关联方关系是否已经得到识别，以及关联方交易是否得到恰当核算。

注册会计师应当了解被审计单位识别关联方的程序，获取被审计单位提供的所有关联方信息，并考虑关联方关系是否已经得到识别，关联方交易是否得到恰当记录和充分披露。同时，注册会计师可能需要对被审计单位的控股母公司（股东）的情况进行进一步的了解，控股母公司的所有权性质、管理风格及其对被审计单位经营活动和财务报表可能产生的影响。

注册会计师应当了解控股母公司与被审计单位在资产、业务、人员、机构、财务等方面是否分开，是否存在占用资金等情况，以及控股母公司是否施加压力，要求被审计单位达到其设定的财务业绩目标。

2. 治理结构

公司治理结构是指为公司权力机关的设置、运行及权力机关之间的法权关系。根据国际惯例，规模较大的公司，其内部治理结构通常由股东会、董事会、经理层和监事会组成，它们依据法律赋予的权利、责任、利益相互分工，并相互制衡。良好的治理结构可以对被审计单位的经营和财务运作实施有效的监督，从而降低财务报表发生重大错报的风险。

注册会计师应当了解被审计单位的治理结构。例如，董事会成员的构成情况，董事会内部是

否有独立董事，是否设有审计委员会等。注册会计师还应考虑治理层是否能够在独立于管理层的情况下对被审计单位事务（包括财务报表）做出客观判断。

3. 组织结构

组织结构是指对于工作任务被审计单位如何进行分工、分组和协调合作。复杂的组织结构可能导致某些特定的重大错报风险。注册会计师应当了解被审计单位的组织结构，考虑复杂的组织结构可能导致的重大错报风险，包括财务报表合并、商誉摊销和减值、长期股权投资核算及特殊目的的实体核算等问题。

4. 经营活动

经营活动是指企业投资活动和筹资活动以外的所有交易或事项，如销售商品、提供劳务、经营性租赁、购买商品、接受劳务、广告宣传、缴纳税款等。了解被审计单位的经营活动有助于注册会计师识别预期在财务报表中反映的主要交易类别、重要账户余额和列报。注册会计师应当了解被审计单位的经营活动，主要包括主营业务的性质、与生产产品或提供劳务相关的市场信息、业务的开展情况、联盟与外包情况、从事电子商务的情况、生产设施和仓库的地理位置及办公地点、关键客户、重要供应商、研发活动及其支出等。

5. 投资活动

了解被审计单位的投资活动有助于注册会计师关注被审计单位在经营策略和方向上的重大变化。注册会计师应当了解被审计单位的投资活动，主要包括近期拟实施或已实施的并购活动与资产处置情况（包括业务重组或某些业务的终止）、证券投资、委托贷款的发生与处置、资本性投资活动（包括固定资产和无形资产投资、近期或计划发生的变动，以及重大的资本承诺等）和不纳入合并范围的投资（如联营、合营或其他投资）等。注册会计师应当了解并购活动如何与被审计单位目前的经营业务相协调，并考虑它们是否会引发进一步的经营风险。

6. 筹资活动

了解被审计单位的筹资活动有助于注册会计师评估被审计单位在融资方面的压力，并进一步考虑被审计单位在可预见未来的持续经营能力。

注册会计师应当了解被审计单位的筹资活动，主要包括债务结构和相关条款（如是否存在违反借款合同中限制性条款的情况）、固定资产的租赁、关联方融资（如关联方融资的特殊条款）、实际受益股东（实际受益股东是国内的、还是国外的，其商业声誉和经验可能对被审计单位产生的影响）、衍生金融工具的运用等。

（三）了解被审计单位对会计政策的选择和运用

1. 重要项目的会计政策和行业惯例

重要项目的会计政策包括收入确认方法，存货的计价方法，投资的核算方法，固定资产的折旧方法，坏账准备、存货跌价准备和其他资产减值准备的确定方法，借款费用资本化方法，合并财务报表的编制方法等。除会计政策以外，某些行业可能还存在一些行业惯例，注册会计师应当熟悉这些行业惯例。当被审计单位采用与行业惯例不同的会计处理方法时，注册会计师应当了解其原因，并考虑采用与行业惯例不同的会计处理方法是否适当。

2. 重大的异常交易的会计处理方法

重大的异常交易的会计处理方法包括本期发生的企业合并的会计处理方法或某些企业可能存在与其所处行业相关的重大交易的会计处理方法。例如，企业合并、证券公司对外投资、医药企业的研究与开发活动的会计处理方法等。

3. 在新领域和缺乏权威性标准或共识的领域，采用重要会计政策产生的影响

在缺乏权威性标准或共识的领域，如对于互联网的收入确认问题，注册会计师应当关注被审计单位选用了哪些会计政策，为什么选用这些会计政策以及选用这些会计政策产生的影响。

4. 会计政策的变更

如果被审计单位变更了重要的会计政策，注册会计师应当考虑会计政策变更的原因及其适当性，即考虑会计政策的变更是否符合法律、法规或者适用的会计准则和相关会计制度的规定，变更后的会计政策能否提供更可靠、更相关的会计信息。

除上述与会计政策的选择和运用相关的事项外，注册会计师还应对被审计单位下列与会计政策运用相关的情况予以关注：是否采用激进的会计政策、方法、估计和判断；财会人员是否拥有足够的运用会计准则的知识、经验和能力；是否拥有足够的资源支持会计政策的运用，如人力资源及培训、信息技术的采用、数据和信息的采集等。注册会计师还应当关注会计政策的变更是否得到恰当披露。

5. 被审计单位何时采用及如何采用新颁布的会计准则和相关会计制度

例如，当新的会计准则施行时，注册会计师应考虑被审计单位是否已按照新的会计准则的要求，做好衔接调整工作，并收集执行新会计准则需要的信息资料。注册会计师应当考虑被审计单位是否按照适用的会计准则和相关会计制度的规定恰当地进行了列报，并披露了重要事项。

（四）了解被审计单位的目标、战略及经营风险

1. 目标、战略与经营风险的含义

目标是指企业经营活动的指针。企业管理层一般会根据企业经营面临的外部环境和内部因素，制定合理可行的经营目标。

战略是指管理层为实现经营目标采用的方法。为了实现某一既定的经营目标，企业可能有多个可行战略。

经营风险是指可能对企业实现目标和实施战略的能力产生不利影响的重要状况、事项、情况、作为（或不作为）而导致的风险，或由于制定不恰当的目标和战略而导致的风险。不同企业可能面临不同的经营风险，这取决于企业经营的性质、所处行业、外部监管环境、企业的规模和复杂程度，管理层有责任识别和应对这些风险。

2. 考虑经营风险

不能随环境变化而做出相应的调整固然可能产生经营风险，但是调整的过程也可能产生经营风险。注册会计师应了解被审计单位是否存在与下列方面有关的目标和战略，并考虑相应的经营风险：行业发展，开发新产品或提供新服务，业务扩张，新的会计要求、监管要求，本期及未来的融资条件，信息技术的运用，实施战略的影响，特别是由此产生的需要运用新的会计要求的影响。

3. 经营风险对重大错报风险的影响

多数经营风险最终会产生财务后果，从而影响财务报表，但并非所有经营风险都会导致重大错报风险。经营风险可能对财务报表层次或认定层次的重大错报风险产生直接影响。注册会计师应当根据被审计单位的具体情况考虑经营风险是否可能导致财务报表发生重大错报。

（五）了解被审计单位财务业绩的衡量和评价

被审计单位内部或外部对财务业绩的衡量和评价可能对管理层造成压力，促使其改善财务业绩或歪曲财务报表。注册会计师应当了解被审计单位财务业绩的衡量和评价情况，考虑这种压力是否可能导致管理层采取行动，进而增加财务报表发生重大错报的风险。

在了解被审计单位财务业绩的衡量和评价情况时，注册会计师应当关注下列信息：关键业绩指标（包括财务和非财务的）；业绩趋势；预测、预算和差异分析；管理层和员工业绩考核与激励性报酬政策；不同层次部门的业绩报告；与竞争对手的业绩比较；外部机构提出的报告，如分析师的报告和信用评级机构的报告。

（六）了解被审计单位的内部控制

注册会计师审计的目标是对财务报表是否存在重大错报发表审计意见。被审计单位内部控制的目标之一是合理保证财务报表的可靠性，即内部控制为合理保证财务报表不存在重大错报提供了基础。

为了识别潜在错报的类型、考虑导致重大错报风险的因素，以及设计和实施进一步审计程序的性质、时间和范围，提高审计的效率和效果，审计准则要求注册会计师应当了解被审计单位与审计相关的内部控制。

1. 内部控制的概念

内部控制是指被审计单位为了合理保证财务报表的可靠性、经营的效率和效果，以及对法律、法规的遵守，由治理层、管理层和其他人员设计与执行的政策及程序，具体可以从以下几方面理解。

（1）内部控制的目标是合理保证财务报表的可靠性，这一目标与管理层履行财务报表编制的责任密切相关；经营的效率和效果，即经济有效地使用企业资源，以最优方式实现企业的目标；对法律、法规的遵守，即在法律、法规的框架下从事经营活动。

（2）设计与执行内部控制的主体是治理层、管理层和其他人员，组织中的每个人都对内部控制负有责任。

（3）实现内部控制目标的手段是设计与执行控制政策及程序。

2. 与审计相关的控制

内部控制的目标旨在合理保证财务报表的可靠性、经营的效率和效果及对法律、法规的遵守。注册会计师的审计目标是对财务报表是否不存在重大错报发表意见，尽管要求注册会计师在财务报表审计中考虑与审计相关的内部控制，但目的并不是对被审计单位内部控制的有效性发表意见。因此，注册会计师需要了解和评价的内部控制只是与财务报表审计相关的内部控制，并非被审计单位所有的内部控制。

3. 内部控制五要素

（1）控制环境。

控制环境包括治理职能和管理职能，以及治理层和管理层对内部控制及其重要性的态度、认识和措施。控制环境设定了被审计单位的内部控制基调，决定了员工对内部控制的认识和态度。良好的控制环境是实施有效内部控制的基础。因此，财务报表层次的重大错报风险通常源于薄弱的控制环境。在评价控制环境的设计和实施情况时，注册会计师应当了解管理层在治理层的监督下，是否保持了诚实守信和合乎道德的文化，以及是否建立了防止和发现并纠正舞弊和错误的恰当控制制度。实际上，在审计业务承接阶段，注册会计师就需要对被审计单位的控制环境做出初步了解和评价。

控制环境的因素具体如下：诚信的原则和道德价值观的沟通与落实、对胜任能力的重视、治理层的参与程度、管理层的理念和经营风格、组织结构设置及权责分配、人力资源政策等。

注册会计师应当对控制环境的构成要素有足够的了解，并考虑内部控制的实质及综合效果，以了解管理层和治理层对内部控制及其重要性的态度、认识，以及所采取的措施。

（2）风险评估。

每个企业都面临来自企业内部和外部的不同风险，这些风险都必须加以评估。风险评估是指分析和辨认实现所定目标可能发生的风险。风险评估的作用是识别、评估和管理影响被审计单位实现经营目标的各种风险，评估风险的重大性和发生的可能性，以及采取措施应对这些风险。

在评价被审计单位风险评估过程的设计和执行时，注册会计师应当确定管理层如何识别与财务报表相关的经营风险、如何估计该风险的重要性、如何评估风险发生的可能性，以及如何采取措施应对这些风险。如果被审计单位的风险评估过程符合其具体情况，了解被审计单位的风险评估过程和结果有助于注册会计师识别财务报表层次的重大错报风险。

（3）信息与沟通。

与财务报表相关的信息包括用以生成、记录、处理和报告交易、事项和情况，对相关资产、负债和所有者权益履行经营管理责任的程序和记录。与财务报表相关的信息系统应当与业务流程相适应。与财务报表相关的信息系统通常包括下列职能：识别与记录所有的有效交易；及时、详细地描述交易，以便在财务报表中对交易做出恰当分类；恰当计量交易，以便在财务报表中对交易的金额进行准确记录；恰当确定交易生成的会计期间；在财务报表中恰当列报交易。

与财务报表相关的沟通包括使员工了解各自在与财务报表有关的内部控制方面的角色和职责、员工之间的工作联系，以及向适当级别的管理层报告例外事项的方式。

企业在其经营过程中，需按某种形式辨识、取得确切的信息，并进行沟通，以使员工能够履行其责任。信息系统不仅处理企业内部所产生的信息，同时也处理与外部的事项、活动及环境等有关的信息。企业所有员工必须从最高管理阶层清楚地获取承担的具体责任的信息，而且必须有向上级部门沟通重要信息的方法，并与外界顾客、供应商、政府主管机关和股东等进行有效的沟通。注册会计师应当了解被审计单位内部如何就与财务报表相关的重大事项进行沟通。

（4）控制活动。

控制活动是指有助于确保管理层的指令得以执行的政策和程序，包括与授权、业绩评价、信息处理、实物控制和职责分离等相关的活动。

① 授权。注册会计师应当了解与授权有关的控制活动，包括一般授权和特别授权。

授权的目的是保证交易在管理层授权的范围内进行。一般授权是指管理层制定的要求组织内部遵守的普遍适用于某类交易或事项的政策。特别授权是指管理层针对特定类别的交易或事项逐一设置的授权，如重大资本支出和股票发行等。特别授权也可用于超过一般授权限制的常规交易。例如，因某些特别原因，同意某个不符合一般信用条件的客户赊购商品。

② 业绩评价。注册会计师应当了解与业绩评价有关的控制活动，主要包括被审计单位分析评价实际业绩与预算（或预测、前期业绩）的差异，综合分析财务数据与经营数据的内在关系，将内部数据与外部信息相比较，评价职能部门、分支机构或项目活动的业绩，以及对发现的异常差异或关系采取必要的调查与纠正措施。

③ 信息处理。与信息处理有关的控制活动包括信息技术的一般控制和应用控制。被审计单位通常执行各种措施，检查各种类型信息处理的准确性、完整性和授权。信息处理控制可以是人工的、自动化的，也可以是基于自动流程的人工控制。

④ 实物控制。实物控制主要包括对资产和记录采取适当的安全保护措施，对计算机程序和数据文件设置授权，以及定期盘点并将盘点记录与会计记录相核对。例如，现金、有价证券和存货的定期盘点控制。实物控制的效果能影响资产的安全，从而对财务报表的可靠性及审计结果产生影响。

⑤ 职责分离。职责分离主要包括被审计单位如何将交易授权、交易记录及资产保管等职责分配给不同员工，以防范同一员工在履行多项职责时可能发生的错误或舞弊行为。当被审计单位运用信息技术时，职责分离可以通过设置安全控制来实现。

（5）对控制的监督。

对控制的监督是指被审计单位评价内部控制在一段时间内运行有效性的过程，该过程包括及时评价控制的设计和运行，以及根据情况的变化采取必要的纠正措施。例如，管理层对是否定期编制银行存款余额调节表进行监督。监督对控制的持续有效运行十分重要。例如，如果没有对银行存款余额调节表是否得到及时和准确的编制进行监督，该项控制可能无法得到持续有效的运行。

管理层通过持续的监督活动、专门的评价活动或两者相结合实现对控制的监督。持续的监督活动通常贯穿于日常重复的活动中，包括常规的管理和监督活动。例如，管理层在进行日常管理活动时进行内部控制，当业务报告与他们获取的信息有较大差异时，他们会对有重大差异的业务报告提出疑问，并进行必要的追踪调查和处理。

管理层可能授权内部审计人员或具有类似职能的人员对内部控制的设计和执行进行专门的评价，以找出内部控制的优点和不足，并提出改进建议。

内部控制五要素的关系图如图 6-1 所示。

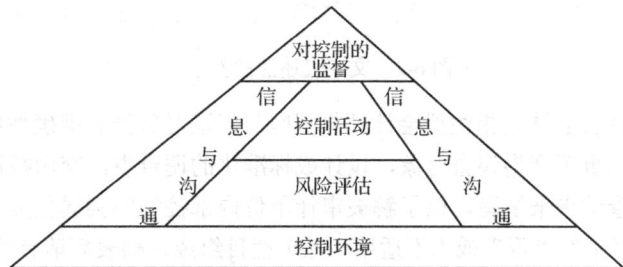

图 6-1　内部控制五要素的关系图

4. 了解内部控制的程序

注册会计师通常实施下列风险评估程序，以获取有关内部控制设计和执行的审计证据：①询问被审计单位人员；②观察特定内部控制的执行；③检查文件和报告；④追踪交易在财务报表信息系统中的处理过程（穿行测试）。了解内部控制的目的是评价内部控制的设计并确认内部控制是否正在执行，不涉及对财务信息的评价。

5. 记录对内部控制的了解

注册会计师可以采用文字表述法、调查表法、流程图法等记录对被审计单位内部控制的健全与否和执行情况的了解和评价，并形成审计工作底稿。

（1）文字表述法。文字表述法是指注册会计师通过询问有关人员、查阅有关内部控制文件，将被审计单位内部控制的健全与否和执行情况用文字叙述的一种方法。文字表述法一般按业务循环，分别写明各个职务所完成的各种工作、办理业务时的各种手续等。

这种方法的优点是比较灵活，能够对调查对象进行比较深入和具体的描述，不受任何限制。缺点是描述内容不够直观，不便于抓住重点，不便于清楚地表达复杂业务的内部控制。文字表述法一般适用于内部控制较简单和较易描述的小型企业。图 6-2 是用文字表述法描述企业产成品收发环节内部控制制度的例子。

企业产成品收发环节内部控制制度

产成品仓库由王明亮师傅负责管理。产成品入库时，仓库会同质量检验处根据生产车间入库单上的数量、等级验收产成品，并由仓库填写产成品验收入库单。验收入库单一式三联：第一联由仓库留存用于登记产成品卡片；第二联交销售处登记产成品明细账；第三联连同生产车间的入库单交会计登记总账。各销售产成品部门均由专人负责签发出库单。产成品发出时，由销售部门填制出库单，凭一式三联的出库单向仓库要求发出产成品。仓库在发出产成品后，将第一联出库单留存用于登记产成品卡片，第二联交销售处登记产成品明细账，第三联交会计登记产成品总账和明细账。

产成品的收发采用永续盘存制记录，按计划成本计价。

销售处每月编制产成品收发存月报，并报送会计处。登记产成品明细账的会计人员王红根据销售处送来的收发存月报，与产成品明细账进行核对，并编制产成品收发汇总表。黄明同志根据产成品明细账登记总账，并据以结转产成品销售成本。发出和库存产成品的成本差异按月进行调整。

评价：产成品收发的内部控制系统不够健全。出库单的传递不尽合理：据以登记产成品总账和明细账的都是出库单第三联，无法起到总账对明细账的驾驭作用；产成品总账和明细账都是由黄明同志登记的，不相容职务未进行分离。

以上两点，说明产成品收发的内部控制系统存在着明显的弱点。

审计员：张文迪

2019 年 3 月 12 日

图 6-2　文字表述法的例子

（2）调查表法。调查表法是指注册会计师将那些与保证财务报表准确性和可靠性，确保资产安全、完整有关的控制事项列为调查对象，设计成标准化的调查表，交由被审计单位有关人员或由注册会计师根据调查结果来填写，以了解被审计单位内部控制的强弱程度。调查表一般采用问答式，回答基本上由"是"、"否"或"不适用"三个栏目组成，列表后请有关人员打"√"，以显示某项控制措施是否存在及其强弱程度。库存现金内部控制调查表如表 6-1 所示。

表 6-1　库存现金内部控制调查表

被审计单位名称：　　　　　　　　　索引号：　　　　　　页次：

项目名称：　　　　　　　　　　　　编制人：　　　　日期：　年　月　日

被审计期间：　　　　　　　　　　　复核人：　　　　日期：　年　月　日

问　　题	是	否	不　适　用	备　　注
出纳与会计岗位是否分离				
现金收支是否有合法凭证				
全部收入是否及时入账				
支出是否都有合法手续				
收入的现金是否当日及时送存银行				
现金收支是否日清月结，账实是否每日核对				
出纳收取现金后是否随即编制记账凭证				
是否有以白条冲抵现金的现象				
是否有现金坐支现象				

调查表法的优点是简便易行，调查范围明确，省时省力，可操作性强，"否"栏能引起重视。缺点是格式固定，缺乏弹性，反映问题不全面，对不同行业、不同规模的被审计单位可能出现"不适用"的情形；此外，调查人员机械地照表提问，往往会使被调查人员漫不经心，易流于形式，失去调查表的意义。

（3）流程图法。流程图法是指用特定的符号和图形来描述某项业务的整个处理过程，将会计凭证和会计记录的产生、传递、检查、保存及其相互关系，用图解的形式直观地表示出来的方法。

流程图法的优点是能从整体的角度，以简明的形式描述内部控制的实际情况，便于较快地检查出内部控制的薄弱环节，也便于评审与修改。缺点是编制流程图需要具备较为娴熟的技术和较为丰富的工作经验，费时费力；而且，流程图法不能将内部控制中的控制弱点明显地标示出来，因此往往需要与调查表法、文字表述法相结合。内部控制流程图示例如图 6-3 所示。

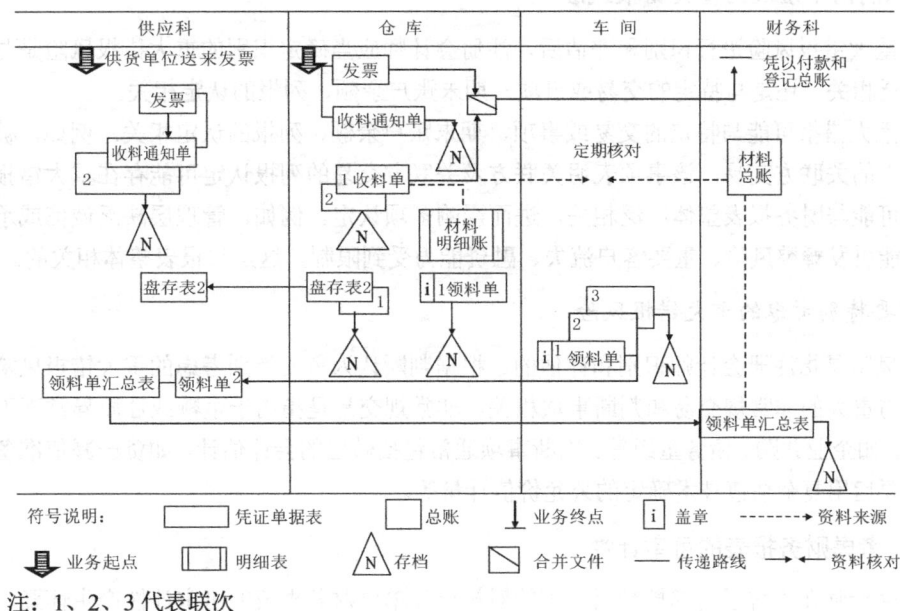

注：1、2、3 代表联次

图 6-3　内部控制流程图

这三种方法并不相互排斥，而是相互依赖和相互补充的。在描述某一单位的内部控制时，可在不同环节使用不同的方法，也可以同时使用两种或三种方法。三者结合使用，比只采用一种方法的效果更好。

四、识别和评估重大错报风险

识别和评估重大错报风险是风险评估的最后一个步骤。注册会计师应当识别和评估两个层次的重大错报风险，为设计和实施进一步审计程序提供基础。两个层次的重大错报风险包括财务报表层次的重大错报风险及认定层次的重大错报风险。

（一）评估财务报表层次和认定层次的重大错报风险

1. 识别和评估重大错报风险的审计程序

在识别和评估重大错报风险时，注册会计师应当实施以下审计程序。

（1）在了解被审计单位及其环境的整个过程中，结合对财务报表中各类交易或事项、期末账户余额和列报的考虑，以识别重大错报风险。例如，被审计单位因相关环境法规的实施需要更新设备，可能面临原有设备闲置或贬值的风险；竞争者开发的新产品上市，可能导致被审计单位的主要产品在短期内过时，将出现存货跌价和长期资产减值的风险。

（2）结合对拟测试相关控制的考虑，将识别出的风险与认定层次可能发生错报的领域相联系。例如，销售困难使产品的市场价格下降，可能导致年末存货成本高于其可变现净值，进而需要计提存货跌价准备，这显示出存货的计价认定可能发生错报。

（3）评估识别出的风险，并评价其是否更广泛地与财务报表整体相关，进而潜在地影响多项认定。

（4）考虑发生错报的可能性，以及潜在错报的重大程度是否足以导致重大错报。

2. 识别两个层次的重大错报风险

在对重大错报风险进行识别和评估后，注册会计师应当确定识别的重大错报风险是与财务报表整体广泛相关，还是与特定的交易或事项、期末账户余额、列报的认定相关。

某些重大错报可能与特定的交易或事项、期末账户余额、列报的认定相关。例如，被审计单位存在重大的关联方交易，该事项表明关联方及关联方交易的列报认定可能存在重大错报。某些重大错报可能与财务报表整体广泛相关，进而影响多项认定。例如，管理层缺乏诚信或承受异常的压力可能引发舞弊风险、重要客户流失、融资能力受到限制，这是与报表整体相关的。

3 需要特别考虑的重大错报风险

特别风险是指注册会计师识别和评估的、根据判断认为需要特别考虑的重大错报风险。特别风险通常与重大的非常规交易和判断事项相关。非常规交易是指由于金额或性质异常而不经常发生的交易，如企业并购、债务重组等。判断事项通常包括做出的会计估计，如资产减值准备金额的估计、需要运用复杂估值技术确定的公允价值计量等。

（二）考虑财务报表的可审计性

注册会计师在了解了内部控制后，可能对被审计单位财务报表的可审计性产生怀疑。如果通过对内部控制的了解发现下列情况，并对财务报表局部或整体的可审计性产生疑问，注册会计师应当考虑出具保留意见或无法表示意见的审计报告：被审计单位会计记录的状况和可靠性存在重大问题，不能获取充分、适当的审计证据以发表无保留意见；对管理层的诚信存在严重疑虑。必要时，注册会计师应当考虑解除业务约定。

五、仅通过实质性测试无法应对的重大错报风险

如果认为仅通过实质性测试获取的审计证据无法将认定层次的重大错报风险降至可接受的低水平，则注册会计师应当评价被审计单位针对这些风险设计的内部控制，并确定其执行情况。

在被审计单位对日常交易采用自动化信息系统处理的情况下，审计证据可能仅以电子形式存在，其充分性和适当性通常取决于自动化信息系统相关控制的有效性，此时注册会计师应当考虑仅通过实施实质性测试不能获取充分、适当审计证据的可能性。例如，某企业通过高度自动化的 ERP 系统确定采购商品的种类、数量，生成订购单，并通过系统中设定的收货确认和付款条件进行付款。除系统中相关信息外，该企业没有其他有关订购单和收货的记录。在这种情况下，如果认为仅通过实施实质性测试不能获取充分、适当的审计证据，则注册会计师应当考虑相关内部控制的有效性，并对其进行了解、评估和测试。

六、对风险评估的修正

如果通过实施进一步审计程序获取的审计证据与初始评估获取的审计证据相矛盾，则注册会计师应当修正风险评估结果，并相应修改原计划实施的进一步审计程序。

因此，风险评估是一个持续的、不断修正的过程，贯穿于整个审计过程的始终。

任务解析

（1）不恰当。了解被审计单位的内部控制，包括评价内部控制的设计，并确定其是否得到执行，但不包括对内部控制是否得到一贯执行的测试。

（2）恰当。

（3）不恰当。在了解内部控制时，注册会计师评价的是内部控制的设计是否合理及控制是否得到执行，内部控制是否有效是进行控制测试后才能得出的结论。

（4）不恰当。内部控制存在固有局限性，因此无论内部控制如何有效，都只能为被审计单位实现财务报表目标提供合理保证。

任务二　风险应对

任务导入

大正会计师事务所委派注册会计师王华作为项目负责人，负责审计红星公司 2019 年度的财务

报表。在进行控制测试时，随行的实习生杨明认为控制测试和了解内部控制都是针对内部控制实施的审计程序，他很想知道两者有哪些联系和区别？

具体任务

如果你是王华，如何回答杨明的这个问题？

理论认知

注册会计师通过实施风险评估程序，识别和评估财务报表层次和认定层次的重大错报风险。针对已评估的重大错报风险，注册会计师还应确定总体应对措施，设计和实施进一步审计程序。

一、针对财务报表层次重大错报风险的总体应对措施

注册会计师应当针对评估的财务报表层次重大错报风险确定下列总体应对措施。

（一）向项目组强调在收集和评价审计证据过程中保持职业怀疑态度的必要性

职业怀疑态度是指注册会计师执行审计业务时的一种态度，包括采取质疑的思维方式、对可能表明由错误或舞弊导致错报的迹象保持警觉，以及对审计证据进行审慎评价。

在审计过程中，保持职业怀疑态度有助于注册会计师恰当运用职业判断，提高审计程序设计及执行的有效性，降低审计风险；有助于注册会计师针对评估出的重大错报风险，恰当设计进一步审计程序的性质、时间和范围，降低选取不恰当审计程序的可能性；有助于注册会计师对可能存在未识别的重大错报风险的情形保持警觉，并做出进一步调查；有助于注册会计师审慎评价审计证据，忽视存在相互矛盾的审计证据的偏向。

体现职业怀疑态度的方式应包括：项目组就财务报表存在重大错报的可能性进行讨论；项目合伙人和项目组其他关键成员及时进行指导、监督与复核；就疑难问题进行咨询；对重要审计项目或高风险审计项目实施项目质量控制复核。

（二）分派有经验或具有特殊技能的注册会计师，或请专家协助

由于各行业在经营业务、经营风险、财务报告、法规要求等方面具有特殊性，注册会计师的专业分工细化成为一种趋势。审计项目组成员中应有一定比例的注册会计师曾经参与过被审计单位以前年度的审计，或具有被审计单位所处特定行业的相关审计经验。必要时，要考虑请信息技术、税务、评估、精算师等方面的专家协助。

（三）提供更多的督导

对于财务报表层次重大错报风险较高的审计项目，项目组的高级别成员要对其他成员提供详细、经常、及时的指导和监督，并加强项目质量控制复核。

（四）在选择拟实施的审计程序时融入更多的不可预见的因素

如果被审计单位的管理层熟悉注册会计师的审计程序，就可能采取各种手段来掩盖财务报表中的舞弊行为。因此，在设计拟实施的审计程序的性质、时间和范围时，为了避免既定思维对审计程序的限制，提高审计效果，在审计实务中，注册会计师可以通过以下方式提高审计程序的不可

预见性。

（1）对某些未测试过的、低于设定的重要性水平或风险较小的账户余额和认定实施实质性测试。

（2）调整实施审计程序的时间，使被审计单位不可预期。

（3）采用不同的审计抽样方法，使当期抽取的测试样本与以前有所不同。

（4）选取不同的地点实施审计程序，或预先不告知被审计单位所选定的地点。

（五）对拟实施的审计程序的性质、时间和范围进行总体修改

财务报表层次的重大错报风险很可能源于薄弱的控制环境。薄弱的控制环境带来的风险可能对财务报表产生广泛影响，注册会计师应当采取应对措施。如果控制环境存在缺陷，则注册会计师在对拟实施的审计程序的性质、时间和范围做出总体修改时应当考虑以下几点。

（1）在期末而非期中实施更多的审计程序。控制环境的缺陷通常会削弱期中获得的审计证据的可信赖程度。

（2）通过实施实质性测试获取更广泛的审计证据。良好的控制环境是其他控制要素发挥作用的基础。控制环境存在缺陷通常会削弱其他控制要素的作用，导致注册会计师可能无法信赖内部控制，而主要通过实施实质性测试获取审计证据。

（3）修改审计程序的性质，获取更有说服力的审计证据。修改审计程序的性质主要是指调整拟实施审计程序的类别及组合，如原先可能主要检查某项资产的账面记录或相关文件，而调整审计程序的性质后可能意味着更加重视实地检查该项资产。

（4）扩大审计程序的范围。例如，扩大样本规模，或采用更详细的数据实施分析程序。

财务报表层次的重大错报风险可能对财务报表的多项认定产生广泛影响，并相应增加注册会计师对认定层次重大错报风险的评估难度。因此，注册会计师评估的财务报表层次的重大错报风险及采取的总体应对措施，对拟实施的进一步审计程序具有重大影响。当评估的财务报表层次重大错报风险属于高水平风险时，拟实施的进一步审计程序往往更倾向于以实质性测试为主。

二、针对认定层次重大错报风险的进一步审计程序

（一）进一步审计程序的含义和要求

进一步审计程序相对于风险评估程序而言，是指注册会计师针对评估的认定层次（各类交易或事项、账户余额和列报）重大错报风险实施的审计程序，包括控制测试和实质性测试。

注册会计师应当针对所评估的认定层次的重大错报风险来设计和实施进一步审计程序，包括审计程序的性质、时间和范围，以便有针对性地配置审计资源，提高审计效率和效果。

在设计进一步审计程序时，注册会计师应当考虑风险的重要性，重大错报发生的可能性，涉及的各类交易或事项、账户余额、列报的特征，被审计单位采用的特定控制的性质，是否打算信赖其内部控制等因素，以确保拟实施的进一步审计程序具有针对性。

（二）进一步审计程序的性质

进一步审计程序的性质是指进一步审计程序的目的和类型。进一步审计程序的目的包括通过控制测试以确定内部控制运行的有效性，通过实施实质性测试以发现认定层次的重大错报。进一步审计程序的类型包括检查、观察、询问、函证、重新计算、重新执行和分析程序。

注册会计师在确定进一步审计程序的性质时，应考虑认定层次重大错报风险的评估结果和评

估的认定层次重大错报风险产生的原因。如果在实施进一步审计程序时拟利用被审计单位信息系统生成的信息，注册会计师应当就信息的准确性和完整性获取审计证据。

三、控制测试

（一）控制测试的内涵

控制测试是指测试控制运行的有效性。

控制运行的有效性强调的是控制能够在各个不同的时点按照既定设计得以一贯执行。控制测试这一概念需要与了解内部控制进行区分。了解内部控制包含两层含义：一是评价内部控制的设计；二是确定内部控制是否得到执行。测试控制运行的有效性与确定控制是否得到执行所需获取的审计证据是不同的。注册会计师在了解被审计单位的内部控制之后，只有对那些准备依赖的内部控制执行控制测试，并确信其得到有效执行时，才能减少实质性测试，从而减少审计取证工作，提高审计工作的效率。

下面举例说明两者之间的区别。某被审计单位针对销售收入和销售费用的业绩评价控制如下：财务经理每月审核实际销售收入（按产品细分）和销售费用（按费用项目细分），并与预算数和上年同期数进行比较，对于差异金额超过 5% 的项目进行分析并编制分析报告，销售经理审阅该报告并采取适当跟进措施（相关认定：发生、准确性和完整性）。注册会计师抽查了最近三个月的分析报告，并看到财务经理和销售经理在报告上签字确认，证明该控制已经得到执行。然而，注册会计师在与销售经理的讨论中，发现他并不了解分析报告中明显异常的数据产生的原因，也无法做出合理解释，从而显示该控制并未得到有效运行。

（二）控制测试的内容

在测试控制运行的有效性时，注册会计师应当从下列方面获取关于控制是否有效运行的审计证据。

（1）控制在所审计的不同时点是如何运行的。

（2）控制是否得到一贯执行。

（3）控制由谁执行。

（4）控制以何种方式运行（人工控制或自动化控制）。

从这四个方面来看，控制运行的有效性强调的是控制能够在各个不同时点按照既定设计得以一贯执行。因此，在了解控制是否得到执行时，注册会计师只需抽取少量的交易进行检查或观察某几个时点。但在测试控制运行的有效性时，注册会计师需要抽取足够数量的交易进行检查或对多个不同时点进行观察。

（三）控制测试的要求

作为进一步审计程序之一，控制测试并非在任何情况下都需要实施。如果注册会计师认为被审计单位的内部控制是无效的，包括控制本身不合理，不能实现控制目标，或者尽管控制设计合理，但没有得到执行，这时注册会计师不需要测试控制运行的有效性，可以直接实施实质性测试。

当存在下列情形之一时，注册会计师就应当实施控制测试。

（1）在评估认定层次的重大错报风险时，预期控制运行是有效的。

（2）仅仅实施实质性测试不足以提供认定层次充分、适当的审计证据。

如果在评估认定层次重大错报风险时，预期控制的运行是有效的，注册会计师打算信赖内部控制时，就应当实施控制测试，就控制在相关期间或时点的运行有效性获取充分、适当的审计证据。

注册会计师通过实施风险评估程序，可能发现某项控制的设计是存在的，也是合理的，同时得到了执行。在这种情况下，出于对成本效益的考虑，注册会计师可能认为：如果相关控制在不同时点都得到了一贯执行，与该项控制有关的财务报表认定发生重大错报的可能性就不会很大，也就不需要实施很多的实质性测试。为此，注册会计师可能会认为对相关控制在不同时点是否得到一贯执行进行测试，就是实施控制测试。因此，只有认为控制设计是合理的、能够防止或者发现和纠正认定层次的重大错报时，注册会计师才有必要实施控制测试。

有时，对某些重大错报风险，在认为仅实施实质性测试获取的审计证据无法将认定层次重大错报风险降至可接受的低水平时，注册会计师就必须实施相关控制测试，这种测试已经不再是单纯出于对成本效益的考虑，而是为了获取必须取得的一类审计证据。

如果被审计单位在所审计期间内可能由于技术更新或组织管理变更而更换了信息系统，从而导致在不同时期执行了不同的控制，注册会计师应当考虑不同时期控制运行的有效性。

（四）控制测试的审计程序

虽然控制测试与了解内部控制的目的不同，但两者采用审计程序的类型通常相同，都包括询问、观察、检查和穿行测试。此外，控制测试的审计程序还包括重新执行。

（1）询问。注册会计师可以向被审计单位员工询问，获取与内部控制运行情况相关的信息。例如，询问信息系统管理人员有无未经授权接触计算机硬件和软件的人员，向负责复核银行存款余额调节表的人员询问如何进行复核及复核的要点是什么，发现不符事项如何处理等。然而，仅仅通过询问不能为控制运行的有效性提供充分的证据，注册会计师通常需要印证被询问者的答复，如向其他人员询问和检查实施控制测试时所使用的报告、手册或其他文件等。因此，虽然询问是一种有用的手段，但它必须和其他测试手段结合使用才能发挥作用。在询问过程中，注册会计师应当保持职业怀疑态度。

（2）观察。观察是测试不留下书面记录的控制活动（如职责分离）的运行情况的有效方法。例如，观察存货盘点控制的执行情况。观察也可运用于实物控制，如查看仓库门是否锁好，或空白支票是否妥善保管。通常情况下，注册会计师通过观察直接获取的证据比间接获取的证据更可靠，但注册会计师还要考虑其所观察到的控制活动在注册会计师不在场时可能未被执行的情况。

（3）检查。检查非常适用于对运行情况留有书面证据的控制活动。书面说明、复核时留下的记号，或其他记录在偏差报告中的标志都可以被当作控制运行情况的证据。例如，检查销售发票是否有复核人员签字，检查销售发票是否附有客户订购单和出库单等。

（4）重新执行。通常只有当询问、观察和检查程序结合在一起仍无法获得充分的证据时，注册会计师才考虑通过重新执行来证实控制是否有效运行。例如，为了合理保证计价认定的准确性，由复核人员核对销售发票上的价格与企业商品价格单上的价格是否一致。但是，要检查复核人员有没有认真执行核对，仅凭检查复核人员是否在相关文件上签字是不够的，注册会计师还需要自己选取一部分销售发票进行核对，这就是重新执行。

（5）穿行测试。除上述四类控制测试常用的审计程序以外，穿行测试也是一种重要的审计程序。值得注意的是，穿行测试不是单独的一种程序，而是将多种程序按特定审计需要进行结合运用的方法。穿行测试是通过追踪交易在财务报表信息系统中的处理过程，来证实注册会计师对控制的了解、评价控制设计的有效性及确定控制是否得到执行。可见，穿行测试更多地在了解内部控制时运用。但在实施穿行测试时，注册会计师可能获取部分控制运行有效性的审计证据。

（五）控制测试的范围

控制测试的范围主要是指针对某项控制活动的测试次数。

注册会计师在确定某项控制活动的测试范围时通常考虑以下因素。

（1）在整个拟信赖的期间，被审计单位执行控制的频率。控制执行的频率越高，控制测试的范围越大。

（2）在审计期间，注册会计师拟信赖控制运行有效性的时间长度。拟信赖控制运行有效性的时间长度不同，在该时间长度内发生的控制活动次数也不同。注册会计师需要根据拟信赖控制运行有效性的时间长度确定控制测试的范围。拟信赖控制运行有效性的时间越长，控制测试的范围越大。

（3）拟获取的有关认定层次的控制运行有效性的审计证据的相关性与可靠性。对审计证据的相关性及可靠性要求越高，控制测试的范围越大。

（4）通过测试和认定相关的其他控制获取的审计证据的范围。针对同一认定，可能存在不同控制。当针对其他控制获取审计证据的充分性与适当性较高时，该控制测试的范围可适当缩小。

（5）在风险评估的时候拟信赖控制运行有效性的程度。注册会计师在风险评估时对控制运行有效性拟信赖程度越高，控制测试的范围越大。

（6）控制的预期偏差。预期偏差可以用控制未得到执行的预期次数与控制应当得到执行次数的比率加以衡量（也可称作预期偏差率）。考虑该因素是因为在考虑测试结果是否可以得出控制运行有效性的结论时，不可能只要出现任何控制执行偏差就认定控制运行无效，所以需要确定一个合理的预期偏差率。控制预期偏差率越高，控制测试的范围越大。如果预期偏差率过高，注册会计师应当考虑控制测试可能不足以将认定层次的重大错报风险降至可接受的低水平，针对某一认定实施控制测试可能是无效的。

四、实质性测试

（一）实质性测试的概念

实质性测试是指注册会计师针对评估的重大错报风险实施的直接用于发现认定层次重大错报的审计程序，包括对各类交易或事项、期末账户余额、列报的细节测试及实质性分析程序。

实质性测试是审计实施阶段中的一项重要工作。由于注册会计师对重大错报风险的评估是一种判断，可能无法充分识别所有的重大错报风险，并且内部控制存在固有局限性，无论评估的重大错报风险结果如何，注册会计师都应当针对所有重大的交易或事项、期末账户余额、列报实施实质性测试。

注册会计师实施的实质性测试应当包括下列与财务报表编制完成阶段相关的审计程序。

（1）将财务报表与其所依据的会计记录相核对。

（2）检查财务报表编制过程中做出的重大会计分录和其他会计调整。

注册会计师对会计分录和其他会计调整检查的性质和范围，取决于被审计单位财务报告过程的性质和复杂程度及由此产生的重大错报风险。

（二）实质性测试的性质

实质性测试的性质是指实质性测试的类型及其组合，包括细节测试和实质性分析程序。

1. 细节测试

细节测试是对各类交易或事项、期末账户余额、列报的具体细节进行测试，目的在于直接识别财务报表的认定是否存在错报。

2. 实质性分析程序

实质性分析程序从技术特征上说仍然是分析程序，主要是指对财务数据之间及财务数据和非财务数据之间的关系进行分析并得出结论。

细节测试和实质性分析程序的目的、技术手段存在一定差异，因此各有不同的适用领域。注册会计师应当根据各类交易或事项、期末账户余额、列报的性质选择实质性测试的类型。

（三）实质性测试的范围

在确定实质性测试的范围时，注册会计师应当考虑评估的认定层次重大错报风险和实施控制测试的结果。注册会计师评估的认定层次的重大错报风险越高，需要实施实质性测试的范围越广。如果对控制测试的结果不满意，注册会计师应当考虑扩大实质性测试的范围。

五、控制测试和实质性测试的关系

控制测试和实质性测试既有联系又有区别。两者的联系表现在控制测试是实质性测试的基础，控制测试的结果会对实质性测试产生直接影响。如果控制测试的结果表明被审计单位的内部控制可信赖程度较高，就可以适当缩小实质性测试的范围；如果控制测试的结果表明内部控制可信赖程度较低，就应扩大实质性测试的范围，以降低审计风险。

控制测试和实质性测试的不同点如表 6-2 所示。

表 6-2 控制测试和实质性测试的不同点

不 同 点	控 制 测 试	实 质 性 测 试
测试对象	内部控制	会计数据（交易或事项、期末账户余额、列报）
测试目的	评价内部控制在防止或发现并纠正认定层次重大错报方面的运行有效性	发现认定层次的重大错报
程序性质	询问、观察、检查、重新执行	询问、观察、检查、监盘、函证、重新计算等
测试必要性	一般情况下选择进行	必须进行
证据类别	间接证据	直接证据
程序种类	——	细节测试和实质性分析程序
计量性质	偏差率	错报金额
测试风险	控制风险	检查风险
抽样类型	属性抽样	变量抽样
抽样风险	信赖过度风险、信赖不足风险	误受风险、误拒风险

任务解析

控制测试和了解内部控制的联系如下。

在对内部控制了解的过程中会获取有关内部控制运行的证据,可作为控制测试的证据;了解内部控制通常可以决定是否需要执行控制测试,以及所需要执行的控制测试的性质、时间和范围。

二者的区别如下。

(1)程序所属的类型不同:控制测试属于进一步审计程序;了解内部控制属于风险评估程序。

(2)目的不同:控制测试的目的是评价控制的执行效果;了解内部控制的目的是评价控制的设计、确定控制是否执行。

(3)程序有所不同:控制测试的程序为重新执行;了解内部控制的程序为穿行测试。

(4)必要性不同:控制测试不是必要程序;了解内部控制是必要程序。

(5)程序的范围不同:测试控制运行的有效性时,需要抽取足够数量的交易进行检查或对多个不同时点观察;在了解内部控制是否得到执行时,只需抽取少量交易进行检查或观察某几个时点。

复习自测题

一、单选题

1.注册会计师设计和实施的进一步审计程序的性质、时间和范围,应当与评估的( )重大错报风险具备明确的对应关系。

    A.财务报表层次   B.认定层次   C.账户余额   D.交易或事项

2.( )不属于内部控制的目的。

    A.确保会计数据的准确性和可靠性   B.及时发现或有效防止管理当局舞弊

    C.鼓励坚持管理当局既定方针、政策   D.保护各项财产安全

3.注册会计师了解被审计单位及其环境的目的是( )。

    A.为了进行风险评估程序

    B.收集充分适当的审计证据

    C.为了识别和评估财务报表重大错报风险

    D.控制检查风险

4.在确定审计程序的范围时,注册会计师不应当考虑下列因素( )。

    A.计划获取的保证程度越高,对测试结果可靠性要求越高,注册会计师实施的进一步审计程序的范围越大

    B.评估的重大错报风险越高,注册会计师实施的进一步审计程序的范围越大

    C.确定的重要性水平越低,注册会计师实施进一步审计程序的范围越大

    D.确定的重要性水平越高,注册会计师实施进一步审计程序的范围越大

5.关于内部控制,下列表述不正确的是( )。

    A.内部控制的设计和运行受制于成本效益原则

    B.内部控制是针对所有业务活动而设计的

    C.内部控制可能因经营环境、业务性质的改变而削弱或失败

D．内部控制可能因执行人员滥用职权或屈从于外部压力而失败

6．注册会计师针对评估的财务报表层次的重大错报风险，应采取的措施是（　　）。

A．确定总体应对措施　　　　　　　　B．进行实质性分析程序

C．实施细节测试　　　　　　　　　　D．实施控制测试

7．无论重大错报风险的评估结果如何，注册会计师都应对各重要账户或交易类别进行（　　）。

A．详细审计　　　　B．抽样审计　　　　C．实质性测试　　　D．控制测试

8．下列不属于针对认定层次的重大错报风险的进一步审计程序的是（　　）。

A．控制测试　　　　　　B．风险评估程序　　C．细节测试　　　　D．实质性分析程序

9．在内部控制的要素中，（　　）是基础，是其余要素发挥控制的前提条件。

A．控制环境　　　　　B．风险评估　　　　C．控制活动　　　D．监督

10．下列有关控制测试目的的说法中，正确的是（　　）。

A．控制测试旨在评价内部控制的运行有效性

B．控制测试旨在发现认定层次发生错报的金额

C．控制测试旨在验证实质性测试结果的可靠性

D．控制测试旨在确定控制是否得到执行

二、多选题

1．下列属于针对评估的财务报表层次重大错报风险总体应对措施的有（　　）。

A．向项目组强调在收集和评价审计证据过程中保持职业怀疑态度的必要性

B．分派更有经验或具有特殊技能的注册会计师，或请专家协助

C．提供更多的督导

D．对拟实施的审计程序的性质、时间和范围进行总体修改

2．注册会计师进一步审计程序的类型包括（　　）。

A．分析程序　　　　　B．观察　　　　　C．重新计算　　　D．重新执行

3．记录被审计单位内部控制的方法主要有（　　）。

A．文字表述法　　　B．流程图法　　　C．调查表法　　　D．穿行测试

4．在测试控制运行的有效性时，注册会计师应当从下列方面获取关于控制是否有效运行的审计证据（　　）。

A．控制在所审计期间的不同时点是如何运行的

B．控制是否得到一贯执行

C．控制由谁执行

D．控制以何种方式运行（人工控制或自动化控制）

5．注册会计师在确定某项控制的测试范围时通常考虑下列因素（　　）。

A．控制执行的频率越高，控制测试的范围越大

B．拟信赖控制的时间越长，控制测试的范围越大

C．对审计证据的相关性和可靠性要求越高，控制测试的范围越大

D．注册会计师在风险评估时对控制运行有效性的拟信赖程度越高，控制测试的范围越大

6．关于了解被审计单位及其环境的内容，包括（　　）。

A．了解被审计单位所在行业状况、法律环境和监管环境及其他外部因素

B．了解被审计单位的性质，包括经营活动、所有权和治理结构、正在实施和计划实施的

投资的类型、组织结构和筹资方式

C．了解被审计单位的目标、战略及所有的经营风险

D．了解被审计单位对财务业绩的衡量和评价

7．注册会计师应当从以下（　　　）方面了解被审计单位的内部控制。

A．控制环境　　　　　　　　　　B．风险评估

C．与财务报告相关的信息系统和沟通　　　D．控制活动

8．注册会计师在了解被审计单位对会计政策的选择和运用是否适当时，下列（　　　）事项是注册会计师应当予以特别关注的。

A．重大交易的会计处理方法　　　　B．会计政策的变更

C．异常交易的会计处理方法　　　　D．常规交易的会计处理方法

9．现代审计风险模型是由（　　　）组成的。

A．固有风险　　　B．计划风险　　　C．重大错报风险　D．检查风险

10．进行控制测试一般可以采用的方法有（　　　）。

A．检查　　　　　　B．实际执行　　　　C．观察　　　　D．询问

三、判断题

1．注册会计师应当针对评估的财务报表层次重大错报风险确定总体应对措施，并针对评估的认定层次重大错报风险设计和实施进一步审计程序，以将审计风险降至可接受的低水平。（　　　）

2．在财务报表重大错报风险的评估过程中，注册会计师应当确定识别的重大错报风险是与特定的交易或事项、期末账户余额、列报的认定相关，还是与财务报表整体广泛相关，进而影响多项认定。（　　　）

3．了解被审计单位及其环境贯穿于审计的全过程。（　　　）

4．注册会计师对控制环境的了解影响其对财务报表层次重大错报风险的评估。有效的控制环境可以使注册会计师增强对内部控制和被审计单位内部产生的证据的信赖程度。（　　　）

5．健全、有效的内部控制可以对财务报告的可靠性提供绝对保证。（　　　）

6．注册会计师在每次审计时都必须进行控制测试。（　　　）

7．注册会计师无须了解被审计单位的所有内部控制，只需要了解与审计相关的内部控制。（　　　）

8．控制测试审计程序的类型包括检查、观察、监盘、询问、函证、重新计算等。（　　　）

9．认定层次的重大错报风险通常与控制环境有关，可能影响多项认定。（　　　）

10．注册会计师应当针对所评估的财务报表层次的重大错报风险来设计和实施进一步审计程序，包括审计程序的时间、范围和总体要求。（　　　）

第二部分

审计实务篇

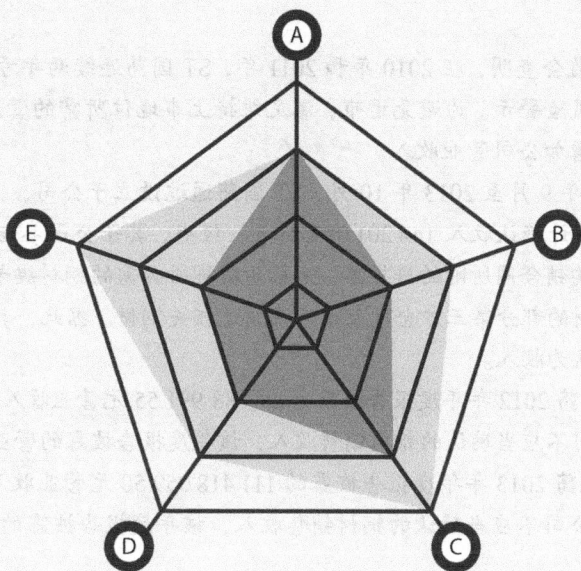

项目七
销售与收款循环审计

知识目标

1. 理解业务循环与审计的关系。
2. 了解销售与收款循环的主要业务活动和涉及的主要凭证和会计记录。
3. 掌握销售与收款循环主要账户的审计目标和实质性测试。

技能目标

1. 能进行销售与收款循环的内部控制测试。
2. 能对销售与收款循环主要账户进行实质性测试。

引导案例

2018 年 12 月 04 日，证监会发布〔2018〕116 号公告，对武汉国药科技股份有限公司（以下简称 ST 国药）的 2012 年、2013 年年度报告虚假记载营业收入负有责任的 18 人给予相应的行政处罚。

经证监会查明，在 2010 年和 2011 年，ST 国药连续两年亏损，公司股票交易被证券交易所实行退市风险警示。为避免退市，满足维持上市地位所需的营业收入等财务条件，ST 国药准备采取措施增加公司营业收入。

2012 年 9 月至 2013 年 10 月，ST 国药通过设立子公司，并使其与关联方发生 20 笔钢材销售业务，累计确认收入 144 201 093.66 元。经查，其子公司参与的钢材贸易没有真实的货物；签订的钢材购销合同所附的提货单，未标示提货所必需的钢材编号，无法提货；钢材购销合同列示的存放钢材的部分第三方仓库表示未存放过相关钢材。据此，其子公司发生的上述钢材销售业务不应当确认为收入。

ST 国药 2012 年年度报告披露的 49 188 991.55 元营业收入中，有 4 笔共计 41 151 951.13 元为其子公司不应当确认的钢材销售收入，该年度报告披露的营业收入数据存在虚假。

ST 国药 2013 年年度报告披露的 111 418 059.50 元营业收入中，有 16 笔共计 103 049 142.53 元为其子公司不应当确认的钢材销售收入，该年度报告披露的营业收入数据存在虚假。

思考：

1. ST 国药为什么要虚构营业收入？
2. 虚构营业收入的手段有哪些？
3. 如何审计营业收入？

（资料来源：中国证监会〔2018〕116 号行政处罚公告。）

任务一 销售与收款循环概述

任务导入

2020 年 3 月 4 日，大正会计师事务所的注册会计师王华与实习生肖亮对红星公司的销售与收款循环所涉及的报表项目进行审计。

具体任务

在审计销售与收款循环时，注册会计师要了解该循环涉及哪些主要业务活动？涉及哪些主要凭证和会计记录？

理论认知

在完成风险评估和控制测试后，就要转入财务报表审计的实质性测试，以收集充分、适当的审计证据来支持审计意见，这是审计工作的主体部分。

财务报表审计的组织方法大致有两种：一种是对财务报表的每个项目单独进行审计，称为分项审计，又称为账户法；另一种是将财务报表分成几个业务循环进行审计，即把紧密联系的交易种类和账户余额归入同一循环中，按业务循环实施审计，称为业务循环审计或循环法。业务循环是指处理某一类经济业务的工作程序和先后顺序。

一般而言，分项审计与大多数被审计单位账户设置体系及财务报表的格式相吻合，具有操作简便的优点，但它与按业务循环进行的内部控制测试严重脱节，导致控制测试与实质性测试相背离，影响审计效率与效果。业务循环审计的优点是将交易与账户的实质性测试与按业务循环进行的内部控制测试直接联系在一起，加深了审计小组成员对被审计单位经济业务的理解，而且便于审计的合理分工，将特定业务循环所涉及的财务报表项目分配给一个或数个审计小组成员，能够提高审计的效率与效果，因此业务循环审计逐渐取代了分项审计。

由于各被审计单位的业务性质和规模不同，其业务循环的划分也应有所不同。即使是同一个被审计单位，不同的注册会计师也可能使用不同的循环划分方法。本教材将被审计单位全部的交易和账户按照相关程度划分为销售与收款循环、采购与付款循环、生产与存货循环、筹资与投资循环，并分别讲述各业务循环的审计。由于货币资金与上述各业务循环均密切相关，并且货币资金的业务和内部控制又有着不同于其他业务循环和其他财务报表项目的特征，因此将货币资金审计单独讲述。

按照各财务报表项目与业务循环的相关程度，基本可以建立起各业务循环与所涉及的主要财务报表项目（特殊行业的财务报表项目不涉及）之间的对应关系，如表 7-1 所示。

表 7-1　业务循环与财务报表主要项目对应表

业 务 循 环	资产负债表主要项目	利润表主要项目
销售与收款循环	应收票据、应收账款、长期应收款、预收账款、应交税费、其他应交款	营业收入、营业税金及附加、销售费用
采购与付款循环	预付账款、固定资产、在建工程、工程物资、固定资产清理、无形资产、开发支出、商誉、长期待摊费用、应付票据、应付账款、长期应付款	管理费用
生产与存货循环	存货（包括材料采购和在途物资、原材料、材料成本差异、库存商品、发出商品、商品进销差价、委托加工物资、委托代销商品、受托代销商品、周转材料、生产成本、制造费用、劳务成本、存货跌价准备、包装物、低值易耗品、自制半成品）、应付职工薪酬	营业成本
筹资与投资循环	交易性金融资产、应收股利、应收利息、其他应收款、其他流动资产、可供出售金融资产、持有至到期投资、长期股权投资、投资性房地产、递延所得税资产、其他非流动资产、短期借款、交易性金融负债、应付利息、应付股利、其他应付款、其他流动负债、长期借款、应付债券、专项应付款、预计负债、递延所得税负债、其他非流动负债、实收资本（股本）、资本公积、盈余公积、未分配利润	财务费用、资产减值损失、公允价值变动收益、投资收益、补贴收入、营业外收入、营业外支出、所得税费用

下面来学习如何进行销售与收款循环的审计。销售与收款循环涉及可供销售的商品和劳务所有权转让的各个业务和过程，从客户提出订货要求开始，将商品和劳务转化为应收账款，到最终收回现金结束。销售与收款循环审计可以相对独立于其他业务循环单独进行，但注册会计师在最终判断被审计单位财务报表是否公允反映时，必须综合考虑审计发现的各业务循环的错报对财务报表产生的影响。因此，即使在单独执行销售与收款循环审计时，注册会计师仍需要经常地将该循环与其他循环的审计情况结合起来加以考虑。

一、销售与收款循环涉及的主要业务活动

在审计计划阶段，注册会计师应该对销售与收款循环中的业务活动进行充分了解和记录，分析业务流程中可能发生重大错报的环节。销售与收款循环涉及的主要业务活动如下。

（一）接受客户订货单

客户提出订货要求是整个销售与收款循环的起点。接受客户订货单后，企业应对其内容是否符合企业的销售政策（如是否符合该产品的销售单价、运费支付方式、交货地点、三包承诺等）进行审批。在批准了客户订货单之后，就应编制一式多联的销售单。销售单是证明有关销售交易发生的凭据之一，也是此笔销售交易轨迹的起点。此外，由于客户订货单是来自外部的引发销售交易的文件之一，有时也能为有关销售交易的发生认定提供补充证据。

（二）批准赊销

赊销业务的批准是由信用管理部门根据管理层的赊销政策，在每个客户的已授权的信用额度内进行的。信用管理部门的职员在收到销售单后，应将销售单与该客户已被授权的赊销信用额度及至今尚欠的账款余额加以比较。执行人工赊销信用检查时，还应合理划分工作职责，以避免销

售人员为扩大销售而使企业承受不适当的信用风险。

企业的信用管理部门通常应对每个新客户进行信用调查，包括获取信用评审机构对客户信用等级的评定报告。无论是否批准赊销，信用管理部门都应在销售单上签署意见，然后将已签署意见的销售单送回销售单管理部门。

（三）仓库部门按经批准的销售单供货

企业管理层通常要求仓库部门只有在收到经过批准的销售单时才能供货。目的是防止仓库部门在未经授权的情况下擅自发货。因此，已批准销售单的一联通常应送达仓库部门，作为仓库部门按经批准的销售单供货和发货给装运部门的依据。

（四）装运部门按销售单装运货物

将按经批准的销售单供货与按销售单装运货物的职责相分离，有助于避免负责装运货物的职员在未经授权的情况下装运货物。此外，装运部门的职员在装运货物之前，还必须进行独立验证，以确定从仓库部门提取的货物都附有经批准的销售单，并且所提取货物与销售单一致。

装运凭证是一式多联、按顺序编号的提货单，按序归档的装运凭证提供了货物确实已经装运的证据，是证明销售交易确实发生的另一有效凭证。

（五）向客户开具账单

开具账单是指开具并向客户寄送预先按顺序编号的销售发票。销售发票副联通常由开具账单的部门保管。这项功能所针对的主要问题如下：是否只对实际装运的货物才开具账单，有无重复开具账单或虚构交易（发生认定问题）；是否对所有装运的货物都开具了账单（完整性认定问题）；是否按已授权批准的商品价目表所列价格计价并开具账单（准确性认定问题）。

为了降低开具账单过程中出现遗漏、重复、错误计价或其他差错的风险，应设立以下控制程序。

（1）在编制每张销售发票之前，独立检查是否存在装运凭证和相应的经批准的销售单。

（2）依据已授权批准的商品价目表编制销售发票。

（3）检查销售发票计价和计算的正确性。

（4）将装运凭证上的商品总数与相对应的销售发票上的商品总数进行比较。

上述控制程序有助于确保用于记录销售交易的销售发票的正确性。因此，这些控制与销售交易的发生、完整性及准确性认定有关。

（六）记录销售

在手工会计系统中，记录销售的过程包括区分赊销、现销，按销售发票编制转账凭证或现金、银行存款收款凭证，再据以登记销售明细账、应收账款明细账或现金、银行存款日记账。

记录销售的控制程序包括以下内容。

（1）只依据附有有效装运凭证和销售单的销售发票记录。这些装运凭证和销售单应能证明销售交易的发生及发生日期。

（2）控制所有预先按顺序编号的销售发票。

（3）独立检查已处理销售发票上的销售金额同会计记录金额的一致性。

（4）记录销售的职责应与处理销售交易的其他职责相分离。

（5）对记录过程中所涉及的有关记录的接触予以限制，以减少未经授权批准的记录发生。

（6）定期独立检查应收账款的明细账与总账的一致性。

（7）定期向客户寄送对账单，并通知客户将任何例外情况直接向记录销售交易的会计主管报告。

这些控制程序与发生、完整性、准确性及计价和分摊认定有关。注册会计师应关心的问题是销售发票是否记录正确，是否归属于适当的会计期间。

（七）办理和记录现金、银行存款收入

这项业务活动涉及有关货款的收回，现金、银行存款的增加及应收账款的减少。在办理和记录现金、银行存款收入时，最应注意的是货币资金失窃的可能性。货币资金失窃可能发生在货币资金收入登记入账之前或之后。处理货币资金收入时，要保证全部货币资金如数、及时地记入现金、银行存款日记账或应收账款明细账，并如数、及时地将现金存入银行。在这方面，汇款通知单起着很重要的作用。

（八）办理和记录销售退回、销售折扣与折让

如果客户对商品不满意，则销售企业一般都会同意接受退货，或给予一定的销售折让；如果客户提前支付货款，则销售企业可能会给予一定的销售折扣。发生此类事项时，销售企业应确保与办理此事有关的职员各司其职，分别控制好物流和会计处理。在这方面，严格使用贷项通知单无疑会起到关键的作用。

（九）注销坏账

不管赊销部门的工作如何主动，客户因经营不善、宣告破产等原因而不支付货款的事仍时有发生。销售企业若认为某项货款再也无法收回，就必须注销这笔货款。对于这些坏账，正确的处理方法应该是获取货款无法收回的确凿证据，经适当审批后及时进行会计调整。

（十）提取坏账准备

坏账准备提取的数额必须能够抵补企业以后无法收回的销货款。

二、销售与收款循环涉及的主要凭证和会计记录

在内部控制制度比较健全的企业，处理销售与收款业务通常需要使用很多凭证和会计记录。销售与收款循环所涉及的主要凭证和会计记录有以下几种。

（一）客户订货单

客户订货单即客户提出的书面购货要求。企业可以通过销售人员或其他途径，如采用向现有的及潜在的客户发送订货单等方式邀请客户订货，取得客户订货单。

（二）销售单

销售单是列示客户所订商品的名称、规格、数量及其他与客户订货单有关信息的凭证，是销售方内部处理客户订货单的依据。

（三）发运凭证

发运凭证是在发运货物时编制的，用以反映发出商品的规格、数量和其他有关内容的凭证。发运凭证的一联寄送给客户，其余联（一联或数联）由企业保留。这种凭证可用作向客户开具账单的依据。

（四）销售发票

销售发票是用来表明已销售商品的规格、数量、价格、销售金额、运费和保险费、开票日期、付款条件等内容的凭证。销售发票的一联寄送给客户，其余联由企业保留。销售发票也是在会计账簿中登记销售交易的基本凭证。

（五）商品价目表

商品价目表是列示已经授权批准的、可供销售的各种商品的价格清单。

（六）贷项通知单

贷项通知单是用来表示由退回或经批准的折让而引起的应收销货款减少的凭证。这种凭证的格式通常与销售发票的格式相同，用来证明应收账款的减少。

（七）应收账款明细账和总账

应收账款明细账是用来记录每个客户各项赊销、还款、退货及折让的明细账。各应收账款明细账的余额合计数应与应收账款总账的余额相等。

（八）应收账款账龄分析表

通常，应收账款账龄分析表按月编制，反映月末尚未收回的应收账款的总额和账龄，并详细反映每个客户月末尚未偿还的应收账款数额和账龄。

（九）主营业务收入明细账

主营业务收入明细账是用来记录销售交易的明细账，通常记载和反映不同类别商品和劳务的销售总额。

（十）折扣与折让明细账

折扣与折让明细账是用来核算企业在销售商品时，按销售合同规定为了及早收回货款而给予客户的销售折扣和因商品品种、质量等原因而给予客户的销售折让的明细账。企业也可以不设置折扣与折让明细账，而将该类业务记录于主营业务收入明细账。

（十一）汇款通知书

汇款通知书与销售发票一起寄给客户，由客户在付款时再寄回销售企业。汇款通知书注明了客户的姓名、销售发票号码、销售企业开户银行账号及金额等内容。如果客户没有将汇款通知书随同货款一并寄回，一般应由收受邮件的人员在拆开邮件时再代编一份汇款通知书。

（十二）现金日记账和银行存款日记账

现金日记账和银行存款日记账是用来记录应收账款的收回及其他各种现金、银行存款收入和支出的日记账。

（十三）坏账审批表

坏账审批表是用来批准将某些应收款项注销为坏账的，仅在企业内部使用的凭证。

（十四）顾客月末对账单

顾客月末对账单是一种按月定期寄送给顾客的用于购销双方定期核对账目的凭证。顾客月末对账单上应注明应收账款的月初余额、本月各项交易的金额、本月已收到的货款、贷项通知单的数额及月末余额等内容。

（十五）转账凭证

转账凭证是指记录转账业务的记账凭证，它是根据有关转账业务（不涉及现金、银行存款收付的各项业务）的原始凭证编制的。

（十六）收款凭证

收款凭证是指用来记录现金和银行存款收入业务的记账凭证。

在销售与收款循环中，主要业务活动及其对应的凭证和会计记录如表 7-2 所示。

表 7-2　销售与收款循环中的主要业务活动及其对应的凭证和会计记录

主要业务活动	对应的凭证和会计记录	相关的认定
销售业务（赊销）：		
接受客户订货单	客户订货单、销售单	发生
批准赊销	销售单、核准赊销的客户名单	计价和分摊
按经批准的销售单供货	销售单	发生
按销售单装运货物	发运凭证	发生
向客户开具账单	商品价目表、销售发票	发生、完整性、准确性
记录销售	转账凭证，应收账款、主营业务收入、应交税费、主营业务成本、库存商品等总账及明细账	发生、完整性、准确性、计价和分摊
收款业务：		
办理和记录现金、银行存款收入	顾客月末对账单、汇款通知书、收款凭证、现金日记账、银行存款日记账	存在或发生、完整性、准确性、计价和分摊
办理和记录销售退回、销售折扣与折让	贷项通知单、折扣折让明细账	存在或发生、完整性、计价和分摊
注销坏账	坏账审批表	存在或发生、完整性、计价和分摊
提取坏账准备	应收账款账龄分析表、董事会（或管理当局）决议	存在或发生、完整性、计价和分摊

任务解析

销售与收款循环涉及的主要活动有接受客户订货单，批准赊销，仓库部门按经批准的销售单供货，装运部门按销售单装运货物，向客户开具账单，记录销售，办理和记录现金、银行存款收入，办理和记录销售退回、销售折扣与折让，注销坏账，提取坏账准备等。

销售与收款循环涉及的主要凭证和会计记录有客户订货单、销售单、发运凭证、销售发票、商品价目表、贷项通知单、应收账款明细账和总账、应收账款账龄分析表、主营业务收入明细账、折扣与折让明细账、汇款通知书、现金日记账和银行存款日记账、坏账审批表、顾客月末对账单、转账凭证、收款凭证等。

任务二　销售与收款循环的控制测试

任务导入

注册会计师李明在审计工作底稿中记录了红星公司销售与收款循环的内部控制，部分内容摘录如下。

（1）客户的信用期由信用管理部门审核批准，如果长期客户临时申请延长信用期，则由销售部经理批准。

（2）开具账单的部门审核发运单和销售单后开具销售发票，在保留副本后将相关单据送交会计部门职员 G 审核。会计部门职员 G 核对无误后登记主营业务收入明细账和应收账款明细账。

（3）对于可能成为坏账的应收账款，由管理层审批后进行会计处理。

（4）每月末，财务部向客户寄送对账单。如果客户未及时回复，则销售人员要跟进；如果客户回复表明差异超过该客户欠款余额的 5%，则进行调查。

（5）销售部门和仓库部门每月末核对发货通知单和出库单，并将核对结果交销售部经理审阅。

具体任务

针对上述第 1 项至第 5 项内容，假设不考虑其他条件，逐项指出所列内部控制的设计是否恰当。如不恰当，简要说明理由。

理论认知

一、销售与收款循环的内部控制

（一）恰当的职责分离

恰当的职责分离有助于防止各种有意或无意的错误。为确保办理销售与收款业务的不相容职务相互分离、制约和监督，企业应当分别设立办理销售、发货、收款业务的部门（或岗位）。企业在销售合同订立前，应当指定专门人员就销售价格、信用政策、发货及收款方式等具体事项与客户进行谈判，谈判人员至少应在两人以上，并与订立合同的人员不同；编制销售通知单的人员与开具销售发票的人员不同；销售人员应当避免接触销货现款；企业应收票据的取得和贴现必须经由保管票据人员以外的主管人员的书面批准；坏账准备的计提和批准要相分离，坏账的核销和批准要相分离。

（二）恰当的授权审批

对于授权审批问题，注册会计师应当关注以下四个关键的审批程序。

（1）在销售业务发生之前，赊销已经正确审批。

（2）非经正当审批，不得发出货物。

（3）销售价格、销售条件、运费、折扣等必须经过审批。该项程序的目的在于保证销售交易按照企业定价政策规定的价格进行。

（4）审批人应当根据销售与收款授权审批制度的规定，在授权范围内进行审批，不得超出审批权限。对于超出企业既定销售政策和信用政策规定范围的特殊销售交易，企业应当进行集体决策。该项程序的目的在于防止因审批人决策失误而造成严重损失。

（三）充分的凭证和记录

只有在凭证充分的情况下才能据以进行记录；凭证充分时，要及时进行记录。

（四）凭证的预先按顺序编号

由同一部门编制的凭证应当预先按顺序编号。对凭证预先按顺序进行编号旨在防止销售业务发生以后遗漏向客户开具账单或登记入账，也可防止重复开具账单或重复记账。常用的控制测试是清点各种凭证，查看凭证是否预先按顺序编号，这种控制测试可同时提供有关真实性和完整性目标的审计证据。

（五）按月寄出对账单

由不负责现金出纳和销售及应收账款记账的人员按月向客户寄发对账单，能促使客户在发现应付账款余额不正确后及时反馈有关信息，因而这是一项有用的控制。为了使这项控制更加有效，最好将账户余额中出现的所有核对不符的账项，指定一位不负责管理货币资金也不记载主营业务收入和应收账款账目的主管人员处理。

（六）内部核查程序

由内部审计人员或其他独立人员核查销售交易的处理和记录，包括销售与收款业务相关岗位及人员的设置情况、授权审批制度的执行情况、销售与收款的管理情况、销售退回的管理情况。与内部控制目标相应的内部核查程序如表7-3所示。

表7-3 内部核查程序

内部控制目标	内部核查程序举例
登记入账的销售交易是真实的	检查登记入账的销售交易所附的佐证凭证
销售交易均经适当审批	了解客户的信用情况，确定是否符合企业的赊销政策
所有销售交易均已登记入账	检查发运凭证的连续性，并将其与主营业务收入明细账进行核对
登记入账的销售交易金额正确	检查会计记录中的数据以验证其正确性
登记入账的销售交易分类恰当	比较核对登记入账的销售交易的原始凭证与会计科目表
销售交易记录及时	检查开票员所保管的未开票发运凭证，确定是否存在未在恰当期间及时开票的发运凭证

二、评估销售与收款循环的重大错报风险

注册会计师应对被审计单位的销售与收款循环可能发生的重大错报风险保持警觉。销售与收款循环可能存在的重大错报风险包括以下几项。

（1）管理层对收入造假的偏好和动因。被审计单位的管理层可能为了完成经营目标，满足业绩考核要求，从银行获得额外的资金，吸引潜在投资者，或影响公司股价，而在财务报告中虚增收入。

（2）采用不正确的收入截止。将属于下一会计期间的收入有意或无意地计入本期，或者将属于本期的收入有意或无意地计入下一会计期间，可能导致本期收入及相关账户余额的高估或低估。

（3）销售收入确认的复杂性。销售收入的确认时点因销售业务的不同而不同，不同性质的企业采用的销售收入确认政策会有很大不同，同一企业不同销售方式的收入确认时间也不一样，因此在销售收入确认方面容易出现有意或无意的错误。

（4）管理层凌驾于内部控制之上的风险。如果被审计单位在年末编造虚假销售，然后在次年转回，则可能导致当年收入及当年年末应收账款余额、货币资金余额和应交税费余额的高估。

（5）低估应收账款坏账准备的压力，尤其是当欠款金额较大的几个主要客户面临财务困难，或者整体经济环境出现恶化时，这种压力更大，可能导致资产负债表中应收账款余额的高估。

（6）舞弊和盗窃的风险。如果被审计单位拥有多个资金端口，每天通过多个端口采用人工方式处理大量货币资金，便会增加资金端口的安全问题和人工控制的风险，可能导致货币资金出现损失。

（7）隐瞒盗窃的风险。在被审计单位员工利用销售调整和销售退回隐瞒盗窃现金的行为时，将发生隐瞒盗窃的风险，可能导致收入、应收账款的高估和货币资金的低估。

三、销售与收款循环的内部控制测试

下面按照销售与收款循环内部控制的顺序，简要阐述销售与收款循环的内部控制测试（见表 7-4）。

表 7-4　销售与收款循环的内部控制测试

内部控制目标	关键内部控制	内部控制测试
登记入账的销售交易确实已经发货给真实的客户（发生）	销售交易是以经过审核的发运凭证及经过批准的客户订货单为依据登记入账的； 客户的赊购在发货前已经被授权批准； 销售发票均经事先编号，并已恰当地登记入账； 每月向客户寄送对账单，对客户提出的意见进行专门追查	检查销售发票记账联是否附有发运凭证（或提货单）及客户订货单； 检查客户的赊购是否经过授权批准； 检查销售发票是否预先按顺序编号并依次入账； 询问是否寄发过对账单，并检查客户回函档案
所有销售交易均已登记入账（完整性）	发运凭证（或提货单）均经事先编号并已登记入账； 销售发票均经事先编号并已登记入账	检查发运凭证（或提货单）编号的完整性； 检查销售发票编号的完整性
登记入账的销售数量系已发货的数量，已正确开具发票并登记入账（计价和分摊）	销售价格、付款条件、运费和销售折扣的确定经过恰当的授权批准； 销售发票由专人进行内部核查	检查销售是否经恰当的授权批准； 检查有关凭证上的内部核查标记
销售交易的分类恰当（分类）	采用适当的会计科目； 内部核查	检查采用的会计科目表是否适当； 检查有关凭证上的内部核查标记
销售交易的记录及时（截止）	采用尽量能在销售业务发生时开具收款账单和登记入账的控制方法； 内部核查	检查尚未开具收款账单的发货和尚未登记入账的销售业务； 检查有关凭证上的内部核查标记

续表

内部控制目标	关键内部控制	内部控制测试
销售与收款已经正确记入明细账、日记账，并已正确汇总（准确性、计价和分摊）	每月定期向客户寄送对账单； 由专人对应收账款明细账、银行存款日记账、营业收入明细账进行核查； 将应收账款明细账、主营业务收入明细账余额合计数与其总账余额进行比较，将银行存款日记账、库存现金日记账余额与其总账余额进行比较； 定期编制银行调节表	检查对账单是否已经寄出； 检查有关凭证上的内部核查标记； 审查银行调节表

任务解析

（1）不恰当。长期客户临时申请延长信用期，应经信用管理部门审核。

（2）不恰当。主营业务收入明细账和应收账款明细账应当由不同人员记录。

（3）恰当。

（4）不恰当。甲公司应调查所有差异。

（5）不恰当。会计部门未参与相关核对工作。

任务三 营业收入审计

任务导入

注册会计师王华在审查红星公司 2019 年 11 月的主营业务收入明细账时发现以下问题。

（1）12 日，红星公司向本单位不进行独立核算的门市部发出甲产品 500 件，作为应收账款处理。

（2）25 日，红星公司向本市兴华公司出售乙产品 1000 件，其中有 60 件因质量问题退货，产品已验收入库，未做记录。

（3）29 日，本单位因大修理工程领用甲产品 200 件，管理部门维修领用乙产品 300 件，未做销售记录。

具体任务

请指出红星公司会计处理中存在的错误及其目的。

☑ 理论认知

一、营业收入的审计目标

营业收入是企业在销售商品、提供劳务等主营业务活动中所产生的收入，以及企业确认的在除主营业务活动以外的其他经营活动中实现的收入，包括出租固定资产、无形资产、包装物和商品、销售材料等实现的收入。其审计目标一般包括以下几点。

（1）确定利润表中记录的营业收入是否已经发生，且与被审计单位有关。

（2）确定所有应当记录的营业收入是否均已记录。

（3）确定与营业收入有关的金额及其他数据是否已经恰当记录，包括对销售退回、销售折扣与折让的处理是否适当。

（4）确定营业收入是否已记录于正确的会计期间。

（5）确定营业收入是否已记录于恰当的账户。

（6）确定营业收入是否已经按照《企业会计准则》的规定在财务报表中进行恰当列报。

营业收入的审计目标与财务报表认定的对应关系如表 7-5 所示。

表 7-5 营业收入的审计目标与财务报表认定的对应关系表

被审计单位名称：　　　　　制表人：　　　　　日期：　　　　　索引号：
所属年度：　　　　　复核：　　　　　日期：　　　　　页次：

审 计 目 标	财务报表的认定					
	发生	完整性	准确性	截止	分类	列报
利润表中记录的营业收入已经发生，且与被审计单位有关	√					
所有应当记录的营业收入均已记录		√				
与营业收入有关的金额及其他数据已经恰当记录			√			
营业收入已记录于正确的会计期间				√		
营业收入已记录于恰当的账户					√	
营业收入已经按照《企业会计准则》的规定在财务报表中进行恰当列报						√

二、主营业务收入的实质性测试

（一）实质性分析程序

（1）将本期的主营业务收入与上期的主营业务收入、销售预算或预测数等进行比较，分析主营业务收入的变动是否异常，查明变动异常的原因。

（2）计算本期重要产品的毛利率，分析比较本期与上期各类产品毛利率的变化情况，注意收入与成本是否配比，并查明异常波动的原因。

（3）比较本期各类主营业务收入的波动情况，分析其波动趋势是否正常，是否符合被审计单位季节性、周期性的经营规律，查明异常波动的原因。

（4）将本期重要产品的毛利率与同行业企业的产品毛利率进行对比分析，检查是否存在异常。如果与同行业企业的平均毛利率存在重大差异，应重点关注收入的真实性。

（5）根据增值税发票申报表或普通发票，估算全年收入，并与实际收入金额比较，检查是否存在虚开发票或销售未开票的情况。

（6）计算重要客户的销售额，分析比较本期与上期有无异常变化，同时关注销售给重要客户的产品的单价是否存在重大差异，如果有应查明原因，并考虑异常情况存在的合理性和真实性。

（7）根据产品生产能力、仓储能力、运输能力、原材料采购数量、单位产品材料耗用定额、生产工人数量、生产工时及劳动生产率分析产品产量和销量的合理性，并查明异常变动的原因。

（8）将营业收入、主营业务利润与经营活动产生的现金流量、净利润进行比较分析，分析营业收入、主营业务利润的合理性。

（9）将营业收入与成本、销售佣金、广告费用、运输费用、保险费用等进行对比分析，分析营业收入的合理性。

（二）细节测试

（1）获取或编制按月份、分主要业务类别的主营业务收入明细表（见表 7-6），复核合计是否正确，并与总账数和明细账合计数核对是否相符，与其他业务收入科目与报表数核对是否相符，检查以非记账本位币结算的主营业务收入的折算汇率及折算额是否正确。

表 7-6　主营业务收入明细表

被审计单位名称：　　　　　　　　　索引号：　　　　　　　页次：
项目名称：　　　　　　　　　　　　编制人：　　　　日　　年　月　日
被审计期间：　　　　　　　　　　　复核人：　　　　日　　年　月　日

月　份	主营业务收入明细项目				
	合　计				
1					
2					
3					
4					
...					
12					
合计					
上期数					
变动数					
变动比例					
审计说明					

（2）检查主营业务收入的确认条件及方法的正确性和一致性。

根据《企业会计准则》，企业销售商品的收入应在下列条件均满足时予以确认：第一，企业已将商品所有权上的主要风险和报酬转移给购货方；第二，企业既没有保留与所有权相联系的继续管理权，又没有对已售出的商品实施有效控制；第三，收入的金额能够可靠地计量；第四，与交易相关的经济利益已经流入企业；第五，相关的已发生或将发生的成本能够可靠地计量。因此，对主营业务收入进行的实质性测试，主要是测试企业是否依据上述五个条件确认销售商品收入。一般来说，被审计单位采取的销售方式不同，确认销售商品收入的时间也不同。注册会计师需要注意销售商品收入的确认是否符合《企业会计准则》的规定，前后期是否一致；关注周期性、偶然性的收入是否符合既定的收入确认条件和方法。

① 采用交款提货销售方式时，通常应于货款已收到或取得收取货款的权利，同时已将发票账单和提货单交给购货单位时确认收入的实现。

② 采用预收账款销售方式时，通常应于商品已经发出时确认收入的实现。

③ 采用托收承付结算方式时，通常应于商品已经发出，劳务已经提供，并将发票提交银行、办妥收款手续时确认收入的实现。

④ 销售合同或协议明确销售价款的收取采用递延方式时，应当按照销售合同或协议价款的公允价值确定销售商品收入的金额。

⑤ 对于长期工程合同收入，如果合同的结果能够可靠估计，通常应当根据完工百分比法确认合同收入。

⑥ 销售商品房时，通常应在商品房已经移交并将发票结算账单提交给对方时确认收入的实现。

（3）获取商品价格目录，抽查售价是否符合价格政策，并注意销售给关联方或关系密切的重要客户的商品价格是否合理，有无以低价或高价结算的方法相互转移利润的现象。

（4）抽取本期一定数量的发运凭证，审查存货出库日期、品名、数量等是否与销售发票、销售合同、记账凭证等一致。

（5）抽取本期一定数量的记账凭证，审查入账日期、品名、数量、单价、金额等是否与销售发票、发运凭证、 销售合同等的内容一致。

（6）结合应收账款审计，选择主要客户函证本期销售额。

（7）对于出口销售，应当将销售记录与出口报关单、货运提单、销售发票等出口销售单据进行核对，必要时向海关函证。

（8）抽查各类业务收入的明细账，并追查至记账凭证及原始凭证，确定主营业务收入发生额是否真实、正确。

（9）实施主营业务收入的截止测试。

① 截止测试的目的是确定被审计单位主营业务收入的会计记录是否归属于正确的会计期间，即是否有应计入本期的主营业务收入被推迟至下期，或者应计入下期的主营业务收入提前至本期的情况。实施截止测试的前提是注册会计师充分了解被审计单位的收入确认条件，并识别能够证明某笔销售收入符合收入确认条件的关键证据。例如，货物出库时，与货物相关的风险和报酬可能尚未转移，不符合收入确认的条件，因此发货单可能不是确认收入的充分证据。

② 截止测试的三个关键日期：发票开具日期或者收款日期；记账日期；发货日期。检查三个日期是否归属于同一会计期间是主营业务收入截止测试的关键。

③ 截止测试的三条审计线路（见表7-7）。

审计线路一：以账簿记录为起点（逆查，注意起点是账簿），从报表日前后若干天的账簿记录查至记账凭证，检查发票存根与发运凭证，目的是证实已入账收入是否在同一期间已开具发票并发货，有无多记收入。使用这种方法主要是为了防止多记收入。

审计线路二：以销售发票为起点（顺查，注意起点是发票存根），抽取在报表日前后使用的若干张发票存根，追查至发运凭证和账簿记录，查明有无漏记收入现象，目的是确定已开具发票的货物是否已发货并于同一会计期间确认收入，有无少记收入。使用这种方法主要是为了防止少记收入。

审计线路三：以发运凭证为起点（顺查，注意起点是发运凭证），从报表日前后若干天的发运凭证查至发票开具情况与账簿记录，目的是确定收入是否已记入恰当的会计期间。使用这种方法主要是为了防止少记收入。

表7-7 收入截止测试的三条审计线路对比

起　点	线　路	目　的	优　点	缺　点
账簿记录	从报表日前后若干天的账簿记录查至记账凭证，检查发票存根与发运凭证	证实已入账收入是否在同一期间已开具发票并发货，有无多记收入	比较直观，容易追查至相关凭证记录	缺乏全面性和连贯性，只能查多记收入，无法查漏记收入
销售发票	抽取在报表日前后使用的若干张发票存根，追查至发运凭证和账簿记录	确定已开具发票的货物是否已发货并于同一会计期间确认收入，有无少记收入	较全面、连贯，容易发现漏记收入	较费时费力，尤其是难以查找相应的发货及账簿记录，不易发现多记收入
发运凭证	从报表日前后若干天的发运凭证查至发票开具情况与账簿记录	确定收入是否已记入恰当的会计期间	比较全面、连贯，容易发现漏记收入	较费时费力，不易发现多记的收入，有时会忽略自提货的交易

上述三条审计路线在实务中均被广泛运用，注册会计师可以考虑在同一被审计单位财务报表审计中并用这三条审计路线，甚至可以在同一主营业务收入审计中并用，以实施有效的收入截止测试。

（10）存在销货退回的，检查相关手续是否符合规定，结合原始销售凭证检查其会计处理是否正确，结合存货项目审计关注其真实性。

（11）检查销售退回与折让。

（12）检查有无特殊的销售行为，如委托代销、分期收款销售、商品需要安装和检验的销售、附有退回条件的销售、售后租回、售后回购、以旧换新、出口销售等，选择恰当的审计程序进行审核。

（13）调查向关联方销售的情况，记录其交易品种、价格、数量、金额占总销售收入的比例。

（14）调查企业内部销售的情况，记录其交易品种、价格、数量、金额占总销售收入的比例，并追查在编制合并报表时是否已予以抵消。

（15）根据评估的舞弊风险等确定是否增加审计程序。

（16）检查主营营业收入是否已经按照《企业会计准则》的规定在财务报表中进行恰当列报。

主营业务收入实质性测试的结果要记录于主营业务收入审定表，如表7-8所示。

表7-8 主营业务收入审定表

被审计单位名称：　　　　　　制表人：　　　　　　日期：　　　　　　索引号：
所属年度：　　　　　　复核：　　　　　　日期：　　　　　　页次：

上期审定数	本期未审数	同 比 增 减	调 整 数		审 定 数	备　注
			借	贷		
审计说明：			经审计调整如下：			
1. 报表、总账、明细账核对情况：			1.			
			2.			
			3.			

续表

	审计结论：经审计期末余额
	1. 经审计，上述审定数可以确认
	2. 经审计，上述调整或重分类后的审定数可以确认

任务解析

红星公司会计处理中存在的错误如下。

（1）12日，红星公司向本单位不进行独立核算的门市部发出甲产品500件，不应作为销售处理，应冲减其应收账款、主营业务收入和主营业务成本。

（2）25日，红星公司向本市兴华公司出售乙产品1000件，其中有60件因质量问题退货，产品已验收入库，应进行相应的账务处理，即增加库存商品，同时冲减其主营业务收入和主营业务成本。

（3）29日，本单位因大修理工程领用甲产品200件，管理部门维修使用乙产品300件，应作为销售处理。

红星公司这样做的目的在于虚增利润，其中（1）和（2）虚增主营业务收入，（3）偷漏税费。

任务四 应收账款审计

任务导入

大正会计师事务所注册会计师王华在审查红星公司2019年"应收账款"账户时，发现其中一笔业务的会计分录如下。

借：应收账款　　　　　75 000
　　贷：应付职工薪酬　　　75 000

具体任务

请指出上述经济业务存在的问题，如何进行进一步的审查与调整？

理论认知

一、应收账款的审计目标

应收账款是指企业因销售商品、提供劳务等，应向购买单位或接受劳务单位收取的款项，包括货款、应由购买单位或接受劳务单位负担的税费、代垫的运杂费等。应收账款是伴随企业销售业务的发生而形成的一项债权。因此，应收账款的审计应结合销售业务来进行。

应收账款审计目标的确定一般与管理层认定相对应。应收账款的审计目标与管理层认定的对应关系如表 7-9 所示。

表 7-9 应收账款的审计目标与管理层认定的对应关系表

被审计单位名称：　　　　　制表人：　　　　　日期：　　　　　索引号：
所属年度：　　　　　　　　复核：　　　　　　日期：　　　　　页次：

审 计 目 标	管理层认定				
	存在	完整性	权利和义务	计价和分摊	列报
资产负债表中记录的应收账款是存在的	√				
所有应当记录的应收账款及其坏账准备均已记录		√			
记录的应收账款都为被审计单位所有或控制			√		
确定应收账款以恰当的金额包括在财务报表中，与之相关的计价调整已恰当记录				√	
确定应收账款已按照《企业会计准则》的规定在财务报表中进行恰当列报					√

二、应收账款审计的实质性测试

（一）实质性分析程序

（1）比较分析应收账款期末数与期初数的增减变动情况和原因，分析其合理性。

（2）比较当期与前期的应收账款的账龄，如有异常，查明原因。

（3）比较当期与前期应收账款占主营业务收入的比重，应收账款增减额与主营业务收入增减额的比率，结合当前宏观环境和信用政策分析其合理性。

（4）比较当期与前期的应收账款的周转率等指标，如有异常，查明原因。

（5）比较当期与前期坏账准备与主营业务收入的比率、坏账准备与应收账款的比率、坏账损失，如有异常，查明原因。

（6）比较截止日前后两个月的月末应收账款的余额，如有异常，查明原因。

（7）分析当期应收账款的增减变动，结合收入和货币资金的流入进行分析，关注差异的形成原因及其合理性。

（8）比较主要客户的应收账款期末数与期初数，结合销售收入的变动情况来分析变动原因及其合理性。

（二）细节测试

1. 取得或编制应收账款明细表

应收账款明细表应当包括债务人名称、业务内容、分币种列示的期初余额、本期增加额、本期减少额、期末余额、账龄、期后收款情况、是否涉及诉讼等。

（1）复核加计是否正确，并与总账数、明细账合计数核对是否相符，与坏账准备账户余额与报表数核对是否相符。

（2）检查以非记账本位币结算的应收账款的折算汇率及折算额是否正确。

（3）分析有贷方余额的项目，查明原因，必要时建议进行重分类调整。对于大额的贷方余额，必须查验相关合同和凭证，确认是预收账款方可进行重分类调整。有时可能是公司销售指标完成较好，财务人员未将已销售的货物发票入账，故形成应收账款期末贷方余额，注册会计师应依据发票、运送货单的回执确认将其调整为收入。

（4）结合其他应收款、预收账款等往来项目的明细余额，查明有无同一客户多处挂账、异常余额或与销售无关的其他款项（如代销账户、关联方账户或雇员账户），如果有，应进行记录，必要时进行调整。

（5）标识重要的欠款单位，计算其欠款合计数占应收账款余额的比例。

2. 检查应收账款的账龄分析是否正确

（1）获取或编制应收账款账龄分析表。注册会计师可以通过获取或编制应收账款账龄分析表来分析应收账款的账龄，以便了解应收账款的可收回性。应收账款账龄分析表的格式如表7-10所示。应收账款的账龄通常是指资产负债表中的应收账款从入账之日起到资产负债表日止所经历的时间。编制应收账款账龄分析表时，可以考虑将重要客户及其余额单独列示，不重要的客户或余额较小的汇总列示。应收账款账龄分析表的合计数减去已计提的相应坏账准备后的净额，应等于资产负债表中的应收账款项目的余额。如果应收账款账龄分析表由被审计单位编制，则注册会计师要测试其计算的正确性。

表 7-10 应收账款账龄分析表

被审计单位名称：　　　　　制表人：　　　　　日期：　　　　　索引号：
所属年度：　　　　　复核：　　　　　日期：　　　　　页次：

客 户 名 称	期 末 余 额	账　　龄			
		1 年以内	1～2 年	2～3 年	3 年以上
合计					

（2）将应收账款账龄分析表中的合计数与应收账款总账的余额相比较，并调查重大调整项目。

（3）检查原始凭证，如销售发票、运输记录等，分析账龄划分的准确性。

（4）请被审计单位协助，在应收账款明细表中标出至审计时已收回的应收账款金额，对已收回金额较大的款项进行常规检查，如核对收款凭证、银行对账单、销货发票等，并注意凭证发生日期的合理性，分析收款时间是否与合同相关因素一致。

3. 向债务人函证应收账款

（1）函证的概念和目的。

函证是指注册会计师为了获取影响财务报表或相关项目的信息，通过直接获取来自第三方的书面答复作为审计证据的过程，书面答复可以是纸质、电子或其他介质等形式。函证应收账款的目的在于证实应收账款账户余额的真实性、正确性，防止或发现被审计单位及其有关人员在销售交易中发生的错误或舞弊行为。除非有充分证据表明应收账款对财务报表不重要或函证很可能无效，否则应当对应收账款进行函证。如果不对应收账款进行函证，应在工作底稿中说明理由；如果认为函证很可能无效，应当实施替代的审计程序以获取充分、适当的审计证据。

（2）函证的范围和对象。

注册会计师不需要对被审计单位所有的应收账款进行函证。函证数量的大小、范围是由诸多因素决定的，具体如下。

① 应收账款在全部资产中的重要性。若应收账款在全部资产中所占的比重较大，则函证的范围应相应大一些。

② 被审计单位内部控制的强弱。若内部控制制度较健全，则可以相应缩小函证范围；反之，则应相应扩大函证范围。

③ 以前期间的函证结果。若以前期间函证中发现过重大差异，或欠款纠纷较多，则函证范围应相应扩大一些。

④ 函证方式的选择。若采用积极的函证方式，则可以相应减少函证量；若采用消极的函证方式，则要相应增加函证量。

一般情况下，注册会计师应选择以下项目作为函证对象：大额或账龄较长的项目；与债务人发生纠纷的项目；重大关联方项目；主要客户（包括关系密切的客户）的项目；交易频繁但期末余额较小甚至余额为零的项目；可能产生重大错报或舞弊的非正常的项目。

（3）选择函证方式。

函证方式分为积极的函证方式和消极的函证方式。注册会计师可采用积极的或消极的函证方式实施函证，也可将两种方式结合使用。

① 积极的函证方式。

积极的函证方式要求被询证者在所有情况下必须回函，确认询证函所列示的信息是否正确，或填列询证函要求的信息。

积极的函证方式又分为两种，一种是在询证函中列出拟函证的账户余额或其他信息，要求被询证者确认所函证的款项是否正确。通常认为，对这种询证函的回复能够提供可靠的审计证据。这种方式的缺点是被询证者可能对所列示信息根本不加以验证就予以回函确认。为了避免这种风险，注册会计师可以采用另外一种方式，即在询证函中不列明账户余额或其他信息，而要求被询证者填写有关信息或提供进一步信息。这种询证函要求被询证者做出更多的努力，可能会导致回函率降低，进而导致注册会计师执行更多的替代程序。

在采用积极的函证方式时，只有注册会计师收到了回函，才能为财务报表认定提供审计证据。注册会计师没有收到回函，可能是由于被询证者根本不存在，或是由于被询证者没有收到询证函，也可能是由于询证者没有理会询证函，这时无法证明所函证信息是否正确。

积极的函证方式的询证函如图 7-1 所示。

② 消极的函证方式。

消极的函证方式。只要求被询证者仅在不同意询证函列示信息的情况下才予以回函。

在采用消极的函证方式时，如果收到回函，能够为财务报表认定提供说服力较强的审计证据。未收到回函可能是因为被询证者已收到询证函且核对无误，也可能是因为被询证者根本就没有收到询证函。因此，积极的函证方式提供的审计证据通常比消极的函证方式提供的审计证据可靠。在采用消极的函证方式时，注册会计师通常还需辅之以其他审计程序。

当债务人符合以下条件时，可考虑采用消极的函证方式：相关的内部控制是有效的，重大错报风险评估为低水平；涉及大量余额较小的账户；预期差错率较低；注册会计师有理由相信大多数被询证者能认真对待函证，对不正确的情况予以反馈。消极的函证方式的询证函如图 7-2 所示。

企业询证函

编号

××（公司）

本公司聘请的××会计师事务所正在对本公司_____年的年度财务报表进行审计，按照《中国注册会计师审计准则》的要求应当函证本公司与贵公司的往来账项等事项。下列信息出自本公司的账簿记录，如与贵公司的记录相符，请在本函下端"信息证明无误"处签章证明；如有不符，请在"信息不符"处列明不符项目。如存在与本公司有关的未列入本函的其他项目，请在"信息不符"处列出这些项目的金额及详细资料。回函请直接寄至××会计师事务所。

回函地址：

邮编：　　　　　　电话：　　　　　　传真：　　　　　　联系人：

1. 本公司与贵公司的往来账项

单位：元

截止日期	贵公司欠	欠贵公司	备注

2. 其他事项

本函仅为复核账目之用，并非催款结算。若款项在上述日期之后已经付清，仍请及时函复为盼。

（公司盖章）

年　　月　　日

结论：

1. 信息证明无误

（公司盖章）

年　　月　　日

经办人

2. 信息不符，请列明不符项目及具体内容

（公司盖章）

年　　月　　日

经办人

图 7-1　积极的函证方式的询证函

企业询证函

编号

××（公司）

本公司聘请的××会计师事务所正在对本公司_____年的年度财务报表进行审计，按照《中国注册会计师审计准则》的要求应当函证本公司与贵公司的往来账项等事项。下列信息出自本公司的账簿记录，如与贵公司的记录相符，则无须回复；如有不符，请在空白处列明贵公司认为是正确的信息，回函请直接寄至××会计师事务所。

回函地址：

邮编：　　　　　　电话：　　　　　　传真：　　　　　　联系人：

1. 本公司与贵公司的往来账项

单位：元

截止日期	贵公司欠	欠贵公司	备注

2. 其他事项

本函仅为复核账目之用，并非催款结算。若款项在上述日期之后已经付清，仍请及时函复为盼。

（公司盖章）

年　　月　　日

××会计师事务所：

上面的信息不正确，差异如下：

（公司盖章）

年　　月　　日

经办人

图 7-2　消极的函证方式的询证函

③ 两种方式的结合使用。

在审计实务中，注册会计师也可将这两种方式结合使用。当应收账款的余额是由少量的大额应收账款和大量的小额应收账款构成时，注册会计师可以对所有的或抽取的大额应收账款样本采用积极的函证方式，而对抽取的小额应收账款样本采用消极的函证方式。

（4）函证时间的选择。

注册会计师通常以资产负债表日为截止日，在资产负债表日后适当时间内实施函证。如果重大错报风险评估为低水平，则注册会计师可选择资产负债表日前适当日期为截止日实施函证，并对所函证项目自该截止日起至资产负债表日止发生的变动实施实质性测试。

（5）函证过程的控制。

注册会计师通常利用被审计单位提供的应收账款明细账户名称及客户地址等资料据以编制询证函，但注册会计师应当对选择被询证者、设计询证函及发出和收回询证函保持控制。被询证者以传真、电子邮件等方式回函的，应要求其寄回询证函原件；如果未能收到积极的函证方式的回函，应当考虑与被询证者联系，要求对方做出回应或再次寄发询证函。注册会计师可以通过编制应收账款函证结果汇总表对询证函的收回情况加以控制。应收账款函证结果汇总表的格式如表 7-11 所示。

表 7-11　应收账款函证结果汇总表

被审计单位名称：　　　　　制表人：　　　　　日期：　　　　索引号：

结账日：　　　　　复核：　　　　　日期：

询证函编号	债务人名称	债务人地址及联系方式	账面金额	函证方式	函证日期		回函日期	替代程序	确认余额	差异金额及说明	备注
					第一次	第二次					
合　计											

（6）对不符事项的处理。

因登记入账的时间不同而产生的不符事项主要表现如下。

① 询证函发出时，债务人已经付款，而被审计单位尚未收到货款。

② 询证函发出时，被审计单位的货物已经发出并已进行销售记录，但货物仍在途中，债务人尚未收到货物。

③ 债务人由于某种原因将货物退回，而被审计单位尚未收到。

④ 债务人对收到的货物的数量、质量及价格等方面有异议而全部或部分拒付货款等。

如果不符事项构成错报，则注册会计师应当评价该错报是否表明存在舞弊，并重新考虑所实施审计程序的性质、时间和范围，对函证结果进行评价。

（7）对函证结果的评价。

注册会计师对函证结果可进行如下评价。

① 如果不符事项构成错报，则注册会计师应重新考虑：对内部控制的原有评价是否适当；控制测试的结果是否适当；分析程序的结果是否适当；相关的风险评价是否适当等。

② 如果函证结果表明没有审计差异，则注册会计师可以合理地推论，全部应收账款总体是正确的。

③ 如果函证结果表明存在审计差异，则注册会计师应当估算应收账款总额中可能出现的累计差错是多少，估算未被选中进行函证的应收账款的累计差错是多少。为取得对应收账款累计差错

更加准确的估计，也可以进一步扩大函证范围。

4. 对未函证应收账款实施替代审计程序

抽查有关原始凭据，如销售合同、销售订单、销售发票副本、发运凭证及回款单据，或询问被审计单位有关部门等，以验证与其相关的应收账款的真实性。

5. 抽查有无不属于结算业务的债权

抽查应收账款明细账并追查至有关原始凭证，查证被审计单位有无不属于结算业务的债权。如有，应建议被审计单位进行适当调整。

6. 检查被审计单位授予欠款单位的减免应收账款凭证，以测试其准确性

检查资产负债表日前后销售退回和赊销水平，确定是否存在异常（与正常水平相比），并考虑是否有必要追加审计程序。

7. 复核相关账户

复核应收账款和相关总账、明细账和现金日记账、银行存款日记账，调查异常项目。对于大额或异常及关联方应收账款，即使回函相符，仍应抽查其原始凭证。

8. 检查应收账款减少有无异常

9. 检查债务人情况

检查应收账款中是否存在债务人破产或者死亡，以其破产财产或者遗产清偿后仍无法收回，或者债务人长期未履行偿债义务的情况。如果存在，应提请被审计单位处理。

10. 对关联企业、有密切关系的主要客户的交易事项进行专门核查

（1）了解交易事项的目的、价格和条件，并进行比较分析。
（2）检查销售合同、销售发票、货运单证等相关文件资料。
（3）检查收款凭证等货款结算单据。
（4）向关联方、有密切关系的主要客户或其他注册会计师函证以确认交易的真实性、合理性。

11. 检查询证函回函

检查银行存款和银行贷款等询证函的回函、会议纪要、借款协议和其他文件，确定应收账款是否已被质押或出售。

12. 根据评估的舞弊风险等因素确定是否增加审计程序

13. 检查列报是否恰当

检查应收账款是否已按照《企业会计准则》的规定在财务报表中进行恰当列报。

应收账款实质性测试的结果要记录于应收账款审定表中，应收账款审定表如表 7-12 所示。

表 7-12　应收账款审定表

被审计单位名称：　　　　　　制表人：　　　　　日期：　　　　索引号：

所属年度：　　　　　　　　　复核：　　　　　　日期：　　　　页次：

上期审定数	本期末审数				同比增减	调整数		重分类		审定数
	年初余额	借	贷	期末余额		借	贷	借	贷	
审计说明：						经审计调整如下：				
1. 报表、总账、明细账核对一致。						1.				

续表

	2.
	3.
	审计结论：
	1. 经审计，上述审定数可以确认
	2. 经审计，上述调整或重分类后的审定数可以确认

三、坏账准备审计的实质性测试

《企业会计准则》规定，企业应当在期末对应收款项进行检查，并合理预计可能产生的坏账损失。应收款项包括应收票据、应收账款、预付款项、其他应收款和长期应收款等，下面以应收账款的坏账准备为例，阐述坏账准备审计常用的实质性测试。

（1）取得或编制坏账准备明细表，复核加计是否正确，与坏账准备总账数、明细账合计数核对是否相符。

（2）将应收账款坏账准备本期计提数与资产减值损失相应明细项目的发生额核对是否相符。

（3）检查应收账款坏账准备计提和核销的批准程序，取得书面报告等证明文件，评价计提坏账准备所依据的资料、假设及方法。

企业应根据所持应收账款的实际可收回情况，合理计提坏账准备，不得多提或少提，否则应视为滥用会计估计，并按照重大会计差错更正的方法进行会计处理。

对于单项金额重大的应收账款，企业应当单独进行减值测试，如客观证据证明其实已发生减值，应当计提坏账准备。对于单项金额不重大的应收账款，企业可以单独进行减值测试，也可以在具有类似信用风险特征的应收账款组合中（如账龄分析）进行减值测试。此外，单独测试未发生减值的应收账款，应当在具有类似信用风险特征的应收账款组合中（如账龄分析）进行减值测试。

采用账龄分析法时，收到债务单位当期偿还的部分债务后，剩余的应收账款不应改变其账龄，仍应按原账龄加上本期应增加的账龄确定；在存在多笔应收账款且各笔应收账款账龄不同的情况下，收到债务单位当期偿还的部分债务，应当逐笔认定收到的是哪一笔应收账款；如果确实无法认定的，按照先发生先收回的原则确定，剩余应收账款的账龄按上述原则确定。

在确定坏账准备的计提比例时，企业应当在综合考虑以往的经验、债务单位的实际财务状况和预计未来现金流量（不包括尚未发生的未来信用损失）等因素及其他相关信息的基础上做出合理估计。

（4）实际发生坏账损失的，检查转销依据是否符合有关规定、会计处理是否正确。

对于被审计单位在被审计期间内发生的坏账损失，注册会计师应检查其原因是否清楚、是否符合有关规定、有无授权批准、有无已作为坏账处理后又重新收回的应收账款、相应的会计处理是否正确。对已有确凿证据表明确实无法收回的应收账款，如债务单位已撤销、破产、资不抵债、现金流量严重不足等，企业应根据管理权限，经股东（大）会或董事会，或经理（厂长）办公会或类似机构批准后，将其作为坏账损失，冲销提取的坏账准备。

（5）已经确认并转销的坏账重新收回的，检查其会计处理是否正确。

（6）检查函证结果。对债务人回函中反映的例外事项及存在争议的余额，注册会计师应查明原因并进行记录。必要时，应建议被审计单位进行相应的调整。

（7）实施分析程序。通过比较前期坏账准备计提数和实际发生数，以及检查期后事项，评价应收账款坏账准备计提的合理性。

（8）确定应收账款坏账准备的披露是否恰当。企业应当在财务报表附注中清晰地说明坏账的确认标准、坏账准备的计提方法和计提比例。并且，上市公司还应在财务报表附注中分项披露如下事项。

① 本期全额计提坏账准备，或计提坏账准备的比例较大的（计提比例一般超过 40%及以上的，下同），应说明计提的比例及理由。

② 前期已全额计提坏账准备，或计提坏账准备的比例较大但在本期又全额或部分收回的，或通过重组等其他方式收回的，应说明其原因、原估计计提比例的理由及原估计计提比例的合理性。

③ 本期实际冲销的应收款项及其理由，其中实际冲销的关联交易产生的应收账款应单独披露。

任务解析

1．账户对应关系不正确。

"应收账款"账户的借方一般应与"主营业务收入"账户的贷方相对应，而该企业却将其与"应付职工薪酬"账户相对应是不正确的。

2．注册会计师应当审查该笔业务的会计凭证，特别是原始凭证，查明其是否为销售发票，或者采用查询法向欠款单位核实该笔业务的真伪。

3．待问题查证后，如果确系销售业务，应调整会计分录如下。

（1）借：应付职工薪酬   75 000

    贷：主营业务收入   75 000

（2）借：应收账款   9 750

    贷：应交税费——应交增值税 9 750

任务五　其他相关项目审计

任务导入

注册会计师王华在审查红星公司销售费用明细账时，发现如下记录。

（1）支付销售机构人员的工资及奖金 7700 元。

（2）支付违约金和赔偿金 2000 元。

（3）支付招待客户的费用 3200 元。

（4）支付产品的包装费 4000 元。

✅ 具体任务

1．说明审计方法。
2．指出存在的问题。
3．提出处理意见。

☑ 理论认知

销售与收款循环中除上述的营业收入与应收账款外，还有应收票据、预收账款、应交税费、税金及附加、销售费用等项目的审计。本节只对部分项目的实质性测试进行简要阐述。

一、应收票据审计

（一）应收票据的审计目标

应收票据是以书面形式表现的债权资产，其款项具有一定的保证，经持有人背书后可以提交给银行贴现，具有较大的灵活性。应收票据是在企业赊销业务中产生的，因此对应收票据的审计也必须结合企业赊销业务一起进行。其审计目标如下：确定资产负债表中记录的应收票据是否存在；确定应收票据是否归被审计单位所有；确定应收票据增减变动的记录是否完整；确定应收票据是否有效、可否收回，坏账准备的计提方法和比例是否恰当，计提是否充分；确定应收票据及其坏账准备期末余额是否正确；确定应收票据及其坏账准备在财务报表中的披露是否恰当。

（二）应收票据审计的实质性测试

（1）获取或编制应收票据明细表，复合加计是否正确，并核对其期末余额合计数与报表数、总账数和明细账合计数是否相符。

（2）监盘库存票据。

（3）必要时，抽取部分票据向出票人函证，证实其存在性和可收回性，编制函证结果汇总表。

（4）检查有疑问的商业票据是否曾经更换或转期，或向出票人函证以确定其兑现能力。

（5）验明应收票据的利息收入是否均已正确入账。

（6）对于已贴现的应收票据，注册会计师应审查其贴现额与利息额的计算是否正确，会计处理方法是否适当，并复核、统计已贴现及已转让但未到期的应收票据的金额。

（7）检查应收票据在财务报表中的披露是否恰当。注册会计师应检查被审计单位资产负债表中应收票据项目的数额是否与审定数相符，是否剔除了已贴现票据，是否将贴现的商业承兑汇票在报表下端补充资料内的"已贴现的商业承兑汇票"项目中加以反映。

二、预收账款审计

（一）预收账款的审计目标

预收账款是在企业销售业务确认以前，预先收取的部分货款。预收账款是随着企业销售业务的发生而发生的，因此注册会计师应结合企业销售业务对预收账款进行审计。其审计目标如下：确定预收账款的发生及偿还记录是否完整；确定预收账款的期末余额是否正确；确定预收账款在财务报表中的披露是否恰当。

（二）预收账款审计的实质性测试

（1）获取或编制预收账款明细表，复核加计是否正确，并核对其期末余额合计数与报表数、总账数和明细账合计数是否相符。

（2）检查已转销的预收账款。请被审计单位协助，在预收账款明细表上标出至审计日止已转销的预收账款，重点对已转销金额较大的预收账款进行检查，核对记账凭证、仓库发运凭证、销售发票等，并注意这些凭证发生日期的合理性。

（3）抽查相关凭证。抽查与预收账款有关的销售合同、仓库发运凭证、收款凭证，检查已实现销售的商品是否及时转销预收账款，确定预收账款期末余额的正确性和合理性。

（4）函证预收账款。选择预收账款的若干重大业务进行函证，根据回函情况编制函证结果汇总表。

（5）检查预收账款是否存在借方余额，决定是否建议被审计单位进行重分类调整。

（6）检查预收账款长期挂账的原因，并做出记录，必要时提请被审计单位予以调整。

（7）对税法规定应予纳税的预收账款，结合应交税费项目，检查是否及时、足额缴纳有关税费。

（8）检查预收账款是否已在资产负债表中进行恰当披露。

三、应交税费审计

（一）应交税费的审计目标

应交税费是企业根据有关规定，按照一定的纳税依据和适用的税率应该缴纳给有关部门的税金和附加费，包括应缴纳的增值税、消费税、营业所得税、资源税、土地增值税、城市维护建设税、房产税、土地使用税、车船税、教育费附加等。应交税费项目与国家的税法及税务机关的征管工作紧密相连，政策性、法律性较强，因此注册会计师对于应交税费的项目审计要慎重。

应交税费的审计目标一般如下：确定资产负债表中记录的应交税费是存在的；确定所有应当记录的应交税费均已记录；确定记录的应交税费是被审计单位应当履行的偿还义务；确定应交税费以恰当的金额包括在财务报表中，与之相关的计价调整已恰当记录；确定应交税费已按照《企业会计准则》的规定在财务报表中进行恰当列报。

（二）应交税费审计的实质性测试

（1）获取或编制应交税费明细表，复核加计是否正确，并核对其期末余额合计数与报表数、总账数和明细账合计数是否相符。要注意印花税、房产税、耕地占用税等是否计入应交税费。

（2）核对期初未交税费与税务机关的认定数是否一致，如有差异，应查明原因并做好记录，提请被审计单位进行适当调整。

（3）向被审计单位索要并审阅纳税申报资料、纳税鉴定或纳税通知及征、免、减税的批准文件和税务机关汇算清缴确认文件，检查被审计单位的会计处理是否符合国家财税法规的规定。

（4）结合对长期投资、固定资产、在建工程、营业外支出、其他业务收入、税金及附加等项目的审计，发现是否存在没有记录的应交税费。

（5）检查应交税费的计算是否正确。

（6）检查应交税费是否已在资产负债表中进行恰当披露。

四、税金及附加审计

（一）税金及附加的审计目标

（1）确定利润表中记录的税金及附加已发生，且与被审计单位有关。

（2）确定所有应当记录的税金及附加均已记录。

（3）确定与税金及附加有关的金额及其他数据已恰当记录。

（4）确定税金及附加已记录于正确的会计期间。

（5）确定税金及附加已记录于恰当的账户。

（6）确定税金及附加已按照《企业会计准则》的规定在财务报表中进行恰当列报。

（二）税金及附加审计的实质性测试

（1）获取或编制税金及附加明细表，复核加计是否正确，并与报表数、总账数和明细账合计数核对是否相符；注意印花税、耕地占用税及其他不需要预计应缴数的税金有无误入应交税费项目；如果存在借方余额，应查明原因，判断其是否是由被审计单位预缴税款引起的。

（2）首次接受委托时，取得被审计单位的纳税鉴定、纳税通知、减免税批准文件等，了解被审计单位适用的税种、附加税费、计税基础、税率，以及征、免、减税的范围与期限。如果被审计单位适用于特定的税基式优惠、税额式优惠或降低适用税率，且该项税收优惠需办理规定的审批或备案手续时，应检查相关的手续是否完整、有效。连续接受委托时，关注其变化情况，检查被审计单位获得税费减免或返还的依据是否充分、合法和有效，会计处理是否正确。

（3）核对期初未交税金与税务机关受理的纳税申报资料是否一致，检查延期纳税事项是否经过有关税务机关批准。

（4）取得税务部门汇算清缴或其他确认文件、有关政府部门的专项检查报告、税务代理机构专业报告、被审计单位纳税申报资料等，分析其有效性，并与上述明细表及账面数据进行核对。对于超过法定缴纳期限的税费，应取得主管税务机关的批准文件。

（5）检查应交增值税。

① 获取或编制应交增值税明细表，复核加计是否正确，并与明细账核对是否相符。

② 将应交增值税明细表与被审计单位增值税纳税申报表进行核对，比较两者是否总体相符，并分析其差额产生的原因。

③ 抽查一定期间的进项税抵扣汇总表，与应交增值税明细表相关数额合计数核对，如有差异，查明原因并进行适当处理。

④ 根据与增值税销项税额相关账户审定的有关数据，复核存货销售，或将存货用于投资、无偿馈赠他人、分配给股东（或投资者）应计的销项税额是否正确，将自产、委托加工的产品用于非应税项目的计税依据是否正确，应计的销项税额是否正确，是否按规定进行了会计处理。

⑤ 检查适用税率是否符合税法规定。

⑥ 取得《出口货物退（免）税申报表》及办理出口退税有关凭证，复核出口货物退税的计算是否正确，是否按规定进行了会计处理。

（6）检查应交消费税的计算是否正确。结合税金及附加等项目的审计，根据审定的本期营业额，检查消费税的计税依据是否正确、适用税率是否符合税法规定、是否按规定进行了会计处理，并分项复核本期应交数。抽查本期已交消费税资料，确定已交消费税的正确性。

（7）检查应交城市维护建设税、教育费附加等的计算依据是否和本期应交增值税、消费税的合计数一致，并按规定适用的税率或费率计算、复核本期应交城市维护建设税、教育费附加等。检查会计处理是否正确。抽查本期已交城市维护建设税资料，确定已交城市维护建设税的正确性。

（8）根据评估的舞弊风险等因素确定是否增加审计程序。

（9）确定税金及附加是否已按照《企业会计准则》的规定在财务报表中进行恰当列报。

五、销售费用审计

（一）销售费用的审计目标

（1）确定利润表中记录的销售费用均已发生，且与被审计单位有关。

（2）确定所有应当记录的销售费用均已记录。

（3）确定与销售费用有关的金额及其他数据是否已恰当记录。

（4）确定销售费用已记录于正确的会计期间。

（5）确定销售费用已记录于恰当的账户。

（6）确定销售费用已按照《企业会计准则》的规定在财务报表中进行恰当列报。

（二）销售费用审计的实质性测试

（1）获取或编制销售费用明细表，复核加计是否正确，并与报表数、总账数和明细账合计数核对是否相符。

（2）检查其明细项目的设置是否符合规定的核算内容与范围、是否划清了销售费用与其他费用的界限。

（3）检查各明细项目是否与被审计单位销售商品和材料、提供劳务及专设的销售机构发生的各种费用有关。

（4）检查销售佣金支出是否符合规定、审批手续是否健全、是否取得有效的原始凭证。如超过规定，是否按规定进行了纳税调整。

（5）检查广告费、宣传费、业务招待费的支出是否合理，审批手续是否健全，是否取得有效的原始凭证。如超过规定限额，应在计算应纳税所得额时进行调整。

（6）检查由产品质量保证产生的预计负债是否按确定的金额进行会计处理。

（7）选择重要或异常的销售费用，检查销售费用各项目开支标准是否符合有关规定、开支内容是否与被审计单位的产品销售或专设销售机构的经费有关、计算是否正确、原始凭证是否合法，会计处理是否正确。

（8）根据评估的舞弊风险等因素确定是否增加审计程序。

（9）检查销售费用是否已按照《企业会计准则》的规定在财务报表中进行恰当列报。

任务解析

1．审计方法：审阅销售费用明细账，抽查有关的记账凭证和原始凭证。

2．存在的问题：支付违约金和赔偿金 2000 元应记入"营业外支出"账户，支付招待客户的费用 3200 元应记入"管理费用"账户。

3．上述已记入"销售费用"账户的各项支出，应按规定列支，调整会计分录如下。

```
借：营业外支出          2000
    贷：销售费用          2000
借：管理费用            3200
    贷：销售费用          3200
```

复习自测题

一、单选题

1．下列文件中，不属于销售与收款循环审计中应该审查的文件是（   ）。

A．客户对账单　　　　　B．发运单　　　　C．销售合同　　　D．生产统计表

2．下列选项中，审查应收账款是否真实、准确，具有决定意义的方法是（   ）。

A．调节法　　　　　　　B．审阅法　　　　C．函证　　　　　D．分析复核法

3．在审计应收账款时，控制函证过程的应当是（   ）。

A．会计主管　　　　　　B．应收账款记账员

C．注册会计师　　　　　D．信用调查人员

4．对两次发出积极的函证方式的询证函后仍未得到回复的某笔应收账款，注册会计师应当（   ）。

A．将该笔应收账款确认为坏账

B．认定被审计单位虚构应收账款户名，捏造应收账款

C．查阅有关销货合同、发货单，验证应收账款的真实性

D．编制应收账款账龄分析表

5．销售与收款循环涉及的主要凭证和会计记录按业务顺序依次为（   ）。

A．客户订货单、贷项通知单、现金日记账

B．客户订货单、销售单、销货合同、发运凭证、销售发票

C．销货日记账、发票、贷项通知单、收款凭证

D．发货单、销货合同、客户订货单

6．审查销售折让账务处理时，下列做法正确的是（   ）。

A．作为营业收入的抵减项目

B．冲减营业收入并同时冲减营业成本

C．冲减营业收入并同时增加产成品成本

D．不必进行账务处理

7．审查某制造企业 2020 年度实现的主营业务收入时，发现 12 月一次性转让库存材料所得 300 万元。此项收入（   ）。

A．应计入其他业务收入　　　　　　　　B．应计入营业外收入

C．应计入调剂收入　　　　　　　　　　D．应计入主营业务收入

8．为了充分发挥函证的作用，发函的最佳时间是（   ）。

A．被审计年度期初　　　　　　　　　　B．被审计年度期中

C．与资产负债表日接近的时间　　　　　D．审计工作结束日

9．注册会计师对被审计单位实施销货业务截止测试，主要目的是检查（   ）。

A．年底应收账款的真实性   B．是否存在过多的销货折扣

C．销货业务的入账时间是否正确   D．销货退回是否已经核准

10．下列内容中不属于应收账款实质性测试的是（　　　）。

     A．获取或编制应收账款明细表   B．分析应收账款账龄

     C．核对货运文件和相关的发票   D．抽查有无不属于结算业务的债权

11．在销售与收款循环中，要求被授权的信用管理部门人员应在（　　　）上签署意见。

     A．客户订货单   B．销售单   C．发运凭证   D．销售发票

12．（　　　）有助于防止各种有意或无意的错误。

     A．正确的授权审批   B．适当的职责分离

     C．充分的凭证和记录   D．按月寄出对账单

13．对于未予函证的应收账款，注册会计师应当执行的有效的审计程序是（　　　）。

     A．重新测试相关的内部控制   B．审查与应收账款有关的销货凭证

     C．进行分析性复核   D．审查资产负债表日后的收款情况

14．企业在批准了客户订货单后，会编制一式多联的销售单，该项活动与（　　　）认定相关。

     A．准确性   B．发生   C．完整性   D．截止

15．针对营业收入的审计目标，下面说法中不恰当的是（　　　）。

     A．确定利润表中记录的营业收入是否已发生，且与被审计单位有关

     B．确定所有应当记录的营业收入是否均已记录

     C．确定与营业收入有关的金额及其他数据是否已经恰当记录，包括对销售退回、销售折扣与折让的处理是否适当

     D．确定与营业收入对应的应收账款的金额是否已恰当记录、可否收回，坏账准备的计提方法和比例是否恰当，计提是否充分

16．下列有关收入确认说法不恰当的是（　　　）。

     A．采用交款提货销售方式时，通常应于货款已收到或取得收取货款的权利，同时已将发票和提货单交给购货单位时确认收入

     B．采用预收账款销售方式时，通常应于收到货物的60%时确认收入

     C．采用托收承付结算方式时，通常应于商品已经发出，劳务已经提供，并将发票提交银行、办妥收款手续时确认收入

     D．对于长期工程合同收入，如果合同的结果能够可靠估计，通常应当根据完工百分比法确认合同收入

二、多选题

1．在审计实务中，注册会计师实施营业收入截止测试的起点包括（　　　）。

     A．以销售发票为起点   B．以账簿记录为起点

     C．以报表为起点   D．以发运凭证为起点

2．当债务人符合（　　　）情况时，注册会计师采用积极的函证方式较好。

     A．欠款可能存在差错   B．预计的差错率低

     C．相关的内部控制有效   D．个别账户的欠款金额较大

3．被审计单位在销售与收款循环中的主要业务活动有（　　　）。

     A．批准赊销   B．按审批后的销售单装运货物

C．办理和记录现金、银行存款收入　　　　D．办理和记录销售退回、销售折扣与折让

4．以下各项中，与销售交易类别相关的常见主要凭证和会计记录有（　　　）。

A．客户订货单　　　B．营业收入明细账　　　C．贷项通知单　　　D．汇款通知书

5．由于购销双方登记入账的时间不同而使注册会计师收回的询证函产生差异，其主要原因包括（　　　）。

A．询证函发出时，债务人已经付款，而被审计单位尚未收到货款

B．询证函发出时，被审计单位的货物已经发出并已进行销售记录，但货物仍在途中，债务人尚未收到货物

C．债务人由于某种原因将货物退回，而被审计单位尚未收到

D．债务人对收到的货物的数量、质量及价格等方面有异议而全部或部分拒付货款

6．销售与收款循环业务涉及的利润表项目有（　　　）。

A．营业收入　　　B．销售费用　　　C．管理费用　　　D．税金及附加

7．在对主营业务收入进行实质性测试时，运用分析性程序进行比较的主要内容包括（　　　）。

A．主营业务收入　　　　　　　B．重要客户的销售额

C．重要产品的毛利率　　　　　D．销售给重要客户的产品毛利率

8．注册会计师确定应收账款函证的数量、范围时，应考虑的主要因素有（　　　）。

A．应收账款在全部资产中的重要性　　　B．被审计单位内部控制的强弱

C．以前年度的函证结果　　　　　　　　D．函证方式的选择

9．被审计单位销售业务已恰当审批的关键审批程序为（　　　）。

A．发货之前批准赊销

B．发运凭证均经事先编号

C．货物的发运

D．价格、付款条件、运费、折扣等内容的确定

三、判断题

1．在销售与收款循环审计中，注册会计师应当将销售业务的完整性作为重要目标进行实质性测试。（　　　）

2．在销售的截止测试中，注册会计师可以采用以账簿记录为起点的审计路线，以防止少计收入。（　　　）

3．如果函证结果表明没有审计差异，则注册会计师可以合理地推论，全部应收账款总体是正确的。（　　　）

4．若内部控制制度较健全，则可以相应增加函证量；反之，则应相应减少函证量。（　　　）

5．若以前期间函证中发现过重大差异，或欠款纠纷较多，则函证范围应相应缩小一些。（　　　）

6．注册会计师应当将应收账款询证函回函作为审计证据，纳入审计工作底稿，询证函回函的所有权归所在会计师事务所。（　　　）

7．应收账款询证函的寄发和收回均应由注册会计师直接控制。（　　　）

8．对于应收账款项目来说，函证是其最为主要的、不可替代的审计程序。（　　　）

9．应收款项是由于销售业务而发生的，所记录的应收账款与相应的销售收入应一致。（　　　）

10．分析性程序是判断营业收入变动是否合理的重要方法。（　　　）

项目八

采购与付款循环审计

知识目标

1. 熟悉采购与付款循环涉及的主要业务活动。
2. 熟悉采购与付款循环的内部控制及控制测试。
3. 掌握采购与付款循环主要账户的审计目标和实质性测试。

技能目标

1. 能够结合实际分析采购与付款循环内部控制的内容和作用。
2. 能够结合具体案例分析如何针对内部控制进行控制测试。
3. 能够对采购与付款循环主要账户进行实质性测试。
4. 能正确编制采购与付款循环业务的审计工作底稿。

引导案例

美国巨人零售公司是一家大型零售折扣商店，创建于 1959 年，总部设在马萨诸塞州，公司在十多年的时间内迅速发展，到 1971 年已经拥有了 112 家零售批发商店。但就在那一年，巨人零售公司出现了严重的经营危机。公司管理层为了掩盖经营危机，篡改了有关的会计记录，把 250 万美元的经营损失改成了盈利 150 万美元，并采用了虚列应付广告费（30 万美元）、伪造采购退回与折扣及折让（55 万美元）、捏造采购差价退款（18 万美元）等方法，冲减应付账款，提高了流动比率和存货周转率。罗斯会计师事务所担任巨人零售公司 1972 年的年报审计工作，签发了无保留意见的审计报告。

巨人零售公司的舞弊行为与罗斯会计师事务所的审计行为列示如下。

（1）预付广告费。巨人零售公司虚构了 1100 家广告商名单并称向它们预付了 30 万美元的广告费。负责此项审计工作的罗斯会计师事务所的注册会计师从其提供的约 1100 家广告商中只抽取了 4 家发出询证函，并要求其为另外 20 笔广告费提供证明文件。显然，抽取 24 个样本不能提供充分的证据来表明 30 万美元预付广告费的真实性，且注册会计师还忽略了回函中指出的"预付广告费不符"这一信息。另外，依靠内部证明文件来证明 20 笔广告费的真实性也是不妥的。

（2）假退货。巨人零售公司通过发出 35 份假造的贷项通知单，蓄意减少了应付给另一家供应商罗斯盖尔公司的账款 13 万美元。

注册会计师在审阅这些货项通知单的复印件时，发现有种特殊标志被隐藏在单据中，当把这些通知单放在灯光下观察时，他发现了单据中被隐藏起来的句子："只有在收到商品时才可以记账"。于是，注册会计师打电话给罗斯盖尔公司的一位会计人员，询问他有关这些商品退回的问题，回答是并无任何商品曾被巨人零售公司退回。因此，注册会计师将这件事情报告给了会计师事务所的合伙人。当合伙人与巨人零售公司的副总裁交流时，巨人零售公司副总裁解释道，注册会计师误解了有关货项通知单的电话询问，并断言的确是由于退回商品，才发出通知单，但以巨人零售公司和罗斯盖尔公司即将对簿公堂为理由，拒绝会计师事务所合伙人和罗斯盖尔公司联系。最终，合伙人由于收到了信件证实了这些由巨人零售公司收到的、然后又退回罗斯盖尔公司的有争议的商品确实"存在"，从而接受了巨人零售公司对货项通知单的解释。

（3）假折扣、折让与采购差价退款。巨人零售公司副总裁共伪造了28份假的货项通知单，虚构购货折扣与折让，以此抵减应付米尔布鲁克公司的25.7万美元应付账款。巨人零售公司的管理层向下属两个部门的经理施加压力，要求他们假造一份名单，虚构了几百个供应商因进价过高而要求退款的事项，金额大约为17.7万美元。

对于采购退回与折扣及折让和采购差价退款，注册会计师在通过电话求证其真实性时，迫于巨人零售公司的压力，允许公司人员与被询证方先通电话，致使询证不能独立进行，使函证结果的可靠性大打折扣。

助理审计人员曾对此提出疑问，但罗斯会计师事务所的合伙人并未给予足够的重视，最终在与巨人零售公司的讨价还价中出具了无保留意见的审计报告，巨人零售公司凭借这一审计报告得以出售300万美元的股票，并取得了120万美元的贷款。1973年，巨人零售公司破产。

1978年，巨人零售公司的四位管理者被陪审团以舞弊罪名起诉，经联盟法院审判定为有罪。1979年1月，美国证券交易委员会在经过调查后严厉谴责了罗斯会计师事务所，并在联邦法院处理此事前，令负责该公司审计的合伙人暂停执业5个月。证券交易委员会同时要求由独立专家中的一位陪审员，对罗斯会计师事务所的审计程序，进行一次大规模的检查。

可以说，罗斯会计师事务所对巨人零售公司应付账款的审计是失败的。

思考：结合本案例，讨论罗斯会计师事务所对巨人零售公司年报审计中无效的审计程序有哪些？如何发现企业在采购中的舞弊行为？如何处理才能避免审计失败？

任务一　采购与付款循环概述

📋 任务导入

2020年3月4日，大正会计师事务所的注册会计师黄莉与实习生王强对红星公司的采购与付款循环所涉及的报表项目进行了审计。

✓ 具体任务

在审计采购与付款循环时，注册会计师要了解该循环涉及哪些主要业务活动？涉及哪些主要凭证和会计记录？

✓ 理论认知

采购与付款循环包括企业从外部购买商品或劳务或其他资产并支付款项的过程，采购业务是企业生产经营活动的起点。该业务循环涉及的业务范围广泛，在企业总资产和负债中占有相当大的比重，因此该业务循环在审计工作中应是重点审查的领域之一。

一、采购与付款循环涉及的主要业务活动

采购与付款循环从处理请购单开始，包括请购、订货、验收、付款等一系列业务环节，企业应将各业务环节分配给不同的部门或职员来完成。下面以采购商品为例，阐述该循环涉及的主要业务活动。

（一）请购商品

仓库负责根据采购计划或需要购买的已列入存货清单的原材料编制请购单，其他部门也可以根据需要购买的未列入存货清单的商品编制请购单。大多数企业对正常经营所需物资的购买均进行一般授权，而对于资本性支出，通常进行特别授权。例如，仓库在现有库存达到再订购点时就可提出采购申请，其他部门也可为正常的维修工作和类似工作直接申请采购有关物品。请购单可手工或通过计算机编制。由于企业内不少部门都可以编制请购单，可以分部门将请购单按顺序编号，每张请购单必须经过对该类支出预算负责的主管人员签字批准。请购单是证明有关采购交易的发生认定的凭据之一，也是采购交易的起点。

（二）编制订购单

采购部门在收到请购单后，只能根据经过恰当批准的请购单发出订购单。对每张订购单，采购部门应确定最佳的供应来源。对一些大额、重要的采购项目，应采取竞价方式来确定供应商，以保证商品的质量和供货及时性。订购单应正确填写所需要的商品品名、数量、价格、厂商名称和地址等，预先按顺序编号，并由被授权的采购人员签字。其正联应送交供应商，副联则送至企业内部的验收部门、应付凭单部门和编制请购单的部门。随后，应有专人独立检查订购单的处理，以确定是否确实收到商品并正确入账。这项检查与采购交易的完整性和发生认定有关。

（三）验收商品

商品的验收是会计核算中确认资产是否存在、费用和负债是否发生的重要依据。验收部门首先应比较所收到的商品与订购单上的商品是否相符，如商品的品名、摘要、数量、到货时间等，然后再盘点商品，并检查商品有无损坏。

验收后，验收部门应根据订购单编制一式多联、预先按顺序编号的验收单作为验收和检验商品的依据。验收人员将商品送交仓库或其他请购部门时，应取得经过其签字的收据，或要求其在验收单的副联上签收，以确定他们对所采购的商品应负的保管责任。验收人员还应将其中的一联验收单送交应付凭单部门。

验收单是支持资产及与采购有关的负债的存在和发生认定的重要凭证。定期独立检查验收单的顺序以确定每笔采购交易都已编制凭单，则与采购交易的完整性认定有关。

（四）储存已验收的商品

将已验收商品的保管与采购的其他职责相分离，可减少未经授权的采购和盗用商品的风险。

储存商品的仓储区应相对独立，限制无关人员接近。这些控制与商品的存在认定有关。

（五）编制付款凭单

商品验收后，应付凭单部门应核对订购单、验收单和供应商发票的一致性，确认负债，并编制付款凭单。这项业务活动的主要内容如下。

（1）确定供应商发票的内容与相关订购单、验收单内容的一致性。

（2）确定供应商发票计算的正确性。

（3）编制预先按顺序编号的付款凭单，并附上支持性凭证（如订购单、验收单和供应商发票等）。这些支持性凭证的种类，因交易对象的不同而不同。

（4）独立检查付款凭单计算的正确性。

（5）在付款凭单上填入应借记的资产或费用账户名称。

（6）由被授权人员在付款凭单上签字，以示批准照此凭单要求付款。所有未付款凭单的副联应保存在未付款凭单档案中，以待日后付款。经适当批准和有预先按顺序编号的付款凭单为记录采购交易提供了依据，因此这些控制与存在、发生、完整性、权利和义务及计价和分摊等认定有关。

（六）确认与记录负债

在手工会计系统下，会计部门审核已批准的未付款凭单，待确认无误后据以编制有关记账凭证和登记有关账簿。会计主管应监督为采购商品而编制的记账凭证中账户分类的适当性；通过定期核对编制记账凭证的日期与付款凭单副联的日期，监督入账的及时性。会计人员则应核对所记录的凭单总数与应付凭单部门送来的每日凭单汇总表的数量是否一致，并定期独立检查应付账款总账余额与应付凭单部门未付款凭单档案中的总金额是否一致。对于月末未收到供应商发票的情况，会计人员则需根据订购单和验收单暂估相关的负债。

（七）办理付款

通常是由应付凭单部门负责根据未付款凭单在到期日付款。企业有多种款项结算方式，以支票结算方式为例，编制和签署支票的有关控制具体如下。

（1）检查已签发支票的总额与所处理的付款凭单总额的一致性。

（2）应由被授权的财务部门的人员负责签署支票。

（3）被授权签署支票的人员应确定每张支票都附有一张已经经过批准的未付款凭单，并确定支票收款人姓名和金额与未付款凭单的内容一致。

（4）支票一经签署就应在其对应的未付款凭单的支持性凭证上用加盖印戳或打洞等方式将其注销，以免重复付款。

（5）支票签署人不应签发无记名甚至空白的支票。

（6）支票应预先按顺序编号，保证支出支票存根的完整性和作废支票处理的恰当性。

（7）应确保只有被授权的人员才能接近未经使用的空白支票。

（八）记录现金、银行存款支出

相关内容已在前文有所介绍，在此不再赘述。

二、采购与付款循环涉及的主要凭证和会计记录

采购与付款循环通常要经过请购—订货—验收—付款的程序。在内部控制制度比较健全的企业中，采购与付款循环通常会涉及很多凭证和会计记录。采购与付款循环涉及的主要凭证和会计记录有以下几种（不同被审计单位的单据名称可能不同）。

（一）请购单

请购单由商品制造、资产使用和仓库等相关部门的有关人员填写，后送交采购部门，是申请购买商品或劳务的书面凭证。

（二）订购单

订购单由采购部门填写，经适当的管理层审核后发给供应商，是向供应商购买订购单上所指定的商品或劳务的书面凭证。

（三）验收单及入库单

验收单是在收到商品时所编制的凭证，列示通过质量检验的、从供应商处收到的商品的种类和数量等内容。入库单是由仓库管理人员填写的验收商品入库的凭证。

（四）购货发票

购货发票是由供应商开具的，交给买方以载明发运的商品或提供的劳务、应付款金额和付款条件等事项的凭证。

（五）付款凭单

付款凭单是由企业的应付凭单部门编制的，载明已收到的商品或接受的劳务、应付款金额和付款日期的凭证。付款凭单是企业内部记录和支付负债的授权证明文件。

（六）付款凭证

付款凭证包括现金付款凭证和银行存款付款凭证，是指用来记录库存现金和银行存款支出交易的记账凭证。

（七）转账凭证

转账凭证是指记录转账交易的记账凭证，它是根据有关转账交易（即不涉及库存现金、银行存款收付的各项交易）的原始凭证编制的。

（八）应付账款明细账和总账

相关内容已在前文有所介绍，在此不再赘述。

（九）现金日记账和银行存款日记账

相关内容已在前文有所介绍，在此不再赘述。

（十）供应商对账单

在实务中，对采购及应付账款的定期对账通常由供应商发起。供应商对账单是由供应商按月编制的、用于核对与采购企业往来款项的凭据，通常标明期初余额、本期购买、本期支付给供应商的款项和期末余额等信息。供应商对账单是供应商对有关交易的陈述，如果不考虑买卖双方在收

发货物上可能存在的时间差等因素，其期末余额通常应与采购方相应的应付账款期末余额一致。

采购与付款循环中的主要业务活动及其对应的凭证和会计记录如表 8-1 所示。

表 8-1　采购与付款循环中的主要业务活动及其对应的凭证和会计记录

主要业务活动	对应的凭证和会计记录	相关的认定
请购商品	请购单	存在或发生
编制订购单	订购单	完整性
验收商品	验收单、入库单、购货发票	完整性 、存在或发生
储存已验收的商品	验收单、入库单	存在或发生
编制付款凭单	付款凭单	存在或发生、计价和分摊、完整性
确认与记录负债	应付账款明细账和总账、供应商对账单、转账凭证	存在或发生、完整性、计价和分摊
办理付款	付款凭单、付款凭证	存在或发生、完整性、计价和分摊
记录现金、银行存款支出	现金日记账、银行存款日记账	存在或发生、完整性、计价和分摊

任务解析

采购与付款循环涉及的主要业务活动包括请购商品，编制订购单，验收商品，储存已验收的商品，编制付款凭单，确认与记录负债，办理付款，记录现金、银行存款支出等。

采购与付款循环涉及的主要凭证和会计记录包括请购单、订购单、验收单及入库单、购货发票、付款凭单、付款凭证、转账凭证、应付账款明细账和总账、现金日记账和银行存款日记账、供应商对账单等。

任务二　采购与付款循环的控制测试

任务导入

2020 年 3 月 5 日，大正会计师事务所的注册会计师王华和黄莉对红星公司 2019 年 12 月 31 日的采购与付款循环的部分内部控制进行审核，部分内容摘录如下。

（1）红星公司的材料采购需要经授权批准后方可进行。采购部门根据经批准的请购单发出订购单。货物运达后，验收部门根据订购单的要求验收货物，并编制一式多联的未按顺序编号的验收单。仓库根据验收单验收货物，在验收单上签字后，将货物移入仓库加以保管。验收单一联交采购部门登记采购明细账和编制付款凭单，付款凭单经批准后，于月末交会计部门；一联交会计部门登记材料明细账；一联由仓库保留并登记材料明细账。会计人员根据只附验收单的付款凭单登记有关账簿。

（2）会计人员审核付款凭单后，支付采购款项。红星公司授权会计主管签署支票，会计主管将其授权给会计人员丁负责，但保留了支票印章（支票上出纳的印章由出纳保管）。会计人员丁根据已经适当批准的付款凭单，在确定支票收款人姓名与付款凭单内容一致后签署支票，并在付款凭单上加盖"已支付"的印章。注册会计师王华和黄莉对付款控制程序进行测试后,未发现与公司规定有不一致之处。

✅ 具体任务

根据上述情况,假定未描述的其他内部控制不存在缺陷,请指出红星公司内部控制在设计与执行方面的缺陷,并提出改进建议。

📋 理论认知

采购与付款循环包括采购业务与付款业务两个方面。采购业务是企业存货流动的起点,也是影响企业存货变动和现金、银行存款支付的重要环节,因此采购与付款循环的内部控制及其测试是审计的重要内容。

一、采购与付款循环的内部控制

采购与付款循环的内部控制主要包括以下四个方面。

(一)恰当的职责分离

职责分离主要包括以下内容:请购与审批要相分离;供应商的选择与审批要相分离;采购合同的拟订与审批要相分离;采购、验收与记录要相分离;付款的申请、审批与执行要相分离。

(二)授权批准

授权批准主要包括以下内容:所有的采购都是根据经批准的请购单进行的;采购按正确的级别批准;采购价格须经授权批准;付款须经授权批准。

(三)会计系统控制

会计系统控制主要包括以下内容。

(1)相关票据齐全。采购业务应具备请购单、订购单、验收单及入库单、购货发票。作为付款凭单的附件,订购单、验收单及入库单、支票等凭证应预先按顺序编号,及时填制,并由经办人签章。

(2)编制和审核相关凭证。进行会计记录时,应及时编制和审核记账凭证。原始凭证和记账凭证要进行核对。

(3)登记账簿。要及时登记原材料、在途物资、应付账款等账簿。

(4)注意核对账户间的钩稽关系。如果采用会计电算化系统,要注意录入权限的设置,并且核对账户间的钩稽关系。

(四)内部核查

内部核查主要包括以下内容。

(1)由独立的人员核对购货发票的内容与相关的订购单、验收单及入库单是否相符。

(2)检查付款凭单的计算是否正确。

(3)检查已签发支票的总额与所处理的付款凭单的总额是否一致。

（4）检查记入银行存款日记账和应付账款明细账的金额是否一致，以及与支票等汇总记录是否一致。

（5）定期与供应商核对有关记录。

二、评估采购与付款循环的重大错报风险

采购与付款循环内部可能存在的重大错报风险包括以下几项。

（一）低估负债或相关准备

在反映较高盈利水平和营运资本的压力下，被审计单位管理层可能低估应付账款等负债或相关准备，包括低估对存货应计提的跌价准备，具体体现在以下几个方面。

（1）遗漏交易，如不登记已收取货物但尚未收到发票的采购相关的负债或不登记尚未付款但已经购买的服务支出等。

（2）采用不正确的费用支出截止期，如将本期的支出延期到下期确认。

（3）将应当及时确认损益的费用性支出资本化，然后通过资产的逐步摊销予以消化。

（二）管理层错报负债、费用支出

被审计单位管理层可能为了完成预算，满足业绩考核要求，保证从银行获得资金，吸引潜在投资者，误导股东，影响公司股价等，通过操纵负债和费用的确认控制损益。

（1）平滑收益。通过多计准备或少计负债，把损益控制在被审计单位管理层希望的范围内。

（2）利用特殊目的实体把负债从资产负债表中剥离出去，或利用关联方间的费用定价优势制造虚假的收益增长趋势。

（3）被审计单位管理层把私人费用计入企业费用，把企业资金当作私人资金利用。

（三）费用支出分配或计提的错误

被审计单位以复杂的交易购买多种商品或劳务，管理层对于这些复杂的交易缺乏足够的了解，可能导致费用支出分配或计提错误。

（四）不正确地记录外币交易

当被审计单位进口商品时，可能由于采用不恰当的外币汇率而导致该项采购的记录出现差错。此外，还存在未能将运费、保险费和关税等与存货相关的进口费用进行正确分摊的风险。

（五）舞弊和失窃的固有风险

如果被审计单位经营大型零售业务，由于所采购商品和固定资产的数量及支付的款项庞大，交易复杂，容易造成商品发运错误，发生舞弊和失窃的风险也较高。如果那些负责付款的会计人员有权接触应付账款主文档，并有权在应付账款主文档中添加新账户，风险也会增加。

（六）存在未记录的权利和义务

这可能导致资产负债表分类错误及财务报表附注不正确或披露不充分。

如前所述，为评估重大错报风险，注册会计师应详细了解有关采购与付款的内部控制。这些控制主要是为预防、检查和纠正所认定的重大错报的固有风险而设置的。注册会计师可以通过审阅以前年度的审计工作底稿、观察内部控制执行情况、询问管理层和员工、检查相关的文件和资

料等方法加以了解。对相关文件和资料的检查可以提供审计证据，如通过检查供应商对账表和银行对账单，能够发现差错并加以纠正。在评估重大错报风险时，注册会计师之所以需要充分了解被审计单位对采购与付款循环的内部控制，目的是使计划实施的审计程序更加有效。也就是说，注册会计师必须对被审计单位的重大错报风险有一定认识，在此基础上设计并实施进一步审计程序，才能有效应对重大错报风险。

（七）管理层凌驾于控制之上和员工舞弊的风险

例如，管理层通过与第三方串通，把私人费用计入企业费用支出，或有意无意地重复付款。

（八）采用不正确的费用支出截止

将本期采购并收到的商品计入下期，或者将下期采购的商品提前计入本期。例如，被审计单位采用离岸价结算方式进口的商品期末尚在途中，由于商品的所有权已经转移，就可能存在低估在途商品的风险。

需要注意的是，针对评估的财务报表层次重大错报风险，注册会计师应计划进一步审计程序的总体方案，包括确定针对相关认定计划采用综合性方案还是实质性方案，以及考虑进一步审计程序的性质、时间和范围。

三、采购与付款循环的内部控制测试

注册会计师通过了解采购与付款循环的内部控制，对相关控制的设计和是否得到执行进行评价，同时结合对被审计单位其他方面的了解，评估重大错报风险，以确定进一步审计程序的性质、时间和范围。应当注意的是，在某些情况下，如被审计单位的采购是根据 IT 系统事先设定的规则（包括购买的商品及数量）自动发起的，付款也是根据收到商品后系统设置的付款期限自动确定的，在没有其他相关凭据的情形下，注册会计师可能判断无法通过实施实质性测试获取充分、适当的审计证据。在其他情况下，是否执行本节所述的内部控制测试则是注册会计师根据审计效率做出的总体判断。如果采用依赖于有效的内部控制减少实质性测试的方法比仅依赖实质性测试更能提高审计的总体效率，则选择执行内部控制测试就是适当的。另外，有效的内部控制测试仅能降低而不能消除重大错报风险。因此，仅依赖控制测试而不实施实质性测试也不能为相关的重要账户及其认定提供充分、适当的审计证据，注册会计师还需要设计和实施实质性测试。采购与付款循环的内部控制测试如表 8-2 所示。

表 8-2　采购与付款循环的内部控制测试

内部控制目标	关键内部控制	内部控制测试
所记录的采购都已收到商品或已接受劳务（存在或发生）	请购单、订购单、验收单和卖方发票一应俱全，并附在付款凭证后； 采购按正确的级别批准； 注销凭证以防止重复使用； 对购货发票、验收单、订购单和请购单进行内部核查	查验付款凭单后是否附有完整的相关单据； 检查批准采购的标记； 检查注销凭证的标记； 检查内部核查的标记
已发生的采购交易均已记录（完整性）	订购单均已预先按顺序编号并登记入账； 验收单均已预先按顺序编号并登记入账； 购货发票均已预先按顺序编号并登记入账	检查订购单编号的完整性； 检查验收单编号的完整性； 检查购货发票编号的完整性

内部控制目标	关键内部控制	内部控制测试
所记录的采购交易计价正确 （准确性、计价和分摊）	对计算的准确性进行内部核查； 采购价格和折扣的批准	检查内部核查的标记； 检查批准价格和折扣的标记
采购交易的分类正确（分类）	采用适当的会计科目表； 分类的内部核查	检查工作手册和会计科目表； 检查有关凭证上内部核查的标记
采购交易按正确的日期进行 （截止）	要求收到商品或接受劳务后及时记录采购交易； 内部核查	检查工作手册并观察有无未记录的 购货发票存在； 检查内部核查的记录
采购交易被正确记入应付账 款和存货明细账中，并经正确汇 总（准确性、计价和分摊）	应付账款和存货明细账内容的内部核查	检查内部核查的标记

注册会计师在实际工作中，并不需要对该流程的所有内部控制进行测试，而应针对识别的可能发生错报的环节，选择足以应对评估的重大错报风险的关键内部控制进行控制测试。

例如，针对存货及应付账款的存在性认定，企业制订的采购计划及审批主要是企业为提高经营效率和效果设置的流程及控制，不能直接应对该认定，注册会计师不需要对其执行专门的内部控制测试。

任务解析

1．验收单未按顺序编号，不能保证所有的采购交易都已记录或不被重复记录，应建议红星公司对验收单按顺序进行编号。

2．付款凭单未附订购单及购货发票等，会计部门无法核对采购事项是否真实，登记有关账簿时，在金额或数量方面可能会出现差错，应建议红星公司将订购单及购货发票等与付款凭单一起交会计部门。

3．会计部门月末审核付款凭单后才付款，未能及时将材料采购及债务登账，并按约定时间付款，应建议红星公司采购部门及时将付款凭单交会计部门，以使会计部门按约定时间付款。

任务三 应付账款审计

任务导入

审计项目负责人王华安排黄莉与徐良负责审计红星公司 2019 年度的应付账款项目。这两位注册会计师查阅了所有应付账款的会计记录，并向被审计单位索取了有关应付账款的无漏记债务说明书，进而做出如下结论：被审计单位的应付账款已全部入账，且入账应付账款均存在。

具体任务

1. 请判断上述结论是否正确。
2. 审计项目负责人应让两位注册会计师补充执行哪些审计程序?

理论认知

应付账款是企业在正常经营过程中,因购买材料、商品和接受劳务等经营活动而应付给供应商的款项。注册会计师应结合赊购交易进行应付账款的审计。

一、应付账款的审计目标

对于一般企业而言,采购与付款循环常见的重大错报风险是低估费用和应付账款,高估利润、粉饰财务状况。该循环中的另一项重大错报风险是采购的商品或劳务被错误分类,即对本应资本化的予以费用化,或者对本应费用化的予以资本化。此外,还应关注被审计单位是否存在未经授权或无效的付款,是否将应计入费用的付款有意无意地冲销了不相关的应付账款。

针对上述重大错报风险实施实质性测试的目标在于获取关于发生、完整性、准确性、截止、存在、权利和义务、计价和分摊、分类等多项认定的审计证据。

应付账款的审计目标与管理层认定的对应关系如表 8-3 所示。

表 8-3 应付账款的审计目标与管理层认定的对应关系表

被审计单位名称:	制表人:	日期:	索引号:
所属年度:	复核:	日期:	页次:

审计目标	管理层认定				
	存在	完整性	权利和义务	计价和分摊	列报
资产负债表中记录的应付账款是存在的	√				
所有应当记录的应付账款均已记录		√			
记录的应付账款确属被审计单位的现时义务			√		
应付账款以恰当的金额包括在财务报表中,与之相关的计价调整已恰当记录				√	
确定应付账款已按照《企业会计准则》的规定在财务报表中进行恰当列报					√

二、应付账款审计的实质性测试

(一)实质性分析程序

(1)比较当期与前期应付账款的增减变动情况,并对异常变动进行分析。

(2)比较当期与前期应付账款的构成、账龄及主要供应商的变化,并查明异常变化的原因。

(3)比较当期与前期应付账款支付期的变动情况。

(4)比较截止日前后两个月的应付账款的支付期、余额构成及主要供应商的变化,并查明异常变化的原因。

（二）细节测试

1. 获取或编制应付账款明细表

获取或编制应付账款明细表，复核加计是否正确，并与报表数、总账数和明细账合计数核对是否相符；检查以非记账本位币结算的应付账款的折算汇率及折算额是否正确；分析出现借方余额的原因，必要时，建议进行重分类调整；结合预付账款、其他应付款等往来项目的明细余额，检查有无针对同一交易在应付账款和预付款项同时记账的情况，以及异常余额或与购货无关的其他款项（如关联方账户或雇员账户）。

2. 函证应付账款

函证的目的是审查应付账款是否存在及其完整性。作为往来款项，一般情况下，应付账款不需要函证，这是因为函证不能保证查出未记录的应付账款，况且注册会计师能够取得购货发票等外部凭证来证实应付账款余额的正确性。但如果某些应付账款明细账户金额较大或被审计单位处于财务困难阶段，则应对应付账款进行函证。函证前，获取适当的供应商相关清单，如本期采购量清单、所有现存供应商名单或应付账款明细账，询问该清单是否完整并考虑该清单是否应包括预期负债等附加项目，选取样本进行测试，程序如下。

（1）向债权人发送询证函。注册会计师应选择金额较大的债权人，以及那些金额不大，甚至为零，但为企业重要供货人的债权人，作为函证对象。注册会计师应根据《企业审计准则》的规定对询证函保持控制，包括确定需要确认或填列的信息、选择适当的被询证者、设计询证函，必要时再次向被询证者寄发询证函等。

（2）将询证函金额与已记录金额相比较，如存在差异，检查支持性文件，评价已记录金额是否适当。

（3）对于未回复的询证函实施替代程序，如检查付款文件（如现金支出、电汇凭证和支票复印件）、相关的采购文件（如订购单、验收单、发票和合同）或其他适当文件。

（4）如果认为回函不可靠，评价其对评估的重大错报风险及其他审计程序的性质、时间和范围的影响。

3. 寻找未入账的应付账款

获取期后收取、记录或支付的发票明细，包括获取支票登记簿、电汇报告、银行对账单及入账的发票和未入账的发票，从中选取部分（尽量接近审计报告日）进行测试，并实施以下程序。

（1）检查债务形成的相关原始凭证，如相关的发票、采购合同、验收单及入库单和接受劳务明细等，查找有无未及时入账的应付账款，确定应付账款期末余额的完整性。

（2）检查资产负债表日后应付账款明细账贷方发生额的相应凭证，关注其购货发票的日期，确定其入账时间是否合理。

（3）获取并检查被审计单位与其供应商之间的对账单及被审计单位编制的差异调节表，确定应付账款金额的正确性。

（4）针对在资产负债表日后付款的事项，检查银行对账单及有关付款凭证（如银行汇款通知、供应商收据等），询问被审计单位内部或外部的知情人员，查找有无未及时入账的应付账款。

（5）结合存货监盘程序，检查被审计单位在资产负债表日前后的存货入库资料（验收报告或入库单），检查相关负债是否记入了正确的会计期间。

如果注册会计师通过这些审计程序发现了某些未入账的应付账款，应将有关情况详细记入审计工作底稿，并根据其重要性确定是否建议被审计单位进行相应的调整。

4. 检查异常或大额交易及重大调整事项

针对异常或大额交易及重大调整事项（如大额的购货折扣或销售退回、会计处理异常的交易、未经授权的交易、缺乏支持性凭证的交易等），检查相关原始凭证和会计记录，以分析交易的真实性和合理性。

5. 检查长期挂账的应付账款

检查长期挂账的应付账款，查明原因并进行记录，对确实无须支付的应付账款的会计处理是否正确。

6. 检查应付关联方的款项

如存在应付关联方的款项，应了解交易的理由，检查证实交易的支持性凭证（如发票、合同及入库单和运输单据等相关文件），检查被审计单位与关联方的对账记录或向关联方函证。

7. 检查带有现金折扣的应付账款

检查带有现金折扣的应付账款是否先按发票上记载的全部应付金额入账，在实际获得现金折扣时再冲减财务费用。

8. 检查应付账款是否存在借方余额

被审计单位因重复付款、付款后退货、预付货款等导致某些应付账款明细账户出现较大借方余额时，注册会计师应查明原因，必要时应建议被审计单位进行重分类调整，以便将这些借方余额在资产负债表中列为资产。

9. 确定是否增加审计程序

根据评估的舞弊风险等因素确定是否增加审计程序。

10. 检查应付账款是否已按照《企业会计准则》的规定在财务报表中进行恰当列报和披露

一般来说，"应付账款"项目应根据"应付账款"和"预付账款"所属明细科目的期末贷方余额的合计数填列。如果被审计单位为上市公司，则通常应在其财务报表附注中说明有无持有5%以上（含5%）表决权股份股东账款的情况，说明账龄超过3年的大额应付账款未偿还的原因，并在期后事项中反映是否在资产负债表日后偿还。

任务解析

1. 黄莉与徐良做出的被审计单位的应付账款已全部入账的结论不正确。因为其除索取有关应付账款的无漏记债务说明书外，未实施任何其他审计程序。而被审计单位的无漏记债务说明书是出自被审计单位的承诺书，是内部证据，证明力较弱，不能替代、减轻注册会计师的审计责任，注册会计师不能因此而减少相应的审计程序。

2. 审计项目负责人应让两位注册会计师补充执行的审计程序具体如下。

（1）检查债务形成的相关原始凭证，如相关的发票、采购合同、验收单及入库单和接受劳务明细等，查找有无未及时入账的应付账款，确定应付账款期末余额的完整性。

（2）检查资产负债表日后应付账款明细账贷方发生额的相应凭证，关注其购货发票的日期，确定其入账时间是否合理。

（3）获取并检查被审计单位与其供应商之间的对账单及被审计单位编制的差异调节表，确定应付账款金额的正确性。

（4）针对资产负债表日后付款事项，检查银行对账单及有关付款凭证（如银行汇款通知、供应商收据等），询问被审计单位内部或外部的知情人员，查找有无未及时入账的应付账款。

（5）结合存货监盘程序，检查被审计单位在资产负债表日前后的存货入库资料（验收报告或入库单），检查相关负债是否记入了正确的会计期间。

如果注册会计师通过这些审计程序发现了某些未入账的应付账款，应将有关情况详细记入审计工作底稿，并根据其重要性确定是否建议被审计单位进行相应的调整。

任务四 固定资产审计

任务导入

黄莉与徐良在审计红星公司 2020 年度的"固定资产"项目时，发现该企业于当年 7 月 1 日出租了一台生产使用的机床。该机床的账面原值为 5 万元，预计使用年限为 10 年，累计折旧为 1 万元。租赁合同规定，租期为 3 年，年租金为 2400 元，租金每年支付一次。该企业于当年年末未进行相应账务处理。

具体任务

1．指出其中可能存在的问题。
2．给出下一步的审计方案及审计调整建议，并调整会计分录。

理论认知

一、固定资产的审计目标

固定资产的审计目标与管理层认定的对应关系如表 8-4 所示。

表 8-4　固定资产的审计目标与管理层认定的对应关系表

被审计单位名称：　　　　　制表人：　　　　　日期：　　　　　索引号：
所属年度：　　　　　复核：　　　　　日期：　　　　　页次：

审 计 目 标	管理层认定				
	存在	完整性	权利和义务	计价和分摊	列报
资产负债表中记录的固定资产是存在的	√				
固定资产和累计折旧的增减变动均已记录		√			
记录的固定资产为被审计单位所有或控制			√		

续表

审 计 目 标	管理层认定				
	存在	完整性	权利和义务	计价和分摊	列报
确定固定资产以恰当的金额包括在财务报表中，与之相关的计价调整已恰当记录				✓	
确定固定资产已按照《企业会计准则》的规定在财务报表中进行恰当列报					√

二、固定资产审计的实质性测试

（一）实质性分析程序

（1）计算本期计提折旧额与固定资产总成本的比率，将此比率与前期的比率相比较，旨在发现本期折旧额计算上可能存在的错误。

（2）比较本期各月之间、本期与前期之间的修理及维护费用，旨在发现资本性支出和收益性支出区分上可能存在的错误。

（3）比较本期与前期的固定资产。固定资产的购置一般属于大额支出，当本期与前期的固定资产相差很大时，注册会计师应当深入分析其差异，并根据被审计单位的实际生产需要，判断差异产生的原因是否合理。

（4）分析固定资产的构成及其增减变动情况，与在建工程、现金流量表、生产能力等相关信息交叉复核，检查固定资产相关金额的合理性和正确性。

（二）细节测试

1. 获取或编制固定资产和累计折旧分类汇总表

检查固定资产的分类是否正确，并与总账数和明细账合计数核对是否相符，结合累计折旧、减值准备科目后再与报表数核对是否相符，填列固定资产审定表的未审数。

2. 实地检查重要固定资产

确定其是否存在，关注是否存在已报废但仍挂账的固定资产。

在实地检查固定资产时，注册会计师应以固定资产明细账为起点，追查至实际固定资产，以确定会计记录中所列固定资产是否确实存在，并了解其目前的使用状况。

当然，在实际审计工作中，为了确定固定资产是否全部入账，也可以以实际固定资产为起点，追查至固定资产明细账，以确定是否存在账外固定资产。

3. 检查固定资产的所有权

对于各类固定资产，注册会计师应搜集各类证据以确定其是否归属于被审计单位。对于不同的固定资产，注册会计师需检查相应的证明文件。

（1）对于外购的固定资产，应检查采购合同、发票、保险单、购买合同等资料。

（2）对于房地产类固定资产，应检查有关的合同、产权证明、财产税单、抵押贷款的还款凭证、保险单等书面文件。

（3）对融资租入的固定资产，应检查有关的租赁合同，证实其并非经营性租赁。

此外，对受留置权限制的固定资产，通常还应检查被审计单位的有关负债项目等。

4. 检查本期固定资产的增加

固定资产增加的方式不同，入账价值和需要审查的文件也会有所不同，审计时需要注意有无随意扩大或减少固定资产入账价值的情况。

（1）对于外购的固定资产，通过检查采购合同、发票、保险单、发运凭证等资料，测试入账价值是否正确、相关税费处理是否正确、授权批准手续是否齐备、会计处理是否正确。

（2）对于由在建工程转入的固定资产，应检查竣工决算与验收和移交报告是否相符，与在建工程的相关记录是否相符，检查有无为了调节折旧费用提前或推后转入固定资产的情况。同时，还需重点检查借款费用资本化金额是否恰当。

（3）对于投资者投入的固定资产，检查投资者投入的固定资产是否按投资各方确认的价值入账，交接手续是否齐全。涉及国有资产时，检查是否有评估报告，是否经国有资产管理部门评审备案或核准确认。

（4）对于融资租入增加的固定资产，获取融资租入固定资产的相关证明文件，检查融资合同的主要内容，并结合长期应付款、未确认融资费用科目检查相关的会计处理是否正确。

（5）检查固定资产的后续支出是否符合资本化条件、会计处理是否正确。

（6）检查被审计单位的固定资产是否需要预计弃置费用、相关的会计处理是否符合规定。对于通过其他途径增加的固定资产，应检查增加固定资产的原始凭证，核对其计价及会计处理是否正确、法律手续是否齐全。

5. 检查本期固定资产的减少

固定资产减少的方式主要包括出售、向其他单位投资转出、向债权人抵债转出、报废、毁损、盘亏等。其审计要点如下。

（1）检查减少固定资产的授权批准文件。

（2）检查因不同原因减少固定资产的会计处理是否符合有关规定，验证数额计算的正确性。

（3）结合固定资产清理和待处理财产损溢——待处理固定资产损溢科目，抽查固定资产账面转销额是否正确。

（4）检查是否存在未进行会计记录的固定资产减少业务。

6. 检查固定资产后续支出的核算是否符合规定

在具体实务中，要确定固定资产发生的各项后续支出是否满足资本确认条件，如不满足，该支出在发生时应计入当期损益。通常的处理方法如下。

（1）固定资产修理费用应当直接计入当期费用。

（2）固定资产改良支出应当计入固定资产账面价值，其增计后的金额不应超过该固定资产的可收回金额。

（3）如果不能区分是固定资产修理还是固定资产改良，或固定资产修理和固定资产改良结合在一起，则被审计单位应按上述原则进行判断，其发生的后续支出，分别计入当期费用或固定资产账面价值。

（4）固定资产装修费用，符合上述原则可予资本化的，在两次装修期间与固定资产尚可使用年限两者中较短的期间内，采用合理的方法单独计提折旧。如果在下次装修时，该固定资产相关的装修项目仍有余额，应将该余额一次全部计入当期营业外支出。

7. 检查固定资产的租赁

租赁一般分为经营租赁和融资租赁两种。经营租赁和融资租赁在会计处理上是完全不同的。企业对经营租赁的固定资产，不在"固定资产"账户内核算，应另设备查簿进行登记；而出租固定资产的企业，仍继续提取折旧，同时取得租金收入。对融资租赁的固定资产，企业应按自有固定资产一样管理，并计提折旧。

注册会计师应重点审查租赁合同，确定租赁的性质，检查是否合规合法，各项审批手续是否完备，租入固定资产有无久占不用、浪费损坏的现象，出租的固定资产有无长期不收租金、无人过问、变相馈送、转让等情况。租入固定资产各项后续支出的处理是否符合规定。注册会计师对于重要的租赁事项，可以向对方单位（承租方或出租方）发询证函，以证实租赁的性质和租赁条款。

8. 检查累计折旧

（1）获取或编制固定资产及累计折旧分类汇总表，复核加计是否正确，并与报表数、总账数和明细账合计数核对是否相符。

（2）检查被审计单位制定的折旧政策和方法是否符合《企业会计制度》的规定，确定其所采用的折旧方法能否在固定资产使用年限内合理分摊其成本，前后期是否一致，预计使用寿命和预计净残值是否合理。

（3）根据情况，选择以下方法复核累计折旧的计提和分配。

① 对折旧计提的总体合理性进行复核，检查折旧费用的分配是否合理，与前期的分配方法是否一致。

② 计算本期计提折旧额占固定资产原值的比率，并与前期比较，分析本期折旧计提额的合理性和正确性。

③ 计算累计折旧占固定资产原值的比率，结合固定资产减值准备，分析其是否合理。

④ 注意固定资产增减变动时，有关折旧的会计处理是否符合规定，查明通过更新改造、接受捐赠或融资租入而增加或减少的固定资产的折旧费用计算是否正确。

（4）将"累计折旧"贷方账户的本期计提折旧额与相应的成本费用中的折旧费用明细账户的借方相比较，以查明所计提的折旧金额是否已全部摊入本期产品成本或费用。

（5）结合固定资产审计，检查其计提折旧额的计算是否正确。

（6）对于因资产评估调整累计折旧的情况，注册会计师应取得有关资产评估报告，检查其会计处理是否正确。

（7）检查累计折旧的披露是否恰当。

9. 检查固定资产减值准备

固定资产的可收回金额低于其账面价值的情况称为固定资产减值。可收回金额是指固定资产的公允价值减去处置费用后的净额与资产预计未来现金流量现值两者之间的较高者。检查被审计单位计提固定资产减值准备的依据是否充分及会计处理是否正确；计算期末固定资产减值准备占期末固定资产原值的比率，并与期初该比率比较，分析固定资产的质量状况；检查被审计单位处置固定资产时原计提的减值准备是否同时结转，会计处理是否正确；检查是否存在转回固定资产减值准备的情况（按照《企业会计准则》的规定，固定资产减值准备一经确认，在以后持有的会计期间不得转回）。

10. 检查固定资产、累计折旧是否已在资产负债表中恰当披露

（1）检查固定资产的确认条件、分类、计量基础和折旧方法。

（2）检查各类固定资产的使用寿命、预计净残值和折旧率。

（3）检查各类固定资产的期初和期末原值、累计折旧及固定资产减值准备累计金额。

（4）检查当期确认的折旧费用。

（5）检查对固定资产所有权的限制及固定资产的金额和用于担保的固定资产账面价值。

（6）检查准备处置的固定资产名称、账面价值、公允价值、预计处理费用和预计处理时间等。

【例8-1】注册会计师在审查华润股份有限公司2018年度固定资产折旧时，发现本年度1月初新增已投入生产使用机床一台，原价为1 000 000元，预计净残值为100 000元，预计使用年限为5年，使用年数总和法对该项固定资产进行折旧，其余各类固定资产均用直线法折旧，且该公司这一事项在财务报表附注中未进行揭示。

要求：根据上述情况，注册会计师应确定这一事项对被审计单位在财务报表附注中进行了充分揭示。

答：注册会计师认为该公司的固定资产折旧方法在本期出现不一致的情况，且未充分揭示，这违反了现行会计制度。由此计算的该事项对资产负债表和损益表的影响如下。

该机床用年数总和法计算的年折旧额=（1 000 000-100 000）×（5/15）=300 000（元）

该机床用直线法计算的年折旧额=（1 000 000-100 000）÷5=180 000（元）

所以，由于折旧方法的改变，使本年度多提折旧额120 000元（300 000-180 000），致使资产负债表中的"累计折旧"项目增加120 000元，损益表中的"利润总额"项目减少120 000元。

对此，注册会计师要求被审计单位在财务报表附注中进行这样的提示："本公司由于对原值为1 000 000元，预计净残值为100 000元，预计使用年限为5年的机床采用年数总和法进行折旧，与采用直线法相比，使本年度折旧额增加120 000元，利润总额减少120 000元，特予以揭示。"

任务解析

1. 可能存在的问题如下。

（1）出租原因可能不正常。本企业生产所需的固定资产一般不应出租。

（2）租金过低。该固定资产的年折旧额为5000元，而合同中的年租金才2400元，大大低于折旧额。

（3）当年年末对本年应收未收的租金未进行相应账务处理。

2. 给出下一步的审计方案及审计调整建议并调整会计分录如下。

注册会计师应进一步调查，面见签订合同的负责人，询问出租的原因及租金的约定事项等，以查明此项业务的合法性、合规性。

对于年末应收未收的租金，应责成企业补做如下账务处理。

借：其他应收款　　　　　　2400
　　贷：其他业务收入　　　　2400

任务五　其他相关项目审计

任务导入

注册会计师王华在审查红星公司 2019 年的材料采购业务时，发现本年内一笔业务的处理如下。

从外地购进原材料一批，已取得增值税专用发票，发票上注明材料重量为 5000 千克，价款为 20 000 元，增值税税额为 2600 元；此外，采购这批材料还发生了运杂费 2000 元。财会部门根据相关的原始凭证将价税合计记入"原材料"账户，将运杂费记入"管理费用"账户。材料入库后，仓库转来材料入库验收单。

具体任务

1. 上述资料反映了被审计单位在材料采购管理中存在哪些问题？
2. 提出处理意见，并调整会计分录。

理论认知

一、材料采购（在途物资）审计

（一）材料采购（在途物资）的审计目标

材料采购（在途物资）审计是对企业购进的尚未验收入库的材料的真实性和合理性的审计。其审计目标如下：确定采购的材料是否真实存在；确定采购材料的计价是否准确；确定采购的材料是否记录在恰当的会计期间；确定材料采购业务在报表中的列报与披露是否恰当。

（二）材料采购（在途物资）审计的实质性测试

（1）获取或编制材料采购（在途物资）明细表，复核加计是否正确，并与总账数、明细账合计数核对是否相符。

（2）检查期末材料采购（在途物资），核对有关凭证。核对有关凭证时，对于大额材料采购（在途物资），追查至相关的购货合同及购货发票，复核采购成本的正确性，并抽查期后入库情况，必要时进行函证。

（3）核对账簿记录和有关凭证。查阅资产负债表日前后若干天的材料采购（在途物资）增减变动的有关账簿记录和验收入库单等资料，检查有无跨期现象。按照购货截止测试的要求，若未将年终在途物资列入当年存货盘点范围内，只要相应的负债也同时记入次年，则不会影响财务报表。

（4）采用计划成本核算时，检查材料采购项目有关材料成本差异发生额的计算和会计处理是否正确。

（5）审核有无长期挂账的材料采购（在途物资）。如果有长期挂账的材料采购（在途物资），应查明长期挂账的原因。不法分子往往通过不及时清账来实施舞弊行为，进行贪污盗窃。

二、应付票据审计

随着我国企业对商业信用的重视，商业票据的使用越来越广泛，在企业流动负债中的比重逐渐上升，它将成为一个重要的审计领域。应付票据大多是向供货单位购买材料、商品或接受劳务时所开出的商业汇票，因此对应付票据的审计往往和采购与付款循环结合起来进行。

（一）应付票据的审计目标

应付票据的审计目标一般如下：确定应付票据是否存在、是否确实属于被审计单位应履行的现时义务；确定应付票据的发生和偿还记录是否完整；确定应付票据增减变动的记录是否完整；确定应付票据的期末余额是否正确；确定应付票据在财务报表中的列报与披露是否恰当。

（二）应付票据审计的实质性测试

（1）获取或编制应付票据明细表，复核加计是否正确，并与应付票据登记簿、报表数、总账数和明细账合计数核对是否相符。

应付票据明细表一般应列明票据类别及编号、出票日期、票面金额、到期日、收款人名称、利率、付息条件及抵押品的名称、数量和金额等。注册会计师在核对时，应注意被审计单位有无漏报、错报票据，有无漏列作为抵押的资产，有无属于应收账款的票据，有无漏记、多记或少记应付利息等情况。

（2）实施分析性复核，以证实应付票据的完整性和合理性。

（3）函证应付票据。注册会计师可以选择应付票据中的重要项目（包括零账户）进行函证，函证其余额是否正确，根据回函情况，编制函证结果汇总表并对其进行分析。对于未回函的，可再次函证，也可采取其他替代审计程序。询证函通常包括出票日、到期日、票面金额、未付金额、利率和抵押品等内容。

（4）检查应付票据备查簿，抽查若干重要的原始凭证，确定其是否真实。例如，检查该笔债务的相关合同、发票、货物验收单等资料，核实交易或事项的真实性；抽查资产负债表日后应付票据明细账及现金、银行存款日记账，核实期后是否已付款并转销；对截止资产负债表日已偿付的应付票据，检查其入账凭证，注意入账日期的合理性。在这个过程中，应特别关注关联方应付票据的真实性和合理性。

（5）复核带息应付票据的利息是否真实、正确。注册会计师应查明带息应付票据的利率是否合理，验算利息的计算是否正确，检查账务处理是否正确。

（6）检查逾期未付的票据。查明逾期未付的原因，是否已转入"应付账款"项目，以及其中带息的应付票据是否已停止计息；确定是否存在抵押票据的情形，必要时，提请被审计单位进行调整。

（7）检查应付票据在财务报表中的列报与披露是否恰当。

三、预付账款审计

预付账款是指企业按照采购合同或劳务合同的规定，预先支付给供货方或提供给劳务方的账款。企业通过设置"预付账款"账户进行核算，但是如果企业的预付账款不多或不经常发生，也可不单独设置该账户，直接通过"应付账款"账户的借方来核算。预付账款的审计是审计工作中不可忽视的环节，应结合采购与付款循环的审计进行。

（一）预付账款的审计目标

预付账款的审计目标一般如下：确定预付账款是否存在；确定所有的预付账款是否均已记录；确定预付账款是否为被审计单位所拥有或控制；确定预付账款的增减变动是否正确、完整；确定预付账款的期末余额是否正确；确定预付账款在财务报表中的列报与披露是否恰当。

（二）预付账款审计实质性测试

1. 实质性分析程序

根据被审计单位的具体情况，分析以下关于预付账款的事项。

（1）将期末预付账款余额与前期期末余额进行比较，分析其波动原因。

（2）了解预付账款惯例及收回货物的平均天数，并分析预付账款的账龄。

如果有确凿证据表明企业的预付账款不符合预付账款的性质，或者因供货单位破产、撤销等原因已无望再收回所购货物的，确定是否按规定将原计入预付账款的金额转入其他应收款。

（3）计算预付账款与主营业务成本的比率。与前期的比率进行比较，分析是否存在异常变动，并分析其原因。

（4）将预付账款余额的增减幅度与主营业务成本的增减幅度进行比较，分析变动异常的原因。

（5）分析预付账款明细账余额。如果出现贷方余额，应查明原因，必要时提请被审计单位进行调整。

2. 细节测试

（1）获取或编制预付账款明细表，复核加计是否正确，并与总账数、报表数和明细账合计数核对是否相符。必要时，提请被审计单位协助，在预付账款明细表上标出截至审计日已收到货物并冲销预付账款的项目，抽查复核其正确性和真实性。

（2）函证预付账款。注册会计师应选择大额或异常的预付账款重要项目（包括零项目），函证其余额是否正确，根据回函情况编制函证结果汇总表并对其进行分析。如果存在回函金额不符的，要查明原因并做出记录或提请被审计单位进行必要的调整；未回函的可再次函证或采取其他替代程序，根据检查结果判断其债权的真实性或出现坏账的可能性。

（3）抽查入库记录，检查有无重复付款或将同一笔已付清的账款在预付账款和应付账款这两个科目同时挂账的情况。

（4）审查有无长期挂账的预付账款。如有长期挂账的预付账款，应查明原因，并进行记录，必要时进行调整。

（5）检查预付账款是否在财务报表中进行恰当披露。

四、应交税费——应交增值税（进项税额）审计

（一）应交税费——应交增值税（进项税额）的审计目标

应交税费——应交增值税（进项税额）的审计目标一般如下：确定应交税费——应交增值税（进项税额）的计算是否正确；确定所有的应交增值税（进项税额）是否均已记录；确定应交增值税（进项税额）的增减变动是否正确、完整；确定应交增值税（进项税额）的期末余额是否正确；确定应交增值税（进项税额）在财务报表中的列报与披露是否恰当。

（二）应交税费——应交增值税（进项税额）审计的实质性测试

（1）获取或编制应交增值税明细表，复核加计是否正确，并与应交税费——应交增值税明细账核对是否相符。

（2）将应交增值税明细表与增值税纳税申报表核对。检查进项税额的入账与申报期间是否一致、金额是否相符。如不一致，应查明原因，并做好记录。

（3）检查应交税费——应交增值税（进项税额）的计算是否正确，记录是否完整。

① 通过原材料等相关账户计算进项税额是否正确。

② 抽查一定期间的进项税额抵扣汇总表，检查是否与应交增值税明细表总额一致，如有差异，应查明原因并进行适当处理。

③ 检查重要的增值税扣税发票、运费发票等。要注意运费、进口货物、购进的免税农产品、接受投资或捐赠、接受应税劳务等应计的进项税额是否按规定进行了会计处理；注意存货因改变用途、终止流转或发生非常损失等增值税进项税额的转出数是否正确，会计处理是否正确。

任务解析

1．被审计单位在材料采购管理中存在的问题如下。

（1）被审计单位的财会部门记账在前，仓库验收在后，财会部门未能以验收入库单作为记账依据，说明该企业的内部控制存在缺陷，记账与入库、验收不能相互牵制，容易造成账簿记录混乱和账实不符。

（2）材料采购成本的处理不正确，采购材料支付的价款中包含的增值税不应计入材料采购成本，应单独确认为进项税额。运杂费应计入材料成本，而不能计入管理费用。

2．应要求被审计单位调整会计分录如下。

借：应交税费——应交增值税（进项税额）　2600
　　贷：原材料　　　　　　　　　　　　　　　　2600
借：原材料　　　　　　　　　　　　　　　　2000
　　贷：管理费用　　　　　　　　　　　　　　　2000

复习自测题

一、单选题

1．请购单是证明有关采购交易的（　　）认定的凭据之一，也是采购交易的起点。

　　A．发生　　　　　　B．完整性　　　　　C．准确性　　　　　　D．截止

2．注册会计师在审查被审计单位采购与付款循环的职责分工时，发现批准请购与采购职责未能相互分离，这种情况可能导致（　　）。

　　A．采购部门购入过量或不必要的物资　　B．未按实际收到的商品数额登记入账

　　C．应付账款记录不正确　　　　　　　　D．未及时向特定债权人支付货款

3．注册会计师审查应付账款时，发现应付某公司账款210万元，账龄已有2年。但通过审阅凭证、询问有关人员，均未能取得证据来证实该项应付账款的存在。注册会计师应（　　）。

A．做出账实不符结论　　B．核对账表　C．函证债权人　　D．直接调整账项

4．为了证实被审计单位应付账款期末余额的真实性，注册会计师应实施的审计程序是(　　)。

A．检查订购单是否按顺序编号

B．计算当期应付账款占流动负债的比率，并与前期相比较

C．抽查应付账款明细账并追查至相关的原始凭证

D．抽查请购单是否经过适当审批

5．为了验证固定资产的所有权，注册会计师应当采取的审计程序是(　　)。

A．对固定资产进行监盘

B．检查固定资产购买合同、发票和产权证明等文件

C．检查固定资产入账价值是否正确

D．检查固定资产计提折旧的范围是否符合规定

6．下列实质性测试中，与固定资产存在认定最相关的是(　　)。

A．以固定资产明细账为起点，追查至固定资产实物和相关凭证

B．观察经营活动，并将固定资产当期余额与前期余额进行分析比较

C．询问被审计单位的管理层和生产部门固定资产的闲置情况

D．以固定资产实物为起点，追查至固定资产明细账和相关凭证

7．采购与付款循环涉及的主要凭证和会计记录按业务顺序依次为(　　)。

A．请购单、订购单、订货合同、验收单、付款凭单

B．购货发票、付款凭单、订购单、请购单

C．供应商对账单、订货合同、购货发票、请购单、应付账款明细账

D．支票、订货合同、付款凭单、应付账款明细账、请购单

8．对应付账款审查的目标不应包括(　　)。

A．确定应付账款的存在性

B．确定应付账款记录的完整性

C．确定应付账款在财务报表反映的适当性

D．确定应付账款的付款期限

9．以下控制活动中，与采购交易发生认定最相关的是(　　)。

A．检查验收单是否按顺序编号

B．检查有无未记录的供应商发票

C．检查付款凭单是否附有购货发票

D．审核批准采购价格和折扣的授权签字

10．下列情况中，最有可能从被审计单位生产负责人那里询问到的是(　　)。

A．固定资产的抵押情况　　　　B．固定资产的报废或毁损情况

C．固定资产的投保及其变动情况　D．固定资产折旧的计提情况

二、多选题

1．下列各项中，符合采购与付款循环内部控制要求的有(　　)。

A．应付款项记账员不能接触现金、有价证券和其他资产

B．签发支票支付货款要经过被授权人的签字批准

C．货物验收部门与财会部门相互独立

D．收到购货发票后，及时交财会部门确认其与订购单、验收单的一致性

2．为了检查采购与付款循环内部控制的有效性，注册会计师可以采取的审计程序有（　　　）。

A．抽取部分采购业务，检查请购单是否经过批准

B．检查验收单是否按顺序编号

C．比较分析当期与前期应付账款余额的变动情况

D．观察验收部门是否独立于仓库保管部门

3．应付账款一般无须函证，但出现（　　　）的情形时，注册会计师应进行函证。

A．相关的内部控制制度健全，控制风险较低　　　　B．某应付账款金额较大

C．相关的内部控制制度薄弱，控制风险较高　　　　D．应付账款长期挂账

4．为检查采购业务和应付账款是否记入了正确的会计期间，是否存在未入账的应付账款，注册会计师采用的程序恰当的有（　　　）。

A．检查债务形成的相关原始凭证，如供应商发票、验收报告或入库单等，并与应付账款明细账进行比较

B．检查资产负债表日后应付账款明细账贷方发生额的相应凭证，关注其购货发票的日期，确认其入账时间是否合理

C．获取被审计单位与其供应商之间的对账单

D．针对资产负债表日后付款项目，检查银行对账单及有关付款凭证

5．注册会计师对固定资产相关的内部控制进行测试时，应实施的审计程序有（　　　）。

A．验证新增固定资产的各种手续是否齐全

B．索取固定资产验收报告，检查验收部门工作的独特性

C．检查固定资产账、卡的设置情况

D．分析比较各年度固定资产保险费，查明有无异常变动

6．为查找资产负债表日未入账的应付账款，注册会计师可实施的审计程序有（　　　）。

A．审查资产负债表日后货币资金支出凭证

B．追踪资产负债表日后若干天的购货发票，审查相应的收货记录

C．取得供应商对账单，并与应付账款明细表相核对

D．追踪资产负债表日之前签发的验收单

7．在了解及实施适当的控制测试后，发现被审计单位在材料采购业务存在以下情况，其中属于内部控制设计缺陷的情况有（　　　）。

A．请购单既有仓库人员填制的，又有车间、管理部门人员填制的

B．请购单没有按顺序编号

C．验收人员出差期间，验收业务由采购人员与仓储人员一并代为执行

D．验收合格后在验收单上填写材料的实际数量，根据购货发票的单价计算总金额，如未接到购货发票，被验收的货物不能办理入库手续

8．下列各项中，应作为固定资产项目在财务报表中列报的有（　　　）。

A．经营出租的固定资产　　　　　　　　　　　　　B．经营租入的固定资产

C．存放在其他企业的固定资产　　　　　　　　　　D．抵押的固定资产

9．注册会计师运用分析方法对固定资产折旧进行审查时，可以采用的方式有（　　　）。

A．将本期计提折旧额除以期末固定资产减值准备金额，并将该比率与前期比率比较

B．将应计提折旧的固定资产乘本期的折旧率，分析折旧计提的总体合理性

C．计算本期计提折旧额占固定资产原值的比率，并与前期比率比较

D．将成本费用中的折旧费用明细记录与"累计折旧"账户贷方的本期计提额比较

10．下列有关固定资产计提折旧的表述中，注册会计师认为正确的有（　　）。

A．闲置的固定资产不需要计提折旧

B．当月增加的固定资产当月不需要计提折旧

C．当月减少的固定资产当月需要计提折旧

D．经营出租的固定资产不需要计提折旧

三、判断题

1．在采购与付款循环中，验收商品环节的验收单、请购单都需要按顺序编号。（　　）

2．为查明甲公司会计记录中所列的固定资产是否存在，注册会计师应当实施的程序是以实际固定资产为起点，追查至固定资产的明细账。（　　）

3．注册会计师从验收单追查至相应的供应商发票，同时再追查至应付账款明细账的审计程序，与应付账款的完整性认定最相关。（　　）

4．注册会计师如果对应付账款进行函证，通常采用的函证方式为积极的函证方式和消极的函证方式的结合。（　　）

5．应付账款记账人员在审查、核对发票、订购单、验收单无误后确认债务。（　　）

6．为了提高作业效率，可由财会部门对收到的材料进行验收。（　　）

7．采购与付款循环审计的范围应仅限于应付账款及其他应付款。（　　）

8．注册会计师将是否存在未入账的应付账款作为重点来实施审计程序，分析本期各月应付账款余额，分析变动趋势，则可以实现审计目标。（　　）

9．关于付款环节的控制活动与相关认定的对应关系，应付账款记账会计编制附上诸如采购订单、采购发票及验收单等凭证的付款凭证后提交会计主管审批，会计主管审批签字并在所有单证上加盖"核销"印戳。这些控制程序与应付账款计价和分摊认定相关。（　　）

10．批准请购与采购部门相互独立，以防止采购部门购入不必要的物资。（　　）

四、案例分析题

A注册会计师负责审计甲公司2019年的年度财务报表。在对甲公司的应付账款项目进行审计时，根据需要，决定对甲公司下列四个明细账户（见表8-5）中的两个进行函证。

表8-5　用公司的四个明细账户

单位：元

明 细 账 户	应付账款年末余额	本年度供货总额
A	42 650	66 100
B	—	2 880 000
C	85 000	95 000
D	289 000	3 032 000

【要求】1．针对应付账款，A注册会计师拟实施分析程序识别和评估其重大错报风险，分析程序的内容有哪些？

2．注册会计师应选择哪两个明细账户进行函证？为什么？

生产与存货循环审计

📩 知识目标

1. 掌握生产与存货循环涉及的主要业务活动。
2. 掌握生产与存货循环的内部控制及控制测试。
3. 掌握生产与存货循环主要账户的审计目标和实质性测试。

技能目标

1. 能对生产与存货循环主要账户进行实质性测试。
2. 能正确编制生产与存货循环业务的审计工作底稿。

引导案例

獐子岛集团股份有限公司（以下简称獐子岛公司）于 2014 年 10 月 30 日发布公告称，因北黄海遭到异常冷水团导致公司 100 多万亩（1 亩≈666.67 平方米）即将进入收获期的虾夷扇贝绝收，导致公司前三季业绩由预报盈利变为亏损约 8 亿元，全年预计大幅亏损。面对铺天盖地的质疑，深圳证券交易所责令獐子岛公司进行自查。

在资本市场，"黑天鹅"事件时不时发生，给投资者带来巨大的损失。人们不禁要问：注册会计师作为公众利益的"守夜人"和不吃皇粮的"经济警察"，尽职了吗？起到应有的作用了吗？审计失败的原因很多，如果从操作层面对审计失败的原因进行反思，獐子岛公司年度报表审计存在诸多本不应存在的问题，其中一个问题就是轻视存货监盘。

存货监盘是存货审计中一个极其重要的环节，可证明存货的真实性、完整性。獐子岛公司于 2014 年 10 月 31 日举行投资者网上专项说明会，根据专项说明会上大华会计师事务所（以下简称"大华所"）提供的资料，大华所 2011 年监盘存货用时 3 天，抽查盘点面积占底播面积的 0.0636%，2012 年抽查盘点面积占底播面积的 0.25%。大华所依据不到千分之一的抽查盘点比例就同意獐子岛公司核销了 2011 年的 5.86 亿元存货并计提了 2.83 亿元的资产减值损失；依据不到千分之三的抽查盘点比例就同意獐子岛公司核销了 2012 年的 1.48 亿元存货。

2016 年 1 月初，辽宁省大连市獐子岛镇居民提供了一份由 2000 多人签字的实名举报信，称"冷水团造成即将进入收获期的虾夷扇贝绝收"的事件并不属实，涉嫌造假。2018 年 1 月 31 日，獐子岛公司发布公告称，公司正在进行虾夷扇贝的年末存货盘点，发现部分海域存货异常，最终将亏损金额确定为 6.29 亿元，相当于獐子岛公司 2016 年净利润的近 8 倍。大连市獐子岛镇居民认为这是一场骗局。

请思考：如何盘点存货？

（资料来源：李克亮.审计，请让"黑天鹅"走开[J].财会月刊（上），2015（5）：55-58.）

制造业企业的主要经营活动就是生产。生产与存货循环占用的资金量较大，交易频繁，且与其他循环都有联系。生产耗用的原材料来自采购与付款循环，生产成本的归集需要考虑职工薪酬、材料费用及众多的直接和间接费用，这些费用需要通过采购与付款循环来支付；购置的固定资产通过折旧形式将成本转移到生产成本中，生产完工后的产成品要通过销售与收款循环取得货币资金，从而完成整个经营活动。生产与存货循环中流动着大量的实物资产，如原材料、低值易耗品、半成品、在产品、产成品等，其收支频繁，容易发生遗失、损坏和失窃等。生产成本的核算过程十分复杂，容易发生各种错误，也容易隐藏各种成本操纵行为。

针对该循环的特点，注册会计师应在对本循环的内部控制进行测试的基础上，把生产成本和存货审计作为实质性测试的重点。

任务一　生产与存货循环概述

任务导入

王亮今年作为大正会计师事务所新招的一名实习生，跟随注册会计师王华对红星公司 2019 年的年度财务报表进行审计。按照审计计划，今天要对生产与存货循环进行审计。作为一个实习生，他很想知道该循环涉及财务报表的哪些项目、涉及哪些主要业务活动、涉及哪些主要凭证和会计记录？

具体任务

假如你是王华，你应如何为王亮解答这些疑问？

理论认知

一、生产与存货循环涉及的主要业务活动

本节以制造业企业为例，介绍生产与存货循环涉及的主要业务活动。

生产与存货循环涉及的主要业务活动包括计划和安排生产、发出原材料、生产产品、核算产品成本、产成品入库及储存、发出产成品、存货盘点、计提存货跌价准备等。

（一）计划和安排生产

生产计划部门的职责是根据客户订货单或者销售部门对销售预测和产品需求的分析来决定是否授权生产。如决定授权生产，则应签发预先按顺序编号的生产通知单。该部门通常应将发出的所有生产通知单按顺序编号并加以记录。此外，通常生产计划部门还需编制一份材料需求报告，列示所需要的材料和零件及其库存。

（二）发出原材料

仓储部门的责任是根据从各部门处收到的领料单发出原材料。领料单上必须列示所需的材料数量和种类及领料部门的名称。领料单可以一料一单，也可以多料一单，通常需一式三联。仓储部门管理人员发出原材料并签字后，将其中一联连同原材料交给领料部门（生产部门存根联），一联留在仓库登记材料明细账（仓库联），一联交会计部门进行材料收发核算和成本核算（财务联）。

（三）生产产品

生产部门在收到生产通知单及领取原材料后，便将生产任务分配给每一个生产工人，并将所领取的原材料交给生产工人，以执行生产任务。生产工人在完成生产任务后，将生产的产品交生产部门统计人员查点，然后由统计人员转交检验员验收并办理入库手续，或是将所完成的半成品移交下一个部门，进行进一步加工。

（四）核算产品成本

为了正确核算并有效控制产品成本，必须建立健全成本会计制度，将生产控制和成本核算有机结合在一起。一方面，生产过程中的各种会计记录、生产通知单、领料单、计工单、产量统计记录表、生产统计报告、入库单等文件资料都要汇集到会计部门，由会计部门对其进行检查和核对，了解和控制生产过程中存货的实物流转；另一方面，会计部门要设置相应的会计账户，会同有关部门对生产过程中的成本进行核算和控制。成本会计制度可以非常简单，只在期末记录存货余额；也可以是完善的标准成本制度，持续地记录所有材料处理、在产品和产成品的数据，并形成对成本差异的分析报告。完善的成本会计制度应该提供原材料转为在产品、在产品转为产成品，以及按成本中心、分批次生产通知单或生产周期，所消耗的材料、人工费用和间接费用的分配与归集的详细资料。

（五）产成品入库及储存

产成品入库须由仓储部门先点验和检查，然后签收。签收后，仓储部门将实际入库数量通知会计部门。除此之外，仓储部门还应根据产成品的品质及特征分类存放，并填制标签。

（六）发出产成品

产成品的发出应由独立的装运部门进行。装运产成品时，装运部门必须持有经有关部门核准的发运通知单，并据此编制出库单。出库单一般为一式四联，一联交仓储部门；一联由装运部门留存；一联送交客户；一联交会计部门作为开具发票的依据。

（七）存货盘点

管理人员编制存货盘点计划，安排适当人员对存货（包括原材料、在产品和产成品等所有存货类别）进行定期盘点，将盘点结果与存货账面数量进行核对，调查差异并进行适当调整。

（八）计提存货跌价准备

会计部门根据存货货龄分析表的信息及相关部门提供的有关存货状况的信息，结合对存货状况的检查结果，对出现损毁、滞销、跌价等降低存货价值的情况进行分析计算，计提存货跌价准备。

二、生产与存货循环涉及的主要凭证和会计记录

在内部控制制度比较健全的企业，生产与存货循环中通常需要使用很多凭证和会计记录。下面以制造业企业为例，介绍生产与存货循环涉及的主要凭证和会计记录。

（一）生产通知单

生产通知单又称生产指令或生产任务通知单，是企业生产下达制造产品等生产任务的书面文件，用以通知供应部门组织材料发放、生产部门组织生产产品、会计部门组织成本计算。广义的生产通知单也包括用于指导产品加工的工艺规程，如机械加工企业的路线图等。

（二）领发料凭证

领发料凭证是企业为控制材料发出所采用的各种凭证，如材料发出汇总表、领料单、限额领料单、领料登记簿、退料单等。

（三）产量和工时记录

产量和工时记录是登记工人或生产班组在出勤时间内完成产品数量、质量和生产这些产品所耗费工时的原始记录。产量和工时记录的内容与格式是多种多样的，企业不同，甚至在同一企业的不同生产部门，产量和工时记录的内容和格式也有所不同。常见的产量和工时记录主要有工作通知单、工序进程单、工作班产量报告、产量通知单、产量明细表、废品通知单等。

（四）职工薪酬汇总表及职工薪酬费用分配表

职工薪酬汇总表是为了反映企业全部职工薪酬的结算情况，并据以进行职工薪酬总分类核算和汇总整个企业职工薪酬而编制的，它是企业进行职工薪酬分配的依据。职工薪酬费用分配表反映了各生产部门生产各产品应负担的生产工人的工资及福利费。

（五）材料费用分配表

材料费用分配表是用来反映各生产部门生产各产品所耗用的材料费用的原始记录。

（六）制造费用分配表

制造费用分配表是用来反映各生产部门生产各产品所应负担的制造费用的原始记录。

（七）成本计算单

成本计算单是用来归集某一成本计算对象所应承担的生产费用，计算该成本计算对象的总成本和单位成本的记录。

（八）产成品入库单和出库单

产成品入库单是产品生产完成并经检验合格后从生产部门转入仓库的凭证。产成品出库单是根据经批准的销售单发出产成品的凭证。

（九）存货明细账

存货明细账是用来反映各种存货增减变动情况和期末库存数量及相关成本信息的会计记录。

（十）存货盘点计划、盘点表及盘点标签

一般制造业企业通常会定期对存货进行盘点，将实物盘点数量与账面数量进行核对，对差异进行分析调查，必要时进行账务调整，以确保账实相符。在实施存货盘点之前，管理人员通常编制存货盘点计划，对存货盘点的时间、人员、流程及后续处理等方面做出安排。在盘点过程中，通常会使用盘点表记录盘点结果，使用盘点标签对已盘点存货及数量做标记。

（十一）存货货龄分析表

很多制造业企业通过编制存货货龄分析表，识别流动较慢或滞销的存货，并根据市场情况和经营预测，确定是否需要计提存货跌价准备。这对管理有一定保质期的存货（如食物、药品、化妆品等）尤其重要。

在生产与存货循环中，主要业务活动与其对应的凭证和会计记录如表 9-1 所示（未与前文一一对应）。

表 9-1　生产与存货循环中的主要业务活动及其对应的凭证和会计记录

主要业务活动	对应的凭证和会计记录	相关的认定
计划和安排生产	生产通知单	发生、完整性
发出原材料	材料发出汇总表、领料单、出库单、退料单、存货明细账	发生、完整性
生产产品	产量和工时记录、材料消耗记录、费用汇总表、废品通知单	发生、准确性、计价和分摊
核算产品成本	职工薪酬汇总表、职工薪酬费用分配表、材料费用分配表、制造费用分配表、成本计算单、生产成本总账和明细账	发生、完整性、准确性
产成品入库及储存	入库单、存货明细账	存在或发生、完整性、准确性、计价和分摊
发出产成品	发运通知单、出库单、存货明细账	发生、完整性、准确性、计价和分摊

任务解析

生产与存货循环涉及资产负债表的存货（包括材料采购和在途物资、原材料、材料成本差异、库存商品、发出商品、商品进销差价、委托加工物资、委托代销商品、受托代销商品、周转材料、生产成本、制造费用、劳务成本、存货跌价准备、包装物、低值易耗品、自制半成品）、应付职工薪酬等，涉及利润表中的营业成本。

生产与存货循环涉及的主要业务活动包括计划和安排生产、发出原材料、生产产品、核算产品成本、产成品及储存、发出产成品、存货盘点、计提存货跌价准备等。上述业务活动通常涉及生产计划部门、仓储部门、生产部门、人事部门、销售部门、会计部门等。

生产与存货循环涉及的主要凭证和会计记录包括生产通知单，领发料凭证，产量和工时记录，职工薪酬汇总表及职工薪酬费用分配表，材料费用分配表，制造费用分配表，成本计算单，产成品入库单和出库单，存货明细账，存货盘点计划、盘点表及盘点标签，存货货龄分析表等。

任务二　生产与存货循环的控制测试

📋 任务导入

　　红星公司仓库保管员负责登记存货明细账，以便对仓库中所有存货的收、发、存进行永续记录。当收到验收部门送交的存货和验收单后，仓库保管员根据验收单登记存货明细账。平时，各部门如果需要领取原材料，可以填写领料单，仓库保管员根据领料单发出原材料。公司辅助材料的用量很少，因此各部门领取辅助材料时，无须填写领料单。各车间经常有辅助材料剩余（根据每天特定工作领取而未消耗掉，但其实还可再为其他工作所用），这些材料由各部门自行保管，无须通知仓库。如果仓库保管员有时间，偶尔也会对存货进行实地盘点。

✅ 具体任务

　　1．你认为以上描述的内部控制有什么缺陷？简要说明该缺陷可能导致的错弊。
　　2．针对该企业存货循环上的缺陷，提出改进建议。

📋 理论认知

一、生产与存货循环的内部控制

　　一般来说，生产与存货循环的内部控制包括两大控制系统：一是生产过程中的实物流转控制，二是对产品成本进行记录与控制的成本费用管理控制和成本费用会计控制。生产与存货循环的内部控制主要包括以下内容。

（一）恰当的职责分离

　　恰当的职责分离可以减少正常工作中进行欺诈或掩盖差错和异常的机会。生产与存货循环通常涉及生产计划部门、仓储部门、生产部门、人事部门、销售部门、会计部门等。针对该循环的业务活动，需要进行职责分离的主要有以下内容：存货生产计划的编制与审批要相分离；存货的验收与生产要相分离；存货的保管与记录要相分离；存货的盘点人员要独立于存货的保管、使用与记录人员。

（二）完善的授权审批制度

　　对于生产与存货循环，完善的授权审批制度包括生产通知单、领料单、工资核算单等单据的审批，以及成本和费用分配方法的采用与变更、存货计价方法的采用与变更、存货盘盈与盘亏及毁损等的审批。

（三）成本会计制度和会计记录

　　健全的成本会计制度应包括以下内容。
　　（1）采用适当的成本核算方法和费用分配方法，且前后期一致。

（2）成本核算要以经过审核的生产通知单、领料单、职工薪酬费用分配表、材料费用分配表、制造费用分配表等原始凭证为依据。

（3）尽可能采取永续盘存制进行存货管理。

（4）生产通知单、领料单、各种费用分配表等应按顺序编号。

（四）严格的实物控制

对存货必须进行严格的实物控制，以免由于误用或失窃产生损失。将原材料、在产品和产成品分开并限制接触是保护实物安全、完整的重要控制，具体包括以下内容。

（1）建立原材料、在产品、产成品等的保管和移交制度。

（2）按类别存放存货，并定期巡视。

（3）只有经过授权的人才能接触存货及相关文件。

（4）存货入库必须经过验收，出库必须有经批准的领料单或提货单。

（五）定期或不定期盘点

对存货进行定期或不定期盘点，以保证账实相符。盘点日可以是结账日或接近结账日，也可以是预先确定的日期，此外对盘点过程也要进行必要的控制。

二、评估生产与存货循环的重大错报风险

（1）交易的数量和复杂性。制造业企业交易的数量庞大，业务复杂，这就增加了错误和舞弊的风险。

（2）成本核算的复杂性。制造业企业的成本核算比较复杂。虽然原材料和直接人工等直接成本的归集和分配比较简单，但间接费用的分配较为复杂，并且同一行业中的不同企业也可能采用不同的认定和计量基础。

（3）存货的多元化。由于产品的多元化，可能要聘请专家来验证其质量、状况或价值。另外，计量各类存货数量的方法也可能是不同的。例如，计量煤堆、简仓里的谷物或糖、黄金或贵重宝石、化工品和药剂产品的数量的方法可能不一样。这并不是要求注册会计师每次盘点存货都需要专家配合。如果存货容易辨认、存货数量容易清点，就无须专家帮助。

（4）某些存货的可变现净值难以确定。例如，价格受全球供求关系影响的存货由于其可变现净值难以确定，会影响存货采购价格和销售价格的确定，并影响注册会计师对与存货计价和分摊认定有关风险进行的评估。

（5）将存货存放在很多地点。大型企业可能将存货存放在很多地点，并且在不同的地点之间进行配送，这将增加存货毁损或遗失的风险，或者导致存货在两个地点被重复列示，也可能产生转移定价的错误或舞弊行为。

（6）寄存的存货。有时候存货虽然还存放在企业，但可能已经不归企业所有。反之，企业的存货也可能被寄存在其他企业。

（7）销售附有担保条款的商品。企业出售附有担保条款的商品，就会面临换货或者销售退回的风险。出口到其他国家的商品也有途中毁损的风险，这将导致投保人索赔或者由企业来补充毁损的商品。

由于存货与企业各项经营活动的紧密联系，存货的重大错报风险往往与财务报表其他项目的重大错报风险紧密相关。例如，收入的错报风险往往与存货的错报风险共存，采购交易的错报风险与存货的错报风险共存，存货成本核算的错报风险与营业成本的错报风险共存等。

三、生产与存货循环的内部控制测试

生产与存货循环的内部控制测试具体如表 9-2 所示。

表 9-2　生产与存货循环的内部控制测试

内部控制目标	关键内部控制	内部控制测试
生产业务是根据管理层的授权进行的（发生）	生产通知单的授权批准； 领料单的授权批准； 职工薪酬核算的授权批准	检查生产通知单、领料单、职工薪酬核算是否经过授权批准
记录的成本为实际发生的（发生）	成本核算是以经过审核的生产通知单、领发料凭证、产量和工时记录、职工薪酬费用分配表、材料费用分配表、制造费用分配表为依据的	检查有关成本的记账凭证是否附有生产通知单、领发料凭证、产量和工时记录、职工薪酬费用分配表、材料费用分配表、制造费用分配表，以及这些原始凭证的编号是否完整
所有耗费和物化劳动均已反映在成本中（完整性）	生产通知单、领发料凭证、产量和工时记录、职工薪酬费用分配表、材料费用分配表、制造费用分配表均预先按顺序编号，并已登记入账	检查生产通知单、领发料凭证、产量和工时记录、职工薪酬费用分配表、材料费用分配表、制造费用分配表的编号是否完整
成本以正确的金额，在恰当的会计期间及时记录于适当的账户（发生、完整性、正确性、准确性、计价和摊）	采用适当的成本核算方法、费用分配方法，并且前后期一致； 采用恰当的成本核算流程和账务处理流程；有恰当的内部核查程序	选取样本测试各种费用的归集和分配及成本的计算； 测试是否按照规定的成本核算流程和账务处理流程进行核算和账务处理
对存货实施保护措施，保管与记录、批准相互独立（存在、完整性）	存货保管人员与记录、审批人员职责相分离	询问、观察存货和记录的接触人及相应的批准程序
存货账实定期核对相符（存在、完整性、计价和摊）	定期进行存货盘点	询问和观察存货盘点程序

注册会计师对生产与存货循环内部控制进行测试后，应根据收集的证据并结合专业分析和职业判断，对生产与存货循环的内部控制及其执行情况、内部控制的有效性加以判断，推断有无导致财务报表相关项目重大错报风险的行为发生，并据以设计和实施进一步审计程序的性质、时间和范围。

任务解析

1．存在的缺陷和可能导致的错弊如下。

（1）存货的保管和记账职责未分离。可能导致存货保管员监守自盗，并通过篡改存货明细账来掩饰舞弊行为，进而导致存货可能被高估。

（2）仓库保管员收到存货时不填制入库单，以验收单作为记账依据。可能导致存货的数量或质量发生问题时，无法明确是验收部门的责任还是仓库保管人员的责任。

（3）领取原材料未进行审批控制。可能导致原材料的领取失控，造成原材料的浪费或被贪污及生产成本的虚增。

（4）领取辅助材料时未使用领料单，也未进行审批控制，对剩余的辅助材料缺乏控制。可能导致辅助材料的领取失控，造成辅助材料的浪费或被贪污及生产成本的虚增。

（5）未实行定期盘点制度。可能导致存货出现账实不符现象，且不能及时发现。

2．对红星公司存货循环内部控制的改进建议如下。

（1）建立永续盘存制，仓库保管人员设置存货台账，按存货的名称分别登记存货收、发、存的数量；财务部门设置存货明细账，按存货的名称分别登记存货收、发、存的数量、单价和金额。

（2）仓库保管员在收到验收部门送交的存货和验收单后，根据入库情况填制入库单，并据以登记存货收、发、存台账。入库单应预先按顺序编号，并由交接各方签字后留存。

（3）对原材料和辅助材料等各种存货的领取实行审批控制，即各部门根据生产计划编制领料单，经授权人员批准签字，经仓库保管员检查后发放存货。

（4）对剩余的辅助材料实施假退库控制。

（5）实行存货的定期盘点制度。

任务三　存货审计

☑ 任务导入

大正会计师事务所接受委托，对红星公司 2019 年的年度财务报表进行审计。红星公司为玻璃制造企业，存货主要有玻璃、煤炭和烧碱，其中少量玻璃存放于外地公用仓库，另有丁公司部分水泥存放于红星公司的仓库。红星公司拟于 2020 年 3 月 5 日至 3 月 7 日盘点存货，以下是注册会计师撰写的存货监盘计划的部分内容。

存货监盘计划

一、存货监盘的目标

检查红星公司 2019 年 12 月 31 日存货数量是否真实、完整。

二、存货监盘的范围

2019 年 12 月 31 日库存的所有存货，包括玻璃、煤炭、烧碱和水泥。

三、存货监盘的时间

存货的观察与检查时间均为 2019 年 12 月 31 日。

四、存货监盘的主要程序

（1）与管理层讨论存货监盘计划。

（2）观察红星公司盘点人员是否按照盘点计划进行盘点。

（3）检查相关凭证以证实盘点截止日前所有已确认为销售但尚未装运出库的存货均已纳入盘点范围。

（4）对于存放在外地公用仓库的玻璃，主要实施检查货运文件、出库记录等替代程序。

✓ 具体任务

1．请指出存货监盘计划中的目标、范围和时间存在的错误，并简要说明理由。

2．请判断存货监盘计划中列示的主要程序是否恰当，若不恰当，请予以修改。

理论认知

存货是指企业在日常活动中持有以备出售的产成品、处在生产过程中的在产品、在生产过程或提供劳务过程中耗用的材料和物料等。存货往往是企业流动资产中所占比重较大的项目，存货的重大错报会对财务状况和经营成果产生直接的影响，审计中许多复杂和重大的问题都与存货有关。存货审计，尤其是对年末存货余额的审计，通常是审计中较复杂也较费时的部分。导致存货审计复杂的主要原因如下：存货通常是资产负债表中的主要项目，而且通常是构成营运资本的最大项目；存货存放于不同的地点，导致对它的实物控制和盘点都很困难，企业必须将存货置放于便于产品生产和销售的地方，但是这种分散也给审计带来了困难；存货的多样性；存货本身的陈旧及存货成本的分配使注册会计师难以对存货进行估价；不同企业采用的存货计价方法有所不同。正是由于存货对于企业的重要性、存货问题的复杂性，以及存货与其他项目密切的关联度，要求注册会计师对存货的审计应当予以特别的关注。相应地，对存货进行审计的注册会计师应具备较高的专业素质和相关业务知识，运用多种有针对性的审计程序。

一、存货的审计目标

因为存货具有容易被盗、变质、毁损等不同于其他财务报表项目的特性，所以生产与存货循环的重大错报风险通常会对存货存在、完整性、权利和义务、计价和分摊、列报等认定产生重要影响。相应地，注册会计师针对上述重大错报风险实施审计的目标在于获取有关存货存在、完整性、权利和义务、计价和分摊、列报等认定的审计证据。

存货的审计目标与管理层认定的对应关系如表 9-3 所示。

表 9-3　存货的审计目标与管理层认定的对应关系表

被审计单位名称：　　　　　制表人：　　　　　日期：　　　　　索引号：
所属年度：　　　　　复核：　　　　　日期：　　　　　页次：

审计目标	管理层认定				
	存在	完整性	权利和义务	计价和分摊	列报
资产负债表中记录的存货是存在的	√				
所有应当记录的存货均已记录		√			
确定记录的存货都为被审计单位所有或控制			√		
确定存货以恰当的金额包括在财务报表中，与之相关的计价调整已恰当记录				√	
确定存货已按照《企业会计准则》的规定在财务报表中进行恰当列报					√

二、存货审计的实质性测试

（一）实质性分析程序

（1）按存货品种及存放地点、存货类别，比较当期与前期数量和金额的增减变动，如有异常，查明原因。

（2）按存货成本构成、存货平均成本、材料采购价格差异，比较当期与前期的增减变动，如有异常，查明原因。

（3）比较当期与前期直接材料费用、直接人工成本、制造费用占生产成本的比例，如有异常，查明原因。

（4）比较截止日前后两个月的产品毛利率，如有异常，查明原因。

（5）比较当期与前期的存货周转率，如有异常，查明原因。

（6）分析比较同一产品当期与前期的直接材料成本，如有异常，查明原因。

（7）将当期直接人工成本与前期的直接人工成本进行比较，如有异常，查明原因；分析当期各个月份的直接人工成本发生额，如有异常，查明原因。

（8）计算分析制造费用各月的构成情况，并与前期进行对比，判断变动的合理性。

（二）细节测试

1. 年末存货余额审计

获取或编制年末存货余额明细表，复核单项存货金额的计算和明细表的加总计算是否正确；将本年末存货余额与上年末存货余额进行比较，分析变动原因。

2. 存货监盘

存货审计涉及数量和计价两个方面，针对存货数量的实质性测试主要是存货监盘。

存货监盘的目的在于获取有关存货数量和状况的审计证据。因此，存货监盘针对的主要是存货的存在认定、完整性认定及计价和分摊认定。此外，注册会计师还可能在存货监盘中获取有关存货所有权的部分审计证据。例如，如果注册会计师在存货监盘中注意到某些存货已经被法院查封，则需要考虑被审计单位对这些存货的所有权是否受到了限制。但如果存货监盘本身并不足以使注册会计师确定存货的所有权，则注册会计师可能需要实施其他实质性测试以应对所有权认定的相关风险。

（1）编制存货监盘计划。

注册会计师应当根据被审计单位存货的特点、盘存制度和存货内部控制的有效性等，在评价被审计单位制订的存货盘点计划的基础上，编制存货监盘计划，对存货监盘进行合理安排。为了避免发生误会并有助于有效地实施存货监盘，注册会计师通常需要与被审计单位管理层就存货监盘等问题达成一致意见。

在编制存货监盘计划时，注册会计师需要考虑以下事项。

① 与存货相关的重大错报风险。影响存货重大错报风险的因素具体包括存货的数量和种类、成本归集的难易程度、陈旧过时的速度或易损坏程度、遭受失窃的难易程度。另外，外部因素也会对重大错报风险产生影响。例如，技术进步可能导致某些存货过时，从而导致存货价值容易被高估。

② 与存货相关的内部控制的性质。

③ 被审计单位对存货盘点是否制订了适当的计划，并下达了正确的指令。注册会计师一般需要复核或与管理层讨论其存货盘点计划。

④ 存货盘点的时间安排。

⑤ 被审计单位是否一贯采用永续盘存制。存货数量的盘存制度一般分为实地盘存制和永续盘存制。存货盘存制度不同，注册会计师需要做出的存货监盘安排也不同。如果被审计单位通过实地盘存制确定存货数量，则注册会计师要参与盘点；如果被审计单位采用永续盘存制，则注册会计师应在年度中一次或多次参与盘点。

⑥ 存货的存放地点（包括不同存放地点的存货的重要性和重大错报风险），以确定适当的盘

点地点。

⑦ 是否需要专家协助。注册会计师可能不具备其他专业领域的技能。在确定存货数量或存货状况（如矿石堆），或在收集特殊类别存货（如艺术品、稀有玉石、房地产、电子器件、工程设计等）的审计证据时，注册会计师可以考虑请专家协助。

存货监盘计划的主要内容如下：存货监盘的目标、范围及时间；存货监盘的要点及关注事项；参加存货监盘人员的分工；检查存货的范围。

（2）存货监盘程序。

① 实地观察。在被审计单位盘点存货前，注册会计师应当观察盘点现场，确定应纳入盘点范围的存货是否已经进行适当整理和排列，并附有盘点标签，防止遗漏或重复盘点。对未纳入盘点范围的存货，注册会计师应当查明未纳入的原因。对所有权不属于被审计单位的存货，注册会计师应当取得其规格、数量等有关资料，并确定这些存货是否已分别存放，且未被纳入盘点范围。在存货监盘的过程中，注册会计师应当跟随存货盘点人员，注意观察被审计单位事先制订的存货盘点计划是否得到了贯彻执行，盘点人员是否准确无误地记录了被盘点存货的数量和状况。如果发现问题，应及时指出，并督促盘点人员纠正；如果认为盘点过程和程序有问题，导致盘点结果严重失实，应要求被审计单位组织人员重新进行盘点。

② 检查存货。当被审计单位盘点人员按照盘点计划将存货盘点完毕后，注册会计师应当进行适当抽查，将抽查结果与被审计单位盘点记录相核对，并进行相应记录。注册会计师可以从盘点记录中选取项目追查至存货，还可以从存货中选取项目追查至盘点记录，以获取有关盘点记录准确性和完整性的审计证据。需要说明的是，注册会计师应尽可能避免让被审计单位事先了解将抽查的存货项目。注册会计师在抽查时发现差异应当查明原因，并及时提请被审计单位更正；注册会计师应当考虑错误的潜在范围和重大程度，如果错误的潜在范围较大或错误较为严重，应扩大检查范围或要求被审计单位重新进行盘点。

③ 需要特别关注的情况。注册会计师应当特别关注存货的移动情况，防止遗漏或重复盘点；注册会计师要特别关注存货的质量，确定被审计单位已经恰当区分所有毁损、陈旧、过失或冷背残次的存货；如果存货盘点日不是资产负债表日，注册会计师应当实施适当的审计程序，确定盘点日与资产负债表日之间存货的变动已进行恰当的记录；对于某些特殊类型的存货，注册会计师应确定被审计单位使用适当的盘点方法和控制程序。

④ 存货监盘结束前的工作。在被审计单位存货盘点结束前，注册会计师应当做好如下工作：再次观察盘点现场，以确定所有应纳入盘点范围的存货均已盘点；取得并检查已填用、作废及未使用盘点表单的号码记录，确定其已按顺序编号，确定已发放的表单均已收回，并与存货盘点的汇总记录进行核对；根据自己在存货监盘过程中获取的信息对被审计单位最终的存货盘点结果汇总记录进行复核，并评估其是否正确地反映了实际盘点结果。

（3）特殊情况的处理。

① 在存货盘点现场不能进行存货监盘的情况。例如，存货存放在对注册会计师的安全有威胁的地点。如果存货盘点现场不能进行存货监盘，则注册会计师应当实施替代审计程序（如检查盘点日后出售、盘点日之前取得或购买的特定存货的文件记录），以获取有关存货的存在和状况的充分、适当的审计证据。如果不能实施替代审计程序，或者实施替代审计程序可能无法获取有关存货的存在和状况的充分、适当的审计证据，则注册会计师需要按照规定发表非无保留意见。

② 因不可预见的情况导致注册会计师无法在存货盘点现场进行存货监盘的情况。两种比较典型的情况如下：一是注册会计师无法亲临现场，即由不可抗力因素导致其无法到达存货存放地进

行存货监盘；二是气候因素，即恶劣的天气导致注册会计师无法进行存货监盘，或由于恶劣的天气无法观察存货，如木材被积雪覆盖等。如果因不可预见的情况导致注册会计师无法在存货盘点现场进行存货监盘，注册会计师应当另择日期进行存货监盘，并对间隔期内发生的交易进行审计。

③ 由第三方保管或控制存货的情况。如果由第三方保管或控制的存货对财务报表是重要的，则注册会计师应当实施下列一项或两项审计程序，以获取有关该存货存在和状况的充分、适当的审计证据：向持有被审计单位存货的第三方函证存货的数量和状况；实施检查或其他适合具体情况的审计程序。

3. 存货计价测试

为验证财务报表中存货余额的真实、正确，注册会计师还必须对期末存货计价进行测试。

（1）选择测试样本。

用于存货计价测试的样本，应从存货数量已经盘点、单价和总金额已经记入存货汇总表的结存存货中选择。选择时，应选择结存金额较大且价格变化频繁的存货项目，同时考虑样本的代表性。

（2）存货计价基础测试。

期末存货应采用成本法作为计价基础，按成本与可变现净值孰低法计价，按两者的差额计提存货跌价准备。在存货计价审计中，注册会计师在审计过程中应注意检查被审计单位采用的计价基础是否符合有关制度的规定，可变现净值的确定及存货跌价准备的计提是否正确。被审计单位确定存货的可变现净值应当以取得的确凿证据为基础，并且考虑持有存货的目的、资产负债表日后事项的影响等因素。

（3）存货计价方法的确认。

注册会计师应注意被审计单位存货计价方法的选择是否符合《企业会计准则》的规定，是否与被审计单位的实际情况相符，前后期是否一致。如不一致，应注意被审计单位是否充分列报了这种变动对当期和以后各期的影响。

（4）存货入账价值测试。

存货成本的构成范围因取得存货的来源不同而有所不同。进行存货入账价值测试时，注册会计师应先对存货价格的组成予以审核，然后按照所了解的计价方法对所选择的存货样本进行计价审计，并与被审计单位的账面记录进行对比。如有差异，应分析形成差异的原因。如果差异过大，应扩大测试范围，并根据审计结果考虑是否应提出审计调整建议。

存货计价测试表如表 9-4 所示。

表 9-4　存货计价测试表

被审计单位名称：　　　　　　制表人：　　　　　　日期：　　　　　索引号：
项目：　　　　　　　　　　　复核：　　　　　　日期：　　　　　页次：
财务报表截止日/期间：
品名及规格：

月份	增加			减少			结存		
	数量	单价	金额	数量	单价	金额	数量	单价	金额
期初数									
1 月									
2 月									
3 月									
...									

月份	增加			减少			结存		
	数量	单价	金额	数量	单价	金额	数量	单价	金额
11月									
12月									
合计									
计价方法：									
审计说明：									

注：本表适用于原材料、库存商品、发出商品等。

4. 存货截止测试

存货截止测试是指检查在已经记录为企业所有并包括在存货盘点范围内的存货中，是否含有截至该日尚未购入或已经售出的部分。存货正确截止的关键在于存货纳入盘点范围的时间与存货引起的借贷双方会计科目的入账时间都处于同一会计期间。

注册会计师在对期末存货进行截止测试时，通常应当关注以下几点。

（1）所有在截止日以前入库的存货是否均已包括在盘点范围内，并已反映在截止日以前的会计记录中。

（2）所有在截止日以前装运出库的存货是否均未包括在盘点范围内，且未包括在截止日的存货账面余额中。

（3）所有已确认为销售但尚未装运出库的存货是否均未包括在盘点范围内，且未包括在截止日的存货账面余额中。

（4）在途存货和被审计单位直接向客户发运的存货是否均已得到了恰当的会计处理。

注册会计师通常可观察存货的验收入库地点和装运出库地点以执行存货截止测试。在存货入库和装运过程中采用连续编号的凭证时，注册会计师应当关注截止日前的最后编号。如果被审计单位没有使用连续编号的凭证，则注册会计师应当列出截止日前的最后几笔入库和装运记录。如果被审计单位使用运货车厢或拖车进行存储、运输或验收入库，则注册会计师应当详细列出存货场地上满载和空载的车厢或拖车，并记录其载货状况。

5. 生产成本审计

生产成本审计主要包括直接材料成本审计、直接人工成本审计和制造费用审计。

（1）直接材料成本的审计一般应从审阅材料和生产成本明细账入手，抽查有关的费用凭证，验证被审计单位产品直接耗用材料的数量、计价和材料费用分配是否真实、合理。

直接材料成本的审计程序具体如下。

① 抽查产品成本计算单，检查直接材料成本的计算是否正确，材料费用的分配标准与计算方法是否合理和适当，与材料费用分配表中该产品分摊的材料费用核对是否相符。

② 审查直接材料耗用数量的真实性，有无将非生产用材料计入直接材料成本的情况。

③ 分析比较同一产品前后各年度的直接材料成本，如有异常波动，应查明原因。

④ 抽查材料发出及领用的原始凭证，检查是否经过授权、经过适当的复核，成本计价方法是否适当，是否及时入账。

⑤ 对采用定额成本法或标准成本法的被审计单位，检查直接材料成本的计算、分配与会计处

理是否正确，并查明直接材料的定额成本、标准成本在本年度内有无重大变更。

（2）直接人工成本的审计。

直接人工成本的审计程序具体如下。

① 抽查产品成本计算单，检查直接人工成本的计算是否正确，人工成本的分配标准与计算方法是否合理和适当，与职工薪酬分配表中该产品分摊的直接人工费用核对是否相符。

② 分析比较本年度各个月份的直接人工成本发生额，如有异常波动，应查明原因。

③ 结合应付职工薪酬的审计，检查直接人工成本会计记录及会计处理是否正确。

④ 对采用标准成本法的被审计单位，抽查直接人工成本的计算、分配与会计处理是否正确，并查明直接人工的标准成本在本年度内有无重大变更。

（3）制造费用的审计。制造费用是企业生产部门为组织和管理生产而发生的各项费用，包括车间管理人员的薪酬、折旧费、办公费、水电费、取暖费、劳保费、保险费、机物料消耗、设计制图费、实验检验费、修理期间的停工损失等。制造费用的审计程序具体如下。

① 获取或编制造费用汇总表，并与明细账、总账核对是否相符，抽查并分析制造费用中的重大数额项目及例外项目是否合理。

② 审阅制造费用明细账，检查其核算内容及范围是否正确，并应注意是否存在异常会计事项，如有，则应追查至记账凭证及原始凭证，重点查明有无不应计入制造费用的支出（如投资支出、被没收的财物、支付的罚款、违约金、技术开发支出等）。

③ 必要时对制造费用实施截止测试，即检查资产负债表日前后若干天的制造费用明细账及其凭证，确定有无跨期入账的情况。

④ 检查制造费用的分配是否合理。重点查明制造费用的分配方法是否符合被审计单位自身的生产技术条件，是否体现受益原则；分配方法一经确定，是否在相当时期内保持稳定，有无随意变更的情况；分配率和分配额的计算是否正确，有无以人为估计数代替分配额的情况。对于按预定分配率分配费用的被审计单位，还应查明计划与实际的差异，确定是否调整。

⑤ 对采用标准成本法的被审计单位，应抽查标准制造费用的确定是否合理，记入成本计算单的数额是否正确，制造费用的计算、分配与会计处理是否正确，并查明标准制造费用在本年度内有无重大变动。

任务解析

1. 存货监盘计划中的目标、范围和时间存在三处错误。

（1）目标错误，存货监盘的目标不恰当，监盘目标应为获取有关存货数量和状况的审计证据。

（2）范围错误，丁公司水泥的所有权不属于红星公司，不应纳入监盘范围。

（3）时间错误，存货的观察与检查时间应与盘点时间相协调，应为范围。

2. 对存货监盘计划中列示的主要程序是否恰当的判断结果如下。

（1）程序不恰当。修改为复核或与管理层讨论存货盘点计划。

（2）程序恰当。

（3）程序不恰当。修改为检查相关凭证以证实盘点截止日前所有已确认为销售但尚未装运出库的存货均未包括在盘点范围内。

（4）程序不恰当。修改为对于存放在外地公用仓库的玻璃，应实施函证等替代程序。

任务四 营业成本审计

任务导入

红星公司采用先进先出法计算、结转发出产品成本。注册会计师黄莉在审阅库存商品明细账时发现：年初结存 1000 件，单价 100 元；第一批完工入库 2500 件，单价 110 元，第二批完工入库 1000 件，单价 105 元，第三批完工入库 500 件，单价 115 元；共销售 5000 件，结转成本 543 750 元，截至审计日结存 1000 件，结存成本 108 750 元。

具体任务

请验证红星公司的计算是否正确，并提出处理意见。

理论认知

营业成本是指企业对外销售产品、提供劳务等主营业务活动和销售材料、出租固定资产、出租无形资产、出租包装物等其他经营活动所发生的实际成本。对于制造业产成品销售来说，它是由期初库存产品成本加上本期入库产品成本，再减去期末库存产品成本求得的。

一、营业成本的审计目标

营业成本的审计目标与财务报表认定的对应关系如表 9-5 所示。

表 9-5　营业成本的审计目标与财务报表认定的对应关系表

被审计单位名称：　　　　　制表人：　　　　　日期：　　　　　索引号：
所属年度：　　　　　复核：　　　　　日期：　　　　　页次：

审计目标	财务报表的认定					
	发生	完整性	准确性	截止	分类	列报
利润表中记录的营业成本已经发生，且与被审计单位有关	√					
所有应当记录的营业成本均已记录		√				
与营业成本有关的金额及其他数据已经恰当记录			√			
营业成本已记录于正确的会计期间				√		
营业成本已记录于恰当的账户					√	
营业成本已经按照《企业会计准则》的规定在财务报表中进行恰当列报						√

二、主营业务成本审计的实质性测试

（一）实质性分析程序

（1）比较当期与前期不同品种产品的主营业务成本和毛利率，如有异常，查明原因。

（2）比较当期与前期各月主营业务成本的波动趋势，如有异常，查明原因。

（3）比较被审计单位与同行业的毛利率，如有异常，查明原因。

（4）比较当期及前期主要产品的单位产品成本，如有异常，查明原因。

（二）细节测试

（1）获取或编制主营业务成本明细表，复核加计是否正确，并与总账数和明细账合计数核对是否相符，结合其他业务成本后再与报表数核对是否相符。

（2）检查主营业务成本的内容和计算方法是否符合《企业会计准则》的规定，前后期是否一致。

（3）复核主营业务成本明细表的正确性，编制生产成本与主营业务成本倒轧表（见表9-6）。

表9-6 生产成本与主营业务成本倒轧表

被审计单位：　　　　　　　索引号：　　　　　　　页次：

项目：主营业务成本　　　　编制人：　　　　　　　日期：

报表期间：　　　　　　　　复核人：　　　　　　　日期：

项　　　目	未　审　数	调整或重分类金额		审　定　数	备　　注
		借	贷		
原材料期初余额					
加：本期购进					
减：原材料期末余额					
其他发出额					
直接材料成本					
加：直接人工成本					
制造费用					
生产成本					
加：在产品期初余额					
减：在产品期末余额					
产成品生产成本					
加：产成品期初余额					
减：产成品期末余额					
销售成本					

（4）抽查主营业务成本结转明细清单，比较记入主营业务成本的产品品种、规格、数量和主营业务收入的口径是否一致，是否符合配比原则。

（5）针对主营业务成本中的重大调整事项（如销售退回）、非常规项目，检查相关原始凭证，评价其真实性和合理性，检查其会计处理是否正确。

（6）在采用计划成本法、定额成本法、标准成本法或售价金额核算法的条件下，应检查产品成本差异或产品进销差价的计算、分配和会计处理是否正确。

（7）结合期间费用的审计，判断被审计单位是否有通过将应计入生产成本的支出计入期间费用或将应计入期间费用的支出计入生产成本来调节生产成本，从而调节主营业务成本的行为。

（8）根据评估的舞弊风险等因素确定是否增加审计程序。

（9）检查营业成本是否已按照《企业会计准则》的规定在财务报表中进行恰当列报。

任务解析

1．注册会计师根据先进先出法对发出产品的计价进行复核，计算如下：

发出产品成本=100×1000+110×2500+105×1000+115×500=537 500（元）；

多转发出产品成本=543 750-537 500=6250（元）。

2．处理意见：其结果是虚增了主营业务成本，虚减利润，偷漏所得税，同时使库存商品计价偏低。对此，注册会计师应建议被审计单位予以调整。

任务五 应付职工薪酬审计

任务导入

黄莉在审计红星公司2019年度的应付职工薪酬项目时，发现被审计单位对职工工资费用的处理如下。

（1）生产工人的工资记入"生产成本"账户。

（2）医务室医生的工资记入"管理费用"账户。

（3）车间主任的工资记入"管理费用"账户。

（4）厂部办公室主任的工资记入"制造费用"账户。

（5）营销人员的工资记入"销售费用"账户。

（6）基建部门人员的工资记入"制造费用"账户。

具体任务

1．请判断被审计单位对职工工资费用的处理是否正确？

2．如果处理错误，请修改。

理论认知

职工薪酬是企业支付给职工的各种报酬。职工薪酬以现金形式支付时，很容易发生错误和舞弊行为，如虚报冒领、重复支付和贪污等。同时，职工薪酬通常是构成企业成本费用的重要项目，所以在审计中十分重要。随着经营管理水平的提高和技术手段的发展，在职工薪酬核算业务中进行舞弊及掩饰的可能性已大大降低，因为有效的职工薪酬内部控制可以及时揭露错误和舞弊行为；使用计算机编制职工薪酬表和使用工薪卡，提高了职工薪酬计算的正确性；有关机构，如税务部门、社会保障机构的复核，可相应减少职工薪酬计算的错误。在一般企业中，职工薪酬在成本费用中所占比重较大，如果职工薪酬计算错误，就会影响成本费用和利润的正确性。所以，注册会计师应重视对职工薪酬的审计。

一、应付职工薪酬的审计目标

应付职工薪酬的审计目标与管理层认定的对应关系如表 9-7 所示。

表 9-7 应付职工薪酬的审计目标与管理层认定的对应关系表

被审计单位名称：　　　　　制表人：　　　　　日期：　　　　　索引号：
所属年度：　　　　　复核：　　　　　日期：　　　　　页次：

审 计 目 标	管理层认定				
	存在	完整性	权利和义务	计价和分摊	列报
资产负债表中记录的应付职工薪酬是存在的	√				
所有应当记录的应付职工薪酬均已记录		√			
确定记录的应付职工薪酬是被审计单位应当履行的现时义务			√		
应付职工薪酬以恰当的金额包括在财务报表中，与之相关的计价调整均已恰当记录				√	
应付职工薪酬已按照《企业会计准则》的规定在财务报表中进行恰当列报					√

二、应付职工薪酬审计的实质性测试

（一）实质性分析程序

（1）比较被审计单位职工人数的变动情况，检查被审计单位各部门各月工资费用的发生额是否有异常波动，若有，则查明波动原因。

（2）比较当期与前期工资费用总额，要求被审计单位解释其增减变动原因，或者取得公司管理层关于职工工资标准调整的决议。

（3）核实职工社会保险缴纳情况，明确被审计单位职工范围，检查是否有与关联公司职工工资混淆列支的情况。

（4）核对下列相互独立部门的相关数据是否相符。

① 核对各部门记录的工资支出与出纳记录的工资支出是否相符。

② 核对各部门记录的工时与生产部门记录的工时是否相符。

（5）比较当期应付职工薪酬余额与前期应付职工薪酬余额是否有异常变动。

（二）细节测试

（1）获取或编制应付职工薪酬明细表，复核加计是否正确，并与报表数、总账数和明细账合计数核对是否相符。

（2）检查工资、奖金、津贴和补贴。

① 检查计提是否正确，依据是否充分，将执行的工资标准与有关规定核对，并对工资总额进行测试；如果被审计单位实行工效挂钩，则注册会计师应取得有关主管部门确认的效益工资发放额认定证明，结合有关合同文件和实际完成的指标，检查其计提额是否正确，是否应进行纳税调整。

② 检查分配方法与前期是否一致。除因解除与职工的劳动关系给予的补偿直接计入管理费用外，因生产产品、提供劳务发生的职工薪酬应计入产品成本或劳务成本；因在建工程、研发无形资产发生的职工薪酬应计入固定资产或无形资产；因其他业务活动发生的职工薪酬应计入当期损益。

③ 检查发放金额是否正确，代扣的款项及其金额是否正确。

④ 检查是否存在拖欠的职工薪酬，并了解拖欠的原因。

（3）检查社会保险费、住房公积金、工会经费和职工教育经费等计提（分配）和支付（或使用）的会计处理是否正确，依据是否充分。

（4）检查辞退福利。按辞退职工数量、辞退补偿标准检查辞退福利金额是否正确，会计处理是否正确，核实是否将计提金额计入当期管理费用，辞退福利支付凭证是否真实、正确。

（5）检查非货币性福利。

① 检查以自产产品发放给职工的非货币性福利是否根据受益对象，按照该产品的公允价值计入相关资产成本或当期损益，同时确认应付职工薪酬。对于难以认定受益对象的非货币性福利，检查是否直接计入当期损益和应付职工薪酬。

② 检查无偿向职工提供住房的非货币性福利是否根据受益对象，将该住房每期应计提的折旧计入相关资产成本或当期损益，同时确认应付职工薪酬。对于难以认定受益对象的非货币性福利，检查是否直接计入当期损益和应付职工薪酬。

③ 检查租赁住房等资产供职工无偿使用的非货币性福利是否根据受益对象，将每期应付的租金计入相关资产成本或当期损益，同时确认应付职工薪酬。对于难以认定受益对象的非货币性福利，检查是否直接计入当期损益和应付职工薪酬。

（6）检查应付职工薪酬的期后付款情况，并关注在资产负债表日至财务报表批准报出日之间，是否有需要调整资产负债表日原确认的应付职工薪酬的事项。

（7）检查应付职工薪酬是否已按照《企业会计准则》的规定在财务报表中进行恰当列报。

被审计单位应在附注中披露与职工薪酬有关的下列信息。

① 应当支付给职工的工资、奖金、津贴和补贴及其期末应付未付金额。

② 应当为职工缴纳的社会保险费及其期末应付未付金额。

③ 应当为职工缴存的住房公积金及其期末应付未付金额。

④ 应当为职工提供的非货币性福利及其计算依据。

⑤ 应当支付的因解除劳动关系给予的补偿及其期末应付未付金额。

⑥ 其他职工薪酬。

任务解析

1. 在被审计单位对工资费用的处理中，第（1）、（2）、（5）项处理是正确的，第（3）、（4）、（6）项是错误的。

2. 第（3）、（4）、（6）项修改如下。

车间主任的工资不应记入"管理费用"账户，应记入"制造费用"账户。

厂部办公室主任的工资不应记入"制造费用"账户，应记入"管理费用"账户。

基建部门人员的工资不应记入"制造费用"账户，应记入"在建工程"账户。

任务六 其他相关项目审计

📋 任务导入

大正会计师事务所的注册会计师王华负责审计红星公司 2019 年的年度财务报表。王华于 2019 年年末对红星公司的存货进行监盘时，得知管理层拟于 2020 年 1 月销毁一批过期商品，王华检查了该批商品的账簿记录，确认已全额计提存货跌价准备，因此没有将其纳入监盘范围。

✅ 具体任务

请判断注册会计师王华的做法是否恰当。如不恰当，简要说明理由。

📋 理论认知

生产与存货循环的审计除上述项目外，还有原材料、低值易耗品、包装物、库存商品等其他相关项目。对于存货的审计目标在任务三中已经进行了叙述，本节所涉及的原材料、低值易耗品、包装物、库存商品等均属于存货的构成项目。因此，本节中不再重复存货其他相关项目的审计目标，只对其实质性测试进行简要阐述。

一、原材料的审计

获取或编制原材料明细表，复核加计是否正确，并与总账数、明细账合计数核对是否相符，同时抽查核对明细账是否与仓库台账、卡片记录相符。在此基础上，实施以下实质性测试。

（1）将当期期末原材料余额与前期期末原材料余额进行比较，解释其波动原因，并对大额异常事项进行调查。

（2）现场观察被审计单位期末原材料的盘点情况，取得原材料盘点资料和盘盈、盘亏报告表，进行重点抽查，并注意查明账实不符的原因，检查有关审批手续是否完备，账务处理是否正确。对于存放在外的库存材料，应现场查看或函证核实。

（3）检查原材料的入账基础和计价方法是否正确，前后期是否一致。

（4）根据被审计单位的原材料计价方法，抽查期末结存量较大的原材料的计价是否正确。如果原材料以计划成本计价，还应检查材料成本差异的发生额、转销额计算是否正确。

（5）查阅资产负债表日前后若干天的原材料增减变动的有关账簿记录和原始凭证，检查有无跨期现象。如有，应做出记录，必要时提出调整建议。

（6）结合原材料的盘点，检查期末有无料到单未到的情况。如有，应查明是否已暂估入账，分析其暂估价是否合理。

二、包装物的审计

（1）获取或编制包装物明细表，复核加计是否正确，并与总账数、明细账合计数核对是否相符，同时抽查明细账并与仓库台账、卡片记录核对是否相符。

（2）将当期期末包装物余额与前期期末余额进行比较，解释其波动原因，并对大额异常事项进行调查。

（3）现场观察被审计单位期末包装物的盘点情况，取得包装物盘点资料和盘盈、盘亏报告表，进行重点抽查，并注意查明账实不符的原因，检查有关审批手续是否完备、账务处理是否正确。对于存放在外的包装物，应现场查看或函证核实。

（4）检查包装物的入账基础和计价方法是否正确，前后期是否一致。

（5）检查发出包装物的计价基础，抽查发出包装物汇总表的正确性。

（6）根据被审计单位包装物的计价方法，抽查期末结存量较大的包装物的计价是否正确。

（7）审核有无长期挂账的包装物。

三、低值易耗品的审计

（1）获取或编制低值易耗品明细表，复核加计是否正确，并与总账数、明细账合计数核对是否相符。

（2）检查低值易耗品的入库和领用手续是否齐全，会计处理是否正确；检查低值易耗品的摊销方法是否正确，前后期是否一致；审核有无长期挂账的低值易耗品，如有，查明原因，必要时进行调整。

四、材料成本差异的审计

（1）获取或编制材料成本差异明细表，复核加计是否正确，并与总账数、明细账合计数核对是否相符。

（2）对每月材料成本差异率进行分析性复核，检查是否有异常波动，注意是否存在调节成本的现象。

（3）抽查发出的材料汇总表，检查材料成本差异的分配是否正确，并注意分配方法前后期是否一致。

五、库存商品的审计

（1）获取或编制库存商品明细表，复核加计是否正确，并与总账数、明细账合计数核对是否相符，同时抽查明细账并与仓库台账、卡片记录核对是否相符。

（2）现场观察被审计单位库存商品的盘点情况，取得库存商品盘点资料和盘盈、盘亏报告表，并进行重点抽查。

（3）检查库存商品的计价方法是否正确，前后期是否一致。

（4）抽查库存商品入库单，核对库存商品的品种、数量与入账记录是否一致，并核对入库库存商品的实际成本是否与"生产成本"账户的结转额相符。

（5）抽查库存商品的发出凭证，核对转出库存商品的品种、数量和实际成本是否与"营业成本"账户的记录相符。

六、存货跌价准备的审计

（1）获取或编制存货跌价准备明细表，复核加计是否正确，并与总账数、明细账合计数核对是否相符。

（2）检查存货跌价准备计提和存货损失转销的批准程序，取得书面报告、销售合同或劳务合同等证明文件。

（3）分析存货跌价准备的计提依据和计提方法是否合理，是否充分考虑了持有存货的目的及对资产负债表日后事项的影响。

（4）如果被审计单位为建筑承包商，对其执行中的建造合同，则应检查预计总成本是否超过合同总收入，如果超过，则检查跌价准备计提是否合理，会计处理是否正确。

（5）比较当期实际损失发生额与前期存货跌价准备的余额，以评价存货跌价准备计提的合理性。

（6）如果被审计单位出售或核销已经计提跌价准备的存货，应检查相应的跌价准备的会计处理是否正确。

（7）检查已计提跌价准备的存货价值又得以恢复的，是否将已计提的跌价准备转回，依据是否充分，并记录转回金额。

（8）检查被审计单位是否于期末对存货进行了检查分析，存货跌价准备的计算和会计处理是否正确。

（9）确定存货跌价准备的披露是否恰当。

任务解析

注册会计师王华的做法不恰当。存货监盘是检查存货的存在，已全额计提跌价准备的存货价值虽然为零，但数量仍存在，仍需对存货进行监盘。

复习自测题

一、单选题

1．某股份有限公司成立于 2018 年 1 月 1 日，期末存货采用成本与可变现净值孰低法计价，成本与可变现净值的比较采用单项比较法。2018 年 12 月 31 日，该公司 A、B、C 三种存货的成本分别为 130 万元、221 万元、316 万元；A、B、C 三种存货的可变现净值分别为 128 万元、215 万元、336 万元。注册会计师认为，该公司 2018 年 12 月 31 日存货的账面价值为（　　　）。

    A．659 万元　　　　B．667 万元　　　　C．679 万元　　　　D．687 万元

2．某企业 2019 年 3 月 20 日产成品 A 的实际盘存数量为 220 件，从 2019 年 1 月 1 日至 2019 年 3 月 20 日盘点时止，产成品 A 的完工数量为 400 件，销售发出数量为 300 件，可以确认该企业 2018 年 12 月 31 日产成品 A 的实际数量为（　　　）。

    A．220 件　　　　B．320 件　　　　C．120 件　　　　D．520 件

3．生产与存货循环涉及的主要凭证和会计记录按业务顺序依次为（　　）。

A．材料分配表、领料单、盘点表、成本计算单

B．生产通知单、领料单、产量通知、费用分配表、成本计算单

C．存货明细账、生产通知单、费用分配表、领料单

D．生产计划、费用分配表、工时记录、成本计算单

4．如果存货盘点日不是（　　），则注册会计师应当实施适当的审计程序，确定盘点日与该日之间存货的变动是否已得到恰当的记录。

A．审计工作完成日　　　　　　　　B．审计业务约定书签订日

C．审计外勤开始日　　　　　　　　D．财务报表日

5．针对产成品和在产品的单位成本，注册会计师需要对成本核算过程实施实质性测试，下列不包含在内的是（　　）。

A．直接材料成本测试

B．生产成本在当期完工产品与在产品之间分配的测试

C．直接人工成本测试

D．销售费用测试

6．实施存货监盘程序，最可以证明的认定是（　　）。

A．存在　　　　　　B．完整性　　　　　　C．权利和义务　　　D．计价和分摊

7．被审计单位在内外部经营环境没有改变的情形下，如果营业成本异常增多，则会导致存货项目的（　　）认定存在重大错报。

A．存在　　　　　　B．完整性　　　　　　C．计价和分摊　　　D．权利和义务

8．在对 I 公司存货项目进行了解后获知，存在一批委托 A 公司代为保管的 C 材料，注册会计师在制订存货监盘计划时不应当做的是（　　）。

A．将 C 材料纳入存货的监盘范围

B．直接利用 I 公司的账簿记录确认 C 材料的账面价值

C．向 A 公司实施函证

D．如果 C 材料的金额占流动资产的比例较大，则注册会计师应当考虑进行存货监盘或利用其他注册会计师的工作

9．签发预先按顺序编号的生产通知单的部门是（　　）。

A．人事部门　　　　B．销售部门　　　　C．会计部门　　　　D．生产计划部门

10．下列各项中，不属于存货审计目标的是（　　）。

A．证实存货计价的正确性　　　　　　B．确认存货记录截止的正确性

C．评价存货分类管理的有效性　　　　D．证实存货在财务报表中披露的恰当性

11．在内部控制良好的情况下，收到商品时，负责验收的人员将（　　）与商品进行核对。

A．供应商发运文件及订货单　　　　　B．验收报告及供应商发运文件

C．请购单及订货单　　　　　　　　　D．验收报告及订货单

12．注册会计师对存货抽查时发现了差异，下列处理中不恰当的是（　　）。

A．查明原因，及时提请被审计单位更正

B．不管是什么差异，应当提请被审计单位先记录在"待处理财产损溢——待处理流动资产损溢"账户后再进行处理

C．注册会计师应当考虑错误的潜在范围和重大程度，在可能的情况下，扩大审计范围以

减少错误的发生

    D. 根据抽查的结果，如果注册会计师认为盘点记录的错误非常严重，则应当要求被审计单位重新进行盘点

13. 下列各项中，属于生产成本审计实质性测试的是（　　　）。

    A. 询问和观察存货的盘点及接触、审批程序

    B. 审查有关凭证是否经过适当审批

    C. 审查有关记账凭证是否附有按顺序编号的原始凭证

    D. 对成本项目进行分析性复核

14. 注册会计师对被审计单位进行存货监盘可以达到的审计目标是（　　　）。

    A. 证实存货计价的合理性　　　　　　　B. 证实存货账务处理的正确性

    C. 证实存货采购成本的正确性　　　　　D. 证实存货的存在

15. 在采用实质性分析程序审查存货总体合理性时，注册会计师常采用的指标是（　　　）。

    A. 毛利率　　　B. 存货周转率　　　C. 成本利润率　　　D. 产品成本差异率

二、多选题

1. 资产负债表中的存货项目包括（　　　）账户的期末余额。

    A. 原材料　　　　B. 在产品　　　　C. 产成品　　　　D. 存货跌价准备

2. 下列属于存货控制措施的有（　　　）。

    A. 限制非授权人员接近存货　　　　　　B. 请购单必须经过恰当的授权批准

    C. 定期盘点　　　　　　　　　　　　　D. 存货保管与会计记录相互独立

3. 审计时发现下列项目计入生产成本，属于违反规定的有（　　　）。

    A. 无形资产支出计入生产成本

    B. 对外投资支出计入生产成本

    C. 按车间生产工人工资提取的职工福利费计入生产成本

    D. 罚款及被没收财物损失计入生产成本

4. 注册会计师在对某企业产品成本进行审计时发现该企业在产品成本中列示了如下内容，其中符合相关规定的有（　　　）。

    A. 给希望小学捐款 50 000 元　　　　　B. 向供货单位支付合同违约金 8 000 元

    C. 结转制造费用 95 000 元　　　　　　D. 结转辅助生产费用 70 000 元

5. 在存货监盘过程中，注册会计师采取的措施包括（　　　）。

    A. 参与盘点计划的制订　　　　　　　　B. 抽查盘点记录

    C. 现场监督　　　　　　　　　　　　　D. 查验存货质量

6. 注册会计师在对生产与存货循环内部控制进行测试的过程中，可以采取的措施有（　　　）。

    A. 编制存货余额明细表并与总账核对是否相符

    B. 抽取部分存货出、入库业务，追踪检查其业务处理过程

    C. 审查产品生产和成本管理制度的执行情况

    D. 检查生产与存货循环各环节不相容职责的分离情况

7. 生产与存货循环主要经历了（　　　）。

    A. 根据订单或销售预测制订生产计划　　B. 由仓库部门审批存货报废

    C. 根据生产通知单安排生产　　　　　　D. 财会部门进行成本核算

8. 注册会计师在抽查被审计单位的存货盘点记录时，应重点关注的事项有（　　）。

　　A. 存货盘点的范围

　　B. 存货盘点的结果与账面金额是否一致

　　C. 盘点工作是否影响生产经营的正常进行

　　D. 存货出库单有无销售部门主管的批准

9. 对生产成本变动合理性进行分析性复核的主要指标及措施有（　　）。

　　A. 分析各期和当期各月产品成本总额的变动

　　B. 分析生产成本构成项目的变动

　　C. 分析速动比率

　　D. 分析比较各月材料和产品成本差异率

10. 注册会计师判断以下应计入材料采购成本的有（　　）。

　　A. 材料买价（不含增值税）

　　B. 运杂费

　　C. 所付的关税

　　D. 入库前的加工整理费

三、判断

1. 存货监盘所得到的是实物证据，不仅能保证被审计单位对存货的所有权，而且能为该存货的价值和完整性提供审计证据。（　　）

2. 采用不同计价方法计算出来的发出存货的当期主营业务成本应该是相同的。（　　）

3. 在对存货进行监盘时，注册会计师可以事先就拟抽取测试的存货项目与被审计单位进行沟通，以提高存货监盘的效率。（　　）

4. 如果由第三方保管或控制的存货对财务报表是重要的，注册会计师为了获取有关该存货存在和状况的充分、适当的审计证据，应当考虑实施的审计程序是向持有被审计单位存货的第三方函证存货的数量和状况。（　　）

5. 生产通知单、领料单等单据和费用归集分配方法的变更、存货计价方法的选用和变更都需要经过审批。（　　）

6. 对属于被审计单位所有但存放在外的存货，如果函证的回函不能令人满意，注册会计师可以考虑直接出具保留意见的审计报告。（　　）

7. 存货审计涉及数量和计价两个方面，针对存货数量的实质性测试主要是存货监盘。（　　）

8. 在进行存货计价测试时，注册会计师通常不用关注被审计单位对存货可变现净值的确定及存货跌价准备的计提。（　　）

9. 在对存货实施监盘程序时，对于已质押的存货，注册会计师应向债权人函证与被质押存货相关的内容。（　　）

10. 存货正确截止的关键在于存货纳入盘点范围的时间与存货引起的借贷双方会计科目的入账时间都处于同一会计期间。（　　）

四、案例分析题

ABC 会计师事务所在对甲公司 2019 年度的财务报表进行审计的过程中，A 注册会计师发现在临近结账日有如下几笔交易。

（1）2020 年 1 月 3 日收到一批货物，成本为 18 220 元，相关发运单记录的时间是 2020 年 1 月 5 日，发票表明发货时间是 2019 年 12 月 29 日，在目的地交货。

（2）2019 年 12 月 28 日收到一批货物，成本为 6250 元，未对发票进行记录。注册会计师在采购部门找到该发票，上面标明"寄售"。

（3）在进行存货监盘时，发运间有一个装有产品的箱子，产品成本为 8160 元，箱子上标有"等待发运指令"，因此未纳入监盘范围。经过调查，注册会计师发现客户订货单日期是 2019 年 12 月 18 日，但是箱子发运日期和客户付款日期是 2020 年 1 月 10 日。

（4）2020 年 1 月 6 日收到一批货物，成本为 7200 元，于 2020 年 1 月 7 日记入采购日记账。发票上注明在起运点交货且于 2019 年 12 月 31 日发货。但 12 月 31 日货物并未到达，因此未纳入监盘范围。

（5）根据合同为客户定制的一种特殊机器，在客户的监制下于 2019 年 12 月 31 日合格完工并存放在发运间。发运日期为 2020 年 1 月 4 日，客户已于当日付款，因此该机器被排除在存货之外。

【要求】假设上述每项金额都是重要的，请指出上述货物是否应纳入存货监盘的范围，并阐述理由。

项目十

筹资与投资循环审计

知识目标

1. 了解筹资与投资循环涉及的主要业务活动。
2. 掌握筹资与投资循环的内部控制及控制测试。
3. 掌握筹资与投资循环主要账户的审计目标和实质性测试。

技能目标

能对筹资与投资循环主要账户进行实质性测试。

引导案例

江苏澄星磷化工股份有限公司造假

2019 年 1 月 28 日，中国证监会公布了江苏澄星磷化工股份有限公司（以下简称澄星股份）的造假劣迹，并出具了对该公司及对相关 20 名责任人员的行政处罚决定书。

2011 年至 2014 年，澄星股份控股股东江阴澄星实业集团有限公司及其关联方通过银行划款或银行票据方式占用澄星股份及其控股子公司资金（以下简称关联方资金占用），通过银行划款方式向澄星股份及其控股子公司提供财务资助（以下简称关联方提供财务资助）。

其中，2011 年年末、2012 年年末、2013 年年末、2014 年年末关联方资金占用总额分别为 23 299.31 万元、23 299.31 万元、3 299.31 万元、3 299.31 万元。

在中国证监会出具的行政处罚决定书中，澄星股份 2011 年、2012 年的财务报表存在以下虚假记载：票据背书延迟入账导致澄星股份 2011 年年末应收票据虚增 9780 万元，应付票据虚减 20 000 万元，其他应收款虚减 29 780 万元；不真实票据交易导致 2011 年年末应收票据虚增 9780 万元，其他应收款虚减 9780 万元；票据背书延迟入账导致 2012 年年末应收票据虚增 9513.8 万元，应付票据虚减 20 000 万元，其他应收款虚减 20 000 万元，预付账款虚减 9513.8 万元；不真实票据交易导致 2012 年年末应收票据虚增 9513.8 万元，预付账款虚减 9513.8 万元。

通过本章学习，你能给出上述筹资与投资交易相关账户的审计程序吗？

（资料来源：根据中国证监会网站 2019 年 1 月 28 日公布的行政处罚决定书整理。）

任务一 筹资与投资循环概述

☑ 任务导入

王亮作为大正会计师事务所新招的一名实习生，跟随注册会计师王华对红星公司 2019 年的年度财务报表进行审计。按照审计计划，今天要对筹资与投资循环进行审计。作为一名实习生，他很想知道和销售与收款循环、采购与付款循环、生产与存货循环相比，该循环具有哪些特征？该循环涉及财务报表的哪些项目？该循环涉及哪些主要业务活动？该循环涉及哪些主要凭证和会计记录？

✔ 具体任务

假如你是王华，你应如何为王亮解答这些疑问？

☑ 理论认知

筹资与投资循环由筹资业务和投资业务的交易事项构成。筹资业务是指企业为满足生产经营的需要，通过改变企业资本、债务的规模和构成而筹集资金的业务活动，主要由借款交易和股东权益交易组成。投资业务主要是指企业为享有被投资单位分配的利润，或者谋求其他利益，将资产让渡给其他单位而获得另一项资产的业务活动，主要由权益性投资和债务性投资组成。

和销售与收款循环、采购与付款循环、生产与存货循环相比，筹资与投资循环具有如下特征。

（1）审计年度内发生的业务较少，尤其是举借长期债务、长期投资等业务发生的次数很少。

（2）每笔业务的金额通常都较大，遗漏或不恰当地进行会计处理将会导致重大错误，从而对财务报表的公允反映产生较大的影响。

（3）业务的发生必须遵守国家更多法律、法规和相关契约的规定。

筹资与投资循环涉及的资产负债表项目主要包括交易性金融资产、应收利息、应收股利、可供出售金融资产、持有至到期投资、长期股权投资、投资性房地产、短期借款、交易性金融负债、应付利息、应付股利、长期借款、应付债券、实收资本（或股本）、资本公积、盈余公积、未分配利润等。该循环所涉及的利润表项目主要包括财务费用、投资收益等。

一、筹资与投资循环涉及的主要业务活动

（一）筹资业务涉及的主要业务活动

（1）授权审批。企业通过借款筹集资金需经管理层授权审批；企业每次发行债券均要由董事会授权审批；企业发行股票必须依据国家有关法规或企业章程的规定，报经企业最高权力机构（如董事会）及国家有关管理部门批准。

（2）签订合同或协议。企业向银行或其他金融机构借款须签订借款合同，发行债券须签订债券契约和债券承销或包销合同。

（3）取得资金。企业实际取得银行或其他金融机构划入的款项或发行债券、股票的资金。

（4）计算利息或股利。企业应按有关合同或协议的规定，及时计算利息或股利。

（5）偿还本息或发放股利。企业向银行或其他金融机构借款或发行债券应按有关合同或协议的规定偿还本息或根据股东大会的决定发放股利。

（二）投资业务涉及的主要业务活动

（1）确定投资项目并进行授权审批。投资业务应由企业的管理层进行审批。如果管理层同意投资，则应在有关文件上签字批准。

（2）签订合同或协议。确定投资项目后，应当由双方签订合同或协议，明确双方的责任和义务。

（3）取得股票或债券或其他投资。企业可以通过购买股票或债券进行投资，也可以通过与其他单位联合进行投资。

（4）取得投资收益。企业可以取得股权投资的股利收入、债券投资的利息收入和其他投资收益。

（5）转让股票或债券或者收回其他投资。一般来说，投资一经投出，除联营合同期满或由于其他特殊原因导致联营企业解散外，不得收回。如果企业投资以股票或债券的形式存在，企业可以通过转让股票或债券的方式收回投资。

二、筹资与投资循环涉及的主要凭证和会计记录

（一）筹资业务涉及的主要凭证和会计记录

（1）公司债券。公司债券是指公司依据法定程序发行、约定在一定期限内还本付息的有价证券。

（2）股本凭证。股本凭证是指公司签发的证明股东所持股份的凭证。

（3）债券契约。债券契约是指载明债券持有人与发行债券公司双方权利与义务的法律性文件，内容如下：债券发行的标准；债券的明确表述；利息或利息率；受托管理人证书；登记和背书；如系抵押债券，要载明其所担保的财产；债券发生拖欠情况如何处理，以及对偿债基金、利息支付、本金返还等的处理。

（4）股东名册。股东名册是指发行记名股票的公司记载股东的凭证，内容如下：股东的姓名或者名称及住所；股东所持股份数；股东所持股票的编号；股东取得其股份的日期。发行无记名股票时，股东名册应当记载股票数量、编号及发行日期。

（5）公司债券存根簿。公司债券存根簿是指发行记名公司债券时记载债券持有人的凭证，内容如下：债券持有人的名称及住所；债券持有人取得债券的日期及债券的编号；债券总额、债券的票面金额、债券的利率、债券还本付息的期限和方式；债券的发行日期。发行不记名债券时，公司债券存根簿上应当记载债券总额、利率、偿还期限和方式、发行日期和债券编号。

（6）承销或包销协议。公司向社会公开发行股票或债券时，应当由依法设立的证券经营机构承销或包销，公司应与其签订承销或包销协议。

（7）借款合同或协议。公司向银行或其他金融机构借入款项时应与其签订借款合同或协议。

（二）投资业务涉及的主要凭证和会计记录

（1）债券投资凭证。债券投资凭证是指载明债券持有人与发行公司双方权利与义务的法律性文件，内容如下：债券发行的标准；债券的明确表述；利息或利息率；受托管理人证书；登记和背书。

（2）股票投资凭证。股票投资凭证分为买入凭证和卖出凭证。买入凭证记载股票购买业务，包括购买股票的数量、被投资公司、股票买价、交易成本、购买日期、结算日期、结算日金额合计。卖出凭证记载股票卖出业务，包括卖出股票的数量、被投资公司、股票卖价、交易成本、卖出日期、结算日期、结算日金额合计。

（3）经纪人通知书。如果投资是通过经纪人实现的，则经纪人通知书可以证实公司投资的合理性。

（4）债券契约。债券契约是指债券持有人和发行公司之间签订的具有法律效力的协议，能够证明债券的相关明细内容，主要包括还款、赎回、担保、流动资金比例限制等条款内容，多由发行公司拟定。债券契约中的大多数条款是为保护债券持有人的利益而设置的。

（5）公司的章程和有关协议。公司的投资应当符合公司的章程和有关协议，可以证明投资的合法性。

（6）股利收取凭证。股利收取凭证是向所有股东分发股利的文件，标明股东、股利数额、每股股利、公司在交易最终日期持有的总股利金额。

（7）有关的记账凭证。通过将记账凭证与其他会计凭证进行核对，可以审查是否存在账证不符、证证不符等情况。

（8）投资总账和明细账。

投资总账记录被投资公司所持有投资的详细信息，包括所获得或收取的投资收益。总账中的投资账户记录初始购买成本和之后的账面价值。投资明细账由投资公司保存，记录所有的非现金性投资交易，如公允价值的反映与处置投资相关的损益。投资总账和明细账涉及的账户包括交易性金融资产、可供出售金融资产、持有至到期投资、长期股权投资、投资性房地产、应收利息、交易性金融负债等的总账和明细账。

任务解析

1．和销售与收款循环、采购与付款循环、生产与存货循环相比，筹资与投资循环具有如下特征。

（1）审计年度内发生的业务较少，尤其是举借长期债务、长期投资等业务发生的次数很少。

（2）每笔业务的金额通常都较大，遗漏或不恰当地进行会计处理将会导致重大错误，从而对财务报表的公允反映产生较大的影响。

（3）业务的发生必须遵守国家更多法律、法规和相关契约的规定。

2．筹资与投资循环涉及的资产负债表项目主要包括交易性金融资产、应收利息、应收股利、可供出售金融资产、持有至到期投资、长期股权投资、投资性房地产、短期借款、交易性金融负债、应付利息、应付股利、长期借款、应付债券、实收资本（或股本）、资本公积、盈余公积、未分配利润等。涉及的利润表项目主要包括财务费用、投资收益等。

3．筹资业务涉及的主要业务活动有授权审批、签订合同或协议、取得资金、计算利息或股利、偿还本息或发放股利。涉及的主要凭证和会计记录有公司债券、股本凭证、债券契约、股东名册、公司债券存根簿、承销或包销协议、借款合同或协议。

投资业务涉及的主要业务活动有确定投资项目并进行授权审批、签订合同或协议、取得股票或债券和其他投资、取得投资收益、转让股票或债券或者收回其他投资。涉及的主要凭证和会计记录有债券投资凭证、股票投资凭证、经纪人通知书、债券契约、公司的章程和有关协议、股利收取凭证、有关的记账凭证、投资总账和明细账。

任务二　筹资与投资循环的控制测试

📋 任务导入

大正会计师事务所的注册会计师王华和黄莉于 2020 年 3 月 5 日至 7 日对红星公司筹资与投资循环的内部控制进行了了解和测试，并在相关审计工作底稿中记录了了解和测试的事项，摘录如下。红星公司股东大会批准董事会的投资权限为 1 亿元以下。董事会的决定由总经理负责实施。总经理决定由证券部负责总额在 1 亿元以下的股票买卖。红星公司规定：公司划入营业部的款项由证券部申请，由会计部审核，经总经理批准后划入公司营业部开立的资金账户。经总经理批准，证券部直接从营业部资金账户支取款项。证券买卖、资金存取的会计记录由会计部处理。王华和黄莉了解和测试投资的内部控制后发现：证券部在某营业部开户的有关协议及补充协议未经会计部或其他部门审核；根据总经理的批准，会计部已将 8000 万元汇入该户；证券部负责处理证券买卖的会计记录，月底将证券买卖清单交给会计部，会计部据以汇总登记。

✅ 具体任务

根据上述摘录，请指出红星公司筹资与投资循环内部控制的缺陷，并提出改进建议。

📋 理论认知

一、筹资业务的内部控制及测试

（一）筹资业务的内部控制

筹资业务主要由借款交易和股东权益交易组成。企业的借款交易涉及短期借款、长期借款和应付债券，这些项目的内部控制基本类似。引发股东权益增减变动的业务较少但金额较大，注册会计师在审计中一般直接实施实质性测试。筹资业务的内部控制一般包括以下几个方面。

1. 筹资的授权审批控制

企业应当对筹资业务建立严格的授权批准制度，明确授权审批方式、程序和相关控制措施，规定审批人的权限和责任及经办人的职责范围和工作要求。

企业应当对筹资方案进行严格审批，重点关注筹资用途的可行性和相应的偿债能力。

2. 筹资的职责分离制度

筹资业务中应进行如下职责分离：筹资方案编制人与审批人的职责应相分离，以利于审批人独立地评价筹资方案的优劣；筹资业务的经办人不能接触会计记录；与筹资有关的各种款项偿付的审批人与执行人的职责应相分离；会计记录人员同负责收付款的人员的职责应相分离；证券保管人员与会计记录人员的职责应相分离。

3. 筹资收入款项的控制

为了能使企业的内部控制有效执行，客观公正地证实企业会计记录的可靠性，防止以筹资为名进行不正当活动或伪造会计记录掩盖不正当活动的发生，企业最好委托独立的代理机构进行筹资。

4. 利息及股利等支出款项的控制

无论何种筹资方式都面临利息支付和股利发放等问题。由于企业债券受息人社会化的特征，企业可开出单张支票，委托有关代理机构代发，以减少支票签发次数，降低舞弊的可能。另外，企业要定期核对利息支付清单和开出的支票总额。股利发放要以董事会有关发放股利的决议文件为依据。

5. 实物保管的控制

债券和股票都应设立相应的登记簿，详细登记已核准发行的债券和股票等有关事项，如面值、签发日、到期日、支付方式、支付的利率、当时的市场利率和利息额等。对未发行的债券，应加强保管并定期盘点；对已经收回的债券，要及时注销或盖章作废，防止被不合理地多次使用。

6. 会计记录的控制

筹资业务的会计记录较为复杂，因而对会计记录的控制尤为重要。企业必须保证及时地按正确的方法，在适当的账户和合理的会计期间内予以正确记录。

（二）评估筹资业务的重大错报风险

注册会计师应当在了解被审计单位筹资业务的内部控制的基础上评估重大错报风险，并对被审计单位业务活动中可能出现的特别风险保持警惕。考虑到严格的监管环境和董事会对筹资业务的严格控制，除非注册会计师对被审计单位管理层的诚信产生疑虑，否则对筹资业务的重大错报风险一般应当评估为低水平。

尽管筹资业务的账户余额发生错报的可能性不大，但仍然存在借款和权益的权利及义务被忽视或发生错报的可能性。在实施实质性测试前，注册会计师应当评估权益、借款、利息、股利交易和余额在财务报表层次和认定层次的重大错报风险。注册会计师应当通过询问、检查文件记录、观察控制程序等方法获取确切信息，以支持对重大错报风险的评估，识别其对特定账户余额的影响，并实施适当的审计程序以防止特定认定层次的重大错报风险的发生。

（三）筹资业务的内部控制测试

注册会计师将股东权益、长期借款账户和余额的重大错报风险通常评估为低水平，除非筹资成为一种重要的交易类型。如果注册会计师拟依赖内部控制，则应实施控制测试。筹资业务的内部控制测试如表 10-1 所示。

表 10-1　筹资活动的内部控制测试

内部控制目标	关键内部控制	内部控制测试
借款和所有者权益账面余额在资产负债表日确定存在，借款利息费用和已支付的股利是由被审计期间的实施事项引起的（存在或发生）	借款或发行股票经过授权审批；签订借款合同或协议、债券契约、承销或包销协议等相关法律性文件	索取借款或发行股票的授权批准文件，检查权限是否恰当，手续是否齐全；索取借款合同或协议、债券契约、承销或包销协议
借款均为被审计单位承担的债务，所有者权益代表所有者的法定求偿权（权利与义务）	签订借款合同或协议、债券契约、承销或包销协议等相关法律性文件	检查借款合同协议、债券契约、承销或包销协议等相关法律性文件
借款和所有者权益的期末余额计算正确（计价和分摊）	建立严密完善的账簿体系和记录制度；核算方法符合会计准则和会计制度的规定	抽查筹资业务的会计记录，从明细账抽取部分会计记录，按原始凭证到明细账、总账顺序核对有关数据和情况，判断其会计处理过程是否合规、完整
借款和所有者权益在资产负债表中披露正确（列报）	筹资活动明细账与总账的登记职责相分离；筹资披露符合会计准则和会计制度的要求	观察职责是否分离

注：本表以获得初始借款交易为例，不包括偿还的利息和本息交易。

二、投资业务的内部控制及测试

（一）投资业务的内部控制

1. 恰当的职责分离

投资业务应在授权、执行、会计记录及投资资产的保管等方面都有明确的分工，不得由一人同时负责上述任何两项工作。投资业务中应进行如下职责分离：投资预算的编制与审批相分离、投资项目的分析论证与评估相分离、投资的决策与执行相分离、投资处置的审批与执行相分离、投资业务的执行与相关会计记录相分离等。投资属于企业的重大业务活动，因此必须经企业高层管理者授权批准。

恰当的职责分离所形成的相互牵制机制有利于避免或降低投资业务中发生错误和舞弊行为的可能性。

2. 健全的资产保管制度

企业对投资资产（股票和债券）一般有两种保管方式。一种是委托独立的专门机构保管，如委托银行、证券公司、信托投资公司等机构进行保管，这些机构拥有专门的保存和防护措施，可以有效防止各种证券和单据的失窃和毁损。这些专门的保管机构与投资业务的会计记录工作完全分离，因此可以大大降低舞弊的可能性。另一种是由企业自行保管。在这种方式下，必须建立严格的联合控制制度，即至少要由两名以上人员共同控制，不得由一人单独控制。对于任何证券的存取，都要将证券的名称、数量、价值及存取的日期、数量等详细记录于证券登记簿内，并由所有在场的经手人员签字。

3. 详尽的会计核算制度

企业的投资资产无论是自行保管还是由他人保管，都要进行完整的会计记录，并对其增减变动及投资收益进行相应的会计核算。

4. 严格的记名登记制度

除不记名证券外，企业在购入股票或证券时应在购入的当日尽快登记于企业名下，切忌登记于经办人员名下，防止冒名转移或借其他名义牟取私利的舞弊行为发生。

5. 完善的定期盘点制度

企业所拥有的投资资产应由内部审计人员或不参与投资活动的其他人员定期进行盘点，检查是否确为企业所拥有，并将盘点记录与账面记录进行核对以确保账实相符。如果企业持有的证券是委托专门机构保管的，则对证券的盘点应由企业的相关人员与相关机构保管人员共同完成，以保证两者相符，防止保管人员在未接到持有人的书面指令时擅自买卖证券等行为的发生。

（二）评估投资业务的重大错报风险

注册会计师应当考虑重大错报风险对投资业务的影响，并对被审计单位可能发生的特定风险保持警惕。与投资相关的重大错报风险可能包括以下几个方面。

（1）管理层错报投资业务及其收益的偏好。

具体包括为了瞒住预算、提高绩效奖金、提高财务报表上的报告收益、全额从银行获得额外资金、吸引潜在投资购买者或影响股价以误导投资者。

（2）所取得资产的性质和复杂程度可能导致确认和计量的错误。尽管多数被审计单位可能只拥有少量的投资，而且买入和卖出的业务并不频繁，但交易的非经营性可能导致进行会计处理时出现错误。如果会计人员没有意识到不同类型投资计量或计价的复杂性，则管理层通常不能轻易发现这些错误。

（3）所投资的公允价值可能难以计量。

（4）确定持有待售资产或持有至到期投资公允价值的困难可能最终会影响资产负债表中投资和衍生金融工具的账面价值。

（5）管理层凌驾于控制之上，可能导致投资交易未经授权。

（6）如果对有价证券的控制不充分，则权益性有价证券舞弊和被盗窃的风险可能很高，从而影响投资的存在认定。

（7）资产的所有权及相关权利与义务的审计证据可能难以获得。

（8）如果每年发生的交易数量有限，并且会计人员不能确定在相关的购置或处置业务及损益调整中的分配时，则固定资产交易的记录可能会发生错误。

（9）如果负责记录投资处置业务的人员没有意识到某项资产已经卖出，则对投资的处置业务可能未经记录。这种处置业务只能通过在期末进行实物检查来发现。

注册会计师应当通过实施询问、检查文件记录或观察控制程序等方法获取确切信息，以支持对重大错报风险的评估，识别其对财务报表特定账户余额的影响，并实施适当的审计程序，以防止其余重大错报风险的发生。

注册会计师不应低估衍生金融工具交易的复杂性，以及潜在的重大错报风险。在常见的衍生金融工具之外，注册会计师可能遇到嵌入式衍生金融工具，此外还可能遇到信贷衍生金融工具。与此类衍生金融工具相关的公允价值计算等会计处理更加复杂，并且如果衍生金融工具交易包含重要类型的交易，则注册会计师可能需要利用专家的工作。

（三）投资业务的内部控制测试

投资业务的内部控制测试如表 10-2 所示。

表 10-2　投资业务的内部控制测试

内部控制目标	关键内部控制	内部控制测试
投资账面余额在资产负债表日确实存在，投资收益（或损失）是由被审计期间的实际事项引起的（存在与发生）	投资经过授权审批； 与被投资单位签订合同或协议，并获取被投资单位出具的投资证明	索取投资的授权批文，检查权限是否恰当、手续是否齐全； 索取投资合同或协议，检查是否合理有效； 索取被投资单位的投资证明，检查是否合理有效
投资增减变动及其收益、损失均已登记入账（完整性）	投资业务的会计记录与授权、执行和保管等方面职责分离； 健全证券投资资产的保管制度，或者委托专门机构保管，或者在内部建立至少两名人员以上的联合控制制度，证券的存取均需详细记录和签字	观察职责是否分离； 了解证券投资资产的保管制度，检查由被审计单位自行保管时，存取证券是否进行详细的记录并由所有经手人员签字
投资均为被审计单位所有（权利与义务）	内部审计人员或其他不参与投资业务的人员定期盘点投资资产，检查是否为企业实际拥有	了解企业是否定期进行证券投资资产的盘点、审阅盘点报告； 审阅盘点报告，检查盘点方法是否恰当、盘点结果与会计记录核对情况及对差异情况的处理是否合规
投资的计价方法正确，期末余额正确（计价和分摊）	建立详尽的会计核算制度，按每种证券分别设立明细账，详细记录相关资料； 核算方法符合准则的规定； 比较期末成本与市价孰低，并正确记录投资跌价准备	抽查投资业务的会计记录，从明细账抽取部分会计记录，按顺查顺序核对有关数据和情况，判断其会计处理过程是否合规、完整
投资在资产负债表中的披露正确（列报）	投资明细账与总账的登记职责分离； 投资披露符合《企业会计准则》的要求	观察职责是否分离

注：本表以获得初始投资交易为例，不包括收到的投资收益、收回或变现投资、期末对投资计价进行调整等交易。

　　注册会计师完成上述测试后，取得了被审计单位投资业务内部控制是否健全、有效的证据，找出投资业务内部控制的强弱点，对内部控制进行评价，确认对投资业务内部控制的依赖程度，进而确定实施实质性测试的重点。

任务解析

　　红星公司筹资与投资循环内部控制的缺陷如下。

　　（1）由证券部直接支取款项，授权与执行职责未得到分离，不易保证款项安全。应建议红星公司从资金账户支取款项时，由会计部审核和记录，由证券部办理。

　　（2）与证券投资有关的活动要由两个部门控制。有关协议未经独立部门审查，会使有关的条款未全部在协议中载明，可能存在协议外的约定。建议红星公司与营业部的协议应经会计部或法律部审查。

（3）证券部自己负责证券买卖的会计处理，业务的执行与记录的不相容职责未分离，并且未得到适当的授权和批准。月末会计部汇总登记证券投资记录，未按每种证券分别设立明细账，进行详细核算。应建议红星公司由会计部负责对投资进行核算，按每种证券分别设立明细账，并进行详细核算。

任务三　筹资与投资循环主要账户审计

任务导入

注册会计师王华和助理徐亮对红星公司 2019 年 12 月 31 日的资产负债表进行审计。审计中发现该公司用闲置现金购买了数量较大的长期投资有价证券，存放于当地某银行的保险箱，并规定只有公司总经理或财务部经理可以开启保险箱。由于 12 月 31 日公司的总经理和财务经理不能陪同去银行盘点有价证券，经约定，2020 年 1 月 11 日由助理和财务经理一同去银行盘点。

具体任务

1．假定该助理以前未进行过有价证券盘点，该注册会计师应要求其在盘点时执行哪些审计程序？

2．假定该助理盘点后得知，公司财务经理于 2020 年 1 月 4 日曾开启保险箱，并声称，开启保险箱是为了查阅一份文件。由于财务经理的上述行动，该注册会计师应追加哪种审计程序？

理论认知

一、筹资业务的审计目标

筹资业务包括负债的发生、利息的支付、借款的偿还、债券的还本付息、权益的取得等。筹资业务的审计目标如下：确定被审计单位所记录的各项筹资业务是否确实存在；确定是否所有的筹资业务均已记录、入账是否及时；确定所记录的负债是否全部应由被审计单位承担、筹集的资金是否为被审计单位所拥有；确定记录的筹资业务的金额是否正确；审查筹资业务是否以恰当的金额包括在财务报表中；确定筹资业务的披露是否恰当。

二、负债项目审计的实质性测试

一般情况下，被审计单位不会高估负债，因为这样对企业自身不利，且难以与债权人的会计记录相互印证。因此，注册会计师对负债项目的审计，主要是防止企业低估负债。低估负债经常伴随着低估成本费用，从而使被审计单位达到虚增利润的目的。因此，低估负债不仅影响财务状况的反映，也会极大地影响企业经营成果的反映。注册会计师在进行负债审计时，应将被审计单位是否低估负债作为一个关注的要点。

（一）短期借款的实质性测试

1. 实质性分析程序

（1）计算当期短期借款平均利率，与前期及市场平均利率相比较。

（2）根据借款平均余额、平均借款利率测算当期利息费用，并与账面记录进行比较。

（3）比较当期与前期的借款总额，如有异常，查明原因。

（4）比较当期与前期的利息支出费用，如有异常，查明原因。

（5）比较当期与前期利息支出占借款余额的比例，如有异常，查明原因。

（6）比较当期与前期借款实际利率，如有异常，查明原因。

2. 细节测试

（1）获取或编制短期借款明细表，复核加计是否正确（检查其分类是否正确），并与报表数、总账数和明细账合计数核对是否相符，核对期初余额与上期审定期末余额是否相符。

（2）获取并复印被审计单位的贷款证（贷款信息卡），核实账面记录的完整性，检查被审计单位的各项借款取得的合法性，并对贷款证列示的信息与账面记录的差异进行分析，查明原因，重点关注贷款卡中列示的被审计单位对外担保的信息。

（3）对短期借款进行函证。对所有借款发询证函，内容包括借款性质、借款条件、利率、期限及余额等。若利息长期未按合同支付，应函证应付未付的利息金额；对收回的询证函，应与明细表和各项目核对，若有差异，应查明原因并进行适当调整。

（4）检查当期增加的短期借款。对当期增加的短期借款要检查借款合同或协议、董事会纪要，以检查其合法性及是否遵守合同协议规定的条款；检查有关原始凭证，验证借款资金是否全部到账、单据是否齐全、金额是否一致、账务处理是否正确。

（5）检查当期减少的短期借款。检查相关的会计记录和原始凭证，核实还款的真实性。

（6）检查未能按期偿还的短期借款是否已办理了续借或延期手续。若未办理，是否有抵押，并且关注是否有贷款人起诉及抵押物处理的情况等。

（7）记录借款产生的关联交易和关联往来，对关联公司的借款和担保应予以记录，并检查关联交易的真实性、合法性。

（8）检查借款利息计算的依据，编制利息测算表，确定应计利息的正确性，确认全部利息费用已正确区分为资本性支出和收益性支出，并已正确入账。

（9）如为外汇借款，检查使用的借款汇率是否正确，折算差额的会计处理是否符合有关规定。

（10）检查短期借款的列报与披露是否恰当，检查附注中是否披露了与短期借款有关的下列信息。

① 按借款条件（信用借款、抵押借款、保证借款、质押借款等）分项列示短期借款金额。

② 已到期未偿还的短期借款，应单独列示贷款单位、贷款金额、贷款利率、贷款资金用途、未按期偿还的原因及预计还款期，并在期后事项中反映报表日后是否已偿还。

③ 已到期的短期借款获得展期，应说明展期条件、新的到期日。

（二）长期借款的实质性测试

1. 实质性分析程序

（1）计算当期借款平均余额与前期同期数的变动比率，计算长期借款期末数与期初数的变动比率，分析变动的合理性。

（2）计算当期长期借款平均利率，并与前期及市场平均利率相比较。

（3）按照借款平均余额与平均借款利率测算应计利息费用，并与实际利息费用相比较。

（4）分析计算逾期借款的金额、比率和期限，判断被审计单位的资信状况和偿债能力。

2. 细节测试

（1）获取或编制长期借款明细表，复核加计是否正确，并与总账数和明细账合计数核对是否相符，减去将于一年内到期的长期借款后与报表数核对是否相符；检查以非记账本位币结算的长期借款的折算汇率及折算额是否正确，折算方法前后期是否一致。

（2）检查被审计单位贷款卡，核实账面记录的完整性。对被审计单位贷款卡上列示的信息与账面记录核对的差异进行分析，查明原因，重点关注贷款卡中列示的被审计单位对外担保的信息。

（3）向银行或其他债权人函证，并将回函与期末长期借款核对，包括期末借款余额及欠息情况。

（4）对当期增加的长期借款，索取并检查借款合同或协议和其他有关材料，以及收款凭证、贷款证等，确认其真实性，并了解借款数额、借款条件、借款日期、还款期限、借款利率，并与相关会计记录相核对。

（5）对当期减少的长期借款，检查相关会计记录和原始凭证，核对还款的真实性。

（6）复核长期借款利息。根据长期借款的利率和期限，复核被审计单位长期借款的利息计算是否正确，判断被审计单位是否高估或低估利息支出，必要时提请被审计单位进行适当调整。

（7）检查借款费用的会计处理是否正确。检查在资产负债表日被审计单位是否按摊余成本和实际利率计算长期借款的利息费用，并正确记入"财务费用""在建工程""制造费用""研发支出"等相关账户，是否按合同利率计算应付未付利息并记入"应付利息"等相关账户，是否按其差额记入"长期借款——利息调整"账户。同时，应检查专门借款和一般借款的借款费用，可直接归属于符合资本化条件的资产的购建或生产的，应当予以资本化，计入相关资产成本；其他借款费用应当在发生时根据其发生额确认为费用，计入当期损益。

（8）检查被审计单位抵押长期借款的抵押资产的所有权是否属于被审计单位，其价值和实际状况是否与抵押契约中的内容相一致。

（9）检查被审计单位的债务重组。检查债务重组协议，确定其真实性、合法性，并检查债务重组的会计处理是否正确。

（10）检查长期借款是否已恰当列报。

长期借款在资产负债表中列示于非流动负债类下，该项目应根据"长期借款"账户的期末余额扣减将于一年内到期的长期借款后的数额填列，该项扣除数应当填列在流动负债类下的"一年内到期的非流动负债"账户。被审计单位应将长期借款按信用贷款、抵押贷款、质押贷款、保证贷款分别披露；对于期末逾期贷款，分别按贷款单位、借款金额、逾期时间、年利率、逾期未偿还原因和逾期还款期等进行披露；另外还要披露当期的资本化率和借款费用金额。注册会计师应根据审计结果，确定被审计单位长期借款在资产负债表中的列示是否恰当。

（三）应付债券的实质性测试

1. 实质性分析程序

将应付债券期末数与期初数进行比较，分析其波动原因。

2. 细节测试

（1）取得或编制应付债券明细表，并与总账数和明细账合计数核对是否相符。应付债券明细表通常包括债券名称、承销机构、发行日、到期日、债券面值、实收金额、折价和溢价及其摊销、应付利息、担保情况等内容。

（2）检查应付债券的增加。审阅债券发行申请文件和审批文件，检查发行债券所收入现金的收据、汇款通知单及相关的银行对账单，检查其合法性及其会计处理是否正确。

（3）检查应计利息、债券折（溢）价摊销的计算及其会计处理是否正确。

（4）向证券承销商或包销商函证"应付债券"账户的期末余额。

（5）检查到期债券的偿还，检查相关会计记录，检查其会计处理是否正确。

（6）检查可转换公司债券是否将负债成分和权益成分进行分拆；检查可转换债券持有人行使转换权利将其持有的债券转换为股票时，会计处理是否正确。

（7）如果发行债券时已做抵押或担保，应检查相关契约的履行情况。

（8）确定应付债券是否已在资产负债表中充分披露，确定有关应付债券的类别是否已在财务报表附注中进行了充分说明。

三、所有者权益的实质性测试

所有者权益是指所有者对企业净资产的所有权，其金额为资产减去负债后的余额，包括投资者投入的资本（股本），以及企业存续过程中形成的资本公积、盈余公积和未分配利润。与资产和负债相比，所有者权益的变化是相对稳定的。如果注册会计师对资产和负债进行了充分的审计，证明两者的期初余额、期末余额和本期发生额的变动都是正确的，就从侧面为所有者权益的期末余额及本期发生额的正确性提供了有力证据。因此，注册会计师在审计了企业的资产和负债之后，往往只需花费相对较少的时间对所有者权益进行审计。根据所有者权益增减变动的业务较少、金额较大的特点，注册会计师一般不需要对其内部控制进行控制测试，可以直接对其实施实质性测试。

1. 实质性分析程序

将所有者权益期末数与期初数进行比较，分析其波动原因。

2. 细节测试

（1）实收资本。

① 获取或编制实收资本明细表，复核加计是否正确，与报表数、总账数和明细账合计数核对是否相符；对于以非记账本位币出资的实收资本，检查其折算汇率是否符合规定、折算额的会计处理是否正确。

② 对首次接受委托的客户，要取得历次验资报告，将其所载明的投资者名称、投资方式、投资金额、到账时间等内容与被审计单位历次实收资本变动的账面记录、会计凭证及附件相核对。

③ 查阅公司章程、股东大会、董事会会议纪要中有关实收资本的规定。

④ 检查投入资本是否真实存在。审阅并核对与投入资本有关的原始凭证、会计记录，必要时向投资者函证实际投资额，对有关财产和实物价值进行鉴定，以确定投入资本的真实性。对于发行在外的股票，应注意检查股票发行费用的会计处理是否符合有关规定。

⑤ 检查出资期限和出资方式、出资额，检查投资者是否按合同、协议、章程规定的时间和方式缴付出资额，是否已经过验资。

⑥ 检查实收资本增减变动的原因，查阅其是否与董事会会议纪要、补充合同、协议及其他有关法律性文件的规定一致，逐笔追查至原始凭证，检查其会计处理是否正确。注意有无抽资或变相抽资的情况，如有，应取证核实，并进行恰当处理。对首次接受委托的客户，除取得验资报告外，还应检查并复印记账凭证及进账单。对于以资本公积、盈余公积和未分配利润转增资本的，应取得股东（大）会等资料，并审核是否符合国家有关规定。

⑦ 根据证券登记公司提供的股东名录，检查被审计单位及其子公司、合营企业与联营企业是否有违反规定的持股情况。

⑧ 检查认股权证及其有关交易，确定委托人及认股人是否遵守认股合约中的有关规定。

⑨ 检查实收资本的列报是否恰当。

（2）资本公积。

资本公积是指企业由于投入资本业务等非正常经营活动形成的不能记入实收资本的所有者权益。资本公积主要包括投资者实际交付的出资额超过其资本或股本中所占份额的差额及直接计入所有者权益的利得和损失等。其细节测试如下。

① 获取或编制资本公积明细表，复核加计是否正确，并与报表数、总账数和明细账合计数核对是否相符。

② 对于首次接受委托的单位，应对期初的资本公积进行追溯查验，检查原始发生的依据是否充分。

③ 收集与资本公积变动有关的股东（大）会决议、董事会会议纪要、资产评估报告，以及政府主管部门、财政部门的批复文件等资料，更新永久性档案。

④ 根据资本公积明细账，对资本（股本）溢价的发生额逐项审查至原始凭证；对股本溢价，应取得股东（大）会决议、董事会会议纪要、有关合同、政府批文，追查至银行收款等原始凭证，结合对相关账户的审计，检查会计处理是否正确，注意发行股票溢价收入的计算是否已扣除股票发行费用；对于资本公积转增资本的，应取得股东（大）会决议、董事会会议纪要、有关批文等，检查资本公积转增资本是否符合有关规定、会计处理是否正确；若出现同一控制下企业合并的情况，应结合长期股权投资项目，检查被审计单位（合并方）取得的被合并方所有者权益账面价值的份额与支付的合并对价账面价值的差额计算是否正确，是否依次调整本账户、盈余公积和未分配利润；股份有限公司回购本公司股票进行减资的，检查其是否按注销的股票面值总额和所注销的库存股的账面余额，冲减资本公积；检查与发行权益性证券直接相关的手续费、佣金等交易费用的会计处理是否正确，是否将与发行权益性证券间接相关的手续费计入本账户，若有，判断是否需要被审计单位进行调整。

⑤ 根据资本公积明细账，对其他资本公积的发生额逐项审查至原始凭证。

⑥ 检查资本公积各项目，考虑对所得税费用的影响。

⑦ 根据评估的舞弊风险等因素确定是否增加审计程序。

⑧ 检查资本公积是否已按照《企业会计准则》的规定在财务报表中进行恰当列报。

（3）盈余公积。

① 获取或编制盈余公积明细表，复核加计是否正确，并与报表数、总账数和明细账合计数核对是否相符。

② 获取与盈余公积变动有关的董事会会议纪要、股东（大）会决议及政府主管部门批复等文件等资料，并与盈余公积明细表增减变动金额相核对。

③ 检查法定盈余公积和任意盈余公积的计提顺序、计提基数、计提比例是否符合有关规定，检查会计处理是否正确。

④ 检查盈余公积的减少是否符合有关规定，取得董事会会议纪要、股东（大）会决议予以核实，检查会计处理是否正确。

⑤ 针对评估的舞弊风险等因素确定是否增加审计程序。

⑥ 检查盈余公积是否按照《企业会计准则》的规定进行恰当列报。

（4）未分配利润。

① 获取或编制利润分配明细表，复核加计是否正确，与报表数、总账数和明细账合计数核对是否相符。

② 将未分配利润年初数与上年审定数核对是否相符，查明涉及损益的上年审计调整数是否正确入账。

③ 获取与未分配利润有关的股东（大）会议决议、董事会会议纪要、政府部门批文及有关合同、协议、公司章程等资料。

④ 检查前期损益调整的内容是否真实、合理，注意对前期所得税费用的影响。对重大调整事项应逐项核实其发生原因、依据和有关资料，复核数据的正确性。

⑤ 将未分配利润明细表的本期净利润与审定后的利润表核对，获取与利润分配有关的股东（大）会决议、董事会会议纪要，对照有关规定确认利润分配的合法性，并根据审定的净利润等项目重新计算。

⑥ 了解本年利润弥补以前年度亏损的情况，确定本期期末未弥补亏损金额。

⑦ 针对评估的舞弊风险等因素确定是否增加审计程序。

⑧ 检查未分配利润是否已按照《企业会计准则》的规定进行恰当列报。

四、投资业务主要账户的审计

与投资相关的主要账户包括交易性金融资产、可供出售金融资产、持有至到期投资、长期股权投资、投资性房地产、应收利息、投资收益、应收股利等。

（一）投资业务的审计目标

（1）确定资产负债表中记录的投资性资产是否存在。

（2）确定所有应当记录的投资性资产是否均已记录。

（3）确定记录的投资性资产是否为被审计单位拥有或控制。

（4）确定投资性资产是否以恰当的金额包括在财务报表中，与之相关的计价调整是否已恰当记录。

（5）确定投资性资产是否已按照《企业会计准则》的规定在财务报表中进行恰当列报。

（二）交易性金融资产的实质性测试

1. 实质性分析程序

比较交易性金融资产期末数与期初数的变动情况，分析变动的原因及其合理性。

2. 细节测试

（1）获取或编制交易性金融资产明细表，复核加计是否正确，并与报表数、总账数和明细账合计数核对是否相符，检查以非记账本位币结算的交易性金融资产的折算汇率及折算额是否正确。

（2）就被审计单位管理层将投资划分为交易性金融资产的意图获取审计证据，并考虑管理层实施该意图的能力。

（3）确定交易性金融资产的存在性和余额的正确性。

① 获取股票、债券及基金等交易流水单及被审计单位证券投资部门的交易记录，与明细账核对，检查会计记录是否完整、会计处理是否正确。

② 监盘库存交易性金融资产，并与相关账户余额进行核对，如有差异，应查明原因，并做出记录或进行适当调整。

③向相关金融机构函证交易性金融资产期末数量及是否存在变现限制（与存出投资款一并函证），并记录函证过程。取得回函时应检查相关签章是否符合要求。

（4）确定交易性金融资产的会计记录是否完整，并确定所购入的交易性金融资产是否为被审计单位所有。

（5）确定交易性金融资产的计价是否正确。

① 分析股票、债券及基金等交易性金融资产的期末的公允价值是否合理，检查相关会计处理是否正确。

② 检查与交易性金融资产相关的损益计算是否正确，并与公允价值变动损益及投资收益等有关数据核对。

（6）抽取交易性金融资产增减变动的相关凭证，检查其原始凭证是否完整、合法，会计处理是否正确。

（7）检查交易性金融资产是否存在重大变现限制，如有，则查明情况，并进行适当调整。

（8）确定交易性金融资产的列报与披露是否恰当。

（三）持有至到期投资的实质性测试

1. 实质性分析程序

比较持有至到期投资期末数与期初数的变动情况，分析变动的原因及其合理性。

2. 细节测试

（1）获取或编制持有至到期投资明细表，复核加计是否正确，并与总账数和明细账合计数核对是否相符；获取持有至到期投资对账单，与明细账核对，并检查其会计处理是否正确。

（2）检查库存持有至到期投资，并与账面余额进行核对，如有差异，应查明原因，并做出记录或进行适当调整。

（3）向相关金融机构函证持有至到期投资期末数量，并记录函证过程。取得回函时应检查相关签章是否符合要求。

（4）对期末结存的持有至到期投资，核实被审计单位持有的目的。

（5）抽取持有至到期投资增加的记账凭证，检查其原始凭证是否完整、合法，成本、交易费用和相关利息的会计处理是否正确。

（6）根据相关资料，确定债券投资的计息类型，结合投资收益项目，复核计算利息时采用的利率是否恰当，检查相关会计处理是否正确，检查持有至到期投资在持有期间被审计单位收到利息的会计处理是否正确。检查当债券投资票面利率和实际利率有较大差异时，被审计单位采用的利率及其计算方法是否正确。

（7）检查当持有目的改变时，持有至到期投资转为可供出售金融资产的会计处理是否正确。

（四）长期股权投资的实质性测试

1. 实质性分析程序

（1）比较当期及前期投资余额、收购及转让投资的增减变动情况，并对异常情况进行分析。

（2）将当期重大投资收益项目与前期的进行比较，分析是否存在异常的变动趋势。

（3）计算投资收益占利润总额的比例，分析被审计单位对投资收益的依赖程度，判断被审计单位盈利能力的稳定性。

（4）结合行业发展及被投资单位的财务状况和经营成果，分析投资收益的合理性和投资价值的合理计价。

2. 细节测试

（1）获取或编制长期股权投资明细表，复核加计是否正确，并与总账数和明细账合计数核对是否相符；将长期股权投资减值准备账户余额与报表数核对是否相符，并注意将本期期初余额与上年审计后的期末余额核对是否相符。

（2）根据有关合同和文件，确认股权投资的股权比例和持有时间，检查股权投资核算方法是否按规定采用成本法或权益法。对于采用权益法核算的长期股权投资，获取被投资单位已经被审计过的年度财务报表，必要时可向审计该报表的会计师事务所发出调查问卷。如果未经审计，则应考虑对被投资单位的财务报表实施适当的审计或审阅程序。对于采用成本法核算的长期股权投资，检查股利分配的原始凭证及分配决议等资料。对于同时采用权益法和成本法核算的长期股权投资，检查其投资成本的确定是否正确。

（3）确定长期股权投资是否存在，并为被审计单位所有；根据管理层的意图和能力，检查分类是否正确；针对各分类检查其计价方法、期末余额是否正确。

（4）对于重大投资，向被投资单位函证被审计单位的投资额、持股比例及被投资单位发放的股利等情况。

（5）确定长期股权投资增减变动的记录是否完整。

① 检查当期增加的长期股权投资，追查至原始凭证及相关的文件或决议及被投资单位验资报告或财务资料等，确认长期股权投资是否符合投资合同、协议的规定，并已确实投资，检查相关会计处理是否正确。

② 检查当期减少的长期股权投资，追查至原始凭证，确认长期股权投资的收回有合理的理由及授权批准手续，检查相关会计处理是否正确。

（6）结合对银行借款等的检查，了解长期股权投资是否存在质押、担保等情况。如有，应详细记录，并提请被审计单位充分披露。

（7）期末对长期股权投资进行逐项检查，以确定长期股权投资是否已经发生减值。

① 检查当期长期股权投资减值准备的计提方法与前期计提方法是否一致，如有差异，查明会计政策调整的原因，并确定会计政策改变对当期损益的影响，提请被审计单位做出适当披露。

② 对长期股权投资逐项进行检查，根据被投资单位经营政策的变化、市场需求的变化、行业的变化等各种情形判断长期股权投资是否存在减值迹象。如果有长期股权投资可收回金额低于账面价值的情况，则将可收回金额与账面价值的差额作为长期股权投资减值准备予以计提，并与被审计单位已计提数相核对。如有差异，查明原因。

③ 将当期减值准备计提金额与利润表资产减值损失中的相应数字核对是否相符。

④ 检查当期股权投资减值准备是否按单项资产计提、计提依据是否充分、是否得到适当批准。减值损失一经确认，在以后会计期间不得转回。

（8）确定长期股权投资在资产负债表中是否已进行恰当列报。

任务解析

1．该助理应至少执行以下审计步骤。

（1）取得保险箱中证券存放明细表副本，以查实证券是否存在，并将副本留作审计工作底稿。

（2）审核保险箱开启记录，确定有无非授权人士曾经开箱，并查实 12 月 31 日至 1 月 11 日间有无开箱记录。

（3）实际盘点证券时，应让公司财务经理自始至终在场，盘点完毕后，填制盘点清单，由双方共同盖章。

（4）盘点证券时，要仔细核对证券的名称、登记户名、证券种类、编号、利率、付息日、到期日、债券面值和股票股数等重点内容。

（5）将盘点清单与银行保险箱证券存放明细表副本、公司长期投资总账和明细账相核对，如遇账实不符或证券本身有明显伪造迹象，应详细记录，并在盘点后函证证券发行机构。

2．由于 1 月 4 日公司财务经理曾开启保险箱，注册会计师应追加以下审计程序。

（1）调节结账日和盘点日的银行存款余额。

（2）函证盘点日的银行存款余额。

（3）审核结账日至盘点日银行存款日记账中的投资交易记录，以验证结账日的投资额。

（4）如果公司库存现金余额变动异常，应突击清点库存现金。

（5）复核自结账日起有关流动资产（如应收票据）和流动负债（如应对票据）的记录，以验证有无替代事项。

任务四　其他相关项目审计

任务导入

注册会计师王华在审计红星公司 2019 年 12 月 31 日资产负债表的长期应付款项目时，发现该公司在 1 月初以融资租赁方式租入设备一台，已投入使用，租金为 2 000 000 元，租期为 5 年，使用年限为 10 年，以直线法计提折旧。租赁期满后，该项设备即归公司所有。据租约约定，租金从第二年起支付，四年内付清。该公司财务经理认为，第一年未付租金，所以不应计提折旧。

✅ 具体任务

注册会计师能否同意该公司的会计处理？如不同意，应建议该公司如何进行会计处理？

☑ 理论认知

一、其他应收款的审计

（一）其他应收款的审计目标

确定资产负债表中记录的其他应收款是否存在；确定所有应当记录的其他应收款是否均已记录；确定记录的其他应收款是否为被审计单位拥有或控制；确定其他应收款是否以恰当的金额包括在财务报表中，与之相关的计价调整是否已恰当记录；确定其他应收款是否已按照《企业会计准则》的规定在财务报表中进行恰当列报。

（二）其他应收款的实质性测试

（1）获取或编制其他应收款明细表，复核加计是否正确，并与报表数、总账数和明细账合计数核对是否相符。

（2）选择一定金额以上、账龄较长或异常的账户余额进行函证。

（3）对发出询证函未能收到回函的，采用替代审计程序。

（4）检查资产负债表日后的收款事项，确定有无未及时入账的其他应收款。

（5）分析明细账户，对于长期未能收到的款项，应查明原因，确定是否可能发生坏账损失。

（6）对以非记账本位币结算的其他应收款，检查其采用的折算汇率是否正确。

（7）检查转作坏账损失的项目是否符合规定并办妥审批手续。

（8）检查其他应收款的列报是否恰当。

二、其他应付款的审计

（一）其他应付款的审计目标

确定资产负债表中记录的其他应付款是否存在；确定所有应当记录的其他应付款是否均已记录；确定记录的其他应付款是否为被审计单位应当履行的现时义务；确定其他应付款是否以恰当的金额包括在财务报表中，与之相关的计价调整是否已恰当记录；确定其他应付款是否已按照《企业会计准则》的规定在财务报表中进行恰当列报。

（二）其他应付款的实质性测试

（1）获取或编制其他应付款明细表，复核加计是否正确，并与报表数、总账数和明细账合计数核对是否相符。

（2）请被审计单位协助，在其他应付款明细账上标出截止审计日已支付的款项，抽查付款凭证、银行对账单等，并注意这些凭证日期的合理性。

（3）选择一定金额以上或异常的账户余额，检查其原始凭证，并考虑向债权人函证。

（4）对以非记账本位币结算的其他应付款，检查其采用的折算汇率是否正确。

（5）检查资产负债表日后的付款事项，确定有无未及时入账的其他应付款。

（6）检查长期未结的其他应付款，并进行妥善处理。

（7）检查其他应付款中关联方的余额是否正常，如数额较大或有其他异常情况，应查明原因，追查至原始凭证并进行适当披露。

（8）检查其他应付款的列报是否恰当。

三、长期应付款的审计

（一）长期应付款的审计目标

确定资产负债表中记录的长期应付款是否存在；确定所有应当记录的长期应付款是否均已记录；确定记录的长期应付款是否为被审计单位应当履行的现时义务；确定长期应付款是否以恰当的金额包括在财务报表中，与之相关的计价调整是否已恰当记录；确定长期应付款是否已按照《企业会计准则》的规定在财务报表中进行恰当列报。

（二）长期应付款的实质性测试

（1）获取或编制长期应付款明细表，复核加计是否正确，并与报表数、总账数和明细账合计数核对是否相符。

（2）检查与各项长期应付款相关的契约。

（3）向债权人函证重大的长期应付款。

（4）检查各项长期应付款本息的计算是否准确、会计处理是否正确。

（5）检查与长期应付款有关的汇兑损益是否按规定进行了会计处理。

（6）检查长期应付款的列报是否恰当，注意于一年内到期的长期应付款应列入流动负债。

四、所得税费用的审计

（一）所得税费用的审计目标

确定利润表中记录的所得税费用是否已发生，且与被审计单位有关；确定所有应当记录的所得税费用是否均已记录；确定与所得税费用有关的金额及其他数据是否已恰当记录；确定所得税费用是否已记录于正确的会计期间；确定被审计单位记录的所得税费用是否已记录于恰当的账户；确定所得税费用是否已按《企业会计准则》的规定在财务报表中进行恰当列报。

（二）所得税费用的实质性测试

（1）获取或编制所得税费用明细表、递延所得税资产明细表，并与报表数、总账数及明细账合计数核对是否相符。

（2）根据审计结果和税法规定，核实当期的纳税调整事项，确定应纳税所得额，计算当期所得税费用。

（3）根据期末资产及负债的账面价值与其计税基础之间的差异，以及未做资产和负债确认的项目的账面价值与按照税法的规定确定的计税基础的差异，计算递延所得税资产、递延所得税负债期末应有余额，并根据递延所得税资产、递延所得税负债期初余额，倒轧出递延所得税费用

（收益）。

（4）将当期所得税费用与递延所得税费用之和与利润表中的所得税项目的金额相核对。

（5）确定所得税费用是否已在财务报表中进行恰当列报。

任务解析

注册会计师不能同意该公司的会计处理。按照规定，融资租入固定资产视同自有资产，第一年虽然没有支付租金，但仍应计提折旧。支付租金的方式应不影响融资租入固定资产折旧的计提。注册会计师可建议该公司在该年度应计提折旧 200 000（2 000 000/10）元，并编制如下会计分录。

借：制造费用　　　　　　　　　　　　　　200 000
　　贷：累计折旧——融资租入固定资产　200 000

复习自测题

一、单选题

1. 筹资与投资循环的特征是审计年度内发生的业务较少，但每笔业务的金额通常都较大。基于这个特点，在审计时，可能采用的审计方法是（　　　）。

　　A．抽样　　　B．风险评估程序　　　C．大量的控制测试　　　D．实质性测试

2. 在被审计单位内部控制良好的前提下，对投资业务具有审批授权的是（　　　）。

　　A．财务经理　　B．高层管理机构　　C．股东大会　　　　D．证券投资部经理

3. 如果被审计单位的投资证券是委托某些专门机构代为保管的，为证实这些投资证券的真实性，注册会计师应（　　　）。

　　A．实地盘点投资证券　　　　　　B．获取被审计单位管理当局声明书

　　C．向代保管机构发出询证函　　　D．逐笔检查被审计单位相关会计记录

4. 在对应付债券进行实质性测试时，注册会计师应当（　　　）。

　　A．审查应付债券原始凭证保管人同会计记录人员的职责是否分离

　　B．审查营业费用明细账

　　C．确定债券持有人明细账是否由专人保管

　　D．审查应付债券业务会计处理的及时性、完整性

5. 为了证实大华公司是否存在高估利润的情况，在注册会会师所列的关于财务费用的以下各项审计目标中（　　　）不属于主要审计目标。

　　A．确定所记录的财务费用是否是在被审计期间发生的

　　B．确定与财务有关的金额及其他数据是否已恰当记录

　　C．确定财务费用的内容是否正确

　　D．确定财务费用的披露是否恰当

6. 注册会计师在审查托管证券是否真实存在时应采取的主要审计程序是（　　　）。

　　A．审阅投资明细账　　　　　　　B．向代管机构函证

　　C．检查被审计单位的股票和债券登记簿　D．询问被审计单位管理部门

7．我国规定投资者以无形资产出资的，其占注册资本的比例一般不得超过（　　）。

  A．30%   B．20%   C．15%   D．10%

8．投资业务的主要凭证和会计记录不包括（　　）。

  A．债券投资凭证   B．债券契约

  C．股东名册   D．公司的章程及有关协议

9．在采用成本法核算投资收益的情况下，对于长期股权投资收益的审查，注册会计师应获取的审计证据是（　　）。

  A．被投资单位的利润   B．被投资单位的股本

  C．公开印发的股利手册   D．投资单位占被投资单位的股权比例

10．在采用权益法核算投资收益的情况下，注册会计师应认可的投资收益增加的时间为（　　）。

  A．会计年度结算日   B．投资合同确定的日期

  C．被审计单位计算投资收益时 D．被审计单位实际收到投资收益时

11．注册会计师为了证实对外投资的存在性与所有权，应实施的审计程序是（　　）。

  A．查阅长期投资和短期投资明细账

  B．查阅投资收益的入账凭证

  C．查阅对外投资的实物证明，如股权登记证、债券或出资证明

  D．查阅关于对外投资决策的会议记录

12．如果审查企业长期借款时发现其中一部分将在一年内到期，则注册会计师应提请被审计单位将一年内到期的长期借款在报表中列示为（　　）。

  A．或有负债 B．长期负债   C．流动负债   D．流动资产

13．为确定长期借款账户余额的真实性，注册会计师决定进行函证。函证的对象应当是（　　）。

  A．公司的律师   B．金融监管机关

  C．银行或其他有关债权人   D．公司的主要股东

14．下列关于筹资与投资循环的观点不正确的是（　　）。

  A．该循环的总目标是评价该循环各账户余额是否公允表达

  B．该循环的业务较多，而每笔业务的金额通常较小

  C．该循环中，漏记或不恰当地对一笔业务进行会计处理，将会导致重大错误，从而对企业财务报表的公允反映产生较大的影响

  D．该循环的交易必须遵守国家法律、法规和相关契约的规定

15．注册会计师对盈余公积进行审查时，应当注意盈余公积提取不超过其净资产的（　　）。

  A．25%   B．15%   C．50%   D．5%

二、多选题

1．下列审计程序中，可以用于审查长期借款入账完整性的有（　　）。

  A．向债权人函证负债金额

  B．查阅被审计单位管理部门的会议记录和文件资料

  C．审阅账簿记录并与原始凭证核对

  D．分析利息费用账户，验证利息支出的合理性

2. 投资业务的审计目标包括（　　　）。

    A. 证实投资的完整性

    B. 确认投资的合法性

    C. 证实投资及投资收益的真实性与所有权

    D. 证实投资的可行性

3. 短期借款入账完整性审查的手续包括（　　　）。

    A. 将还款日期与借款合同的内容相核对，确定还款的及时性

    B. 审查各项借款的日期、利率、还款期限及其他条件，确定有无低估短期借款或将短期借款记入"长期负债"账户的问题

    C. 向开户银行或债权人函证

    D. 分析利息费用账户

4. 筹资与投资循环中内部控制的职责分离包括（　　　）。

    A. 筹资、投资业务的决策与执行相分离

    B. 筹资、投资业务的执行与记录相分离

    C. 筹资、投资业务的执行与内部监督相分离

    D. 财会部门内部的资金收付、记录、复核相分离

5. 对盈余公积实施的实质性测试包括（　　　）。

    A. 编制或取得盈余公积明细表，与利润分配表核对

    B. 查阅公司章程及盈余公积处理有关规定

    C. 将核对无误的盈余公积与盈余公积账户、报表核对

    D. 将盈余公积明细账与会计凭证核对

6. 如果被审计单位投资的证券是委托专门机构代为保管的，为证实其是否确实存在，注册会计师可以采取的程序有（　　　）。

    A. 编制对外投资明细表

    B. 会同被审计单位人员到代保管机构清查盘点

    C. 向代保管机构发询证函

    D. 逐笔检查被审计单位相关会计记录

7. 为审查被审计单位是否存在未入账的长期负债，可选用的测试有（　　　）。

    A. 函证银行存款余额的同时函证银行借款业务

    B. 分析财务费用，确定有无付款利息源自未入账的长期负债

    C. 向被审计单位索取债务声明书

    D. 审查一年内到期的长期负债是否列示在流动负债项目下

8. 下列有关借款费用的描述中不正确的有（　　　）。

    A. 借款存在折价或者溢价的，应当按照实际利率法确定每一会计期间应摊销的折价或溢价金额

    B. 专门借款发生的辅助费用应该全部费用化

    C. 在资本化期间，外币专门借款及利息的汇兑差额应当予以资本化

    D. 符合资本化条件的资产在构建过程中发生正常中断，且中断时间连续超过3个月的，应当暂停资本化

9．注册会计师在对借款进行实质性测试时，一般应获取的审计证据包括（　　　）。

    A．借款明细表

    B．借款的合同和授权批准文件

    C．相关抵押资产的所有权证明文件

    D．重大借款的询证函回函和逾期长期借款的展期协议

10．投资的内部控制测试一般包括以下内容（　　　）。

    A．投资项目是否经授权审批

    B．投资项目的授权、执行、保管和记录是否严格分开

    C．有无健全的有价证券保管制度

    D．投资活动和投资收益的会计处理是否正确

11．为检查被审计单位长期借款是否在资产负债表中充分披露，注册会计师应检查（　　　）。

    A．长期借款已计提利息是否正确，会计处理是否正确

    B．"长期借款"账户的期末余额是否已扣除一年内到期的长期借款

    C．一年内到期的长期借款是否已作为流动负债单独反映

    D．长期借款的抵押和担保是否已在财务报表注释中进行了充分说明

三、判断题

1．根据"资产−负债＝所有者权益"的关系，只要资产和负债的期初余额、本期发生额和期末余额都已经审查核实，就不必对所有者权益单独审计。（　　　）

2．为确定"应付债券"账户期末余额的合法性，注册会计师应直接向债权人及债券的承销人或包销人进行函证。（　　　）

3．对于任何债券的存入和取出，都要将债券名称、数量、价格及存取日期等详细记录于债券登记簿内，并由所有在场经手人员签字。（　　　）

4．短期借款一般较长期借款金额小、还款期短，因此通常无须抵押，注册会计师一般也无须审查短期借款的抵押、担保情况。（　　　）

5．进行实收资本的实质性测试时，注册会计师应检查投资者是否已按合同、协议章程约定时间缴付出资额，其出资额是否经注册会计师验证，已验资者，应审阅验资报告。（　　　）

6．采用权益法核算的长期股权投资，长期股权投资的初始投资成本大于投资时应享有被投资单位可辨认净资产公允价值份额的，不调整已确认的初始投资成本。（　　　）

7．对于股本明细账，无论是审计人员自行编制的，还是向被审计单位索取的，均应作为永久性档案加以长期保存。（　　　）

8．发行股票时发生的股票印刷费和委托其他单位发行股票时的手续费、佣金等，如果是溢价发行股票，各种发行费用从溢价中抵消；无溢价的，或溢价不足以支付的部分，作为长期待摊费用，在不超过两年的期限内平均摊销。（　　　）

9．采用权益法核算的长期股权投资，在被审计单位持股比例不变的情况下，被投资单位发生除净损益以外所有者权益的其他变动时，被审计单位按其持股比例计算应享有的份额，增加或减少"资本公积——其他资本公积"账户余额。（　　　）

10．对负债项目进行审计的目的主要是防止企业高估债务。（　　　）

项目十一
货币资金审计

知识目标

1. 掌握库存现金、银行存款业务的特点。
2. 掌握库存现金、银行存款业务的审计目标。
3. 掌握库存现金、银行存款业务的实质性测试。

技能目标

能进行库存现金、银行存款业务的实质性测试。

引导案例

　　1995—2003 年，国家自然科研基金委员会出纳卞某利用职务便利贪污挪用公款两亿余元，这是北京市自中华人民共和国成立以来涉案金额最高的一起职务侵占案件，最终卞某被法院判为死缓。

　　从媒体报道来看，卞某在案发前的几年里，利用掌管该基金委员会的专项资金下拨权，采用谎称支票作废、偷盖印鉴、削减拨款金额、伪造银行进账单和信汇凭证、伪造银行对账单等手段贪污、挪用公款两亿余元。卞某作为出纳，所有的银行单据和银行对账单都由他一手经办，因此他作案长达八年，却一直没有被察觉。审计部门曾经对该基金委员会的财务状况多次审计，但一直没有发现卞某挪用资金的问题。

　　案发当年的春节刚过，基金委员会财务局经费管理处刚来的一名大学生提前休假回来，去银行办事时顺便将此前都是由卞某经手的银行对账单取回，而此时卞某还没有对这次的对账单造假。取回银行对账单后，这名大学生将对账单和内部账目进行核对时，一笔金额为 2090 万元的支出引起了这名大学生的注意，在其印象里他没有听说此项开支。这名大学生找到卞某刨根问底，慌乱之下卞某道出实情，这桩涉案金额超过两亿元的大案也因此浮出水面。

　　据办案人员介绍："作为入账凭证，每一笔资金的流向都体现在银行对账单上，而在基金委员会，卞某既管记账又管拨款，这就给他实施贪污挪用提供了职务上的便利。例如，他挪出去 3000 万或者 1980 万，他把真的对账单拿下来自己留下以后，再做一张假的对账单。""银行对账单都是从电脑打出来的，既然是电脑做的，卞某也有电脑，他也可以按照那种纸张和程序打印出来。"打印出对账单后还必须要加盖银行印章，卞某长期和银行打交道，与银行工作人员非常熟悉，有时候银行工作人员直接就把印章给他，让他自己盖章，这时候卞某就可以一次盖很多张。

参与办理该案的一名检察官认为，该基金委员会财务管理不规范，基金审批与监管环节中存在漏洞，给了卞某可乘之机。办案组在侦查中发现，该基金委员会会计部门账务极其混乱，在卞某担任会计期间，主管部门没有很好地查过账，而且主管部门的财务做账也不严格，让卞某钻了空子。卞某的作案手段并不复杂，而单位监督、检查机制的不健全，使其舞弊行为长期未能被发现。

请思考：

1. 这个案例说明当时基金委员会的内部管理和控制中存在哪些漏洞？
2. 作为一个会计专业的学生，卞某的教训能给你带来一些什么启发？

（资料来源：根据网易新闻中心等网络报道整理。）

任务一 货币资金概述

☑ 任务导入

审计人员王亮是大正会计师事务所的一名新进人员，这天跟随注册会计师黄莉审计红星公司的货币资金。货币资金是企业流动性最强的资产，与被审计单位各个业务循环中的业务活动存在着密切关系，很多财务舞弊行为都与货币资金紧紧关联。黄莉应先向王亮说明货币资金涉及的主要业务活动、主要凭证和会计记录。

☑ 具体任务

如果你是黄莉，应如何向王亮说明货币资金涉及的主要业务活动、主要凭证和会计记录。

☑ 理论认知

货币资金是企业资产的重要组成部分，是企业资产中流动性最强的资产。持有货币资金是企业生产经营的基本条件。货币资金审计是指对企业的现金、银行存款和其他货币资金收付业务及其结存情况的真实性、正确性和合法性所进行的审计。加强货币资金审计，评审货币资金内部控制制度的健全性和有效性，审查货币资金结存数额的正确性和货币资金收付业务的合法性，对于保护货币资金的安全、完整，揭示违法犯罪行为，维护财经法纪，以及如实反映被审计单位的即期偿债能力等，都具有十分重要的意义。

一、货币资金与各业务循环的关系

货币资金既是资本循环的起点，又是资本循环的终点。从企业的整个生产周期来看，从企业开业到清算，货币资金与各个业务循环存在着广泛紧密的联系。一方面，现销收入与应收账款的回收会使企业货币资金增加，发行股票、取得借款的筹资活动也会使货币资金增加；另一方面，采购、支付薪酬及对外投资会导致货币资金减少。货币资金与各业务循环的关系如图 11-1 所示。

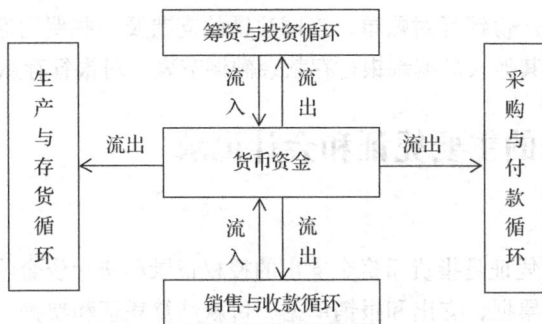

图 11-1　货币资金与各业务循环的关系

二、货币资金涉及的主要业务活动

货币资金涉及的主要业务活动包括处理单据、受理结算凭证、办理结算、收款与付款、账务处理、银行存款余额调节，具体内容如下。

（一）处理单据

对于与货币资金相关的单据的处理涉及企业各个职能部门：销售部门签订的销售合同、销售单，收款部门开具的收款通知单，收发室手里的汇款单，仓库部门填写的请购单，各部门填写的差旅费报销单、备用金报销单，劳资部门编制的工资结算汇总表等。这些单据经处理后，交财会部门。

（二）受理结算凭证

从企业外部转来的结算凭证要先由销售部门或采购部门等受理后再送交财会部门。销售部门受理从付款单位或开户行转来的票据和收款结算凭证，采购部门受理从收款单位或开户行转来的付款结算凭证。

（三）办理结算

出纳人员根据销售合同、销售发票、提货单和运费单等编制代垫费用清单，据此到银行办理收款结算或提取现金；根据采购合同、请购单、验收单、入库单等办理现金支票、转账支票结算，或在开户行申请办理汇兑、银行汇票、银行本票、外埠存款、信用证存款等结算；根据受理的付款结算凭证，到开户行办理付款或拒付、多余款转账等业务。

（四）收款与付款

出纳人员根据销售发票和收款通知单，办理收款业务；根据请购单、差旅费报销单、备用金报销单、付款凭单和工资结算汇总表及所附原始凭证，办理付款业务。每日终了，出纳人员根据所收款项编制送款单，连同所收现金送存银行。

（五）账务处理

收到现金或银行存款时，财会人员根据原始凭证编制收款凭证，登记现金日记账或银行存款日记账；支付现金或银行存款时，财会人员根据原始凭证编制付款凭证，登记现金日记账或银行存款日记账；涉及其他货币资金收付时，财会人员根据相关原始凭证进行账务处理。

（六）银行存款余额调节

货币资金涉及的一项重要业务就是银行存款余额调节。对于存款客户，开户行在每月初将上月的存款和付款情况打印一份银行对账单，连同注销的支票及一些费用通知单送存款客户核对，企业安排出纳人员以外的其他人员编制银行存款余额调节表，对银行存款进行调节。

三、货币资金涉及的主要凭证和会计记录

（一）原始凭证

货币资金涉及的原始凭证是指货币资金支出的授权记录和货币资金收支的审核记录，包括收款单据、收款结算凭证和票据、支出和报销单据、付款结算凭证和票据、交款单、库存现金日报表、银行对账单、银行存款余额调节表、现金盘点表等。

（二）现金日记账和银行存款日记账

现金日记账和银行存款日记账是对库存现金、银行存款进行日常登记的账簿，也是货币资金审计中的主要审计对象，由出纳人员根据审核后的会计凭证逐日逐笔登记。

（三）现金总账和银行存款总账

现金总账和银行存款总账是用于汇总登记库存现金和银行存款收付金额和余额的账簿。

（四）其他有关账簿

货币资金涉及面广，因此在对其审计时除涉及以上主要凭证和会计记录外，还涉及其他有关账簿，如主营业务收入、应收账款、管理费用、财务费用、销售费用等的总账与明细账。

任务解析

货币资金涉及的主要业务活动包括处理单据、受理结算凭证、办理结算、收款与付款、账务处理，银行存款余额调节等。

货币资金涉及的主要凭证和会计记录包括原始凭证、现金日记账和银行存款日记账、现金总账和银行存款总账、其他有关账簿。

任务二　货币资金的控制测试

任务导入

大正会计师事务所接受红星公司的委托，对红星公司 2019 年的年度财务报表进行审计。审计工作底稿中记载的有关红星公司货币资金的部分内容摘录如下。

（1）为加强货币资金支付管理，货币资金支付实行分级审批的办法：单笔付款金额在 10 万元以下的（含 10 万元），由财务部经理审批；单笔付款金额在 10 万元以上、50 万元以下的（含 50

万元），由财务总监审批；单笔付款金额在 50 万元以上的，由总经理审批。

（2）为统一财务管理、提高会计核算水平，设置内部审计部，其与财务部一并由财务总监管理。内部审计部的主要职责是对公司内部控制制度的健全、有效，会计及相关信息的真实、合法、完整，资产的安全、完整，经营绩效及经营合规性进行检查、监督和评价。

（3）为保证公司投资业务的不相容岗位相互分离、制约和监督，投资业务分由不同部门或不同职员负责。其中，投资部的甲职员负责对外投资预算的编制；投资部的乙职员负责对对外投资项目进行分析论证及评估；财务部负责对外投资业务的相关会计记录。

（4）在结合已有银行结算账户清单对红星公司银行存款进行审计时，审计项目组分析被审计单位可能存在账外账，要求红星公司管理层重新提供一份已开立银行结算账户清单。

（5）针对大额款项的支出，审计项目组根据评估结果考虑漏记的风险较大，从银行存款日记账追查至相关原始凭证加以确认。

（6）鉴于红星公司存在大额已质押的定期存款，审计项目组要求检查定期存单，红星公司只提供了相应的复印件并做了解释。审计项目组认为解释合理，检查了定期存单复印件，并将其与相应的质押合同进行了核对。

具体任务

针对上述（1）至（6）项内容，逐项指出是否存在不当之处。如果存在，简要提出改进建议。

理论认知

一、货币资金的内部控制

货币资金在企业资产中流动性最强，且便于携带，为此，企业必须加强对货币资金的管理，建立良好的货币资金内部控制制度，以达到以下目标：应该收入的资金均能按期到账，并及时准确地予以记录；不应该支出的货币资金都能够及时予以制止，并排除在企业核算范围之外；已经发生的货币资金支出都是按照经批准的用途进行的，并及时正确地予以记录；库存现金和银行存款得到恰当保管；正确预测企业正常经营所需的货币资金收支额，确保企业保持适当的货币资金余额。

一般而言，良好的货币资金内部控制应包括以下内容。

（一）岗位分工及授权审批

（1）企业应当建立货币资金相关业务的岗位责任制。

企业应当建立货币资金相关业务的岗位责任制，明确相关部门和岗位的职责权限，确保办理货币资金相关业务的不相容岗位相互分离、制约和监督。出纳人员不得负责稽核、会计档案保管和收入、支出、费用、债权债务账目的登记工作；不得由一人负责货币资金相关业务的全过程。

（2）企业应当对货币资金相关业务建立严格的授权审批制度。

企业应当对货币资金相关业务建立严格的授权审批制度，明确审批人员对货币资金相关业务的授权审批方式、权限、程序、责任和相关控制措施，规定经办人员办理货币资金相关业务的职责范围和工作要求。审批人员应当根据货币资金授权审批制度的规定，在授权范围内进行审批。经办人员应当在职责范围内，按照审批意见办理货币资金相关业务。对于审批人员超越审批权限审批的货币资金相关业务，经办人员有权拒绝办理，并及时向审批人员的上级授权部门报告。

（3）企业应当按照规定的程序办理货币资金支付业务，具体程序如下。

① 支付申请。企业有关部门或个人用款时，应当提前向审批人员提交货币资金支付申请，注明款项的用途、金额、预算、支付方式等内容，并附有效经济合同或相关证明。

② 支付审批。审批人员根据其职责、权限和相应程序对支付申请进行审批。对不符合规定的支付申请，审批人员应当拒绝批准。

③ 支付复核。复核人员应当对批准后的货币资金支付申请进行复核，复核支付申请的手续及相关单证是否齐备，金额计算是否正确，支付方式、支付单位是否妥当等。复核无误后，交由出纳人员办理支付手续。

④ 办理支付手续。出纳人员应当根据复核无误的支付申请，按规定办理货币资金支付手续，及时登记现金日记账和银行存款日记账。

（4）企业对于重要货币资金支付业务，应当进行集体决策和审批，并建立责任追究制度，防止贪污、侵占、挪用货币资金等行为的发生。

（5）严禁未经授权的机构或人员办理货币资金相关业务或直接接触货币资金。

（二）现金及银行存款的管理

（1）企业应当加强现金库存限额的管理，超过库存限额的现金应及时存入银行。

（2）企业必须根据《现金管理暂行条例》的规定，结合本企业的实际情况，确定本企业现金的开支范围。不属于现金开支范围的业务应当通过银行办理转账。

（3）企业的现金收入应当及时存入银行，不得直接用于支付企业自身的支出。因特殊情况需坐支现金的，应事先报经开户银行审批。企业借出款项必须执行严格的授权审批程序，严禁擅自挪用、借出货币资金。

（4）企业取得的货币资金收入必须及时入账，不得私设"小金库"，不得设账外账，严禁收款不入账。

（5）企业应当严格按照《支付结算办法》等国家有关规定，加强对银行账户的管理，严格按照规定开立账户，办理存款、取款和结算。

企业应当定期检查银行账户的开立及使用情况，发现问题应及时处理。

企业应当加强对银行结算凭证的填制、传递及保管等环节的管理与控制。

（6）企业应当严格遵守银行结算纪律，不准签发没有资金保证的票据或远期支票，套取银行信用；不准签发、取得和转让没有真实交易和债权债务的票据，套取银行和他人资金；不准无理由拒绝付款，任意占用他人资金；不准违反规定开立和使用银行账户。

（7）企业应当指定专人定期核对银行账户（每月至少核对一次），编制银行存款余额调节表，使银行存款账面余额与银行对账单调节相符。如调节不符，应查明原因，及时处理。

（8）企业应当定期和不定期地进行现金盘点，确保现金账面余额与实际库存相符。若发现不符，应及时查明原因并进行处理。

（三）票据及有关印章的管理

（1）企业应当加强对与货币资金相关的票据的管理，明确各种票据的购买、保管、领用、背书转让、注销等环节的职责权限和程序，并专设登记簿进行记录，防止空白票据的遗失和被盗用。

（2）企业应当加强对银行预留印鉴的管理。财务专用章应由专人保管，个人名章必须由本人或其授权人员保管。严禁一人保管支付款项所需的全部印章。

（3）按规定需要有关负责人签字或盖章的经济业务，必须严格履行签字或盖章手续。

（四）监督检查

（1）检查货币资金相关业务的岗位及人员的设置情况。重点检查是否存在货币资金相关业务不相容职务混岗的现象。

（2）检查货币资金授权审批制度的执行情况。重点检查货币资金支出的授权审批手续是否健全、是否存在越权审批行为。

（3）检查支付款项印章的保管情况。重点检查是否存在办理付款业务所需的全部印章交由一人保管的现象。

（4）检查票据的保管情况。重点检查票据的购买、领用、保管手续是否健全，票据保管是否存在漏洞。

企业应当建立对货币资金相关业务的监督检查制度，明确监督检查机构或人员的职责权限，定期和不定期地进行检查。对于在监督检查过程中发现的货币资金内部控制的薄弱环节，企业应当及时采取措施，加以纠正和完善。

二、货币资金的内部控制测试

（一）了解货币资金的内部控制

对货币资金内部控制的了解，通常是通过编制内部控制调查表来进行的。若年度审计工作底稿中已有以前年度的调查情况表，注册会计师可根据调查结果对其加以修正，以供本年度审计之用。

（二）对货币资金内部控制进行初步评价

对货币资金内部控制进行初步评价的目的在于确定注册会计师是否应该依赖内部控制。如果准备依赖，则应对内部控制进行控制测试，或者直接进行实质性测试。注册会计师对货币资金内部控制进行初步评价时，重点应了解以下内容。

（1）款项的收支是否按规定的程序和权限办理。

（2）是否存在与本单位经营无关的款项收支情况。

（3）是否存在出租、出借银行账户的情况。

（4）出纳与会计的职责、岗位是否严格分离。

（5）现金是否妥善保管，是否定期进行盘点、核对等。

（三）抽取并审查收款凭证

为测试收款内部控制，注册会计师应在货币资金的收款凭证中选取适当的样本，进行如下检查。

（1）核对收款凭证与现金存入银行账户的日期和金额是否相符。

（2）核对现金日记账和银行存款日记账的收入金额是否正确。

（3）核对收款凭证与银行对账单是否相符。

（4）核对收款凭证与应收账款明细账的有关记录是否相符。

（5）核对实收金额与销售发票所列金额是否一致。

（四）抽取并审查付款凭证

为测试付款内部控制，注册会计师应在货币资金的付款凭证汇总选取适当的样本，进行如下检查。

（1）检查付款的授权审批手续是否符合规定。

（2）核对现金日记账和银行存款日记账的付出金额是否正确。

（3）核对付款凭证与银行对账单是否相符。

（4）核对付款凭证与应付账款明细账的有关记录是否相符。

（5）核对实付金额与购货发票所列金额是否一致。

（五）抽取一定期间的现金日记账和银行存款日记账与总账核对

（1）注册会计师应抽取一定期间的现金日记账和银行存款日记账，检查其有无计算错误，加总是否正确无误。如果发现问题较多，说明被审计单位现金和银行存款的会计记录不够可靠。

（2）注册会计师应根据日记账提供的线索，与总账中的"库存现金""银行存款""应收账款""应付账款"等有关账户的记录核对是否相符。

（六）抽取一定期间的银行存款余额调节表查验并复核

为证实银行存款记录的正确性，注册会计师必须抽取一定期间的银行存款余额调节表查验并复核，将其同银行对账单、银行存款日记账及总账进行核对，确定被审计单位是否按月正确编制银行存款余额调节表。

（七）检查外币资金的折算方法是否符合有关规定、是否与前期一致

对于有外币现金、外币银行存款的被审计单位，注册会计师应检查外币现金日记账、外币银行存款日记账及"财务费用""在建工程"等账户的记录，确定被审计单位是否将外币现金、外币银行存款的增减变动按业务发生时的市场汇率或业务发生当期期初的市场汇率折合为记账本位币，所选用的方法是否与前期一致；检查企业是否将外币现金、外币银行存款账户余额按期末市场汇率折合为记账本位币，复核有关汇兑损益的计算和记录是否正确。

（八）评价货币资金内部控制

注册会计师在完成了上述程序之后，即可对货币资金的内部控制进行评价。评价时，注册会计师应先确定货币资金内部控制的可信赖程度及存在的薄弱环节和缺点，然后据以确定对哪些环节可以适当减少审计程序，对哪些环节应增加审计程序并进行重点检查，以降低审计风险。

任务解析

（1）存在不当之处。对总经理的货币资金支付审批也应设定上限，超过规定的权限，应由管理层集体进行决策和审批。

（2）存在不当之处。因为内部审计部的职责是对财务部进行监督，二者的职责属于不相容职责，应当分开管理，而不应由一人管理。

（3）存在不当之处。投资业务不相容岗位设计不完整，应当补充规定，投资业务由高层管理机构核准后授权财务经理负责具体的股票或债券的买卖业务，设置专人保管股票或债券。对外投资项目的分析论证及评估是不相容职责，应分离。

（4）存在不当之处。注册会计师应亲自到人民银行或基本存款账户开户行查询并打印已开立银行结算账户清单，以确认被审计单位账面记录的银行结算账户是否完整。

（5）存在不当之处。应进行顺查，从相关原始凭证追查至银行存款日记账。

（6）不存在不当之处。

任务三　货币资金相关账户的审计

任务导入

大正会计师事务所在对红星公司 2019 年的年度财务报表进行审计时，注册会计师徐良负责审计货币资金项目。红星公司在总部和营业部均设有出纳部门。2020 年 3 月 6 日，徐良对红星公司的库存现金进行监盘，为顺利监盘库存现金，徐良在监盘前一天已通知红星公司会计主管人员做好监盘准备。考虑到出纳人员的日常工作安排，对总部和营业部库存现金的监盘时间分别定在上午十点和下午三点。监盘时，会计主管人员没有参加，由出纳人员全权负责，出纳人员把现金放入保险柜，并将已办妥现金收付手续的交易登入现金日记账，结出现金日记账余额。然后，徐良当场盘点现金，在与现金日记账核对后填写库存现金监盘表，并在签字后直接形成审计工作底稿。

具体任务

1．请指出上述库存现金监盘工作中有哪些不当之处，并提出改进建议。
2．假定红星公司盘点金额与现金日记账余额存在差异，注册会计师应采取哪些措施？

理论认知

一、货币资金的审计目标

货币资金是企业流动性最强的资产，尽管其在企业资产总额中所占比重不大，但企业全部经营活动都可说是各种资源转换为货币资金，并以货币资金支付债务的过程，同时企业发生的舞弊事件大多与货币资金有关，因此货币资金的审计就显得非常重要。

货币资金审计目标的确定一般与管理层认定相对应。货币资金的审计目标与管理层认定的对应关系如表 11-1 所示。

表 11-1　货币资金的审计目标与管理层认定的对应关系表

被审计单位名称：			制表人：		日期：		索引号：
会计截止日/期间：			复核：		日期：		页次：

审计目标	管理层认定				
	存在	完整性	权利和义务	计价和分摊	列报
资产负债表中记录的货币资金是存在的	√				
所有应当记录的货币资金均已记录		√			
记录的货币资金都为被审计单位所有或控制			√		
货币资金以恰当的金额包括在财务报表中，与之相关的计价调整已恰当记录				√	
货币资金已按照《企业会计准则》的规定在财务报表中进行恰当列报					√

二、库存现金审计

（一）实质性分析程序

（1）比较库存现金期末数与期初数的变动情况，分析其合理性。

（2）分析比较各月末库存现金的结存量，查明有无重大变动，分析变动原因是否合理。

（二）细节测试

1. 核对库存现金日记账与总账的余额是否相符

注册会计师要测试库存现金余额是否正确，应先核对现金日记账的余额与总账的余额是否相符。如果不符，应查明原因，必要时应要求被审计单位做出适当调整，并进行记录。

2. 盘点库存现金

盘点库存现金是证实资产负债表中所列库存现金是否存在的一项重要程序。盘点库存现金的时间和参加盘点的人员应视被审计单位的具体情况而定，但出纳人员和被审计单位会计主管人员必须参加，并由注册会计师进行监督。盘点库存现金的步骤和方法如下。

（1）制订库存现金盘点计划，确定盘点时间。对库存现金的盘点最好实施突击盘点，时间最好选择在上午上班前或下午下班后。如遇工资发放日，应将盘点提前或推后。盘点的范围一般包括企业各部门经管的现金，包括已收到但未存入银行的库存现金、零用金、找换金等。如果被审计单位库存现金存放部门有多处，应同时进行盘点，或全部封存后逐一进行盘点。

（2）审阅现金日记账并同时与库存现金收付凭证相核对。一方面检查现金日记账的记录与凭证的内容和金额是否相符，另一方面了解凭证日期与现金日记账日期是否相符或接近。

（3）由出纳人员根据现金日记账结出现金余额。

（4）盘点保险柜的现金实存数，同时编制库存现金盘点表（见表 11-2），分币种、面值列示盘点金额。

表 11-2 库存现金盘点表

被审计单位名称：　　　　　　索引号：　　　　　　编制人：　　　　　　日期：

币别：人民币　　　　　　财务报表截止日：　　　　　　复核人：　　　　　　日期：

检查盘点记录			实存现金盘点记录		
项　　目	项　　次	金　　额	面　　额	张	金　　额
库存现金账面余额	（1）		100 元		
盘点日未记账传票收入金额	（2）		50 元		
盘点日未记账传票支出金额	（3）		20 元		
盘点日账面应有金额	（4）=（1）+（2）-（3）		10 元		
盘点日实有现金数额	（5）		5 元		
盘点日应有与实有差异	（6）=（4）-（5）		1 元		
差异原因分析	白条抵库		5 角		
			1 角		
			合计		

续表

检查盘点记录			实存现金盘点记录			
项　目	项　次	金　额	面　额	张	金　额	
追溯调整	报表日至审计日现金付出金额		情况说明及审计结论：			
	报表日至审计日现金收入金额					
	报表日库存现金应有金额					
本位币合计						

出纳员：　　　　　会计主管：　　　　　监盘人：　　　　　检查日期：

（5）在资产负债表日后进行盘点时，应调整至资产负债表日的金额。

（6）将盘点金额与现金日记账余额进行核对，如有差异，应要求被审计单位查明原因并做出适当调整。如无法查明原因，应要求被审计单位按管理权限批准后做出适当调整。

（7）如果存在冲抵库存现金的借条、未提现支票、未进行报销的原始凭证，应在库存现金盘点表中注明或做出必要调整，特别关注数家公司混用现金保险箱的情况。注册会计师应会同被审单位会计主管人员、出纳人员盘点现金，编制库存现金盘点表。

3. 抽查大额现金收支

注册会计师应对大额现金的收支进行详细审查，通过抽查大额现金收支的原始凭证，着重查明相关经济业务内容是否完整，有无未经授权批准的情况，并审查相关账户的入账情况，分析收支的合理性，检查是否存在利用现金结算舞弊的行为。如果发现有与被审计单位生产经营业务无关的收支事项，应查明原因，并进行相应调整。

4. 检查现金收支的截止日期

被审计单位资产负债表中的现金数额应以结账日实有数额为准。因此，注册会计师必须验证现金收支的截止日期，以防止将属于本期的现金收支计入下期，或将属于下期的现金收支计入本期，从而防止被审计单位高估或低估现金数额，以达到隐瞒某些事实的目的。为了实现上述目标，注册会计师可以对结账日前后一段时期内的现金收支凭证进行审计，以确定是否存在跨期事项。

5. 审查外币现金的折算是否正确

对于有外币现金的被审计单位，注册会计师应检查被审计单位是否按规定的汇率将外币现金折合为记账本位币；外币现金期末余额是否按期末市场汇率折合为记账本位币；外币折合差额是否按规定记入相关账户。

6. 确定现金是否在资产负债表中进行恰当披露

根据有关会计制度的规定，库存现金在资产负债表中的货币资金项下反映。注册会计师应在实施上述审计程序后，确定库存现金的期末余额是否恰当，据以确定货币资金是否在资产负债表中进行恰当披露。

将以上审计结果填入库存现金审定表中。

（三）库存现金审计案例

注册会计师在 2019 年 12 月 1 日审查某公司其他应收款明细账时，发现一笔上年结转应收王小明的暂借差旅费 20 000 元。注册会计师怀疑王小明挪用公款。注册会计师查阅 2019 年的其他应收款明细账，发现借款时间为 2019 年 1 月 10 日，凭证为现付字 20 号，金额为 20 000 元，注册会计师调阅该凭证，其记录为"暂借王小明深圳差旅费"，并有部门领导的签字。注册会计师决定追踪调查，在询问会计主管李华时，她以忘了此事推辞；在询问部门负责人时，发现他并没有派王小明出差。进而注册会计师核对笔迹，发现与该部门领导的签字有差异，断定凭证必定是假冒的。注册会计师又询问会计主管李华，她以审核不慎为由来推脱。注册会计师对调查结果进行分析，认为王小明借用大额差旅费，不可能不认真审核，猜测会计主管李华与王小明可能有某种特殊关系。经调查，王小明与会计主管李华是亲戚关系。在最后调查王小明时，王小明承认借用公款20 000元用于个人开办的小卖部。

会计主管李华利用职务之便，为个人挪用公款，责令其立即返还公款并处以罚款。在事实面前，李华对上述问题供认不讳，并同意接受处罚。

该公司收回被挪用的公款20 000元和罚金收入8 000元时，应编制如下会计分录。

借：库存现金　　　　　　　　28 000
　　贷：其他应收款——王小明　　20 000
　　　　营业外收入　　　　　　　8 000

三、银行存款审计

银行存款是指企业存放在银行或其他金融机构的货币资金。按照国家有关规定，凡是独立核算的企业都必须在当地银行开设账户。企业在银行开设账户以后，除按核定的限额保留库存现金外，超过限额的现金必须存入银行；除在规定的范围内可以用现金直接支付外，在经营过程中发生的一切货币收支业务，都必须通过银行存款账户进行结算。

（一）实质性分析程序

（1）比较银行存款期末数与期初数的变动情况，分析其合理性。

（2）分析比较各月末银行存款的结存量，查明有无重大变动，并分析变动原因是否合理。

（3）分析当期与前期及两个期间各月份之间的资金流入、资金流出是否有重大变动，分析变动原因是否合理。

（4）计算银行存款累计余额应收利息收入，分析比较被审计单位银行存款应收利息收入与实际利息收入的差异是否恰当，检查是否存在高息资金拆借的现象，确认银行存款余额是否存在、利息收入是否已经完整记录。

（二）细节测试

（1）获取或编制银行存款余额明细表（见表11-3），复核加计是否正确，并与总账数和日记账合计数核对是否相符，检查以非记账本位币结算的银行存款的折算汇率及折算金额是否正确。

表 11-3　银行存款余额明细表

被审计单位名称：　　　　　　索引号：　　　　　　编制人：　　　　　日期：
币别：人民币　　　　　　　　财务报表截止日：　　复核人：　　　　　日期：

银行名称	账号	账面余额	银行对账单余额	对账单索引号	差额	调节表索引号	函证情况	询证函索引号

续表

银行名称	账号	账面余额	银行对账单余额	对账单索引号	差额	调节表索引号	函证情况	询证函索引号
合计								

（2）检查银行存单。

① 编制银行存单检查表，检查银行存单的金额是否与账面记录金额一致、银行存单是否被质押或限制使用、银行存单是否为被审计单位所拥有。

② 对已质押的定期存款，应检查定期存单，并与相应的质押合同核对，同时关注定期存单对应的质押借款有无入账。

③ 对未质押的定期存款，应检查开户证书原件。

④ 对审计外勤工作结束日前已提取的定期存款，应核对相应的兑付凭证、银行对账单和定期存单复印件。

（3）取得并审查银行对账单。

取得被审计单位加盖银行印章的银行对账单，必要时，亲自到银行获取银行对账单，并对获取过程保持控制；将获取的银行对账单余额与银行存款日记账余额、银行询证函回函进行核对，如存在差异，则应获取银行存款余额调节表。

（4）取得银行存款余额调节表（见表11-4），复核加计是否正确，调节后银行存款日记账余额与银行对账单余额是否一致。

表 11-4　银行存款余额调节表

编制人：　　　　　　　日期：　　　　　　　索引号：
复核人：　　　　　　　日期：　　　　　　　页次：
开户行及账号：　　　　　　　　　　　　　　币别：

项　　目	金　　额	项　　目	金　　额
企业银行存款日记账余额		银行对账单余额	
加：银行已收，企业未收款		加：企业已收，银行未收款	
（1）		（1）	
（2）		（2）	
…		…	
减：银行已付，企业未付款		减：企业已付，银行未付款	
（1）		（1）	
（2）		（2）	
…		…	
调节后的余额		调节后的余额	

经办会计人员：（签字）　　　　　　会计主管：（签字）

① 检查调节事项的性质和范围是否合理。

对于企业已收付、银行尚未入账的事项，检查相关收付款凭证，并取得期后银行对账单，确认未达账项是否存在，银行是否已于期后入账；对于银行已收付、企业尚未入账的事项，检查期后企业的收付款凭证，确认未达账项是否存在，必要时，提请被审计单位进行调整。

检查是否存在跨行转账和跨期收支的调节事项。编制跨行转账业务明细表，检查跨行转账业务是否同时对应转入和转出，检查未在同一期间完成的转账业务是否反映在银行存款余额调节表的调整事项中。

检查大额在途存款和未付票据。检查在途存款的日期，查明产生在途存款的具体原因，追查期后银行对账单存款的记录日期，分析被审计单位与银行记账时间差异是否合理，确定在资产负债表日是否需提请被审计单位进行适当调整。检查被审计单位的未付票据明细清单，查明被审计单位未及时入账的原因，分析账簿记录时间晚于银行对账单的日期是否合理；检查被审计单位未付票据明细清单中有记录但截至资产负债表日银行对账单无记录且金额较大的未付票据，获取票据领取人的书面说明，确认在资产负债表日是否需要进行调整。

② 关注长期未达账项，查看是否存在挪用资金等情况。

③ 检查是否存在未入账的利息收入和利息支出。

检查银行存款余额是否真实并不能仅仅满足于调节以后的银行对账单余额与银行存款日记账余额相等，应在查明余额相等的基础上，将银行对账单与银行存款日记账逐笔进行核对。因为有时在银行对账单上有一收一付，而银行存款日记账上并无收付记录，尽管余额相等，但仍有可能存在出借银行账户、违反结算纪律等违规行为。

（5）函证银行存款余额。

通过向往来银行函证，注册会计师不仅可以了解企业的银行存款，还可以了解所欠银行的债务，并有助于发现企业未入账的银行借款和未披露的或有负债情况。

为了提高银行存款审计的质量，控制审计风险，在对银行存款进行函证时应该注意以下方面：注册会计师必须取得被审计单位的银行对账单，并根据对账单审计基准日的存款余额填写银行询证函；注册会计师应向被审计单位在本年存过款的所有银行函证，其中包括企业存款账户已结清的银行，因为可能存款账户已结清，但仍有银行借款存在；银行询证函应该由注册会计师直接发出并接收；对于银行账户较多的企业，注册会计师要了解账户较多的原因，防止其他可能存在的审计风险。银行询证函的参考格式如表 11-5 所示。

表 11-5　银行询证函

银行询证函（部分）							
××（银行）　　编号							
本公司聘请的××会计师事务所正在对本公司＿＿＿＿＿＿年的年度财务报表进行审计，按照中国注册会计师审计准则的要求，应当函证本公司与贵行相关的信息。下列信息出自本公司账簿记录，如与贵行记录相符，请在本函下端"信息证明无误"处签章证明；如有不符，请在"信息不符"处列明不符项目及具体内容。如存在与本公司有关的未列入本函的其他项目，也请在"信息不符"处列出其详细资料。回函请直接寄至××会计师事务所。							
回函地址：　　　　　　　邮编：　　　　　电话：　　　　　传真：　　　　　联系人：							
截至××年×月×日，本公司与贵行相关的信息列示如下。							
1. 银行存款							
账户名称	银行账号	币种	利率	金额	起止日期	是否被质押、担保或其他限制	备注
除以上所述，本公司并无其他在贵行的存款。							
注："起止日期"一栏仅适用于定期存款，如为活期或保证金存款，可只填写"活期"或"保证金"字样。							

续表

2．银行借款

账户名称	币种	本息余额	借款日期	还款日期	利率	其他借款条件	抵（质）押品/担保人	备注

除以上所述，本公司并无其他在贵行的借款。

注：此项仅函证截至资产负债表日本公司尚未归还的借款及利息。

3．截至函证日之前 12 个月内已注销的账户

账户名称	银行账号	币种	注销账户日

除以上所述，本公司并无其他截至函证日之前 12 个月内在贵行注销的其他账户。

4．担保

（1）本公司为其他单位提供的，以贵行为担保收益人的担保。

被担保人	担保方式	担保金额	担保期限	担保事由	担保合同编号	被担保人与贵行就担保事项往来的内容（贷款等）	备注

除上述列示的担保外，本公司并无其他以贵行为担保受益人的担保。

注：如采用抵押或质押方式提供担保，应在备注中说明抵押或质押的情况。

......

12．其他重大事项

（公司签章）

年　月　日

经办人：

结论：

1．数据证明无误。

（银行签章）

年　月　日

经办人：

2．信息不符，请列明不符项目及具体内容（其他未在本函列出的项目，请列出金额及详细资料）。

（银行签章）

年　月　日

经办人

（6）检查银行存款账户存款人是否为被审计单位，若存款人非被审计单位，应获取该账户户主和被审计单位的书面声明，确认是否需要调整。

（7）关注是否存在质押、冻结等对变现有限制的情况或境外的款项，确认是否已进行必要的调整和披露。

（8）对不符合现金及现金等价物条件的银行存款在审计工作底稿中予以列明，并考虑其对现金流量表的影响。

（9）抽查大额银行存款收支的原始凭证，检查原始凭证是否齐全、记账凭证与原始凭证是否相符、账务处理是否正确、是否记录于恰当的会计期间等。检查是否存在非营业目的的大额货币资金转移，并核对相关账户的进账情况；如有与被审计单位生产经营业务无关的收支事项，应查明原因并进行相应的记录。

（10）检查银行存款收支的截止是否正确。选取资产负债表日前后的凭证进行截止测试，关注业务内容及对应项目，如有跨期收支事项，应考虑是否进行调整。

（11）检查银行存款是否在财务报表中进行恰当列报。

将审计结果填写在银行存款审定表（见表 11-6）中。

表 11-6　银行存款审定表

编制人：　　　　　　日期：　　　　　　　　　索引号：
复核人：　　　　　　日期：　　　　　　　　　页次：
开户行及账号：　　　　　　　　　　　　　　　币种：

项目名称	期末未审数	账项调整		重分类调整		期末审定数	上期末审定数	索引号
		借方	贷方	借方	贷方			
银行存款								
合计								

四、其他货币资金审计

（一）其他货币资金的概念

其他货币资金是指具有单独存放地点和专门用途的款项，包括外埠存款、银行汇票存款、银行本票存款等。对于这类货币资金主要审查其真实性和合法性，一般主要采用核对法和盘点法等进行审计。

（二）其他货币资金的实质性测试

（1）核对外埠存款、银行汇票存款、银行本票存款等各明细账期末合计数与总账金额是否相符。

（2）函证外埠存款账户、银行汇票存款账户、银行本票存款账户的期末余额。

（3）对于以非记账本位币结算的其他货币资金，检查其折算汇率是否正确。

（4）抽查一定数量的原始凭证，检查其经济内容是否完整、有无适当的审批权，并核对相关账户的进账情况。

（5）抽查资产负债表日后的大额收支凭证，并进行截止测试，如有跨期收支事项，应进行适当调整。

（6）检查其他货币资金的披露是否恰当。

任务解析

1．上述库存现金监盘工作中存在以下不当之处。

（1）提前通知红星公司会计主管人员做好监盘准备的做法不恰当。最好实施突击盘点。

（2）没有同时监盘总部和营业部库存现金的做法不当。注册会计师应组织同时监盘总部和营业部的库存现金，若不能同时监盘，则应对后监盘的库存现金实施封存。

（3）红星公司会计主管人员没有参与盘点的做法不当。盘点人员应包括出纳人员、会计主管人员和注册会计师。

（4）现金盘点操作程序不当。库存现金应由出纳人员盘点，由注册会计师监盘。

（5）库存现金监盘表签字人员不当。库存现金监盘表应由被审计单位相关人员和注册会计师共同签字。

（6）未调整至资产负债表日的金额。在非资产负债表日进行盘点和监盘时，应调整至资产负债表日的金额。

2．如果红星公司盘点金额与现金日记账余额存在差异，注册会计师应要求红星公司查明原因，必要时应提请红星公司做出调整；如果无法查明原因，应要求红星公司按管理权限批准后做出调整。

复习自测题

一、单选题

1．下列职责分工容易导致内部控制失效的是（　　　）。

　　A．出纳人员负责现金、银行存款日记账和总账的登记

　　B．报销单据的填制和审核分离

　　C．支票与印章由不同人保管

　　D．由出纳人员以外的其他人员负责银行存款余额调节表的编制

2．现金盘点后，应与注册会计师共同在库存现金盘点表上签字的人员是（　　　）。

　　A．会计人员和出纳人员

　　B．出纳人员和会计主管人员

　　C．会计主管人员和总经理

　　D．出纳人员和总经理

3．为测试银行存款截止期的正确性，应审查银行存款收付业务的期间是（　　　）。

　　A．报表日后任意一天　　B．报表日当天　　C．整个审计期间　　　　D．报表日前后数天

4．现金盘点时间通常安排在（　　　）。

　　A．上班前　　　　　　　　B．下班后　　　　　　C．上班前或下班后　　D．上班时

5．当银行对账单余额与银行存款日记账余额不符时，应当执行的最有效的审计程序是（　　　）。

　　A．重新进行相关的内部控制测试

　　B．审查银行对账单中记录的该账户资产负债表日前后的收付情况

C．审查银行存款日记账中记录的该账户资产负债表日前后的收付情况

D．审查该账户的银行存款余额调节表

6．对库存现金实有数额的审计，应是通过对库存现金实施（　　）来进行的。

    A．审阅　　　　　　　B．核对　　　　　　　C．分析　　　　　　　D．监盘

7．银行存款截止测试的关键在于（　　）。

    A．确定被审计单位各银行账户最后一张支票的号码

    B．检查大额银行存款的收支

    C．确定被审计单位当年记录的最后一笔银行存款业务

    D．取得并检查银行存款余额调节表

8．会计人员编制的银行存款余额调节表的内容，只包括（　　）。

    A．记账错误　　　　　B．应予纠正的差错

    C．未达账项　　　　　D．发生的舞弊

9．下列有关函证银行存款余额的说法中，正确的有（　　）。

    A．银行存款余额为零的开户银行可以不函证

    B．对已获得银行对账单的开户银行可以不函证

    C．函证银行存款余额的同时，应一并收集贷款信息

    D．一般采用否定式函证

10．注册会计师对库存现金进行监盘，主要证实的认定是（　　）。

    A．存在　　　　　　　B．完整　　　　　　　C．权利和义务　　　　D．截止

二、多选题

1．下列审计程序中，属于证实银行存款存在的重要程序有（　　）。

    A．盘点库存现金

    B．审查银行存款余额调节表

    C．函证银行存款余额

    D．审查银行存款收支截止的正确性

2．良好的货币资金内部控制要求（　　）。

    A．控制现金坐支，当日收入现金应及时送存银行

    B．货币资金收支与记账的职责分离

    C．全部收支及时准确入账，并且支出要有核准手续

    D．按月盘点现金，编制银行存款余额调节表，以做到账实相符

3．注册会计师在盘点库存现金时，不应实施（　　）。

    A．突击盘点　　　　　B．定期盘点　　　　　C．通知盘点　　　　　D．计划盘点

4．在对库存现金进行盘点时，参与盘点的人员必须包括（　　）。

    A．注册会计师

    B．被审计单位出纳人员

    C．被审计单位会计主管人员

    D．被审计单位管理层

5．下列各项中，属于应在库存现金盘点表中反映的事项有（　　）。

    A．盘点日现金日记账结余数

B．盘点日银行存款日记账结余数

C．实际库存现金监盘数

D．库存现金溢缺情况

6．货币资金审计涉及的主要凭证和会计记录包括（　　　）。

A．存货盘点表单

B．请购单

C．银行存款余额调节表

D．银行对账单

7．注册会计师对被审计单位银行存款实施实质性测试时，可采用的审计程序有（　　　）。

A．抽查银行存款付款凭证

B．函证银行存款余额

C．检查银行对账单和银行存款余额调节表

D．检查不相容职务是否分离

8．下列各项中，符合现金监盘要求的有（　　　）。

A．被审计单位会计主管人员回避

B．监盘之前将已办理现金收付款手续的凭证登入现金日记账

C．不同存放地点的现金同时进行监盘

D．监盘时间最好安排在当日现金收付业务进行过程中

9．注册会计师应该进行银行存款函证的有（　　　）。

A．外埠存款

B．银行汇票存款

C．存款账户已结清的银行存款

D．信用保证金

三、判断题

1．由于现金盘点往往在资产负债表日之后进行，注册会计师需要根据资产负债表日至审计报告日之间所有现金收支数倒推计算资产负债表日的现金余额。（　　　）

2．注册会计师应向被审计单位所有开过户的银行进行函证，即使企业银行存款账户余额为零，也要进行函证。（　　　）

3．通过向银行进行函证，注册会计师不仅可以了解企业银行存款的存在，还可以了解企业欠银行的债务。（　　　）

4．存出保证金不属于企业货币资金构成项目。（　　　）

5．由于库存现金金额较小，注册会计师可以不进行实质性测试。（　　　）

6．库存现金盘点一般采用突击盘点，库存现金的保管人员不必始终在场。（　　　）

7．库存现金盘点是针对现金的完整性认定而实施的。（　　　）

8．资产负债表中的货币资金项目，应当根据库存现金、银行存款、其他货币资金三个总账科目余额合计填列。（　　　）

9．库存现金的截止测试是为了证实库存现金余额的正确性。（　　　）

10．注册会计师通过询问和观察可以证实被审计单位货币资金相关业务不相容职责是否分离。（　　　）

四、案例分析题

注册会计师通过对某贸易公司进行审计，发现了该公司出纳王玉贪污公款情况如下。

（1）王玉从公司收发室截取了客户李红寄给公司的分期付款的5000元支票，存入由他负责的公司零用金银行存款账户中。然后，在公司存款中以支付劳务费为由，开具了一张以自己为收款人的5000元的支票，签名后从银行兑现了现金。

（2）与客户对账时，王玉将应收账款（李红）账户余额扣减5000元后作为对账单余额发给李红对账，表示5000元款项已经收到。

（3）10天后，王玉编制了一张会计凭证，将应收账款（李红）的账户余额调整为正确余额。但银行存款账户余额却比实际高了5000元。

（4）月底，在编制银行存款余额调节表时，王玉在调节表上虚列了两笔未达账项，将银行存款余额调节表调平。

【要求】根据上述情况，分析该公司内部控制中存在哪些主要缺陷？

项目十二

审计终结与审计报告

➡️ 知识目标

1. 了解特殊项目的审计。
2. 了解管理层声明书的构成要素。
3. 理解并掌握审计报告的含义、作用、类型和结构。
4. 掌握审计报告的基本意见类型、适用条件和表达术语。
5. 掌握审计报告的内容及编制要求。

👤 技能目标

1. 能根据被审计单位情况判断审计报告的意见类型。
2. 能编写不同意见类型的审计报告。

🔘 引导案例

　　2018 年 8 月 29 日，中国证监会网站发布的《2017 年上市公司年报审计报告情况分析》称：截至 2018 年 6 月 30 日，除 ST 康达和 ST 毅达外，3510 家上市公司披露了审计报告。从审计意见类型看，3510 份审计报告中，标准审计报告为 3480 份，占 96.3%，非标准审计报告为 130 份，占比 3.7%。非标准审计报告数量较 2016 年增加了 24 份，占比略有提升（2016 年 3050 家上市公司中非标准审计报告为 106 份，占比为 3.5%）。

　　在非标准审计报告中，保留意见（37 份）和无法表示意见（21 份）的报告共 58 份，较 2016 年增加了 27 份，增幅为 87.1%，显著高于上市公司总数 15.1% 的增长率；带解释性事项段的无保留意见（指对财务报表发表带强调事项段、持续经营重大不确定性段落的无保留意见或者其他信息段落中包含其他信息未更正重大错报说明的无保留意见）报告数量为 72 份，较 2016 年减少了 3 份；仍然没有否定意见的审计报告。

　　那么，什么是标准审计报告？什么是非标准审计报告？审计报告的类型是如何划分的？注册会计师出具标准审计报告和非标准审计报告的条件分别是什么？

　　审计终结阶段是审计工作的最后一个阶段。注册会计师按业务循环完成各财务报表项目的审计测试和一些特殊项目的审计工作后，在审计终结阶段汇总审计测试结果，进行更具综合性的审计工作，如评价审计中的重大发现，评价审计过程中发现的错报，关注期后事项对财务报表的影响，复核审计工作底稿和财务报表等。在此基础上，注册会计师在与客户沟通后，获取管理层声明书，确定要出具的审计报告的意见类型和措辞，进而编制并报送审计报告，终结审计工作。

任务一 特殊项目审计

任务导入

大正会计师事务所对红星公司 2019 年的年度财务报表的审计工作已经接近尾声，报告期内经济业务的交易测试和余额测试也已基本完成。审计项目负责人黄莉要求审计小组成员在出具审计报告前要对被审计单位的或有事项进行审计。

具体任务

1. 或有事项的审计目标是什么？
2. 注册会计师应对或有事项采取哪些审计程序？
3. 或有事项审计结果对审计意见有哪些影响？

理论认知

出具审计报告前，注册会计师还应关注一些特殊项目对审计意见的影响，如期初余额、期后事项、或有事项的审计和管理层声明书等。

一、期初余额的审计

（一）期初余额的含义

期初余额是指期初已存在的账户余额。期初余额以上期期末余额为基础，反映了以前会计期间的交易和上期采用的会计政策的结果。期初余额也包括期初存在的需要披露的事项，如或有事项和承诺事项。通常，期初余额是上期账户结转至本期账户的余额，在数额上与相应账户的上期期末余额相等。但是，由于受上期期后事项发生、会计政策变更、前期会计差错更正等诸多因素的影响，上期期末余额结转至本期时，有时需经过调整或重新进行表述。对于连续审计业务，注册会计师只需关注上期期末余额是否正确结转至本期，一般不需要实施专门的审计程序。对于首次接受委托的业务，注册会计师应保持应有的职业谨慎，充分考虑期初余额对本期财务报表的影响程度，以确定期初余额的审计范围。

（二）期初余额的审计目标

期初余额的审计目标是获取充分、适当的审计证据以确定以下内容。

（1）期初余额是否含有对本期财务报表产生重大影响的错报。

（2）上期期末余额是否已正确结转至本期，或在适当的情况下是否已重新进行表述。

（3）期初余额反映的恰当的会计政策是否在本期财务报表中得到一贯运用，或会计政策的变更是否已按照适用的财务报表编制基础进行恰当的会计处理和充分的列报与披露。

（三）期初余额的审计程序

（1）确定上期期末余额是否已正确结转至本期，或在适当的情况下是否已重新进行表述。

上期期末余额正确结转至本期主要包括上期账户余额计算正确，上期各总账余额与各明细账余额合计数或日记账余额合计数相等，上期各总账余额和各明细账余额或日记账余额已经分别恰当地过入本期的总账和相应的明细账或日记账。

在某些情形下，如果《企业会计准则》和相关会计制度的要求发生变化，或上期期末余额存在重大的差错时，上期期末余额应当重新进行表述。

（2）确定期初余额是否反映了对恰当会计政策的运用。

了解、分析上期会计政策是否在本期财务报表中得到一贯运用，有无变更；如果发现会计政策发生变更，应确定其变更是否恰当、会计处理是够正确、列报是否恰当。

（3）当上期财务报表已经审计时，确定对期初余额的审计程序。

如果上期财务报表已由前任注册会计师审计，则注册会计师在征得被审计单位书面同意，经前任注册会计师许可后可查阅前任注册会计师的审计工作底稿；考虑前任注册会计师的独立性和专业胜任能力；查阅前任注册会计师审计工作底稿中的所有重要审计领域；考虑前任注册会计师是否已实施了必要的审计程序，评价报表中重要账户期初余额的合理性；复核前任注册会计师建议调整的会计分录和未更正错报汇总，并评价其对当期审计的影响。

（4）实施其他专门的审计程序。

如果实施上述审计程序仍不能获取充分、适当的审计证据，或上期财务报表未经审计，则注册会计师应对期初余额实施以下审计程序。

① 对流动资产和流动负债，通常可以通过本期实施的审计程序获取部分审计证据。期初流动资产和流动负债在本期的交易事项中通常会有所反映，因此通过本期实施的审计程序有时可以印证期初流动资产和流动负债的存在性与金额的正确性。

例如，本期应收账款的收回（或应付账款的支付）为其在期初的存在、权利和义务、完整性提供了部分审计证据。没有收回的应收账款与本期新增应收账款相比，账龄增加了 1 年，可以作为函证的重点。对于存货，下列一项或多项审计程序可能提供有关期初存货余额的充分、适当的审计证据：监盘当前的存货数量并调节至期初存货数量；对期初存货项目的计价和分摊实施审计程序；对毛利和存货截止实施审计程序。

② 对非流动资产和非流动负债的审计程序。非流动性资产和非流动负债比较稳定，变动较少，如长期股权投资、固定资产、长期借款等项目，注册会计师可以通过检查形成期初余额的会计记录和其他信息以获取审计证据。在某些情况下，注册会计师可向第三方函证期初余额（如长期借款和长期股权投资的期初余额），或实施追加的审计程序。

（四）期初余额对审计意见的影响

注册会计师应当根据已经获得的审计证据形成对期初余额的审计结论，在此基础上确定其对本期财务报表审计意见的影响。

1. 审计后不能获取有关期初余额的充分、适当的审计证据

如果实施相关审计程序后无法获取有关期初余额的充分、适当的审计证据，则注册会计师应

当对本期财务报表出具保留意见或无法表示意见的审计报告。

2. 期初余额存在对本期财务报表产生重大影响的错报

如果期初余额存在对本期财务报表产生重大影响的错报，则注册会计师应当告知管理层；如果上期财务报表由前任注册会计师审计，则注册会计师还应当考虑提请管理层告知前任注册会计师；如果错报的影响未能得到正确的会计处理和恰当的列报，则注册会计师应当对财务报表出具保留意见或否定意见的审计报告。

3. 会计政策变更对审计意见的影响

如果认为按照适用的财务报表编制基础编制的与期初余额相关的会计政策未能在本期得到一贯运用，或者会计政策的变更未能得到恰当的会计处理或恰当的列报与披露，则注册会计师应当对财务报表出具保留意见或否定意见的审计报告。

4. 前任注册会计师对上期财务报表出具了非无保留意见的审计报告

如果前任注册会计师对上期财务报表出具了非无保留意见的审计报告，导致出具非无保留意见审计报告的事项在本期仍然存在并且对本期财务报表的影响仍然重大，则注册会计师应当对本期财务报表出具非无保留意见的审计报告。

二、期后事项的审计

（一）期后事项的含义和种类

期后事项是指从资产负债表日至审计报告日之间发生的事项及审计报告日后发生的对财务报表产生影响的事项。其中，资产负债表日是指财务报表涵盖的最近会计期间的截止日期（如果是年度报告，就是指审计年度的 12 月 31 日）。审计报告日是指注册会计师在对财务报表出具的审计报告上签署的日期。财务报表报出日是指被审计单位对外披露已审计财务报表的日期。

根据期后事项对财务报表和审计报告产生的影响，可将期后事项分为资产负债表日后调整事项和资产负债表日后非调整事项两类。

1. 资产负债表日后调整事项

资产负债表日后调整事项是指为资产负债表日已经存在的情况提供了新的或进一步的证据，有助于对资产负债表日已存在状况的有关金额进行重新估计的事项。如果这类期后事项的金额重大，应提请被审计单位对本期财务报表及相关的账户金额进行调整。这类事项通常包括下列事项。

（1）资产负债表日已经存在的大额应收款项，在资产负债表日后因债务人破产而发生可预计的坏账损失。

（2）资产负债表日已经存在的法律诉讼，在资产负债表日后被判决承担巨额赔偿和罚款。

（3）资产负债表日已经存在的大量存货或已入账的销售收入，在资产负债表日后被发现与原入账价值存在重大差异。

（4）资产负债表日已经存在的在资产负债表日后才被发现的舞弊行为或差错等。

对于被审计单位发生的资产负债表日后调整事项，管理层应当调整财务报表和与之相关的披露信息。

2. 资产负债表日后非调整事项

资产负债日后非调整事项是指资产负债表日后发生的、不影响资产负债日存在状况的事项。这类事项是在资产负债表日后才发生或存在的事项，虽然对被审计单位年度资产负债表日的会计数据没有直接的影响，但可能会影响被审计单位未来期间的财务状况、经营成果。为了保证财务报表使用者能够全面、正确地理解财务报表信息，应以附注的形式披露这类信息。一般情况下，资产负债表日后非调整事项包括以下事项。

（1）资产负债表日后发生的重大诉讼、仲裁、承诺。

（2）资产负债表日后发生的资产价格、税收政策、外汇汇率的变化。

（3）资产负债表日后发生的自然灾害造成的重大损失。

（4）资产负债表日后发生的资本公积转增资本。

（5）资产负债表日后发行的股票、债券和其他巨额举债。

（6）资产负债表日后发生的企业合并或处置子公司。

（7）资产负债表日后发生的巨额亏损。

区分两类期后事项的主要依据是事项发生的时间。如果某一事项在资产负债表日之前已经存在，资产负债表日后发生的事项仅是补充说明该事项，则该类期后事项属于调整事项；如果某一事项是在资产负债表日之后才发生的，则该类期后事项属于非调整事项。资产负债表日后事项的分类如表 12-1 所示。

表 12-1　资产负债表日后事项的分类

类　　别	事　　项	会　计　调　整	披　　露
调整事项	资产减值	确认减值或调整原确认的减值金额	调整与之相关的披露信息
	诉讼案件结案	调整预计负债或确认新负债	
	进一步确定了存货或销售收入	调整资产成本或调整收入	
	发现舞弊行为或差错	追溯重述法调整	
非调整事项	重大诉讼、仲裁、承诺		在附注中披露其性质、内容及其对财务状况和经营成果的影响。无法进行估计的，应当说明原因
	资产价格、税收政策、外汇汇率的变化		
	自然灾害造成的重大损失		
	资本公积转增资本		
	发行的股票、债券和其他巨额举债		
	企业合并或处置子公司		
	巨额亏损		

（二）期后事项的审计目标

期后事项的审计目标有以下 3 个。

（1）确定期后事项是否存在和完整及其对财务报表和审计报告的影响。

（2）确定期后事项的会计处理是否符合《企业会计准则》的规定。

（3）确定期后事项的列报是否恰当。

（三）期后事项的审计程序及措施

根据期后事项的定义，期后事项可以划分为三个时段（见图 12-1），第一个时段是从财务报表日至审计报告日，在这一期间发生的事项被称为"第一时段期后事项"；第二个时段是从审计报告日至财务报表报出日，在这一期间发生的事项被称为"第二时段期后事项"； 第三个时段是财务报表公布日后，在这一期间发生的事项称为"第三时段期后事项"。注册会计师对三个时段的期后事项负有不同的责任。

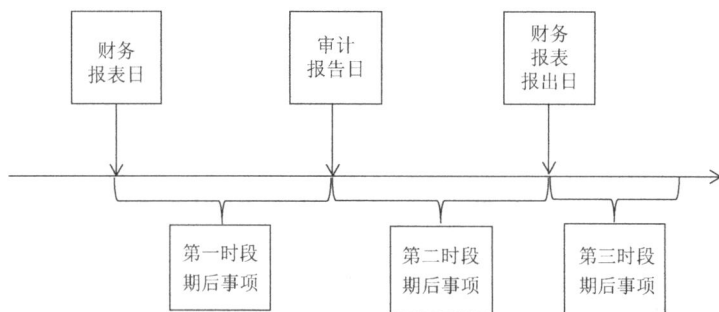

图 12-1　期后事项分段示意图

1. 对于"第一时段期后事项"的审计程序

对于"第一时段期后事项"，注册会计师负有主动识别的责任，应设计专门的审计程序进行审计，并根据这些事项的性质判断其对财务报表的影响程度，进而确定是进行调整还是进行披露。

注册会计师应当尽量在接近审计报告日时，实施旨在识别需要在财务报表中调整或披露的事项的审计程序，这些程序具体如下。

（1）复核管理层为确保识别期后事项而实施的程序。

（2）询问管理层和治理层，确定是否已发生可能影响财务报表的期后事项。

（3）取得并查阅股东大会、董事会和管理层的会议纪要及涉及诉讼的相关文件等，识别资产负债表日后发生的对本期财务报表产生重大影响的事项。

（4）在尽量接近审计报告日时，查阅被审计单位最近的中期财务报表、主要会计科目、重要合同和会计凭证；如认为必要和适当，还应当查阅预算、现金流量预测及其他相关管理报告等。

（5）在尽量接近审计报告日时，查阅被审计单位与客户、供应商、监管部门等的往来信函。

（6）在尽量接近审计报告日时，就诉讼和索赔事项询问被审计单位的法律顾问，或扩大之前口头或书面查询的范围。

（7）考虑是否有必要获取涵盖特定期后事项的书面声明以获取充分、适当的审计证据。

2. 对于"第二时段期后事项"的审计程序

在审计报告日后，注册会计师没有责任针对财务报表实施任何审计程序。注册会计师针对被审计单位的审计业务已经结束，要识别可能存在的期后事项比较困难，因而无法主动识别第二阶段的期后事项。但在这个阶段，被审计单位的财务报表并未报出，管理层有责任将发生的可能影响财务报表的事项告知注册会计师。如果知悉可能对财务报表产生重大影响的事项，则注册会计师应当考虑是否需要提请被审计单位修改财务报表，并与管理层讨论，同时根据具体情况采取以下适当措施。

（1）管理层修改财务报表时的审计处理程序。根据具体情况实施必要的审计程序，重新获取充分适当的审计证据，以验证管理层根据期后事项所进行的财务报表调整或披露是否符合《企业会计准则》和相关会计制度的规定，并针对修改后的财务报表出具新的审计报告，新审计报告的日期不应早于董事会或类似机构批准修改后的财务报表的日期。

（2）管理层不修改财务报表且审计报告未提交时的审计处理程序。如果注册会计师认为应修改财务报表而管理层没有修改，并且审计报告尚未提交给被审计单位，则注册会计师应当发表保留意见或否定意见的审计报告。

（3）管理层不修改财务报表且审计报告已提交时的审计处理程序。如果注册会计师认为应当修改财务报表而管理层没有修改，并且审计报告已经提交给被审计单位，则注册会计师应当通知管理层和治理层（除非治理层全部参与管理被审计单位）在财务报表进行必要修改前不要向第三方报出；如果财务报表仍被报出，则注册会计师应当采取措施阻止财务报表使用者信赖该审计报告，如通过新闻媒体发表必要的声明。注册会计师采取的措施取决于自身的权利和义务。

3. 对于"第三时段期后事项"采取的措施

在财务报表报出后，注册会计师没有义务针对财务报表实施任何审计程序，但并不排除注册会计师通过媒体等其他途径获悉可能对财务报表产生重大影响的期后事项的可能性。在财务报表报出日后，如果知悉了在审计报告日已存在的、可能导致修改审计报告的事项，注册会计师应该考虑是否需要修改财务报表，并与管理层讨论，同时根据具体情况采取以下适当措施。

（1）管理层修改财务报表时的审计处理程序。如果管理层修改了财务报表，则注册会计师应当根据具体情况实施必要的审计程序，复核管理层采取的措施能否确保所有收到原财务报表和审计报告的人士了解这一情况；延伸实施审计程序，并针对修改后的财务报表出具新的审计报告。新的审计报告应当增加强调事项段，提请财务报表使用者注意财务报表附注中对修改原财务报表原因的详细说明，以及注册会计师出具的原审计报告。新的审计报告日不应早于董事会或类似机构批准修改后的财务报表的日期。

（2）管理层未采取行动时的措施。如果注册会计师已经通知管理层，而管理层既没有采取必要措施确保所有收到原财务报表和审计报告的人士了解这一情况，又没有在注册会计师认为需要修改的情况下修改财务报表，则注册会计师应当采取适当措施防止财务报表使用者信赖该审计报告。注册会计师采取的措施取决于自身的权利和义务。

（四）期后事项对审计意见的影响

注册会计师一般无须专门对期后事项出具审计报告，只有当被审计单位不接受对已发现的对财务报表产生重大影响的期后事项的调整建议或披露建议时，注册会计师才应当根据具体情况，出具保留意见或否定意见的审计报告。

三、或有事项的审计

（一）或有事项的概念

或有事项是指由过去的交易或者事项形成的，其结果须由某些未来事项的发生或不发生才能决定的不确定事项。常见的或有事项主要包括未决诉讼或仲裁、债务担保、产品质量保证（含产品安全保证）、承诺、重组义务等。

或有事项具有下列特征：或有事项是由过去的交易或者事项形成的；或有事项的结果具有不确定性；或有事项的结果须由未来事项决定。

（二）或有事项的审计目标

或有事项的审计目标一般包括以下3个。

（1）或有事项是否存在和完整，尤其是完整。

（2）或有事项的确认和计量是否符合规定。

（3）或有事项的列报是否恰当。

（三）或有事项的审计程序

在企业经营活动中，或有事项已经越来越多地存在，并且对企业的财务状况和经营成果会产生较大的影响。或有事项对企业潜在的影响及企业因此需要承担的风险都有必要通过企业的财务报表或财务报表附注予以反映，使财务报表使用者能够获取真实、充分、详细的信息，以帮助其进行正确决策。因此，注册会计师对被审计单位发生的或有事项应当给予必要的关注，并且需要注册会计师具备相当程度的专业判断能力。

或有事项的审计一般安排在审计终结阶段，原因主要有两个：有利于注册会计师掌握有关或有事项的最新信息，以提高审计的效率和效果；在审计终结阶段，需要专门实施一些程序，验证或复核或有事项的完整性。

针对或有事项完整性的审计程序具体如下。

（1）了解被审计单位与识别或有事项有关的内部控制。

（2）审阅截至审计工作完成日的被审计单位历次董事会会议纪要和股东（大）会决议。

（3）向往来银行函证，或检查借款协议和往来函件，以查找有关票据贴现、背书、应收账款抵借、票据背书和担保。

（4）检查被审计单位与税务征管机构之间的往来函件和税收结算报告，以确定是否存在税务争议。

（5）向被审计单位的法律顾问和律师进行函证，分析被审计期间发生的法律费用，以确定是否存在未决诉讼、索赔等事项。

（6）获取管理层声明书，声明其已按照规定，对全部或有事项进行了恰当反映。

（四）或有事项对审计意见的影响

或有事项对审计意见的影响主要有以下几个方面。

（1）如果被审计单位存在对财务报表有重要影响的或有事项时，则注册会计师应出具保留意见的审计报告；如果影响非常重大，则注册会计师应出具无法表示意见的审计报告。

（2）如果注册会计师有充分适当的审计证据认为管理层对确定性的估计的披露符合《企业会计准则》，则应出具无保留意见的审计报告；如果认为披露不符合《企业会计准则》的要求，则应根据其重要性水平，出具保留意见或否定意见的审计报告。

（3）当审计范围受到限制时，注册会计师应出具保留意见或无法表示意见的审计报告。

四、获取管理层声明书

管理层声明书是指被审计单位管理层向注册会计师提供的书面陈述，用于确认某些事项或支持其他审计证据。

（一）管理层声明书的作用

1. 明确被审计单位管理层的责任

在被审计单位治理层的监督下，按照《企业会计准则》和相关会计制度的规定编制财务报表是被审计单位管理层的责任。管理层声明书的基本作用之一就是进一步明确管理层对财务报表的责任。在编写管理层声明书的过程中，注册会计师应当与管理层就与财务报表审计相关的重大事项不断进行沟通。管理层在声明书上签名并盖章，则表明其已对声明书中所列示的重大事项进行了考虑，并予以确认，这有助于管理层履行自身的责任。例如，如果管理层声明书中提及不存在未予披露的被抵押资产或者或有负债，则诚实的管理层可能想到因疏忽而未将这些事项予以充分披露，对此采取补救措施。

管理层声明书明确管理层的责任，有助于提高注册会计师与管理层沟通的效率。管理层声明书是注册会计师与管理层沟通后对某些事项予以确认的结果，为双方所做的沟通提供了证据，从而可以减少潜在的纠纷。如果被审计单位与注册会计师发生法律纠纷，由于管理层声明书对有关事项已经进行了明确的阐述或确认，可以作为划分管理层与注册会计师责任的一项重要证据。

2. 提供审计证据

在某些情况下，管理层声明书是注册会计师通过实施其他审计程序获得审计证据的补充完整性认定。例如，按照《中国注册会计师审计准则第 1323 号——关联方》规定的审计程序识别关联方后，即使结果表明被审计单位所有的关联方均已得到恰当披露，注册会计师仍应获取提供关联方完整信息的管理层声明书，以表明被审计单位不存在其他应披露而未披露的关联方及交易。

就某些事项而言，管理层声明书可以作为重要的审计证据。如果合理预期不存在其他充分、适当的审计证据，如涉及管理层持有资产的意图、目的，则注册会计师应当实施询问程序，并取得管理层对询问结果的确认，以此作为一项重要证据。

因此，获取管理层声明书是顺利开展审计工作的必要条件。为了使管理层清楚地认识到获取声明书是审计工作必不可少的部分，注册会计师应当将"管理层对其做出的与审计有关的声明予以书面确认"这一条款写入审计业务约定书中，以使双方在审计工作开始前就此达成共识。

（二）被审计单位管理层声明书的要素

（1）标题：××公司管理层声明书。

（2）收件人：管理层声明书的收件人为接受委托的会计师事务所及签署审计报告的注册会计师。

（3）声明内容：根据注册会计师要求声明的内容，列出各项声明。

（4）签章：由被审计单位及其会计机构负责人签署，并加盖被审计单位公章。

（5）日期：管理层声明书的日期应当尽量接近对财务报表出具审计报告的日期，但不得在审计报告日后。管理层声明书应当涵盖审计报告针对的所有财务报表和期间。

由于管理层声明书是必要的审计证据，在管理层签署声明书前，注册会计师不能发表审计意见，也不能出具审计报告。并且，因为注册会计师关注截至审计报告日发生的，可能需要在财务报表中做出相应调整或披露的事项，所以管理层声明书的日期应当尽量接近出具审计报告的日期，但不得在其之后。但在特定情况下，被审计单位管理层可能会对某些交易或事项出具单独或者专项的声明书，在这种情况下，管理层声明书的日期可以是注册会计师获取该声明书的日期。

管理层声明书范例如下。

管理层声明书

_____会计师事务所并_____注册会计师：

本公司已委托贵事务所对本公司_____年___月___日的资产负债表，_____年度的利润表、现金流量表和股东权益变动表及财务报表附注进行审计，并出具审计报告。

为配合贵事务所的审计工作，本公司就已知的全部事项做出如下声明。

1. 本公司承诺，按照《企业会计准则》和《_____会计制度》的规定编制财务报表是我们的责任。

2. 本公司已按照《企业会计准则》和《_____会计制度》的规定编制_____年的年度财务报表，财务报表的编制基础与上年保持一致，本公司管理层对上述财务报表的真实性、合法性和完整性承担责任。

3. 设计、实施和维护内部控制，保证本公司资产安全、完整，防止或发现并纠正错报，是本公司管理层的责任。

4. 本公司承诺财务报表符合适用的会计准则和相关会计制度的规定，公允反映了本公司的财务状况、经营成果和现金流量，不存在重大错报，包括漏报。贵事务所在审计过程中发现的未更正错报，无论是单独还是汇总起来，对财务报表整体均不具有重大影响。未更正错报汇总表附后。

5. 本公司已向贵事务所提供了以下资料。

（1）全部财务信息和其他数据。

（2）全部重要的决议、合同、章程、纳税申报表等相关资料。

（3）全部股东会和董事会的会议记录。

6. 本公司所有经济业务均已按规定入账，不存在账外资产或未计负债。

7. 本公司认为所有与公允价值计量相关的重大假设都是合理的，恰当地反映了本公司的意图和采取特定措施的能力；用于确定公允价值的计量方法符合《企业会计准则》的规定，并在使用上保持了一贯性；本公司已在财务报表中对上述事项进行了恰当披露。

8. 本公司不存在导致重述比较数据的任何事项。

9. 本公司已提供所有与关联方和关联方交易相关的资料，并已根据《企业会计准则》和《_____会计制度》的规定识别和披露了所有重大关联方交易。

10. 本公司已提供全部或有事项的相关资料。除财务报表附注中披露的或有事项外，本公司不存在其他应披露而未披露的诉讼、赔偿、承兑、担保等或有事项。

11. 除财务报表附注披露的承诺事项外，本公司不存在其他应披露而未披露的承诺事项。

12. 本公司不存在未披露的影响财务报表公允性的重大不确定事项。

13. 本公司已采取必要措施防止或发现舞弊及其他违反法规的行为，未发现以下信息。

（1）涉及管理层的任何舞弊行为或舞弊嫌疑的信息。

（2）涉及对内部控制产生重大影响的员工的任何舞弊行为或舞弊嫌疑的信息。

（3）涉及对财务报表的编制具有重大影响的其他人员的任何舞弊行为或舞弊嫌疑的信息。

14. 本公司严格遵守了合同规定的条款，不存在因未履行合同而对财务报表产生重大影响的事项。

15. 本公司对资产负债表中列示的所有资产均拥有合法权利，除已披露事项外，无其他被抵押、质押资产。

16. 本公司编制财务报表所依据的持续经营假设是合理的，没有计划终止经营或破产清算。

17. 本公司已提供全部资产负债表日后事项的相关资料，除财务报表附注中披露的资产负债表日后事项外，本公司不存在其他应披露而未披露的重大资产负债表日后事项。

18. 本公司管理层确信以下事项。

（1）未收到监管机构有关调整或修改财务报表的通知。

（2）无税务纠纷。

19. 注册会计师认为重要而需声明的事项，或者管理层认为必要而声明的事项。

（1）本公司在银行存款或现金运用方面未受到任何限制。

（2）本公司对存货均已按照《企业会计准则》的规定予以确认和计量；受托代销商品或不属于本公司的存货均未包括在会计记录内；在途物资或由代理商保管的货物均已确认为本公司存货。

（3）本公司不存在未披露的大股东及关联方占用资金和担保事项。

附件:未更正错报汇总表

_____公司（盖章）

法定代表人：（签名）

财务负责人：（签名）

_____年___月___日

任务解析

1. 或有事项的审计目标一般包括以下3个：或有事项是否存在和完整，尤其是完整；或有事项的确认和计量是否符合规定；或有事项的列报是否恰当。

2. 针对或有事项完整性的审计程序具体如下。

（1）了解被审计单位与识别或有事项有关的内部控制。

（2）审阅截至审计工作完成日的被审计单位历次董事会会议纪要和股东（大）会决议。

（3）向往来银行函证，或检查借款协议和往来函件，以查找有关票据贴现、背书、应收账款抵借、票据背书和担保。

（4）检查被审计单位与税务征管机构之间的往来函件和税收结算报告，以确定是否存在税务争议。

（5）向被审计单位的法律顾问和律师进行函证，分析被审计期间发生的法律费用，以确定是否存在未决诉讼、索赔等事项。

（6）获取管理层声明书，声明其已按照规定，对全部或有事项进行了恰当反映。

3. 或有事项对审计意见的影响具体如下。

（1）如果被审计单位存在对财务报表有重要影响的或有事项时，则注册会计师应出具保留意见的审计报告；如果影响非常重大，则注册会计师应出具无法表示意见的审计报告。

（2）如果注册会计师有充分适当的审计证据认为管理层对确定性的估计的披露符合《企业会

计准则》，则应出具无保留意见的审计报告；如果认为披露不符合《企业会计准则》的要求，则应根据其重要性水平，出具保留意见或否定意见的审计报告。

（3）当审计范围受到限制时，注册会计师应出具保留意见或无法表示意见的审计报告。

任务二　完成审计工作

任务导入

经过一周的审计外勤工作，大正会计师事务所对红星公司的年度财务报表审计也进入了审计终结阶段。作为项目负责人的王华对审计小组成员的审计工作底稿逐一进行了复核，又委托本项目的另一位合伙人王亮对重要的审计工作底稿再次进行复核。

具体任务

1．审计工作底稿复核分几个层次？
2．除以上已进行的复核外，审计工作底稿还应进行什么复核？主要复核哪些内容？

理论认知

一、汇总审计差异

在完成按业务循环进行的控制测试、交易与财务报表项目的实质性测试及特殊项目的审计后，对于项目组成员在审计中发现的被审计单位的会计处理方法与《企业会计准则》规定不一致的情况，即存在审计差异的情况，审计项目经理应根据审计重要性原则予以初步确定并汇总，并建议被审计单位进行调整，使经审计的财务报表所载信息能够公允地反映被审计单位的财务状况、经营成果和现金流量。对审计差异的初步确定并汇总，直至形成经审计的财务报表的过程，主要是通过编制审计差异调整表和试算平衡表完成的。

（一）编制审计差异调整表

审计差异按是否需要调整账户记录可分为核算错误和重分类错误。核算错误是由企业对经济业务进行了不正确的会计核算引起的，以重要性原则衡量，又可分为建议调整的不符事项和不建议调整的不符事项（未调整不符事项）。重分类错误是由企业未按《企业会计准则》的规定列报财务报表而引起的。例如，在应收账款项目中反映预收款项的借方等。通常将这些建议调整的不符事项、重分类错误、不建议调整的不符事项（未调整不符事项）分别汇总至账项调整分录汇总表、重分类调整分录汇总表与未更正错报汇总表，分别如表12-2、表12-3、表12-4所示。

表 12-2　账项调整分录汇总表

序号	内容及说明	索引号	调整内容				影响利润表+（－）	影响资产负债表+（－）
			借方项目	借方金额	贷方项目	贷方金额		

与被审计单位的沟通：

参加人员：

被审计单位：

审计项目组：

被审计单位的意见：

结论：

是否同意上述意见调整：

被审计单位授权代表签字：　　　　　日期：

表 12-3　重分类调整分录汇总表

序　号	内容及说明	索　引　号	调整项目和金额			
			借方项目	借方金额	贷方项目	贷方金额

与被审计单位的沟通：

参加人员：

被审计单位：

审计项目组：

被审计单位的意见：

结论：

是否同意上述意见调整：

被审计单位授权代表签字：　　　　　日期：

表 12-4　未更正错报汇总表

序　号	内容及说明	索　引　号	未更正内容				备　注
			借方项目	借方金额	贷方项目	贷方金额	

未更正错报的影响：

项目金额百分比计划百分比：

1. 总资产：

2. 净资产：

3. 销售收入：

4. 费用总额：

5. 毛利：

6. 净利润：

结论：

被审计单位授权代表签字： 日期：

注册会计师确定了建议调整的不符事项和重分类错误后，应以书面形式及时征求被审计单位对需要调整财务报表事项的意见。若被审计单位予以采纳，应取得被审计单位同意调整的书面确认；若被审计单位不予采纳，应分析原因，并根据不建议调整的不符事项（未调整不符事项）的性质和重要程度，确定是否在审计报告中予以反映，以及如何反映。

（二）编制试算平衡表

试算平衡表是注册会计师在被审计单位提供未审计财务报表的基础上，考虑调整分录、重分类调整分录等内容以确定已审数与报表披露数的表格。利润表试算平衡表的参考格式如表12-5所示。

表 12-5 利润表试算平衡表

项　　目	审计前金额	调整金额		审定金额
		借　　方	贷　　方	
一、营业收入				
减：营业成本				
营业税金及附加				
销售费用				
管理费用				
财务费用				
资产减值损失				
加：公允价值变动损益				
投资收益				
二、营业利润				
加：营业外收入				
减：营业外支出				
三、利润总额				
减：所得税费用				
四、净利润				

需要说明以下几点。

（1）试算平衡表中的"审计前金额"列应根据被审计单位提供的未审计财务报表填列。

（2）试算平衡表中的"调整金额"列应根据经被审计单位同意的账项调整分录汇总表填列。

二、对财务报表总体合理性进行复核

在审计结束或临近结束时，注册会计师应当运用分析程序，确定经调整后的财务报表整体是否与其对被审计单位的了解一致，是否具有总体合理性。

在运用分析程序对财务报表进行总体复核时，如果识别出以前未识别的重大错报风险，则注册会计师应当重新考虑对全部或部分交易、账户余额、披露评估的风险是否恰当，之前计划的审计程序是否充分，是否有必要追加审计程序。

三、复核审计工作底稿

一张单独的审计工作底稿往往由一名注册会计师编制完成，难免在资料引用、专业判断和计算分类方面存在误差，因此对已经编制完成的审计工作底稿必须安排有关专业人员进行复核，以保证审计意见的正确性和审计工作底稿的规范性。对审计工作底稿的复核可以分为项目组内部复核和项目质量控制复核两个层次。

（一）项目组内部复核

1. 项目组内部复核的层次

项目组内部复核分为两个层次：项目经理的现场复核和项目合伙人的复核。

项目经理的现场复核属于第一级复核，通常在审计现场完成，以便及时发现和解决问题，争取审计工作的主动。项目合伙人的复核是项目组内最高级别的复核，该复核既是对项目经理现场复核的监督，又是对重要审计事项的把关。项目组内部复核也包括由项目组内经验较多的人员复核经验较少的人员执行的工作。

2. 复核事项

项目经理现场复核时主要考虑以下事项。

（1）审计工作是否已按照法律、法规、相关职业道德要求和审计准则的规定执行。

（2）重大事项是否已提请进一步考虑。其中，重大事项包括引起特别风险的事项、与重大错报风险相关的事项、导致注册会计师难以实施必要审计程序的事项和导致出具非标准审计报告的事项。

（3）相关事项是否已进行适当咨询，由此形成的结论是否得到记录和执行。

（4）是否需要修改已执行审计工作的性质、时间和范围。

（5）已执行的审计工作是否支持形成的结论，并已得到适当记录。

（6）获取的审计证据是否充分、适当，是否足以支持审计结论。

（7）审计程序的目标是否已经实现。

项目合伙人复核的内容如下。

（1）对关键领域做出的判断，尤其是执行业务过程中识别出的疑难问题或争议事项。

（2）特别风险。

（3）项目合伙人认为重要的其他领域。

3. 复核时间

审计工作底稿复核贯穿于审计全过程，在审计准备阶段、实施阶段和终结阶段均应及时复核相应的审计工作底稿。例如，在审计准备阶段，复核记录总体审计策略和具体审计计划的审计工作底稿；在审计实施阶段，复核记录控制测试和实质性测试的工作底稿；在审计终结阶段，复核记录重大事项、审计调整及未更正错报的工作底稿。

（二）项目质量控制复核

1. 项目质量控制复核的含义

项目质量控制复核是指在出具审计报告前对项目组做出的重大判断和在准备审计报告时得出的结论进行客观评价的过程，也称独立复核。项目质量控制人员应在业务过程中的适当阶段及时实施复核，以使重大事项在出具报告前得到解决。

2. 项目质量控制复核的方法

（1）与项目负责人讨论重大事项。

（2）复核财务报表和拟出具的审计报告，尤其考虑审计报告是否适当。

（3）选取与项目组做出重大判断及形成结论有关的审计工作底稿进行复核。

（4）评价在编制审计报告时得出的结论，并考虑拟出具审计报告的恰当性。

3. 项目质量控制复核的内容

在对被审计单位财务报表审计实施项目质量控制复核时，项目质量控制复核人员应当考虑以下事项。

（1）项目组就具体业务对会计师事务所独立性做出的评价。

（2）在审计过程中识别的特别风险及采取的应对措施。

（3）做出的判断，尤其是关于重要性和特别风险的判断。

（4）是否已就存在的意见分歧、其他疑难问题或争议事项进行适当咨询，以及咨询得出的结论。

（5）在审计中识别的已更正和未更正的错报的重要程度及处理情况。

（6）拟与管理层、治理层及其他方面沟通的事项。

（7）所复核的审计工作底稿是否反映了针对重大判断执行的工作，是否支持得出的审计结论。

（8）拟出具的审计报告的适当性。

4. 项目质量控制复核人员

会计师事务所在确定项目质量控制复核人员时，需要充分考虑项目质量控制复核的重要性和复杂性，安排经验丰富的注册会计师担任项目质量控制复核人员，如有一定执业经验的合伙人，或专门负责项目质量控制复核的注册会计师等。

5. 项目质量控制复核的时间

只有完成了项目质量控制复核，才能出具审计报告。项目质量控制复核人员应在业务过程中的适当阶段及时实施复核，以使重大事项在出具审计报告前得到解决。如果项目负责人不接受项目质量控制复核人员的建议，并且重大事项未得到解决，则项目负责人不应当出具审计报告。只有在按照会计师事务所的处理意见解决重大事项后，项目负责人才能出具审计报告。注册会计师要考虑在审计过程与项目质量复核人员积极协调配合，使其能够及时实施项目质量控制复核，而非在出具审计报告前才实施复核。例如，在审计准备阶段，项目质量控制复核人员应复核项目组对会计师事务所独立性做出的评价、项目组在制订审计计划时做出的重大判断及发现的重大事项等。

四、评价审计结果

注册会计师评价审计结果，主要是为了确定审计意见的类型及确定在整个审计工作中是否遵循了审计准则，为此必须完成以下两项工作。

（一）对重要性和审计风险进行最终评价

对重要性和审计风险进行最终评价是注册会计师决定出具何种类型审计报告的必要过程。该过程可通过以下两个步骤来完成。

（1）确定可能的错报金额。可能的错报金额包括已经识别的具体错报和推断误差。

（2）根据财务报表层次的重要性水平，确定可能的错报金额的汇总数（可能错报总额）对整个财务报表的影响程度，具体应当注意以下问题。

① 这里的"财务报表层次的重要性水平"是指审计计划阶段确定的重要性水平，如果该重要性水平在审计过程中已进行了修正，则应当以修正后的财务报表层次的重要性水平为准。

② 这里的"可能错报总额"一般是指各财务报表项目可能的错报金额的汇总数，但也可能包括上一会计期间的未更正可能错报。上一会计期间的未更正可能错报与本期未更正可能错报汇总起来，可能导致本期财务报表产生重大错报。因此，注册会计师估计本期的可能错报总额时，应当包括上一会计期间的未更正可能错报。

注册会计师在审计计划阶段已确定了审计风险的可接受水平。随着可能错报总额的增加，财务报表产生重大错报的风险也会增加。如果注册会计师认为审计风险处在一个可接受的水平，则可以直接提出审计结果；如果注册会计师认为审计风险不能接受，则应追加审计程序或者说服被审计单位做出必要调整，以便将重大错报的风险降低至可接受的低水平，否则注册会计师应慎重考虑该审计风险对审计报告的影响。

（二）草拟审计报告并与被审计单位沟通

在审计过程中，要实施各种测试。这些测试通常是由参与本次审计工作的审计项目组成员来执行的，而每位成员所执行的测试可能只限于某几个领域或账项，所以在所有业务循环或报表项目的测试都完成之后，审计项目经理应汇总所有成员的审计结果。

在审计终结阶段，为了对财务报表整体发表适当的意见，必须将这些分散的审计结果加以汇总和评价，综合考虑在审计过程中收集到的全部证据。负责该审计项目的合伙人对这些工作负有最终责任。在有些情况下，这些工作可以先由审计项目经理初步完成，然后再逐级交给部门经理和项目合伙人复核。

在对审计意见形成最后决定之前，会计师事务所通常要和被审计单位召开沟通会。在沟通会上，注册会计师可口头报告本次审计所发现的问题，并说明建议被审计单位做必要调整或表外披露的理由。当然，管理层也可以在会上申辩其立场。最后，通常会对需要被审计单位做出的改变达成协议。如果达成了协议，则注册会计师一般即可签发标准审计报告，否则注册会计师可能不得不出具其他类型的审计报告。注册会计师的审计意见是通过审计报告来反映的，其应当就财务报表是否在所有重大方面按照适用的财务报表编制基础编制并实现公允反映形成审计意见。为了形成审计意见，针对财务报表整体是否不存在由舞弊或错误导致的重大错报，注册会计师应当得出结论，确定是否已就此获取合理保证。

在得出结论时，注册会计师应当考虑下列方面。

1. 是否已获取充分、适当的审计证据

在得出总体结论之前，注册会计师应当根据实施的审计程序和获取的审计证据，评价对认定层次重大错报风险的评估是否仍然恰当。在形成审计意见时，注册会计师应当考虑所有相关的审计证据。

如果对重大的财务报表认定没有获取充分、适当的审计证据，则注册会计师应当尽可能获取进一步的审计证据。

2. 未更正错报单独或汇总起来是否构成重大错报

在确定未更正错报单独或汇总起来是否构成重大错报时，注册会计师应当考虑以下方面。

（1）相对于特定类别的交易、账户余额或披露及财务报表整体而言，错报的金额和性质及错报发生的特定环境。

（2）与以前期间相关的未更正错报对相关类别的交易、账户余额或披露及财务报表整体的影响。

3. 评价财务报表是否在所有重大方面按照适用的财务报表编制基础编制

注册会计师应当依据适用的财务报表编制基础特别评价下列内容。

（1）财务报表是否充分披露了选择和运用的重要会计政策。

（2）选择和运用的会计政策是否符合适用的财务报表编制基础，并符合被审计单位的具体情况。会计政策是指被审计单位在会计确认、计量和报告中采用的原则、基础和会计处理方法。被审计单位选择和运用的会计政策既应符合适用的财务报表编制基础，又应符合被审计单位的具体情况。在考虑被审计单位选用的会计政策是否适当时，注册会计师还应当关注一些重要事项，具体包括重要项目的会计政策和行业惯例、重大和异常交易的会计处理方法、在新领域和缺乏权威性标准或共识的领域采用重要会计政策产生的影响、会计政策的变更等。

（3）管理层做出的会计估计是否合理。会计估计通常是指被审计单位以最近可利用的信息为基础对结果不确定的交易或事项所做的判断。因为会计估计具有主观性、复杂性和不确定性，管理层做出的会计估计发生重大错报的可能性较大，所以注册会计师应当判断管理层做出的会计估计是否合理，确定会计估计的重大错报风险是否是特别风险，是否采取了有效的措施予以应对。

（4）财务报表列报的信息是否具有相关性、可靠性、可比性和可理解性。财务报表反映的信息应当符合信息质量特征，具有相关性、可靠性、可比性和可理解性。注册会计师应当根据《企业会计准则——基本准则》的规定，考虑财务报表反映的信息是否符合信息质量特征。

（5）财务报表是否进行了充分披露，使财务报表使用者能够理解重大交易或事项对财务报表所传递的信息的影响。按照通用目的编制基础编制的财务报表通常反映了被审计单位的财务状况、经营成果和现金流量。对于这类财务报表，注册会计师需要评价财务报表是否进行充分披露，以使财务报表使用者能够理解重大交易或事项对被审计单位财务状况、经营成果和现金流量的影响。

（6）财务报表使用的术语（包括每一财务报表的标题）是否适当。

在评价财务报表是否在所有重大方面按照适用的财务报表编制基础编制时，注册会计师还应当考虑被审计单位会计核算的质量，包括表明管理层的判断可能出现偏向的迹象。

4. 评价财务报表是否实现了公允反映

在评价财务报表是否实现公允反映时，注册会计师应当考虑下列内容：财务报表的整体列报、结构和内容是否合理；财务报表（包括相关附注）是否公允地反映了相关交易或事项。

5. 评价财务报表是否恰当提及或说明适用的财务报表编制基础

管理层编制的财务报表需要恰当提及或说明适用的财务报表编制基础。这种说明告知了财务报表使用者编制财务报表的基础，因此非常重要。但只有财务报表符合适用的财务报表编制基础（在财务报表所涵盖的期间内有效）的所有要求，声明财务报表按照该编制基础编制才是恰当的。在对适用的财务报表编制基础的说明中使用不严密的修饰语或限定性的语言是不恰当的，因为这可能误导财务报表使用者。

在某些情况下，财务报表可能声明按照两个财务报表编制基础（如某一国家或地区的财务报表编制基础和国际财务报告准则）编制，这可能是因为管理层被要求或自愿选择同时按照两个编制基础的规定编制财务报表。在这种情况下，两个财务报表编制基础都是适用的。只有当财务报表分别符合每个财务报表编制基础的所有要求时，声明财务报表按照这两个编制基础编制才是恰当的。财务报表只有同时符合两个编制基础的要求并且不需要调节，才能被视为按照两个财务报表编制基础编制。在实务中，同时遵守两个编制基础的可能性很小，除非某一国家或地区采用另一财务报表编制基础作为本国或地区的财务报表编制基础，或者已消除遵守另一财务报表编制基础的所有障碍。

五、正式出具审计报告

在出具审计报告前，项目合伙人应确信，审计过程中产生的所有独立性和道德问题已经得到了解决，并与审计准则和职业道德规范的独立性要求一致。

注册会计师应向适当的高级管理人员获取经签署的管理层说明书，并确定其日期与审计报告的日期一致。

撰写审计总结，完成审计工作完成情况核对表，确保审计工作完成后，正式出具审计报告。

任务解析

1. 对审计工作底稿的复核可以分为项目组内部复核和项目质量控制复核两个层次。

项目组内部复核分为两个层次：项目经理的现场复核和项目合伙人的复核。项目经理的现场复核属于第一级复核，通常在审计现场完成，以便及时发现和解决问题，争取审计工作的主动。项目合伙人的复核是项目组内最高级别的复核，该复核既是对项目经理现场复核的监督，又是对重要审计事项的把关。项目组内部复核也包括由项目组内经验较多的人员复核经验较少的人员执行的工作。

2. 以上进行的是项目组内部复核，还应该进行独立的项目质量控制复核。项目质量控制复核的内容如下：项目组就具体业务对会计师事务所独立性做出的评价；在审计过程中识别的特别风险及采取的应对措施；做出的判断，尤其是关于重要性和特别风险的判断；是否已就存在的意见分歧、其他疑难问题或争议事项进行适当咨询，以及咨询得出的结论；在审计中识别的已更正和未更正的错报的重要程度及处理情况；拟与管理层、治理层及其他方面沟通的事项；所复核的审计工作底稿是否反映了针对重大判断执行的工作，是否支持得出的审计结论；拟出具的审计报告的适当性。

任务三　出具审计报告

☑ 任务导入

大正会计师事务所接受委托对红星公司 2019 年的年度财务报表进行审计。注册会计师于 2020 年 3 月 15 日完成了外勤审计工作，按审计业务约定书的要求，应于 2020 年 3 月 28 日提交审计报告。红星公司 2019 年度审计前的利润总额为 1200 万元。注册会计师确定的财务报表层次的重要性水平为 100 万元。现红星公司利润总额中 70%是由其境外子公司提供的，注册会计师无法赴国外对其子公司的财务报表进行审查，也无法通过其他审计程序进行验证。

✅ 具体任务

1．请分别针对上述情况，说明注册会计师应当出具何种审计报告，并简要说明理由。
2．请代注册会计师写出审计报告的意见段和形成发表××意见的基础。

☑ 理论认知

一、审计报告的概念

审计报告是指注册会计师根据审计准则的规定，在实施审计工作的基础上对被审计单位财务报表发表审计意见的书面文件。审计报告是注册会计师在完成审计工作后向委托人提交的最终产品，是评价被审计单位财务报表合法性和公允性的重要工具，也是表明注册会计师完成了审计工作并愿意承担审计责任的证明文件。注册会计师只有在实施审计工作的基础上才能出具审计报告。注册会计师通过出具审计报告，从而履行业务约定的责任。

注册会计师应当将已审计的财务报表附于审计报告之后，以便于财务报表使用者正确理解和使用审计报告，并防止被审计单位替换、更改已审计的财务报表。

二、审计报告的作用

（一）鉴证作用

注册会计师出具的审计报告，不同于政府审计和内部审计的审计报告。注册会计师以独立的第三者身份，对被审计单位财务报表的合法性、公允性发表意见。这种意见具有鉴证作用，得到了政府有关部门和社会各界的普遍认可。政府有关部门，如财政部门、税务部门等了解、掌握企业的财务状况和经营成果的主要依据是企业提供的财务报表。股份制企业的股东主要依据注册会计师的审计报告来判断被投资企业的财务报表是否公允反映了其财务状况和经营成果，以进行投资决策等。

（二）保护作用

注册会计师通过审计，可以对被审计单位财务报表出具不同类型审计意见的审计报告，以提高或降低财务报表使用者对财务报表的信赖程度，能够在一定程度上对被审计单位的财产、债权人和股东的权益及企业利害关系人的利益起到保护作用。例如，投资者为了降低投资风险，在进行投资之前，必须要查阅被投资企业的财务报表和注册会计师的审计报告，了解被投资企业的财务状况、经营成果和现金流量。投资者根据注册会计师的审计报告做出投资决策，可以降低其投资风险。

（三）证明作用

审计报告是对注册会计师审计任务完成情况及其结果所做的总结，它可以表明审计工作的质量并明确注册会计师的审计责任。因此，审计报告可以对审计工作质量和注册会计师的审计责任起证明作用。审计报告可以证明注册会计师在审计过程中是否实施了必要的审计程序、是否以审计工作底稿为依据发表审计意见、发表的审计意见是否与被审计单位的实际情况相一致、审计工作的质量是否符合要求。

三、审计报告的基本内容

审计报告应当包括以下基本内容。

（一）标题

在我国，审计报告的标题统一规范为"审计报告"。

（二）收件人

审计报告的收件人是指注册会计师按照审计业务约定书的要求致送审计报告的对象，一般指审计业务的委托人。审计报告应载明收件人的全称，如"四川长虹电器股份有限公司"不能简写为"四川长虹公司"，另外，收件人的全称应由注册会计师手书或计算机打印，而不能以行政公章来代替。针对财务报表出具的审计报告，其致送对象通常为被审计单位的全体股东或治理层。

（三）意见段

审计报告的正文第一部分应当包含审计意见，并以"审计意见"作为标题。审计报告的意见段由两部分组成，第一部分应当包括下列内容。

（1）指出被审计单位的名称。

（2）说明财务报表已经审计。

（3）指出构成整套财务报表的每一财务报表的名称。

（4）提及财务报表附注。

（5）指明构成整套财务报表的每一财务报表的日期或涵盖的期间。

这部分在审计报告中使用的专业术语："我们接受委托，审计了后附的××公司××年12月31日的资产负债表及××年度利润表和现金流量表。"

第二部分应说明注册会计师发表的审计意见。注册会计师应当根据由审计证据得出的结论，清楚地表达对财务报表的意见。如果对财务报表发表无保留意见、保留意见、否定意见，审计意见段应以"我们认为……"开头。如果对财务报表发表无保留意见，除非法律、法规另有规定，审计意见段应当使用"我们认为，后附的财务报表在所有重大方面均按照适用的财务报表编制基础编制，公允反映了……"的措辞。

（四）形成审计意见的基础

审计报告应当包含标题为"形成审计意见的基础"的部分。该部分应当紧接在审计意见段部分之后，并包括下列内容。

（1）说明注册会计师按照审计准则的规定执行了审计工作。

（2）提及审计报告中用于描述审计准则规定的注册会计师责任的部分。

（3）声明注册会计师按照与审计相关的职业道德要求独立于被审计单位，并按照这些要求履行了职业道德方面的其他责任。声明中应当指明适用的职业道德要求，如《中国注册会计师职业道德守则》。

（4）说明注册会计师相信获取的审计证据是充分、适当的，为发表审计意见提供基础。

（五）关键审计事项

关键审计事项是当期财务报表审计中的重要事项。根据审计准则的要求，除无法表示意见的审计报告外，针对被审计单位财务报表的审计报告将增加"关键审计事项"部分，披露与被审计项目相关的个性化信息，以增加审计报告的信息含量和相关性。提高审计项目的透明度。通常而言，具体审计项目中识别出的特别风险和重大错报风险的数量越多，关键审计事项的数量越多；财务报表中复杂的、主观的、具有挑战性的估计和判断越多，关键审计事项的数量越多；当期发生的重大交易或事项越多，关键审计事项的数量越多。因此，审计准则没有也不可能明确规定一个数量标准，注册会计师需要结合审计项目的具体情况在审计准则的框架下运用职业判断确定关键审计事项的数量。

（六）管理层对财务报表的责任

审计报告应当包含标题为"管理层对财务报表的责任"的部分，该部分应当包括下列内容。

（1）按照适用的财务报表编制基础编制财务报表，使其实现公允反映，并设计、执行和维护必要的内部控制制度，以使财务报表不存在由舞弊或错误导致的重大错报。

（2）评估被审计单位的持续经营能力和运用的持续经营假设是否适当，并披露与持续经营相关的事项（如适用）。对该评估责任的说明应当包括描述在何种情况下使用持续经营假设是适当的。

（七）注册会计师对财务报表审计的责任

审计报告应当包含标题为"注册会计师对财务报表审计的责任"的部分，该部分应当包括下列内容。

（1）注册会计师的目标是对财务报表整体是否不存在由舞弊或错误导致的重大错报获取合理保证，并出具包含审计意见的审计报告。

（2）说明合理保证是高水平的保证，但并不能保证按照审计准则执行的审计一定会发现存在的重大错报。

（3）说明错报可能是由舞弊或错误导致的。在说明时，注册会计师应当从下列两种做法中选取一种：描述如果合理预期错报单独或汇总起来可能影响财务报表使用者依据财务报表做出的经济决策，则错报是重大的；根据适用的财务报表编制基础，提供关于错报重要性的定义或描述。

（4）说明在按照审计准则执行审计工作的过程中，注册会计师运用了职业判断，并保持了职业怀疑态度。

（5）通过说明注册会计师的责任，对审计工作进行描述。这些责任具体如下。

① 识别和评估由舞弊或错误导致的财务报表重大错报风险，对这些风险有针对性地设计和实施审计程序，获取充分、适当的审计证据，作为发表审计意见的基础。舞弊可能涉及串通、伪造、故意遗漏、虚假陈述或凌驾于内部控制之上，因此未能发现由舞弊导致的重大错报的风险高于未能发现由错误导致的重大错报的风险。

② 了解与审计相关的内部控制，以设计恰当的审计程序，但目的并非对内部控制的有效性发表意见。当注册会计师有责任在对财务报表审计的同时对内部控制的有效性发表意见时，应当略去上述"目的并非对内部控制的有效性发表意见"的表述。

（6）评价管理层选用会计政策的恰当性和做出会计估计及相关披露的合理性。

（7）对管理层使用持续经营假设的恰当性得出结论。同时，基于所获取的审计证据，对是否存在与特定事项或情况相关的重大不确定性，从而可能导致对被审计单位的持续经营能力产生重大影响得出结论。如果注册会计师得出结论认为存在重大不确定性，则注册会计师应在审计报告中提请财务报表使用者注意财务报表中的相关披露；如果披露不充分，注册会计师应当出具非无保留意见的审计报告。

（8）评价财务报表的总体列报、结构和内容（包括披露），并评价财务报表是否公允反映了相关交易或事项。

（9）说明注册会计师与治理层就计划的审计范围、时间安排和重大审计发现等进行的沟通，包括对注册会计师在审计过程中识别的值得关注的内部控制缺陷的沟通。

（10）对被审计单位财务报表进行审计时，注册会计师应就遵守独立性等相关职业道德要求向治理层提供声明，并与治理层沟通可能被合理认为影响注册会计师独立性的所有关系和其他事项，以及相关的防范措施（如适用）。

（11）对被审计单位财务报表进行审计时，注册会计师应按照《中国注册会计师审计准则第1504号——在审计报告中沟通关键审计事项》的规定与治理层沟通关键审计事项，从与治理层沟通的事项中确定哪些事项对当期财务报表审计较为重要，从而构成关键审计事项。注册会计师应在审计报告中描述这些事项，除非法律、法规不允许公开披露这些事项，或在极少数情形下，注册会计师合理预期在审计报告中沟通某事项造成的负面后果超过在公众利益方面产生的益处，因而确定不应在审计报告中沟通该事项。

（八）对其他法律和监管要求的报告

除审计准则规定的注册会计师责任外，如果注册会计师在对财务报表出具的审计报告中履行其他责任，应当在审计报告中将其单独作为一部分，并以"对其他法律和监管要求的报告"为标题，或使用适合于该部分内容的其他标题，除非其他责任与审计准则所要求的责任涉及相同的主题。如果涉及相同的主题，其他责任可以在审计准则所要求的责任部分列示。

（九）会计师事务所的名称、注册地址及盖章

审计报告应当载明会计师事务所的名称、注册地址，并加盖会计师事务所公章。

（十）注册会计师的签名盖章

注册会计师在审计报告上签名盖章，有利于明确法律责任。

在《中华人民共和国财政部关于注册会计师在审计报告上签名盖章有关问题的通知》（财会

〔2001〕1035 号）明确做了如下规定。

（1）会计师事务所应当建立健全全面质量控制政策与程序，以及各审计项目的质量控制程序，严格按照有关规定和本通知的要求在审计报告上签名盖章。

（2）审计报告应当由两名具备相关业务资格的注册会计师签名盖章并经会计师事务所盖章方为有效。

① 合伙会计师事务所出具的审计报告，应当由一名对审计项目负最终复核责任的合伙人和一名负责该项目的注册会计师签名盖章。

② 有限责任会计师事务所出具的审计报告，应当由会计师事务所主任会计师或其授权的副主任会计师和一名负责该项目的注册会计师签名盖章。

（十一）审计报告日期

审计报告应当注明报告日期。审计报告日期不应早于注册会计师获取充分、适当审计证据的日期。在确定审计报告日期时，注册会计师应当确信已获取下列两方面的审计证据：构成整套财务报表的所有报表（包括相关附注）已编制完成；被审计单位的董事会、管理层或类似机构已经认可其对财务报表负责。

四、审计报告的类型

注册会计师可以出具无保留意见、保留意见、否定意见和无法表示意见四种类型的审计报告。按审计报告的意见类型，审计报告可以分为标准审计报告和非标准审计报告。

标准审计报告是指不含有说明段、强调事项段、其他事项段或其他任何修饰性用语的无保留意见的审计报告。非标准审计报告是指带强调事项段或其他事项段的无保留意见的审计报告和非无保留意见的审计报告。非无保留意见的审计报告包括保留意见的审计报告、否定意见的审计报告和无法表示意见的审计报告。

审计报告的基本类型如图 12-2 所示。

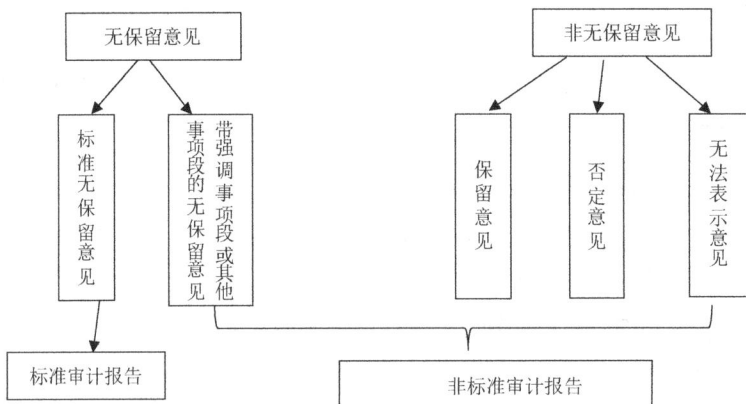

图 12-2　审计报告的基本类型

（一）标准审计报告

1. 出具标准审计报告的条件

如果认为财务报表符合下列所有条件，注册会计师应当出具无保留意见的标准审计报告。

（1）财务报表已经按照使用的会计准则和相关会计制度的规定编制，在所有重大方面公允反映了被审计单位的财务状况、经营成果和现金流量。

（2）注册会计师已经按照审计准则的规定计划并实施审计工作，在审计过程中未受到限制。

当出具无保留意见的标准审计报告时，注册会计师应当以"我们认为"作为意见段的开头，并使用"在所有重大方面""公允反映"等术语。无保留意见亦称"肯定意见"，是指当注册会计师认为财务报表在所有重大方面均按照适用的财务报表编制基础的规定编制并实现公允反映时发表的审计意见。

2. 标准审计报告范例

为上市公司财务报表出具的无保留意见的标准审计报告的参考格式如下所示。

参考格式 12-1

审计报告

ABC 股份有限公司全体股东：

一、对财务报表出具的审计报告

（一）审计意见

我们审计了 ABC 股份有限公司（以下简称"ABC 公司"）的财务报表，包括 20××年 12 月 31 日的合并及母公司资产负债表，20××年度的合并及母公司利润表、合并及母公司现金流量表、合并及母公司股东权益变动表，以及财务报表附注。

我们认为，后附的财务报表在所有重大方面均按照《企业会计准则》的规定编制，公允反映了 ABC 公司 20××年 12 月 31 日的合并及母公司的财务状况，以及 20××年度的合并及母公司的经营成果和现金流量。

（二）形成审计意见的基础

我们按照审计准则的规定执行了审计程序。审计报告的"注册会计师对财务报表审计的责任"部分进一步阐述了我们在这些准则下的责任。按照《中国注册会计师职业道德守则》，我们独立于 ABC 公司，并履行了职业道德方面的其他责任。我们相信，我们获取的审计证据是充分、适当的，为发表审计意见提供了基础。

（三）关键审计事项

关键审计事项是我们根据职业判断，认为对本期财务报表审计比较重要的事项。这些事项是在对财务报表整体进行审计并形成审计意见的背景下进行处理的，我们不对这些事项单独发表意见。

1. 应收账款的减值

（1）应收账款的减值的关键审计事项。

ABC 公司的客户主要系国家电网、南方电网等重点行业客户。应收账款的会计政策参见财务报表附注三（十一），账面余额及坏账准备参见财务报表附注五（三）。截至 20××年 12 月 31 日，ABC 公司合并应收账款账面余额为 1 160 857 873.55 元，坏账准备为 100 448 881.47 元，账面价值为 1 060 408 992.08 元。因为 ABC 公司管理层在识别已发生减值项目的客观证据、评估预期未来可获取的现金流量并确定应收账款预计可收回金额时需要运用重要会计估计，且若应收账款不能按期收回或者无法收回对财务报表的影响较为重大，所以我们将应收账款的减值识别为关键审计事项。

（2）应收账款的减值的审计应对。

我们对 ABC 公司应收账款的减值关键审计事项执行的主要审计程序如下。

① 对应收账款内部控制制度的设计和运行进行评价。

② 通过查阅销售合同、检查以往货款的回收情况、与管理层进行沟通等程序了解和评价管理层对应收账款坏账准备计提的会计估计是否合理。

③ 复核 ABC 公司对应收账款坏账准备的计提过程，包括按账龄分析法进行计提及单项计提的坏账准备。

④ 对应收账款期末余额选取样本进行函证。

⑤ 分析超过信用期及账龄较长的应收账款是否存在减值迹象。

⑥ 比较前期坏账准备的计提数和实际发生数，对应收账款余额进行期后收款测试，评价本期应收账款坏账准备计提的合理性。

2. 存货的跌价准备

（1）存货跌价准备的关键审计事项。

ABC 公司主要从事输配电及控制设备等产品的研发、制造和销售，主要产品为配电变压器、配电开关设备、自动化装置等。存货的会计政策参见财务报表附注三（十二），账面余额及存货跌价准备参见财务报表附注五（七）。20××年 12 月 31 日，存货账面余额为 489 693 162.10 元，已计提跌价准备为 5 227 471.16 元，账面净值为 484 465 690.94 元。可变现净值按所生产的产成品的预计售价减去至完工时估计将要发生的成本、估计的销售费用和相关税费后的金额确定。

管理层在确定预计售价时需要运用重要会计估计，并综合考虑历史售价及未来市场的变化趋势。

由于该项目涉及金额重大且需要管理层做出重大判断，我们将其作为关键审计事项。

（2）存货跌价准备的审计应对。

我们对 ABC 公司存货的跌价准备关键审计事项执行的主要审计程序如下。

① 对 ABC 公司存货的内部控制制度的设计与运行进行评价。

② 对 ABC 公司存货实施监盘，检查存货的数量、状况等。

③ 取得 ABC 公司存货的年末库龄清单，结合产品的状况，对库龄较长的存货进行分析性复核，分析存货跌价准备是否合理。

④ 获取 ABC 公司存货跌价准备计算表，执行存货减值测试，检查是否按照 ABC 公司相关会计政策执行，检查以前年度计提的存货跌价本期的变化情况等，分析存货跌价准备计提是否充分。

⑤ 我们通过比较分析历史同类在产品至完工时仍需发生的成本，对管理层估计的合理性进行了评估。

（四）管理层和治理层对财务报表的责任

ABC 公司管理层负责按照《企业会计准则》的规定编制财务报表，使其实现公允反映，并设计、执行和维护必要的内部控制，以使财务报表不存在由舞弊或错误导致的重大错报。

在编制财务报表时，管理层负责评估 ABC 公司的持续经营能力，披露与持续经营相关的事项（如适用），并运用持续经营假设，除非管理层计划清算 ABC 公司、终止运营或别无其他现实的选择。

治理层负责监督 ABC 公司的财务报告过程。

（五）注册会计师对财务报表审计的责任

我们的目标是对财务报表整体是否不存在由舞弊或错误导致的重大错报获取合理保证，并出具包含审计意见的审计报告。合理保证是高水平的保证，但并不能保证按照审计准则执行的审计在某一重大错报存在时总能发现。错报可能由舞弊或错误导致，如果合理预期错报单独或汇总起来可能影响财务报表使用者依据财务报表做出的经济决策，则通常认为错报是重大的。

在按照审计准则执行审计程序的过程中，我们运用职业判断，并保持职业怀疑。同时，我们也执行以下程序。

（1）识别和评估由舞弊或错误导致的财务报表重大错报风险，设计和实施审计程序以应对这些风险，并获取充分、适当的审计证据，作为发表审计意见的基础。由于舞弊可能涉及串通、伪造、故意遗漏、虚假陈述或凌驾于内部控制之上，未能发现由舞弊导致的重大错报的风险高于未能发现由错误导致的重大错报的风险。

（2）了解与审计相关的内部控制，以设计恰当的审计程序，但目的并非对内部控制的有效性发表意见。

（3）评价管理层选用会计政策的恰当性和做出会计估计及相关披露的合理性。

（4）对管理层使用持续经营假设的恰当性得出结论。根据获取的审计证据，就可能导致对ABC公司持续经营能力产生重大疑虑的事项或情况是否存在重大不确定性得出结论。如果我们得出结论认为存在重大不确定性，审计准则要求我们在审计报告中提请财务报表使用者注意财务报表中的相关披露；如果披露不充分，我们应当发表非无保留意见。我们的结论基于截至审计报告日可获得的信息。然而，未来的事项或情况可能导致ABC公司不能持续经营。

（5）评价财务报表的总体列报、结构和内容（包括披露），并评价财务报表是否公允反映相关交易或事项。

（6）就ABC公司中实体或业务活动的财务信息获取充分、恰当的审计证据，以对财务报表发表审计意见。我们负责指导、监督和执行集团审计，并对审计意见承担全部责任。

我们与治理层就计划的审计范围、时间安排和重大审计发现等事项进行沟通，包括沟通我们在审计中识别出的值得关注的内部控制缺陷。

我们还就遵守与独立性相关的职业道德要求向治理层提供声明，并与治理层沟通可能被合理认为影响我们独立性的所有关系和其他事项，以及相关的防范措施（如适用）。

从与治理层沟通过的事项中，我们确定哪些事项对本期财务报表审计较为重要，从而构成关键审计事项。我们在审计报告中描述这些事项，除非法律、法规禁止公开披露这些事项，或在极少数情形下，如果合理预期在审计报告中沟通某事项造成的负面后果超过在公众利益方面产生的益处，我们确定不应在审计报告中沟通该事项。

二、相关法律、法规要求报告的事项

（本部分的格式与内容，取决于法律、法规对其他报告责任性质的规定。）

大信会计师事务所（特殊普通合伙）　　　中国注册会计师：×××（项目合伙人）
　　（盖章）　　　　　　　　　　　　　　　　　（签名并盖章）

中国××市　　　　　　　　　　　　　　中国注册会计师：×××（签名并盖章）

二〇××年××月××日

（二）非标准审计报告

非标准审计报告是指带强调事项段或其他事项段的无保留意见的审计报告和非无保留意见的审计报告。非无保留意见的审计报告包括保留意见的审计报告、否定意见的审计报告和无法表示意见的审计报告。

1. 带强调事项段或其他事项段的无保留意见的审计报告

（1）带强调事项段的无保留意见的审计报告。

① 强调事项段的含义。

强调事项段是指审计报告中含有的一个段落，该段落提及已在财务报表中恰当列报或披露的事项，根据注册会计师的职业判断，该事项对财务报表使用者理解财务报表至关重要。

② 增加强调事项段的情形。

对于认为有必要提醒财务报表使用者关注已在财务报表中列报或披露，且根据职业判断认为对财务报表使用者理解财务报表至关重要的事项，注册会计师在已获得充分、适当的审计证据证明该事项在财务报表中不存在重大错报的条件下，应当在审计报告中增加强调事项段。

注册会计师可能认为需要增加强调事项段的情形如下：异常诉讼或监管行动的未来结果存在不确定性；在允许的情况下，提前应用对财务报表有广泛影响的新会计准则；存在已经或持续对被审计单位财务状况产生重大影响的特大灾难；在财务报表日至审计报告日之间发生的重大期后事项。

强调事项段的过多使用会降低注册会计师所强调事项的有效性。此外，与财务报表中的列报或披露相比，强调事项段中包括过多的信息，可能隐含着未被恰当列报或披露的信息，因此强调事项段应当仅提及已在财务报表中列报或披露的信息。

③ 在审计报告中增加强调事项段时注册会计师应当采取的措施。

如果在审计报告中增加强调事项段，注册会计师应当采取下列措施：使用"强调事项"或其他适当标题；将强调事项段作为单独的一部分置于审计报告中，紧接在审计意见段之后；明确提及被强调事项及相关披露的位置，以便财务报表使用者能够在财务报表中找到对该事项的详细描述；指出审计意见没有因该强调事项而改变。

带强调事项段的无保留意见的审计报告的参考格式如下所示。

参考格式 12-2

审计报告

ABC 股份有限公司全体股东：

一、对财务报表出具的审计报告

（一）审计意见

我们审计了 ABC 股份有限公司（以下简称"ABC 公司"）的财务报表，包括 20××年 12 月 31 日的合并及母公司资产负债表，20××年度的合并及母公司利润表、合并及母公司现金流量表、合并及母公司股东权益变动表，以及财务报表附注。

我们认为，后附的财务报表在所有重大方面均按照《企业会计准则》的规定编制，公允反映了 ABC 公司 20××年 12 月 31 日的合并及母公司的财务状况，以及 20××年度的合并及母公司的经营成果和现金流量。

（二）强调事项

我们提醒财务报表使用者关注，如财务报表附注×所述，截至财务报表批准日，XYZ 公司对 ABC 公司提出的诉讼尚在审理当中，其结果具有不确定性。本段内容不影响已发表的审计意见。

（三）形成审计意见的基础

（见参考格式 12-1）

（四）关键审计事项

（见参考格式 12-1）

（五）管理层和治理层对财务报表的责任

（见参考格式 12-1）

（五）注册会计师对财务报表审计的责任

（见参考格式 12-1）

二、相关法律、法规要求报告的事项

（本部分的格式与内容，取决于法律、法规对其他报告责任性质的规定。）

大信会计师事务所（特殊普通合伙）　　　中国注册会计师：×××（项目合伙人）
　　　　　（盖章）　　　　　　　　　　　　　　　　（签名并盖章）

中国××市　　　　　　　　　　　　中国注册会计师：×××（签名并盖章）

二○××年×月××日

（2）带其他事项段的无保留意见的审计报告。

① 其他事项段的含义。

其他事项段是指审计报告中含有的一个段落，该段落提及未在财务报表中列报或披露的事项，根据注册会计师的职业判断，该事项与财务报表使用者理解审计工作、注册会计师的责任或审计报告相关。注册会计师应当将其他事项段紧接在审计意见段和强调事项段（如有）之后。如果其他事项段的内容与其他报告责任部分相关，这一段落也可以置于审计报告的其他位置。

② 需要增加其他事项段的情形。

对于未在财务报表中列报或披露，但根据职业判断认为与财务报表使用者理解审计工作、注册会计师的责任或审计报告相关且未被法律、法规禁止的事项，如果认为有必要沟通，在同时满足下列条件时，注册会计师应当在审计报告中增加其他事项段，并使用"其他事项"或其他适当标题：未被法律、法规禁止；当《中国注册会计师审计准则第 1504 号——在审计报告中沟通关键审计事项》适用时，该事项未被确定为在审计报告中沟通的关键审计事项。

具体来讲，需要在审计报告中增加其他事项段的情形如下：与财务报表使用者理解审计工作相关的情形；与财务报表使用者理解注册会计师的责任或审计报告相关的情形；对两套以上财务报表出具审计报告的情形；限制审计报告分发和使用的情形。

（3）与治理层的沟通。

如果拟在审计报告中增加强调事项段或其他事项段，注册会计师应当就该事项和拟使用的措辞与治理层沟通。与治理层的沟通能使治理层了解注册会计师拟在审计报告中所强调的特定事项的性质，并在必要时为治理层提供向注册会计师做出进一步澄清的机会。

当审计报告中针对某一特定事项增加其他事项段在连续审计业务中重复出现时，注册会计师可能认为没有必要在每次审计业务中重复沟通。

2. 保留意见的审计报告

（1）发表保留意见的条件。

如果认为财务报表整体是公允的，但还存在下列情形之一时，注册会计师应当出具保留意见的审计报告。

① 在获取充分、适当的审计证据后，注册会计师认为错报单独或汇总起来对财务报表影响重大，但不具有广泛性。

注册会计师在获取充分、适当的审计证据后，只有在认为财务报表就整体而言是公允的但还存在对财务报表产生重大影响的错报时，才能发表保留意见。如果注册会计师认为错报对财务报表产生的影响极为严重且具有广泛性，则应发表否定意见。保留意见被视为注册会计师在不能发表无保留意见情况下最不严厉的审计意见。

② 注册会计师无法获取充分、适当的审计证据以作为形成审计意见的基础，但认为未发现的错报（如存在）对财务报表可能产生的影响虽然重大，但不具有广泛性。

注册会计师因审计范围受到限制时是发表保留意见还是无法表示意见，取决于无法获取的审计证据对审计意见的重要性。注册会计师在判断重要性时，应当考虑有关事项潜在影响的性质和范围及其在财务报表中的重要程度。只有当未发现的错报（如存在）对财务报表可能产生的影响重大但不具有广泛性时，才能发表保留意见。

这里的"广泛性"是描述错报影响的术语，用以说明错报对财务报表的影响，或者由于无法获取充分、适当的审计证据而未发现的错报（如存在）对财务报表可能产生的影响。

根据注册会计师的判断，对财务报表的影响具有广泛性的情形包括下列方面：不只对财务报表的特定要素、账户或项目产生影响；虽然只对财务报表的特定要素、账户或项目产生影响，但这些要素、账户或项目是或可能是财务报表的主要组成部分；当与披露相关时，产生的影响对财务报表使用者理解财务报表至关重要。

当出具保留意见的审计报告时，注册会计师应当在审计意见部分以"保留意见"作为标题，以"我们认为"作为意见段的开头。当因"重大错报"发表保留意见时，应在意见段中说明：除导致保留意见的事项段所述事项产生的影响外，财务报表在所有重大方面均按照编制基础编制，并实现公允反映。当因"范围受限"发表保留意见时，应在意见段中使用"除……可能产生的影响外"等术语。如果因审计范围受到限制，注册会计师还应当在注册会计师的责任段中提及这一情况。

（2）保留意见审计报告范例。

保留意见的审计报告（财务报表存在重大错报）的参考格式如下所示。

参考格式 12-3

审计报告

ABC 股份有限公司全体股东：

一、对财务报表出具的审计报告

（一）保留意见

我们审计了 ABC 股份有限公司（以下简称"ABC 公司"）的财务报表，包括 20××年 12 月 31 日的合并资产负债表，20××年度的合并利润表、合并现金流量表、合并股东权益变动表及相关合并财务报表附注。

我们认为，除"形成保留意见的基础"部分所述事项产生的影响外，后附的财务报表在所有重大方面均按照《企业会计准则》的规定编制，公允反映了 ABC 公司 20××年 12 月 31 日的财务状况，以及 20××年度的经营成果和现金流量。

（二）形成保留意见的基础

ABC 公司资产负债率为 102%，净资产为-1 870 038.61 元。这种情况表明存在可能导致对 ABC 公司持续经营能力产生重大疑虑的重大不确定性，ABC 公司未在财务报表附注中披露其持续经营能力存在重大不确定性的事实及拟采取的改善措施。

我们按照审计准则的规定执行了审计程序。审计报告的"注册会计师对合并财务报表审计的责任"部分进一步阐述了我们在这些准则下的责任。按照《中国注册会计师职业道德守则》，我们独立于 ABC 公司，并履行了职业道德方面的其他责任。我们相信，我们获取的审计证据是充分、适当的，为发表保留意见提供了基础。

（三）关键审计事项

关键审计事项是我们根据职业判断，认为对本期财务报表审计比较重要的事项。这些事项是在对财务报表整体进行审计并形成审计意见的背景下进行处理的，我们不对这些事项单独发表意见。除"形成保留意见的基础"部分所述事项外，我们确定下列事项是需要在审计报告中沟通的关键审计事项。

1. 应收账款的减值

（1）应收账款的减值的关键审计事项。

ABC 公司的客户主要系国家电网、南方电网等重点行业客户。应收账款的会计政策参见财务报表附注三（十一），账面余额及坏账准备参见财务报表附注五（三）。截至 20××年 12 月 31 日，ABC 公司合并应收账款账面余额为 1 160 857 873.55 元，坏账准备为 100 448 881.47 元，账面价值为 1 060 408 992.08 元。因为 ABC 公司管理层在识别已发生减值项目的客观证据、评估预期未来可获取的现金流量并确定应收账款预计可收回金额时需要运用重要会计估计，且若应收账款不能按期收回或者无法收回对财务报表的影响较为重大，所以我们将应收账款的减值识别为关键审计事项。

（2）应收账款的减值的审计应对。

我们对 ABC 公司应收账款的减值关键审计事项执行的主要审计程序如下。

① 对应收账款内部控制制度的设计和运行进行评价。

② 通过查阅销售合同、检查以往货款的回收情况、与管理层进行沟通等程序了解和评价管理层对应收账款坏账准备计提的会计估计是否合理。

③ 复核 ABC 公司对应收账款坏账准备的计提过程，包括按账龄分析法进行计提及单项计提的坏账准备。

④ 对应收账款期末余额选取样本进行函证。

⑤ 分析超过信用期及账龄较长的应收账款是否存在减值迹象。

⑥ 比较前期坏账准备的计提数和实际发生数，对应收账款余额进行期后收款测试，评价本期应收账款坏账准备计提的合理性。

2. 存货的跌价准备

（1）存货跌价准备的关键审计事项。

ABC 公司主要从事输配电及控制设备等产品的研发、制造和销售，主要产品为配电变压器、配电开关设备、自动化装置等。存货的会计政策参见财务报表附注三（十二），账面余额及存货跌价准备参见财务报表附注五（七）。20××年12月31日，存货账面余额为489693162.10元，已计提跌价准备为5227471.16元，账面净值为484465690.94元。可变现净值按所生产的产成品的预计售价减去至完工时估计将要发生的成本、估计的销售费用和相关税费后的金额确定。

管理层在确定预计售价时需要运用重要会计估计，并综合考虑历史售价及未来市场的变化趋势。

由于该项目涉及金额重大且需要管理层做出重大判断，我们将其作为关键审计事项。

（2）存货跌价准备的审计应对。

我们对ABC公司存货的跌价准备关键审计事项执行的主要审计程序如下。

① 对ABC公司存货的内部控制制度的设计与运行进行评价。

② 对ABC公司存货实施监盘，检查存货的数量、状况等。

③ 取得ABC公司存货的年末库龄清单，结合产品的状况，对库龄较长的存货进行分析性复核，分析存货跌价准备是否合理。

④ 获取ABC公司存货跌价准备计算表，执行存货减值测试，检查是否按照ABC公司相关会计政策执行，检查以前年度计提的存货跌价本期的变化情况等，分析存货跌价准备计提是否充分。

⑤ 我们通过比较分析历史同类在产品至完工时仍需发生的成本，对管理层估计的合理性进行了评估。

（四）管理层和治理层对财务报表的责任

（见参考格式12-1）

（五）注册会计师对财务报表审计的责任

（见参考格式12-1）

二、相关法律、法规要求报告的事项

（本部分的格式与内容，取决于法律、法规对其他报告责任性质的规定。）

大信会计师事务所（特殊普通合伙）　　　中国注册会计师：×××（项目合伙人）

（盖章）　　　　　　　　　　　　　　（签名并盖章）

中国××市　　　　　　　　　　　　中国注册会计师：×××（签名并盖章）

二〇××年××月××日

3. 否定意见的审计报告

（1）发表否定意见的条件。

在获取充分、适当的审计证据后，如果认为错报单独或汇总起来对财务报表的影响重大且具有广泛性，注册会计师应当发表否定意见。

当发表否定意见时，在意见段中说明：由于导致否定意见的事项段所述事项的重要性，财务报表没有在所有重大方面按照编制基础编制，未能实现公允反映。

（2）否定意见的审计报告范例。

否定意见的审计报告（财务报表存在重大错报）的参考格式如下所示。

参考格式12-4

审计报告

ABC股份有限公司全体股东：

一、对财务报表出具的审计报告

（一）否定意见

我们审计了ABC股份有限公司（以下简称"ABC公司"）的财务报表，包括20××年12月31日的合并资产负债表，20××年度的合并利润表、合并现金流量表、合并股东权益变动表及相关合并财务报表附注。

我们认为，由于"形成否定意见的基础"部分所述事项的重要性，后附的合并财务报表没有在所有重大方面按照《企业会计准则》的规定编制，未能公允反映ABC公司20××年12月31日的财务状况，及20××年度的经营成果和现金流量。

（二）形成否定意见的基础

如财务报表附注×所述，20××年ABC公司通过非同一控制下的公司合并获得对XYZ公司的控制权，因未能取得购买日XYZ公司某些重要资产和负债的公允价值，故未将XYZ公司纳入合并财务报表的范围。按照《企业会计准则》的规定，ABC公司应将这一子公司纳入合并范围，并以暂估金额为基础核算该项收购。如果将XYZ公司纳入合并财务报表的范围，后附的ABC公司合并财务报表的多个报表项目将受到重大影响，但我们无法确定未将XYZ公司纳入合并范围对合并财务报表产生的影响。

我们按照审计准则的规定执行了审计程序。审计报告的"注册会计师对合并财务报表审计的责任"部分进一步阐述了我们在这些准则下的责任。按照《中国注册会计师职业道德守则》，我们独立于ABC公司，并履行了职业道德方面的其他责任。我们相信，我们获取的审计证据是充分、适当的，为发表否定意见提供了基础。

（三）关键审计事项

除"形成否定意见的基础"部分所述事项外，我们认为，没有其他需要在我们的报告中沟通的关键审计事项。

（四）管理层和治理层对财务报表的责任

（见参考格式12-1）

（五）注册会计师对财务报表审计的责任

（见参考格式12-1）

二、相关法律、法规要求报告的事项

（本部分的格式与内容，取决于法律、法规对其他报告责任性质的规定。）

大信会计师事务所（特殊普通合伙）　　中国注册会计师：×××（项目合伙人）
　　　（盖章）　　　　　　　　　　　　　　（签名并盖章）
中国××市　　　　　　　　　　　　中国注册会计师：×××（签名并盖章）

二〇××年××月××日

4. 无法表示意见的审计报告

（1）发表无法表示意见的条件。

如果无法获取充分、适当的审计证据以作为形成审计意见的基础，但认为未发现的错报（如存在）对财务报表可能产生的影响重大且具有广泛性，注册会计师应当发表无法表示意见。在极其特殊的情况下，可能存在多个不确定事项，尽管注册会计师对每个单独的不确定事项获取了充分、适当的审计证据，但由于不确定事项之间可能存在相互影响，以及可能对财务报表产生累积影响，注册会计师不可能对财务报表形成审计意见。在这种情况下，注册会计师应当出具无法表示意见的审计报告。

当发表无法表示意见时，应在意见段中说明：由于导致无法表示意见的事项段所述事项的重要性，注册会计师无法获取充分、适当的审计证据为发表审计意见提供基础，因此不对这些财务报表发表审计意见。

（2）无法表示意见的审计报告范例。

无法表示意见的审计报告（财务报表存在重大错报）的参考格式如下所示。

参考格式 12-5

审计报告

ABC 股份有限公司全体股东：

一、对财务报表出具的审计报告

（一）无法表示意见

我们接受委托，审计了 ABC 股份有限公司（以下简称"ABC 公司"）的财务报表，包括 20××年 12 月 31 日的合并资产负债表，20××年度的合并利润表、合并现金流量表、合并股东权益变动表及相关合并财务报表附注。

我们不对后附的 ABC 公司合并财务报表发表意见。由于"形成无法表示意见的基础"部分所述事项的重要性，我们无法获取充分、适当的审计证据以作为对合并财务报表发表审计意见的基础。

（二）形成无法表示意见的基础

1. 违规对外担保事项

如财务报表附注×本公司作为担保方之披露，ABC 公司控股股东及关联方未按照规定的程序使用公章，导致发生未经董事会、股东大会批准的对外违规担保事项，也未及时履行信息披露义务。由于控股股东凌驾于内部控制之上，内部控制失效，我们无法确认 ABC 公司对外担保资料的真实性、完整性，无法预计对外担保事项对 ABC 公司财务报表列报的影响。

2. 资金往来事项

（1）如财务报表附注×所述，20××年度 ABC 公司与 9 家公司存在大额应收账款，并且没有相关协议，ABC 公司也均未识别为关联方。在审计中，我们未能获取充分、适当的审计证据以消除我们对 ABC 公司关联方关系识别的疑虑，无法判断 ABC 公司关联关系和关联交易披露的完整性和准确性，以及上述应收款项的可收回性。

（2）ABC 公司未按照规定的程序向 XYZ 有限公司借款 1 亿元、向林××借款 1600 万元，向郭××借款 8000 万元，公司未提供相关资料，无法获知借款资金的去向。上述借款未在公司账面反映。由于控股股东凌驾于内部控制之上，内部控制失效，我们无法确认控股股东以 ABC 公司对外借款的完整性，无法预计该事项对 ABC 公司财务报表列报的影响。

3．未决诉讼事项

ABC 公司面临较多的诉讼与仲裁等或有事项，截至审计报告出具日仍被列入失信人名单，我们无法实施有效的程序获取全部或有事项，无法预计这些或有事项对财务报表可能产生的影响。

4．股权收购及转让事项

如财务报表附注×所述，ABC 公司已构成违约。ABC 公司商业违约可能造成已支付的股权转让款无法收回，同时因违约造成的赔偿或损失金额尚无法进行估计。

5．持续经营存在重大不确定性

ABC 公司 20××年度亏损严重，面临较多诉讼及担保事项，主要银行账户、所持子公司股权、多处房产、土地及设备被冻结，并存在大量逾期未偿还债务。以上情况表明 ABC 公司持续经营存在重大不确定性，虽然 ABC 公司已在财务报表附注中充分披露了拟采取的改善措施，但我们无法获得与评估持续经营能力相关的充分、适当的审计证据，因此我们无法判断 ABC 公司运用持续经营假设编制 20××年的年度财务报表是否适当。

（三）管理层和治理层对财务报表的责任

（见参考格式 12-1）

（四）注册会计师对财务报表审计的责任

我们的责任是按照审计准则的规定，对 ABC 公司的合并财务报表执行审计程序，以出具审计报告。但由于"形成无法表示意见的基础"部分所述的事项，我们无法获取充分、适当的审计证据以作为发表审计意见的基础。

按照《中国注册会计师职业道德守则》，我们独立于 ABC 公司，并履行了职业道德方面的其他责任。

二、相关法律、法规要求报告的事项

（本部分的格式与内容，取决于法律、法规对其他报告责任性质的规定。）

大信会计师事务所（特殊普通合伙）　　中国注册会计师：×××（项目合伙人）
　　　　（盖章）　　　　　　　　　　　　　　（签名并盖章）
中国××市　　　　　　　　　　　　　中国注册会计师：×××（签名并盖章）

任务解析

1．根据对红星公司的审计结果，注册会计师应出具无法表示意见的审计报告。因为红星公司利润总额中的 70%无法验证，所以无法判断财务报表整体的公允性。

2．审计报告的意见及形成发表××意见的基础如下。

（一）无法表示意见

我们接受委托，审计了 ABC 股份有限公司（以下简称"ABC 公司"）的财务报表，包括 2019 年 12 月 31 日的合并资产负债表，2019 年度的合并利润表、合并现金流量表、合并股东权益变动表及相关合并财务报表附注。

我们不对后附的 ABC 公司合并财务报表发表意见。由于"形成无法表示意见的基础"部分所述事项的重要性，我们无法获取充分、适当的审计证据以作为对合并财务报表发表审计意见的基础。

（二）形成无法表示意见的基础

红星公司利润总额中的 70%由其境外子公司提供。红星公司没有委托境外会计师事务所对该子公司财务报表进行审计，我们因时间和其他方面条件限制无法赴国外对该子公司进行审计，也无法通过其他审计程序获取该子公司财务报表公允性的充分、适当的审计证据。

复习自测题

一、单选题

1．注册会计出具无保留意见的审计报告，如果认为必要，可以在（　　）增加强调事项段，对重大事项加以说明。

    A．引言段之后　　　B．意见段之后　　　　C．意见段之前　　D．审计报告附注中

2．如果被审计单位限制注册会计师监盘构成总资产 50%的存货，尽管对财务报表的其他项目都取得了满意的证据，但无法对存货实施替代审计程序，则注册会计师应出具（　　）审计报告。

    A．标准　　　　　　　　　　　　　　B．带强调事项段的无保留意见

    C．保留意见　　　　　　　　　　　　D．无法表示意见

3．审计报告的意见段应当说明被审计单位的名称和报表已经经过审计，并不包括（　　）。

    A．指出构成整套财务报表的每张财务报表的名称并提及财务报表附注

    B．发表明确的审计意见

    C．指明财务报表的日期和涵盖的期间

    D．指明双方责任

4．注册会计师对被审计财务报表不能发表意见，应提供（　　）。

    A．拒绝接受委托　　　　　　　　　　B．无法表示意见的审计报告

    C．发表否定意见的审计报告　　　　　D．拒绝提供审计报告

5．某位注册会计师在编写审计报告时，在意见段中使用了"除上述……外"的术语，这种审计报告是（　　）。

    A．无保留意见的审计报告　　　　　　B．保留意见的审计报告

    C．否定意见的审计报告　　　　　　　D．无法表示意见的审计报告

6．审计报告的收件人应该是（　　）。

    A．审计业务的委托人　　　　　　　　B．社会公众

    C．被审计单位的治理层　　　　　　　D．被审计单位的管理层

7．审计报告的日期可能为（　　）

    A．已审计的财务报表截止日　　　　　B．董事会正式批准财务报表日

    C．审计业务约定书签订日　　　　　　D．审计报告完稿日

8．被审计单位对审计范围进行限定，致使某些重要审计程序无法实施，无法收集到充分、适当的审计证据，此时注册会计师发表的审计意见应该是（　　）。

    A．保留意见　　　　B．否定意见　　　　C．无法表示意见　D．B 或 C

9．在我国，注册会计师的审计报告的标题统一规定为（　　　）。

　　A．审计报告　　　　　　　　　　　　B．会计师事务所审计报告

　　C．查账报告　　　　　　　　　　　　D．审计意见书

10．会计师事务所的（　　　）应对审计工作底稿进行最终复核。

　　A．主任会计师　　　　B．注册会计师　　　C．项目负责人　　　D．助理人员

二、多选题

1．非标准审计报告包括（　　　）。

　　A．带强调事项段的无保留意见审计报告　　B．保留意见的审计报告

　　C．否定意见的审计报告　　　　　　　　　　D．无法表示意见的审计报告

2．审计报告是各方面的使用者了解情况和处理问题的重要依据，其作用具体表现为（　　　）。

　　A．鉴证作用　　　　　　　　　　　　B．保护作用

　　C．减轻管理层的责任　　　　　　　　D．证明作用

3．审计报告的基本结构一般包括以下段落（　　　）。

　　A．管理层对财务报表的责任段　　　　B．意见段

　　C．注册会计师的责任段　　　　　　　D．注册会计师签章

4．出现下列情形之一，且不影响已发表的意见，注册会计师可能在意见段之后增加强调事项段，包括（　　　）。

　　A．存在可能导致对被审计单位持续经营能力产生重大疑虑的事项或情况

　　B．存在可能对财务报表产生重大影响的其他不确定事项

　　C．无保留意见的条件不完全具备

　　D．无法表示意见

5．审计报告是完成对委托人财务报表审计后出具的，一般可划分为（　　　）。

　　A．标准审计报告　　　　　　　　　　B．非标准审计报告

　　C．肯定审计报告　　　　　　　　　　D．否定审计报告

6．注册会计师出具保留意见的审计报告是认为被审计单位对会计事项的处理和财务报表的编制存在（　　　）。

　　A．错报单独或汇总起来对被审计单位财务报表影响重大

　　B．财务报表个别项目失实又拒绝进行调整的

　　C．某个重要会计事项的处理方法与前期不一致

　　D．未发现的错报对被审计单位财务报表可能产生的影响重大

7．在下列术语中，不属于发表保留意见时常用术语的是（　　　）。

　　A．由于上述问题造成的重大影响

　　B．除上述问题产生的影响外

　　C．除存在上述问题外

　　D．由于无法获取必要的审计证据

8．审计差异按是否需要调整账户记录可分为（　　　）。

　　A．会计核算错报　　　B．重分类错报　　　　C．已识别错报　　　D．推断错报

9．某公司上年度发现原材料短缺 45 000 元，但一直未进行处理。注册会计师采取的审计步骤包括（　　　）。

A．了解上述材料短缺的原因

B．了解上述材料短缺未予处理的原因

C．检查对当年财务报表的影响

D．查明是否已在上年度会计报告中予以说明

10．审计意见的基本类型有（　　）

A．无保留意见　　　　B．否定意见　　　　C．保留意见　　　　D．无法表示意见

三、判断题

1．非标准审计报告是指非无保留意见的审计报告。（　　）

2．审计报告在签发前，无须与被审计单位针对将要出具的意见类型进行沟通，直接根据注册会计师获取的审计证据和审计准则的规定出具即可。（　　）

3．管理层声明书注明的日期一定是审计报告日。（　　）

4．期后事项也称为资产负债表日后事项，它分为调整事项和非调整事项。（　　）

5．在发生重大不确定事项时，如果被审计单位已在财务报表附注中做了充分披露，注册会计师应当出具保留意见的审计报告。（　　）

6．如果前期财务报表已经被其他会计师事务所审计，注册会计师则只需在考虑前任注册会计师专业胜任能力的基础上，获取有关的审计证据。（　　）

7．审计报告的收件人是指注册会计师按照业务约定书的要求致送审计报告的对象，可以用全称也可以用简称。（　　）

8．无法表示意见的审计报告意味着注册会计师不愿意发表意见。（　　）

9．审计报告的日期是指注册会计师完成外勤审计工作的日期。（　　）

10．注册会计师在意见段之后增加强调事项段，只是增加审计报告的信息含量，提高审计报告的有用性，不影响发表的审计意见。（　　）

能力拓展

各任务的能力拓展可扫描下方二维码获取。

参考文献

[1] 中国注册会计师协会. 2019 年度注册会计师全国统一考试辅导教材：审计[M]. 北京：经济科学出版社，2019.

[2] 中国注册会计师协会. 中国注册会计师执业准则（2017）[M]. 北京：经济科学出版社，2018.

[3] 赵杰，蒋乐平，薛萍. 审计学[M]. 沈阳：辽宁大学出版社，2018.

[4] 常红，穆宁，陈立云. 审计理论与实务[M]. 2 版. 北京：清华人民大学出版社，2017.

[5] 朱荣恩，卢荣泉. 审计学[M]. 3 版. 北京：中国人民大学出版社，2014.

[6] 龙霞. 审计基础[M]. 北京：中国经济出版社，2015.

[7] 俞校明. 审计实务[M]. 3 版. 北京：清华大学出版社，2015.

[8] 李晓慧. 审计学实务与案例[M]. 北京：中国人民大学出版社，2014.

[9] 何秀英. 审计学[M]. 5 版. 大连：东北财经大学出版社，2015.

[10] 李凤鸣. 审计学原理[M]. 3 版. 北京：北京邮电大学出版社，2014.

[11] 朱明. 审计实务[M]. 2 版. 大连：东北财经大学出版社，2019.

[12] 张龙平，李璐. 现代审计学[M]. 北京：北京大学出版社，2012.